U0473689

中国藏文报刊发展史

周德仓 著

中国社会科学出版社

图书在版编目（CIP）数据

中国藏文报刊发展史/周德仓著．—北京：中国社会科学出版社，2010.10

ISBN 978－7－5004－9199－6

Ⅰ．①中…　Ⅱ．①周…　Ⅲ．①藏语—报刊—新闻事业—中国　Ⅳ．①G219.29

中国版本图书馆 CIP 数据核字(2010)第 198417 号

策划编辑　郭沂纹
责任编辑　李树奇
责任校对　李　莉
封面设计　四色土图文设计工作室
技术编辑　张汉林

出版发行　中国社会科学出版社
社　　址　北京鼓楼西大街甲 158 号　　邮　编　100720
电　　话　010—84029450(邮购)
网　　址　http://www.csspw.cn
经　　销　新华书店
印　　刷　新魏印刷厂　　装　订　广增装订厂
版　　次　2010 年 10 月第 1 版　　印　次　2010 年 10 月第 1 次印刷
开　　本　710×1000　1/16
印　　张　22.75　　插　页　2
字　　数　386 千字
定　　价　45.00 元

序一

中国少数民族语言媒介史的拓荒之作

方汉奇

在2010年万象肇始的元月，西藏民族学院的周德仓教授送我一本《中国藏文报刊发展史》的打印本，期望我能为之作序。

虽然我并不专注于少数民族新闻传播史的研究，但对这一领域的进展却始终保持着关注。我个人以为，在中国这个多民族的国家，少数民族的新闻事业，当然是全国新闻事业的重要构成部分。而且由于其传播的特殊性和独特地位，这个领域的研究，其实对中国的新闻事业的发展具有不可替代的价值。正是出于这样的考虑，我就答应了德仓教授的要求。

《中国藏文报刊发展史》是德仓教授主持的国家社科基金项目“中国藏语报刊发展史研究”的最终成果。在确立2004年国家社科基金指南时，就有新闻史专家提出建议，从设置课题的角度，鼓励国内学者开展对不同民族语言报刊媒介的研究。德仓教授供职的西藏民族学院，隶属于西藏自治区，但却建校于关中大地、渭水之滨的秦都咸阳，具有开展民族地区新闻传播研究的天时地利，而他本人自2000年开始，十余次进藏调研，已经在西藏地方新闻传播史的研究中崭露头角。于是由他申报的关于藏文报刊历史的研究课题就成功获得立项。

德仓教授是一位有追求、有毅力、有独立学术理想的学者。我们直接的谈话并不多，但在以新闻史为主题的学术会议上，总能看到他的身影。我个人非常赞赏他把握环境，善于把学术研究与地方文化结合的学术素质。他选择了西藏地方新闻传播历史和藏文报刊历史的研究，并始终不渝地努力，耐得住寂寞，坚持自己的学术目标，已经取得了很不错的成绩。据我所知，他的《西藏新闻传播史》不仅是国内第一部西藏地方新闻传播历史的著述，而且在新闻学界产生了普遍的影响力。很多人都知道他的研究，也积极评价他的研究。2009

年，这部著作获得了教育部哲学社会科学优秀课题研究成果奖，居“新闻传播学”14 个获奖奖项之一，也是这种影响力的证明。我在《1949 年以来大陆的新闻史研究》(《新闻与写作》2007 年 1 月)一文中，也曾将《西藏新闻传播史》作为这个历史时期新闻史研究的代表作之一。

我在阅读了《中国藏文报刊发展史》的初稿后，对德仓教授的学术选题、研究框架给予积极的评价。我也认为这项研究意义重大，无论对中国新闻事业的发展，还是民族文化的传承、民族地区的社会发展，都具有重大价值。如果要陈列出我的看法，应当有如下几点：

一、我很高兴地看到，《中国藏文报刊发展史》填补了藏文报刊史的一个重大空缺。据我所知，现在已经有了朝鲜文、维吾尔文等少数民族语言媒介史的著作，但还没有看到藏文报刊史的完整研究。在白润生教授的《中国少数民族新闻传播通史》中，涉及部分藏文报刊的描述。德仓教授的这部著述，不仅仅是占据了一个学术制高点，更重要的是推动了中国新闻历史的研究，使新闻史学体系更臻完善，而且是民族文化研究的一大进展。

二、我对这部著作清晰、严谨的研究思路和独立的研究品质给予充分肯定。学术研究，实际就是逻辑思维能力的磨炼和提升。面对一项研究，如果不能确定清晰的目标和思路，构建合理的研究框架，选取恰当的研究方式，整个研究就有可能“误入歧途”。在我看到本书稿的目录时，就能立即理解作者的研究思路和研究路径。而在披阅了正文后，亦能证明作者不仅提出了自己的思路，也正是沿着这种思路扎扎实实地做着探究。该著的研究主体构架，是从藏文报刊的文化和社会背景出发，着重点在对藏文报刊历史发展阶段的梳理，对藏文报刊的媒介构架和传播品质的建构，这是支撑藏文报刊历史大厦的两块基石。作者所用文字的篇幅并不庞大，但对历史轨迹的阐述十分清楚，对历史阶段的划分以及划分的凭据，都具有足够的说服力。历史本身就纷纭复杂，但作为被学术陶冶的历史著述，不仅应当具有清晰的面孔，而且要有历史的层次感和深度。我觉得德仓教授在这里基本做到了。

三、史料的挖掘汇集及历史研究的姿态，值得褒扬。在这部书稿中，我们会看到历史研究应有的对事实的尊重。所有结论并不出于研究者的臆断，而是事实中包含的科学逻辑。为了凸显历史的醒目印象，作者专门设立了“中国代表性藏文报刊要览”，从不同的角度选择了有代表性的藏文报刊，进行个案介绍；“中国藏文报刊名录”则汇集了作者收集的中国藏文报刊的最完整记录，把藏文报刊以创刊时间排列起来，是一个富有文献和参考价值的资料汇编；

“大事记”简要陈述了与藏文报刊发展直接相关的历史事件和具有标志意义的藏文报刊,为我们提供了检索的便利;在“附录”中,作者选择的重要文献和一些藏文报刊的发刊词,是研究藏文报刊历史进程的必需资料。在这些方面,就足见作者对史料的重视和搜罗发掘的功夫,也表明了新闻史研究的科学态度。

四、这项研究,也是新闻传播学与藏学之间富有创意的学科融合。德仓教授的新闻史研究,从一开始就走出了自己的路子,在新闻传播学和藏学之间构建了一种文化联系。藏学现为国际显学,无论对国家发展,民族团结,还是民族文化的传承,都具有重大意义。传统藏学注重藏民族历史、文化、宗教的研究,基本不涉及新闻传播。现代藏学已经注意到了经济、科技等方面的问题,但从新闻传播的视角研究藏民族问题,似乎很难见到。德仓教授的研究,可以说是开辟了藏学研究的一个新领域。这些成果,既可以被看成是新闻传播学的研究成绩,又完全是藏学研究的一个区间,成为融合两个学科的“双栖”果实。这就使他获得了跨学科研究的开阔视野和更大优势。在新闻史的研究中,作者的这种探索,具有示范意义。

五、具有多重的学术价值。如果我们把《中国藏文报刊发展史》置于学术和文化的大背景上进行考察,就会发现其多方面的价值。在藏民族新闻传播史的研究中,它对藏文报刊的历史做了比较完整的研究,肯定是一个开拓性的成果;在少数民族新闻传播事业研究中,它也是一种代表作,将积极推动少数民族新闻史和少数民族新闻传播学的研究;对中国新闻史的研究而言,它又填补了一项空白,使新闻史家族家丁兴旺,内涵趋于完整;同时也意味着,德仓教授的民族新闻传播研究,已经突破西藏地方的视阈,注目全国新闻传播历史的研究,完成着由一个地方新闻史专家向国内新闻史学术带头人的转变。

从中国新闻史研究走向和作者未来发展考虑,我在此提出一些建议。德仓教授可更加关注藏文报刊媒介地位和未来发展的研究。作为一种民族语言的媒介,它的存在和发展受到极大挑战。这方面的研究在该著中有所体现,但我更期待在德仓教授主持的国家民委项目的研究中,于此方面有重要突破;在了解了藏文报刊的发展历史后,我看到在一些历史时期,藏文报刊出现了惊人的空白,它的原因何在?将来有无可能通过文献发现其中隐藏的藏文报刊,从而改变藏文报刊的历史记录?如果可能,把此著翻译为藏文著作,是否更有利于在藏民族文化母语环境中传播?

我记得中央民族大学的白润生教授作为民族新闻传播史的开拓者,最近一直呼吁构建“民族新闻传播学”。我支持这项努力。它不仅利于凸显中国新闻传播学的本土化和民族品格，而且对中华文化的发展意义巨大。我知道德仓教授在少数民族新闻传播研究领域是一位有成就的学者，也是白老师的有力助手，期望德仓教授在“民族新闻传播学”的建设中发挥应有作用。

于中国人民大学宜园

2010年2月3日

［方汉奇，中国人民大学一级教授，中国新闻史学会名誉会长，中国当代权威新闻史专家］

序二

难得的“第一桶金”

尹韵公

商界成功人士谈到自己的发迹时，常常提及“第一桶金”的重要性，认为没有“第一桶金”，就没有以后的辉煌。

其实，学界何尝不是如此。周德仓教授专攻藏文报刊研究，经营日久，他的专著《中国藏文报刊发展史》正是他多年积累而淘得的“第一桶金”。这本专著的正式出版，不仅对学者本人的学术研究具有标志性意义，而且对整个藏文报刊研究的学术贡献也具有里程碑价值。

记得2004年春季出席全国哲学社会科学年度评审会议期间，当我从几百份评审材料中翻到周德仓教授的申报项目时，先看标题，不禁心中大喜，居然有人在做这个过去前人没有做过的事业。尽管那时我和周德仓尚无一面之雅，更谈不上知根知底，但在学科组讨论意见时，我是力主这个项目应当上的，坚称“支持西藏发展，从这些事情做起”。听说后来周德仓获悉拿到这个项目后特别激动，毕竟西藏社科界势单力薄，能获得一个国家级项目确实不容易。

这本专著的最大特色在于，它将自1907年拉萨诞生的第一份藏语报刊《西藏白话报》以来的所有藏语报刊，进行全面的百年梳理，从而填补了少数民族报刊史，乃至整个现代中国新闻事业发展史的空白。人们对西藏报刊的认识，终于结束了不知、无知和罕知的历史，而开始了知和多知的起点。这也是本书的最大学术贡献。

要拥有这份贡献，需要特别的经历，而这恰是一般人所不能办到的。青藏高原地处世界第三极，环境艰苦，气候恶劣，在那里工作和生活都是相当不易。可以想见，要在这样广大的地区搜集资料，更是相当不易。周德仓为完成项目，曾多次奔赴西藏、青海。比起他来，我们这些内地工作的学者，不知要轻松和舒服多少倍！他所付出的心血，要超过我们，至少我们的汗水中没有冒险成分，而到西藏、青海进行调研，不冒险则是做不成事的。从这个意义上讲，我要向周德仓的成果表达一个额外的敬意！

有了“第一桶金”，等于有了一个很好的基础，也有了一个很好的前行基地。我是希望周德仓继续把这个方向研究做下去，从这本专著来看，可以继续延伸和展开的地方还有不少，尤其是故事背后的挖掘值得狠下工夫。项目可以结束，但研究不可停止。我们期待着周德仓在这个领域继续写出最新、最好的论著，也相信周德仓能够在这个领域继续绘出最新、最美的图画。

是为序。

于 2010 年 3 月 20 日

［尹韵公，中国社会科学院新闻与传播研究所所长，著名中国新闻史专家］

序三

填补少数民族语言媒介史空白，积极推进“少数民族新闻传播学”建设

白 润 生

《中国藏文报刊发展史》是周德仓教授的一部新著，是他在少数民族新闻传播研究领域的又一力作。

周德仓教授任教于西藏民族学院，拥有着研究西藏新闻传播事业所需的得天独厚的良好条件。近年来，他对西藏及藏民族的新闻传播史进行了开创性研究，是新崛起的研究少数民族新闻传播史的颇有成就的学者。曾获教育部哲学社会科学优秀科研成果奖的《西藏新闻传播史》（中央民族大学出版社，2005 年），作为新闻传播史的拓荒之作，是他的代表成果之一。

此次出版的《中国藏文报刊发展史》，是作者主持的国家社科基金项目“中国藏语报刊发展史研究”的最终成果。该项目于 2008 年 12 月以“优秀”等级结项，显示出其严谨的学术态度和突出的科研能力。

周德仓教授关于藏文报刊的研究，对推进少数民族新闻传播学的发展具有重要意义。从 20 世纪 90 年代开始，我一直努力推动少数民族新闻传播史融入中国新闻传播史之中。现在，这个目标可以说基本实现了；但这还远远不够，还有大量的工作要做。由于少数民族新闻传播的特殊性和其学术价值的重要性，我一直倡议创建“少数民族新闻传播学”。这一倡议，得到了学术界特别是民族地区广大学者的积极响应。周德仓教授既是这个倡议积极的支持者之一，又是重要的实践者之一，对创建这个学科做出了不少贡献。他的《中国藏文报刊发展史》，是这个领域又一代表成果。我认为，他将因此成为中国少数民族新闻传播史研究领域的主要学者之一。我想，从这个背景上审视《中国藏文报刊发展史》，才能发现其独特的学术和文化价值。

中国的藏文报刊，是最早出现的少数民族文字报刊之一。它不仅是藏民族文化的传承者和直观载体，而且也是具有代表性的中国少数民族语文传媒。

藏民族聚居于西藏、青海、四川西部、甘肃南部、云南西北部等广大地区。作为这个拥有悠久历史和灿烂文化民族的通用语言，藏语言文字十分成熟。自1907年第一份藏文报刊《西藏白话报》在拉萨创办以来，藏文报刊已经历百年历史。因而，以藏语文为载体的传播拥有广大受众，具有很强的影响力。在很大程度上，藏文报刊是中国少数民族语言文字媒介的缩影，它的传播模式具有鲜明的代表性。藏文报刊研究，对于丰富和发展中国少数民族新闻传播研究，具有重要意义。

我认为，《中国藏文报刊发展史》开创了新的学术空间，并在以下几个方面取得了突出的学术进展：

一、填补了少数民族语言文字媒介研究的一项空白。

客观而言，藏文报刊由于受语言和地域的影响，在信息时代和媒介融合的大潮流下，它的媒介影响力同东部沿海地区的报刊相比还有较大差距。但是，作为一种语言媒介，它是媒介文化和历史的存在方式，是绝对不可替代的。此前，虽有关于藏文报刊个案的研究，但对整体历史少有涉猎。《中国藏文报刊发展史》的诞生，弥补了这个空白，将中国新闻传播史特别是少数民族新闻传播史的研究向前大大推进了一步。

二、在构架少数民族新闻传播史上取得创新和突破。

该书的核心，当然就是建立藏文报刊的历史构架。而“构架”本身实际体现着研究者的历史观念和把握历史的方式。作者在此并没有局限于媒介本身，而是放眼于藏文报刊产生的社会、文化等背景，对分布于全国的藏文报刊做了整体观照，并以历史的眼光进行定位和评价。在此，作者形成了一个独特的符合藏文报刊历史本来面目的研究框架，完整展示出藏文报刊的文化面貌。作者给我们提供的研究框架，主要包括：藏文报刊产生的法律、语言和民族基础；中国藏文报刊发展的历史轨迹；中国藏文报刊的基本构架和媒介传播品质；中国代表性藏文报刊要览；中国藏文报刊名录。在这个框架中，它的“历史轨迹”、“基本构架和媒介传播品质”、“报刊名录”构成了研究层次的三个主要立足点。作为一种历史的研究，历史的发展轨迹当然就是历史研究的重心所在。作者在此用了最大篇幅和主要的精力，全面梳理了藏文报刊发展的历史轨迹，根据藏文报刊发展的特殊步履，以代表性的藏文报刊，而非“政治史”的划分标准，确立了藏文报刊发展的三个阶段。不仅于事有据，而且思路清晰，突出了媒介史的特质，将可作为藏文报刊研究的基本依据之一；关于藏文报刊媒介构架和传播品质的研究，是将藏文报刊置于传播学的理论逻辑之中，比较深入地解析了藏文报刊作为传播媒介的特点和规律，使这项历史的研究获得了学理的支撑，提升了研究的境界；对于该书专门设立的“报刊名录”，我个人觉得这是媒介史著作的一个重要开拓。特别是对于文献稀少的藏文报刊而言，该书所设立的名录，不但是开展历史研究基本的依据，而且保存了大量珍贵的史料，为后来的研究提供文献和思路，集中储藏了作者研究的成果。在主体构架之外，作者还编制了中国藏文报刊发展的大事记，以时间为线索，简要地陈述了藏文报刊历史进程中重要的事件和媒介，成为了解藏文报刊历史发展的又一途径。在著作末尾收录的“附件”，选录了重要的文献和报刊发刊词，亦是藏文报刊研究的重要参考。这种研究框架的设立，也许不能称得上是“标本”，但肯定是独一无二的范式，可资借鉴。

三、从传播学的角度，解读了藏文报刊的传播特点和规律。

在对藏文报刊进行整体解读的基础上，作者从藏文报刊的地域分布、媒介类型、主办方、出版周期、语言构成方式、发行区域、印刷开本、收藏地、机构设置、印刷方式、读者对象、发行方式和发行量、栏目设置、传承关系、刊名题签等媒介构成诸元素出发，对藏文报刊媒介的构成分别作了详尽的分析，确立了藏文报刊的基本构架，使我们可以从媒介的角度掌握藏文报刊的基本特点，从而对藏文报刊做出媒介价值认定。同时，从政治学、新闻学、传播学、历史学、文化学等多重视角出发，对藏文报刊的传播品质进行了阐述和归纳，认为藏文报刊具有多维传播品质，从而揭示出藏文报刊的新闻传播学意义和功能。

四、具有重要的学科建设意义。

“少数民族新闻传播学”的建设，乃为新闻传播学科发展的历史趋势。历史的研究一般是学科构建的根基。虽然在“少数民族新闻传播学”研究中，历史的研究已经走在最前面，并且出版了第一部《中国少数民族新闻传播通史》，但这并不意味着关于历史的研究已经达致顶峰。其实，关于少数民族地区新闻传播史和各个民族语言文字媒介史的研究，尚有不少空白。只有在历史的研究获得足够的规模和境界之后，一个学科的建立才能拥有学术的底气。从这个角度而言，《中国藏文报刊发展史》和已经在学术界产生影响的《西藏新闻传播史》一样，都具有学科奠基的功效。

五、该项研究的政治价值不可忽视。

以达赖喇嘛为首的分裂势力和西方敌对力量攻击中国民族政策的一个支点，就是散布“藏民族文化灭绝论”，以此否定中国以民族平等为核心的民族自治政策。本项目研究所获得的关于藏文报刊历史和现状的成果，有力反驳了“藏民族文化灭绝”谬论，为民族事业发展和和谐社会建设提供了帮助。它还会使人们认识到：藏文报刊所具有的特殊而重要的传播功能，将成为藏族聚居区推动民族事业发展，建设和谐社会足具影响力的现代化平台和工具。

作为少数民族新闻传播的研究者，也是作为周德仓教授的知己，我对他的研究志向和抱负甚为赞赏。从中国少数民族新闻传播事业发展的角度考虑，我有如下建议：

——关心西藏新闻传播事业的同仁都知道，在 1907 年《西藏白话报》创刊后，直至 1950 年中国人民解放军在进军西藏途中创办《新闻简讯》和《草原新闻》，其间 43 年时间，在西藏再没发现一份藏文报刊，留下了不可思议的空白。如果时间再上溯到 1907 年以前，我们同样没有发现西藏和其他藏族聚居区有藏文报刊的身影。我们对这些研究领域保持着高度期待。

——从作者近年来的学术成就和潜力来观察，我们希望周德仓教授从少数民族新闻史的研究进一步深入到“少数民族新闻传播学”学科建设领域，推出更多更好的研究成果。

于北京昆玉河畔

2010 年 4 月 5 日（庚寅清明）

[白润生，中央民族大学教授，著名中国少数民族新闻史专家]

目　　录

CONTENTS

༼ཀྲུང་གོའི་བོད་ཡིག་ཚགས་པར་དུས་དེབ་དར་བའི་ལོ་རྒྱུས།༽

དཀར་ཆག

ལེའུ་ཆེན་དྲུག་པ། ཟུར་བཀོད།

绪论

中国藏文报刊百年履历

(1907—2007)

自 1907 年第一份藏文报刊《西藏白话报》在西藏拉萨创刊至今(2007), 中国藏文报刊正好度过了自己极富象征意义的百年寿辰。在这个世纪时空中, 藏文报刊伴随着国家和民族的命运艰难推进, 历经发轫—确立—成熟三个阶段, 已经成为中国大众传播体系中具有影响力和独特传播功能的平面媒介, 在维护国家统一、民族团结, 推动藏民族聚居区的民族区域自治和经济社会发展中产生了重要影响。

作为一种民族语言的平面传播媒介, "中国藏文报刊" 具有明确而严格的范畴。它是指在中国境内创办, 以藏语言文字为主要传播介质的报纸和期刊。由于历史条件的限制, 这里的 "中国境内" 主要指 "中国大陆", 在此课题的研究中, 暂不包含 "中国香港"、"中国澳门"、"中国台湾" 等三个地区。包含藏文正文的报纸和期刊, 不论藏文内容所占比例大小, 均视为 "藏文报刊"。仅仅标注藏语名称、目录的报刊, 也不列入 "藏文报刊" 范畴。以藏文出版的书籍、专辑等, 亦不在 "藏文报刊" 之列。为求得相对完整地展示中国藏文报刊的真实历史面貌, 保存文献资料, 尊重民族文字报刊的传播价值, 在本课题的研究中, 凡可收集到的藏文报刊, 不论公开出版与否, 均予收录, 并视作研究对象。

本书是由笔者主持的 2004 年国家社科基金项目 "中国藏语报刊发展史研究" 的最终成果。

一　藏文报刊产生的历史背景

如果从最早的《西藏白话报》诞生的时候算起, 中国大陆的藏文报刊就先后伴随了三个不同历史时期: 清王朝、中华民国和中华人民共和国。但它们却拥有共同的法律和社会背景——西藏在中国的地方地位，藏民族与其他民族同样的民族平等地位。而藏民族语言文化的成熟，相当的民族人口规模，则成为催生藏文报刊的必备条件。

中国藏文报刊的“开幕式”选择在清朝末年，有两个主要原因：一是清王朝的治藏需要，二是国内以白话报勃兴为标志的文化启蒙运动的影响。西藏是中国最主要的藏族聚居区，在13世纪的元朝就开始归于元朝中央政府管辖。清朝政府以法律和行政手段加强对西藏的管理，进一步确立西藏对中国国家的归属感。据文献记载，康熙四十八年（1709年），朝廷特派吏部左侍郎赫寿前往西藏，为清朝派遣大臣进藏管理西藏地方事务之滥觞①。后来形成定制，清王朝连续派遣驻藏大臣代表中央政府管理西藏地方事务。在乾隆时期（1792—1793年间），清政府制定《藏内善后章程二十九条》，对中央政府管理西藏的职责，包括驻藏大臣的责权做出具体规定②。而创办第一份藏文报刊《西藏白话报》的历史使命，就神奇地落到清朝最后一位驻藏大臣联豫的身上。他所具有的游历欧洲的经验和开放的视野，使他把创办藏文报刊作为治藏的最文明手段，并赋予颇具政治意义和现代化色彩的办刊宗旨——“爱国尚武，开通民智”。晚清时期（20世纪初叶）在中国大陆腹地兴起的“白话报”高潮，对催生《西藏白话报》也产生了直接影响。“白话报”不仅仅是语言形式的转变，更重要的是思想启蒙运动的合适载体。对联豫当时称之为“唐古忒”的藏文而言，“白话报”之称其实更具象征意义，最主要的用意还在于与内地的白话报潮流相吻合，倡导现代文明。

到了中华民国时期，西藏及藏族在中国国家中的地位以更加明确的法律文本确定下来。在1912年1月1日孙中山就任大总统的《孙总统宣言书》中，宣布“合汉、满、蒙、回、藏诸地为一国，则合汉、满、蒙、回、藏诸族为一人，是曰民族之统一”③；在中华民国元年（1912年）3月11日颁布的《中华民国临时约法》第一章“总纲”之第三条中写明：“中华民国领土，为二十二行省，内外蒙古、西藏、青海”；在第二章“人民”之第五条写道：“中华民国人民，一律平等，无种族、阶级、宗教区别”④；在中华民

① 顾祖成：《明清治藏史要》，西藏人民出版社、齐鲁书社1999年版，第151页。

② 同上书，第179页。

③ 西藏社会科学院、中国社会科学院民族研究所、中央民族学院、中国第二历史档案馆：《西藏地方是中国不可分割的一部分》（史料选辑），西藏人民出版社1986年版，第452页。

④ 同上书，第452—453页。

国三年（1914 年）5 月 1 日颁布的《中华民国约法》第二章“人民”之第四条写道：“中华民国人民，无种族、阶级、宗教之区别，法律上均为平等”[①]；在中华民国十二年（1923 年）10 月 10 日颁布的《中华民国宪法》第四章“国民”之第五条写道：“中华民国人民与法律尚无种族、阶级、宗教之别，均为平等。”[②]它们的“中心句”就是：西藏是中国不可分割的一部分；藏民族享有与其他民族同样的平等地位。藏语报刊的创办具有根本的法律依据。

中华人民共和国成立后，在国家的法律体系中，民族平等和各民族自由使用本民族语言的权利获得了准确而明晰的确认。1949 年 9 月 29 日通过的具有临时宪法地位的《中国人民政治协商会议共同纲领》第六章第五十条规定：“中华人民共和国境内各民族一律平等”；第五十三条规定：“各少数民族均有发展其语言文字、保持或改革其风俗习惯及宗教信仰的自由”[③]；1951 年 5 月 23 日，中央人民政府与西藏地方政府签订《关于和平解放西藏办法的协议》。其中第九条规定：“依据西藏的实际情况，逐步发展民族的语言、文字和学校教育”[④]；1952 年 8 月 9 日，由中央人民政府公布施行的《中华人民共和国民族区域自治实施纲要》第四章第十六条规定：“各民族自治机关得采用各民族自己的语言文字，以发展各民族的文化教育事业”[⑤]；1954 年 9 月 20 日，中华人民共和国第一届全国代表大会第一次会议通过的《中华人民共和国宪法》第三条规定：“中华人民共和国是统一的多民族的国家。各民族一律平等。各民族都有使用和发展自己的语言文字的自由，都有保持或者改革自己的风俗习惯的自由。”[⑥]创建藏文报刊的法理基础已经完全具备。

藏语言介质的成熟是创办藏文报刊的基本前提。据历史记载，藏文一般诞生于公元 7 世纪初松赞干布建立的吐蕃王朝。有鉴于没有统一文字之苦，松赞干布特派大臣屯米·桑布扎等 16 人赴天竺（印度）求学拜师，精研梵

① 西藏社会科学院、中国社会科学院民族研究所、中央民族学院、中国第二历史档案馆：《西藏地方是中国不可分割的一部分》（史料选辑），西藏人民出版社 1986 年版，第 453 页。

② 同上书，第 454 页。

③ 中共中央文献研究室、中共西藏自治区委员会编：《西藏工作文献选编》，中央文献出版社 2005 年版，第 3 页。

④ 同上书，第 42 页。

⑤ 同上书，第 59 页。

⑥ zhidao. baidu. com/question/448850. html 26K 2006—6—14.

文和佛学。返藏后，屯米·桑布扎结合藏语音韵规律，吸取古藏文精华，经过整理和再创造，形成了30个辅音字母、4个元音符号的藏文文字体系。到了9世纪，藏王赤德祖赞（热巴布）登位后，对藏文拼音进行简化，丰富词汇，改进文法，使藏语成为藏民族的通用交际语言。藏语以成熟的语法、丰富的词汇、瑰丽的表现力和对社会的较强渗透力，成为大众传播媒介的通用语言之一。

广大的藏民族受众是藏文报刊发展的土壤。作为中华民族大家庭的一员，藏族的先民自古以来就活动于广袤的青藏高原。藏民族人口规模较大，分布于中国陆地以青藏高原为中心的广大区域。据2000年全国第五次人口普查的统计，藏族共有人口5416021人，主要分布于西藏、青海、四川、甘肃和云南等省（自治区）——西藏自治区，青海省的海北、黄南、海南、果洛、玉树等藏族自治州和海西蒙古族藏族自治州，甘肃省的甘南藏族自治州和天祝藏族自治县，四川省的阿坝、甘孜两个藏族自治州和木里藏族自治县，云南省迪庆藏族自治州等1个自治区、10个自治州、2个自治县。在我国少数民族中，藏族人口并非最多，但分布面积却占全国总面积的1/4，是少数民族中居住面积最广大的民族。这也意味着，藏文报刊成为少数民族报刊中拥有最辽阔受众的民族语言介质的大众传媒。

二　藏文报刊的历史轨迹

假如是以具有代表性的藏文报刊的诞生来作为划分其历史阶段的坐标，中国藏文报刊的历史轨迹就显得比较清晰。

第一阶段：藏文报刊的发轫期（1907年《西藏白话报》至1951年《青海藏文报》）

划分这一历史阶段的主要坐标是：1907年，是中国藏文报刊的诞生之年，而1951年，则是新中国藏文报刊的“元年”。这一时期的时空范围，基本属于“旧中国”时期，故此期也可称“旧中国藏语报刊历史概览”。

在20世纪初叶至1907年，中国历史上第一份藏文报刊——《西藏白话报》在西藏拉萨创刊，藏文报刊迈出了自己生命中伟大的第一步。自此至1951年，藏文报刊在漫长的时间里孕育成长，以广阔的藏族聚居区为背景，在西藏、青海、西康、南京、北京等藏民族受众最为集中和国家政治经济文化中心区域，先后创办了《西藏白话报》《藏文白话报》《蒙藏月报》《新青海》《新西康月刊》《西陲宣化使公署月刊》《戍声周报》《西康新闻》《西康国民日报》等共 9 种藏文报刊，搭建起自己最初的构架，宣告了其作为一种平面媒介的独立存在。

第二阶段：藏文报刊的确立期（1951—1979 年）

划分这一历史阶段的主要坐标是：1951 年，在新中国建立的第二年，中国第一份藏文省级报纸《青海藏文报》创刊，标志着新中国藏文报刊的重要开始。在 1979 年《西藏科技报》创刊之前，以机关报为主体的藏文报刊经过近 30 年的历练，初步确立了自己的媒介框架。其历史成就，可以用“确立”一词述之。

这一时期的藏文报刊大约有 20 余种。在 20 世纪 50 年代曙光初现的时候，1951 年、1956 年，全国第一家藏文省级报纸《青海藏文报》和第一家省级藏文日报《西藏日报》先后在青藏高原破土而出。而随着《阿坝报》（1953 年）、《甘南报》（1953 年）、《甘孜报》（1954 年）等第一批藏族自治州机关报的面世，全国藏语报刊的两级藏语机关报的架构初步确立，标志着以藏文机关报为主流的藏语报刊体系在全国的藏族自治区域开始形成。藏文报刊终于作为国家的主流媒体，进入大众的视野，成为藏民族自治区域最重要的民族语言传播媒介。这种格局基本延续到 20 世纪 70 年代中后期。

第三阶段：藏文报刊的成熟期（1979—2007 年）

划分这一历史阶段的主要坐标是：随着 1979 年以《西藏科技报》为开头的专业性、行业性藏文报刊的创刊，以机关报为主流甚至“孤本”而存在的单一平面媒介格局被打破，藏文报刊进入了全面发展的历史新阶段。其中虽面临各种新媒介的挑战，有起有伏，但其所塑造的整体媒介形象，已成功进入中国大众传播体系的行列，在推动中国民族区域自治，维护祖国统一和民族团结的历史大业中，发挥着不可替代的功能。

在进入 20 世纪 80 年代前后，藏文报刊步入了自己的成熟时期。藏文报纸朝着对象化、地区（有别于自治区、省级）化的方向发展。《日喀则报》《黄南报》《迪庆报》等一批自治州、地区的藏文报纸先后创刊，使全国藏文机关报体系趋于完整。报纸的类型已突破机关报单一模型，向新的领域拓展，日趋对象化、专业化、多层次化。既有如《拉萨晚报》这样的藏文晚报，也有《青海法制报》《西藏科技报》《青海健康报》《西藏青年报》《西藏广播电视报》《刚坚少年报》《雪域佛教报》等涉及法制、科技、医学、青年、广播电视、少年儿童、宗教等多种类型的专业、行业报纸，在众多的领域建起了藏文的平面传播媒介平台。在藏文刊物方面，其涉足的领域之广，创历史最高纪录。计有政治理论类——《求是》《半月谈》《攀登》《青海省人民代表大会公报》《青海党的生活》《西藏纪检监察》《西藏人大工作》《人民西藏》《西藏〈党的生活〉》等；理论学术类——《中国藏学》《西北民族学院学报》《合作民族师专学报》《安多研究》《民族》《雪原文史》《阿坝史志》《藏语文研究》《阿坝藏学》《青海民族学院学报》《民族语文工作》《青海民族研究》《青海民族师范专科学校学报》《西藏研究》《西藏艺术研究》《藏语文工作》《西藏大学学报》等；文艺类——《雪域文化》《珠穆朗玛》《拉萨河》《山南文艺》《邦锦梅朵》《西藏群众文艺》《西藏歌舞》《西藏文艺》《黎明》《高原之舟》《日月山》《岗尖梅朵》《白鹿唇》《章恰尔》《青海群众艺术》《青海湖》《甘南群众艺术》《达赛尔》《根梗琼波》《草地》《贡嘎山》等；教育类——《西藏教育》《青海教育》《藏区教育论坛》等；医药类——《雅砻医学》《藏医药杂志》《健康向导》《卫生与健康》《藏医药研究》《藏医药杂志》等；宗教类——《世纪新声》《西藏佛教》《西藏民族宗教》等；综合类——《布达拉》《中国西藏》《知识火花》《丹巴风情》《东日》《金沙江》《黎明》《三江》《旭日》《主人》等。与此同时，有关政协、地方志、实用科技、外事、经济、财政、金融等各个方面的藏文刊物，也加入到这个逐渐壮大起来的行列中去。自 20 世纪 70 年代末期到 21 世纪初，中国藏文报刊已经跻身中国国家大传媒体系之中，在中国少数民族语言报刊中，成为最大、最丰富、辐射力最广的民族语言文字平面传播媒介。

三　藏文报刊的基本构架

中国的藏文报刊，目前已建立起了自己相对完整的构架。

1. 地域分布。藏文报刊主要集中于以下三类地区——（1）藏族聚居区。在新中国成立前，中国没有藏族自治区之说，但在历史延续和传统视野中，西藏、青海、西康是藏族居住比较集中的地方，也是藏民族文化的中心区域。这里具有创办藏文报刊最适宜的气候和土壤；（2）藏族自治区、州、县。中华人民共和国成立后，国家先后建立了 13 个藏族自治区域，总面积达到 219.2119 万平方公里，占全国国土面积的近 23%。1951 年以后创办的大批藏文报刊主要分布在这些区域。其中以西藏、青海两省区为最，因此也成为中国藏文报刊的晴雨表，是观察藏文报刊的基本坐标；（3）国家首都。

在历史上，曾经或依然充当中国政治经济文化中心的国家首都地区，也集中了藏文报刊最高级别之一部。南京、北京先后出现了《藏文白话报》《民族画报》《中国西藏》《中国藏学》等国家级藏文报刊，不仅主导国家民族事务的舆论，而且成为国家统一和民族团结的象征。

2. 出版周期。针对遥远的空间距离、极为分散的受众群体、欠发达的经济状态，藏文报刊日刊较少，而以周刊、月刊为基本出版周期。在报纸方面，旧中国藏文报刊无一份日刊，基本为周刊，如《西康国民日报》（1941年）的汉语版为日报，藏文版则为周刊。在新中国的藏文报纸中，每日出版的仅有《西藏日报》1种，《青海藏文报》为双日刊，各地市级报纸、对象报纸等一般为周刊或周三刊。由于藏文报纸读者群的不稳定性、经济因素的制约等，有些藏文报纸并无固定出版周期。如《西康新闻》（1939年）为综合性报纸，汉文版为日刊，藏文版则不定期出版。这种状况在中华人民共和国时期创刊的藏文报纸中基本得到改变，但受各种因素影响，却并未绝迹。在刊物方面，有月刊、双月刊、季刊、半年刊和不定期等类型，但以双月刊和季刊为主。

3. 语言构成方式。（1）藏文单语种。全部用藏文出版。如《刚坚少年报》《达赛尔》《青海藏文报》《章恰尔》《知识集锦》等，均为纯粹藏文报刊；（2）"藏汉双璧"型。即同一名称的报纸刊物，分别用藏文、汉文出版，构成奇异的同名异构，但在内容上却非互译。在全国藏族自治区域，大部分报刊采用此种出版模型。尤以西藏最为典型，它的主要报纸、报刊，差不多都是双璧型平面媒介，《西藏日报》《拉萨晚报》《西藏青年报》《西藏法制报》《西藏教育》《西藏佛教》等，可谓不胜枚举。特别需要说明的是，还有部分三语版报刊，如《中国西藏》《西藏研究》等就出版汉、藏、英三种文本的刊物，《蒙藏月报》以汉、藏、蒙三文合璧形式出版，具有地方、国家和国际的多层意义；（3）"藏汉合璧"型。也可称"镶嵌型"。即在以汉语为主体的报刊中，加进部分藏语文章。如《成声周报》（个别汉文文章附有藏文译文）、《新西康月刊》《西陲宣化使公署月刊》（每期有一篇藏文文章）等；（4）"面孔型"。即在刊物的封面印刷藏语名称，或刊印藏语目录，但内容均为汉语。学界一般并不将其归入"藏文报刊"范畴。

4. 主办方。藏文报刊具有与一般汉语报刊近似的主办方，但又有自己的特殊性。主要是：（1）党政机关。藏文报刊突出的政治传播功能，使党政机关成为藏文报刊最主要的创办者。它们包括中央政府职能部门、省级机关、地市级机关、人大、政协机关等；（2）专业组织和协会。包括文学、医药、科技、卫生、教育、畜牧业、广播电视、宗教等诸多方面；（3）新闻出版机构。一些出版机构，特别是民族出版机构，利用自己的出版优势，先后创办了不同类型的藏文报刊，在编辑、出版和发行等方面占有先机，具有较大的辐射力；（4）政府职能部门。为宣传政府政策，传递信息，推进工作，交流经验，研讨问题，政府主管部门常常扮演着藏文报刊的发起人和创办者的角色。政府在信息的丰富性、权威性，强有力的经济支持，较为流畅的发行渠道等方面优势独具，成为藏文报刊生存和发展的基石。在藏文报刊群落中，它们占有较大的份额；（5）大专院校。分布在藏族聚居区的高等学府，特别是民族院校，创办了系列藏文期刊，为民族文化的传承做出了历史贡献；（6）科研机构。在国家文化中心和藏族地区，有很多著名的藏学研究机构，其旗下汇聚了强大的科研阵容。由它们主办的学术期刊，在藏学、民族学的研究中独领风骚；（7）群众组织和团体。由其主办的藏文报刊，不仅是工作所需，也是传播民族文化的信息平台，在自己的领域和社会层面具有特殊的影响力；（8）藏传佛教寺庙。由寺院主办的以弘扬佛法为主题的宗教报刊，具有民族语言和宗教中心的两大天然优势，在特殊的受众中具有特殊的传播效应；（9）军事组织。有鉴于驻扎地并不发达的文化教育水平和军事组织的较大影响力，由其主办的报刊也成为藏文报刊序列中格外引人关注的一类；（10）经营实体。随着民族地区的开放开发，如藏医药这样具有民族特色的领域，逐渐为商家所看重。具有远见的经营者既开发商品，也开发文化，两者相得益彰，客观上给藏文报刊注入了新鲜的活力。

5. 发行区域。藏族受众所在之地自然就是藏文报刊的发行区域。一般集中于作为不同历史时期的国家首都的北京、南京和全国 13 个藏族自治区域所在的西藏、青海、四川、云南、甘肃等省区。国家和各省区、大专院校图书馆，学术研究机构特别是藏学、民族学研究机构，藏传佛教寺院等，也是藏文报刊的主要订户。

6. 开本。藏文报纸以 8 开为主，而刊物则有更多一些的 16 开本。其版型的小型化，显示藏文版刊内容的有限性。

7. 媒介类型。在与汉语报刊类型保持大致对应的同时，藏文报刊也有属于自己的特殊形态。大略有：（1）机关报刊。主要是由藏族自治地方党委、政府主办的报纸和期刊。它们已遍布藏族自治地方，覆盖了全部藏族聚居区；（2）对象报刊。主要包含时政、政党报刊、政协、人大、翻译、学术、法制、民族、民族语文、科技、农牧、新闻、医学、青年、法制、工会、民兵、广播电视、历史、少年儿童、纪检监察、宗教、文艺、教育、医药、藏传佛教、政协、地方志、实用科技、外事、军事、经济、财政、金融等30种以上；（3）综合类报刊。其知识容量丰富，涉及领域全面，提供给读者以广泛的信息；（4）晚报。目前在整个藏文报刊阵列中，唯有西藏自治区的《拉萨晚报》一家；（5）学术期刊。在藏文学术期刊中，藏学、民族学的研究自然就成为主流；（6）行政公报。主要功能是传递行政信息，它们的主办者基本是人大、政府机关；（7）信息报刊。主要传递艺术、文化、学术等方面的信息，为研究者提供便利；（8）文摘报刊；（9）画刊。

8. 收藏地。主要集中于国家和各省区、大专院校图书馆、博物馆，藏学、民族学研究机构，寺院，民族事务管理机构，民族出版机构，民族教育机构，民间收藏机构和收藏家、集报协会，新闻出版机构，语言管理机构，民族文化团体等。而图书馆、博物馆和研究机构，则是藏文报刊的历史长廊和荟萃之地。

9. 机构设置。在藏汉双语的基本构架下，各报刊均设有藏语采编机构。在开始时，它仅仅是以汉文采编为中心的编辑部的一个构成板块，藏文版基本是对汉语版的整体翻译，没有独立的采编权利。随着藏文版影响力的扩大，藏文版纷纷设立藏文编辑部，逐步走上自采自编的路子，为藏文报刊的一大进步。

10. 印刷方式。在新中国藏文报刊初创时期，受经济实力和印刷方式的制约，除铅印外，还有一部分采用比较原始的印刷方式，如油印、石印等。如《夏河报》始为石印，1952年11月底改为套印，汉文铅印，藏文手写石印。1953年元旦起才全部改为铅印。作为《西藏日报》前身的《新闻简讯》，最初也是油印。1954年改为石印。1954年汉文版改为铅印，1955年藏文版亦改为铅印。

11. 读者对象。藏文报刊有自己特定的读者对象，它的基本受众就是藏族群体。综合各种资料分析，藏文报刊的读者一般包括：上层统战人士；国家工作人员；寺院僧尼；民族地区学校师生；民族研究机构和国家各层级图书馆职员；藏区农牧民；基层科技工作者；民族艺术工作者；藏族文学爱好者与作者；藏学、民族学学者；藏族基层干部；解放军官兵；宗教学者和藏传佛教信众；翻译工作者；藏文媒体从业者；民族语文研究者等。

12. 发行方式、发行量。藏文报刊政治宣传教化功能被置于最高位置，其经营费用基本由国家财政拨款。除一般的订阅外，赠阅和免费发送成为常见的发行方式，但也在逐渐向订阅演变。受语言、区域和受众规模的制约，藏文报刊的发行量比较有限。一般每期的发行量在3000份以内。《西藏日报》藏文版的最高纪录是24973份（1976年），创造了藏文报刊的最高单期发行纪录，至今未被打破。

13. 栏目设置。藏文报刊的栏目设置具有明显的民族和区域特色。主要包括：政策法令，各领域信息，地方新闻，民族文化，副刊，特色专栏等。在藏文报刊中，藏文副刊成为提升报刊文化境界和影响力的一个品牌。

14. 传承关系。藏文报刊的刊名、出版周期、语言形式等在发展中多有演变，有的还反反复复，一刊多名，显示出曲折复杂的发展轨迹。作为最具规模的省级藏文日报，《西藏日报》的发展历史较为漫长。它最初发端于1951年7月26日、8月28日中国人民解放军第十八军进军西藏途中创办的《新闻简讯》和《草原新闻》。1951年10月26日、12月1日，自四川、青海出发的人民解放军进驻拉萨，2份油印报刊相继停刊。1951年11月12日，以新华社名义出版《新华电讯》。1952年10月1日，更名为包含地方新闻的《新闻简讯》。1952年11月，藏文版《新闻简讯》创办。1956年4月22日，《西藏日报》藏汉文版与西藏自治区筹备委员会同日诞生。它发源于西藏本土以外，历经7年才呱呱坠地。

15. 刊名题签。党和国家的领导人是藏文报刊刊名重要的题写者之一，以此表明对藏文报刊的扶植。如毛泽东主席为藏汉语版《西藏日报》题写刊名。而更多的藏文报刊的刊名，则由藏族著名人士或政治家题写。如《青海科技报》的藏文版刊名由时任全国人大常委会副委员长班禅额尔德尼·却吉坚赞题写。《西藏广播电视报》《西藏民族宗教》《日月山》的藏文版刊名由时任全国人大常委会副委员长阿沛·阿旺晋美题写。时任全国人大常委会副委员长帕巴拉·格列朗杰则为西藏地市级机关报《昌都报》题写了藏文版刊名。刊名题签之演变，也显示出藏文报刊地位和功能的变化。

四　藏文报刊的基本传播规律

作为一种特殊的传播体系，中国大陆的藏文报刊整体构架较为完整，传播品质独特，传播效能独具。

1. 政府主导。藏文报刊实际是国家民族区域自治政策的产物，故在中国的藏文报刊体系中，由各级党政机关主办的报刊无疑拥有主导地位。各自治区、州、县的机关报刊，一般都创办有藏文版，初步形成了国家、省区和自治州三级藏文报刊框架。它们不仅是最权威的信息平台，也是当地的舆论中心。特别是在民族政策宣传上所发挥的核心作用，为其他报刊所不及。藏文报刊的文字优势和可保存的特点，甚至使其成为藏族群众的基本文化读物。有研究者认为：中国少数民族文字报刊的基本特点是“政治传播”①。这也同样适用于对藏文报刊的评估。

2. 类型完整。据最近的统计，中国现有的藏文报纸有20家，藏文刊物则在60种左右。在少数民族文字的报刊中，藏文报刊的规模当居于榜首。其类型与汉语报刊大体上保持着对应的态势。汉语报刊所拥有的媒介种类，藏文报刊差不多都能与之呼应。而针对藏族特殊需要的宗教、藏医学、体育、法制、文化、教育等报刊加入其中，则是凸显了藏文报刊独有的优势。

3. 藏汉双语。在国家统一和民族自治的重要背景上，藏族自治区域的报刊一般都呈现出藏汉双语的独有态势。藏汉语报刊或采用双璧模式——同名而各自独立运作；或合璧模式——藏汉语共版，既尊重汉语作为国家通用语言的现实，又体现民族自治的特殊性，成为藏文报刊最突出的特质。在付出了双倍的投入后，“双语”神奇的传播效果，在传播信息，更新观念，传承文化，促进民族地区跨越式发展方面，发挥了无可替代的功效。

4. 覆盖藏区。虽然藏文报刊的重心在地处青藏高原的西藏、青海地区，但在全国13个藏族自治区域广袤的土地上，都有藏文报刊的身影，藏文报刊并没有忽略藏族聚居区其中的任何一个地方。

5. 民族风格。藏文报刊本身就是民族特色的最集中体现。其独特的民族语言表现力，富于民族风味的栏目，对藏族聚居区政治、经济、文化、历史、民俗的传播，特别是对传统民族文化的弘扬，塑造了藏文报刊与众不同的品位。藏文报刊既是传播媒介，也是巨大的收藏宝库，使藏民族的文学、艺术、体育、医学、宗教、民俗等民族文化得以传承和推进。

6. 周期较长。受藏族聚居区受众规模、社会经济和交通等因素的制约，藏文报刊确实很难成为“传媒巨人”，即使与相为对应的汉文报刊相比，它的出版周期在总体上依然达不到汉语报刊那样高的出版频率。报纸的周刊化和刊物的季刊化，目前还是其主流。

7. 区域分割。藏族自治区域的土地面积极其广大，人口密度很小，不仅

① 黄辉：《如何理解中国少数民族新闻传播史》，传媒学术网，2006年4月30日。

造成了区域内传播的困难，也使区域间的“传播流”被阻隔，形成事实上的各区域藏文报刊传播分割的状况。如西藏的藏文报刊就不太方便到达青海的某一个州县的读者手中，同样，在西藏的读者要看到青海的藏文报刊，亦非易事。地缘因素对藏文报刊的区域分割力不可忽视。

8. 非城镇化。随着藏族自治区域社会经济的高速发展，这里城镇的大众传播格局已经与祖国内地更加趋同。尽管城镇的藏族受众在大幅度增加，但藏文报刊却在多维度的传媒群落面前，已不再是唯一的选择。藏文报刊必然将自己的重心移师广袤的农牧区。在西藏自治区日喀则地区昂仁县卡嘎镇江嘎村，很多时政消息就是当地居民从《西藏日报》藏文版了解到的。藏文报就是偏远牧区群众的“千里眼”。而寺庙的僧人也是藏文报刊的忠实读者。在日喀则市曲美乡那塘村那塘寺就有 2 份藏文版《西藏日报》[①]。可以预言，藏文报刊能否拥有未来，主要取决于在可以预见的时期内，是否可以培育出适宜的农牧区藏文报刊市场。

9. 非市场化。藏文报刊在整体上并未实现市场化，它的创办与运作基本上还是政府行为。有限的藏族受众，决定了其有限的发行量。由于区域内企业稀少，直接限制了广告投放。除《西藏日报》这样的省级机关报开辟有一定的广告版面外，绝大部分与广告无缘，没有经济活力。

10. 非连续性。在新中国藏文报刊的初创时期，1950 年到 1958 年的 9 年间，差不多诞生了这一时期最主要的藏文报刊，而且一个年度的空白都没有留下。而在 1958 年到 1979 年的 22 年间，仅仅稀疏地出现了 3 种藏文报刊，平均 7 年才出现一份报刊，很多年份就没有藏文报刊创刊的记录。藏文报刊整体性的困难与发展的迟滞，由此可见一斑。

11. 传播功能独特。特殊的政治、地域、民族背景，赋予藏文报刊以特殊的媒介地位：宣传党和国家的大政方针和民族区域自治政策，使民族地区获得政治地位和民族身份认同；传播时事、文化、科技、教育、农牧业等各种信息，推进藏族聚居区的文明进程；传承藏民族灿烂文化，树立民族自豪感，促进中华民族文化的大融合。

12. 影响力扩大。在以藏语为母语的藏族聚居区，藏文报刊无疑是最受欢迎的大众媒介。在发展过程中，藏文报刊也在逐渐推选出自己的代表作。第一份现代化的藏文报纸《青海藏文报》、最大的藏文报纸《西藏日报》、

---

① 王梦敏：《藏文报：牧民群众的“千里眼”》，中国西藏新闻网，2006 年 11 月 27 日。

第一份藏文对开彩色日报《阿坝日报》等，在藏区享有盛誉。而一些藏文名刊日渐扩大的影响力，则提升着藏文传媒的实际地位。创刊于1981年的藏文文艺刊物《章恰尔》，以高质量、高品位在全国的藏族地区受到广泛欢迎，发行范围不仅覆盖中国整个藏族地区，还远销到美、日、意、英等17个国家。该刊先后13次获得省内外多种奖励，2001年进入新闻出版总署“中国期刊方阵”，并获“双效期刊”；2003年和2005年先后两次在全国9000多家期刊中脱颖而出，荣获第二、第三届国家期刊奖百种重点期刊，成为全国藏文期刊中唯一获此殊荣的期刊。2001年出版的《章恰尔20年精品丛书》共8卷，包括《小说卷》（上、下册）、《诗歌卷》（上、下册）、《理论评论卷》《散文卷》《翻译小说卷》《名作欣赏卷》，进一步扩大了藏文刊物的辐射力。藏文报刊还通过策划组织重要社会和文化活动吸引读者的注意力。2001年，西藏日报社与西藏自治区藏语文工作指导委员会办公室联合举办的《西藏日报》藏文报有奖读报活动，拉近了藏族读者与报纸的距离。2002年，藏文版《西藏日报》实行扩版。版面由28版增加到36版，并增设了一些新的栏目。藏文报刊的发行周期也在逐渐缩短。除了距拉萨1750公里的阿里地区和距拉萨1500公里的昌都地区外，西藏自治区的拉萨市区，日喀则、山南、那曲、林芝四个地区行政公署所在城镇均实现了当日报纸早上投递。

13. 独特机制增强藏文报刊活力。国家实行的对口援藏战略，使藏文报刊获得了持续发展的强劲动力。2005年9月，全国新闻出版系统援藏工作会议在拉萨召开。在国家新闻出版总署的部署下，西藏的藏文报刊在资金、技术、专业人才诸方面得到了祖国内地大的报业集团、出版集团的有效扶植。全国藏文报刊协作机制的建立，促进了藏文报刊的交流和发展。自1998年开始，西藏、青海、甘肃、四川、云南等藏区共同发起建立“全国藏文报协作会议”，目前已举办10届，同时举办全国五省区藏文好新闻评选活动。

14. 积极推进的藏语信息化建设，为藏文报刊现代化奠定基础。从1993年开始，西藏自治区研制藏文编码国际标准和国家标准，并于1997年获得顺利通过，使藏文在我国少数民族文字中成为第一个具有国际标准、获得全球信息高速公路通行证的文字。2004年8月，中国第一个藏族语言文字的新闻采编网络——《青海藏文报》新闻采编网络建成投入使用，这也是中国第一个少数民族语言文字的新闻采编网络。现代新词汇的藏语概念标准化步伐加快。

自然，藏文报刊也面临着种种困难。主要是依靠国家政策性保护，自身生存力很弱：发行量普遍有限；无经济效益；专业人才特别是藏汉双语人才匮乏；独立采编能力不足；发行区域分散；发行周期过长等。在电子传播媒介的冲击下，它的生存环境自然受到挤压。不过，这并不意味着藏文报刊就失去了存在的价值。藏文报刊作为纸质媒介的优势和藏语言介质的特殊指向性，使其具有不可替代的信息传播价值。着眼于未来，藏文报刊应重点解决的是明确的定位、功能的多样化和传播方式的更新。

五　本课题研究的基本框架

从大众媒介史的视角出发，本课题的研究及主要成果由如下方面体现出来，它们就构成了本课题研究的基本框架：

绪论。对中国藏文报刊的基本历史面貌进行综述；说明本课题研究的范畴；阐明总体思路和基本框架。

第一章藏文报刊产生的法律、语言和民族基础。是对藏文报刊产生和发展背景的基本分析。

第二章中国藏文报刊发展的历史轨迹。分“发轫”—“确立”—“成熟”三个阶段，对中国藏文报刊的历史进程做出简要陈述和基本解读。此为主体部分。

第三章中国藏文报刊的基本构架和媒介传播品质。这是对藏文报刊传播体系的整体分析，并对其传播的特点进行抽象概括。

第四章中国代表性藏文报刊要览。试图对影响甚巨，或具有特殊地位的若干藏文报刊进行个案分析，从典型媒体的介绍中把握中国藏文报刊的历史轨迹和传播效能。

第五章中国藏文报刊名录。以藏文报刊创办的时间为序，将100年来中国藏文报刊的“大名单”排列出来，汇集较为完整的藏文报刊资料，并附录若干不同角度排列的藏文报刊名单作为参考。此为藏文报刊历史研究的基础，亦为本课题主体部分之一。

大事记。以时间为序，记述藏文报刊发展中的重要事件，作为历史研究的“年表”。

参考书目。既表明研究的依据，也为后续研究提供参考线索。

图片。汇集在进行课题研究中拍摄和搜集到的有代表性的藏文报刊照片，增强课题研究的实证性和可感性，丰富课题内容。

后记。主要说明研究过程。

这样构思的主要理由在于：

1. 关于藏文报刊历史的基本资料和历史轨迹的梳理，肯定是本课题研究的重点、基础；

2. 关于藏文报刊传播品质和效能的分析，是研究藏文报刊史的归结点；

3. 对藏文报刊成长背景的描述，是了解藏文报刊的前提；

4. 对历史的判断主要依赖于史料，故书稿对历史事实的收存极为重视。源于多个方向的历史事实记载，正是出于这样的考虑；

5. 历史往往是由那些“杰出”的事实创造的，因此特别增加“代表报刊”一部；

6. 没有人能够亲历所有的历史过程，对一个有限的生命而言，历史就存在于浩瀚的历史记载之中，因此不厌其烦地排列出附录和参考书目，其意就在于此。

六　基本研究方法

历史研究的方式往往极为朴素。而传播学的理念，则给予古老的历史研究以崭新的启迪。

1. 藏文报刊资料的收集是开展研究的第一步和重心所在。笔者设计和发放了调查表格，在北京、西藏、青海、四川等地进行了实际调研和考察，访问了许多藏文报刊社，采访了若干当事人与管理者，并到藏、青、川新闻出版局报刊处查询资料。同时，可资利用的藏文报刊主题的著述、文献，累计收集资料当以百万篇幅计。

2. 整理出本人有限视野中最完整的“中国藏文报刊名录”，厘清了中国藏文报刊的家谱。

3. 在基本掌握资料的基础上，划分中国藏文报刊发展演进的历史阶段，并设计出研究的基本框架，勾勒出课题成果的撰写提纲。

4. 以课题成果提纲为指南，由故而今，分阶段研讨中国藏文报刊发展的历史进程。主要成果还以论文形式在《新闻与传播研究》《中国藏学》《西南民族大学学报》《西藏民族学院学报》等上发表。

5. 在对基本历史事实掌握的基础上，进而研究藏文报刊的传播品质和效能。

6. 充分注意藏文报刊的民族文化、民族区域自治等重要背景，同时将这项研究置于中国新闻史的学科背景之上。学科融合使本项目的研究具有跨学科的优势和多向度的收获。

7. 历史的研究必须做到“有案可稽”。本项目的任何结论，均不来自笔者的灵感，而源自于史实赋予的严密逻辑。

七 中国藏文报刊发展史研究的学术意义

1. 填补少数民族文字报刊史研究的空白。通过全面收集整理和研究，完整展现藏文报刊的发展状况和整体面貌，并做出较为准确的解析、评价，开创性地建立藏文报刊的史学构架，进一步拓展中国新闻事业史的研究领域，突出作为多民族融合国家的中国新闻事业的鲜明特质和独特内涵。

2. 在目前有关藏文报刊的系统研究十分薄弱的情况下，本课题对作为少数民族大众传媒的藏文报刊发展规律的探讨，将对民族传播业的生存和振兴，创建民族新闻传播事业新格局，具有直接的参考价值。

3. 本课题的研究，将会较为深入地探讨藏文报刊在促进藏族聚居区经济发展、民族团结和社会进步诸方面的传播、文化价值，为民族地区的社会进步和繁荣，实现国家现代化和民族振兴提供科学咨询和参考。

4. 本课题的研究，无疑会开辟藏学研究的一个新领域，实现跨学科研究的有益尝试，并为藏学研究建立系统的报刊检索和资料系统。

第一章

藏文报刊产生的法律、语言和民族基础

中国的藏文报刊，绝不仅仅是一种大众传播媒介。从历史和社会的角度进行解读，它更是中国多个历史时期政治和文化的产物。在我们关注藏语报刊的历史进程和呈现出来的丰富形态的时候，不能不追溯隐藏在它身后的多重背景和广阔的社会土壤。而当我们再从传播学的视角审视的时候，下面的诸多因素构成了对藏文报刊命运的根本性影响。

一　藏语言文字介质的成熟

作为以文字为基本介质的平面传播媒介，藏语言文字的成熟构成了形成传播链条的基础。

据历史记载，藏文一般诞生于7世纪初松赞干布建立的吐蕃王朝。在尚无统一文字的蒙昧时代，睿智的松赞干布就特派大臣屯米·桑布扎等16人赴天竺（印度）求学拜师，精研梵文和佛学。返藏后，屯米·桑布扎结合藏语音韵规律，吸取古藏文精华，经过整理和再创造，形成了30个辅音字母、4个元音符号的藏文文字体系。到了9世纪，藏王赤德祖赞登位后，对藏文拼音进行简化，丰富词汇，改进文法，使藏语成为藏民族的通用交际语言。据此我们就可以确认：藏语早在1300年前就发展成为一种成熟的文字。

而最近公布的科学研究成果表明，有可能将藏文诞生的年代又大大提前。考古工作者曾在距今已有1275年历史的西藏朗县列山墓群中发现长1米左右的条形木构件，其上书有墨写的单个字母，字母与现代藏语中的元音字母相似，字体较为成熟。它应该是区别屯米·桑布扎所创文字的另一种成熟文字，这证明早在吐蕃时期，藏族就有了自己的文字。藏族有文字的历史很可能要早于1300年前。至少在吐蕃王朝初期，生活在雅鲁藏布江中游地域的人们已经广泛使用文字，而且发展到相当的水平。而若以在西藏苯教僧人撰写的大量史书为据，藏文的起源当在4000年以前[1]。

关于藏文历史起源的迟早之争，虽然会改变藏语言的年轮，但对藏语的现实并没有太多影响。经过漫长的历史陶冶，藏语以成熟的语法、丰富的词汇、瑰丽的表现力和对社会的较强渗透力，成为大众传播媒介的通用语言之一。藏语言文字有足够的自信承担起报刊的媒介使命。

中华人民共和国成立之后，藏语的规范化取得了历史性进步。特别是藏族自治地方先后建立后，藏语的标准化规范化工作步伐明显加快，陆续出版了一批藏文辞书，包括《格西曲扎藏文辞典》《藏文大词典》《藏汉口语词典》《汉藏对照词汇》《藏汉词汇》《藏汉词典》等，使藏语的使用在更大范围内取得共识。

开始于20世纪90年代中期的藏语信息化工程，使藏语与最先进的计算机技术完全融合，插上了现代化的翅膀，给藏语报刊的采编出版创造了良好的条件。国家先后通过了22种藏文印刷字体，制定了《藏语术语标准化工作的一般原则与方法》，审定了近6万条科技术语，特别是藏文信息处理技术和藏族语言文字的新闻采编网络的研制成功，不仅使藏语言文字获得了现代技术的支撑，更使藏文报刊的采写编辑和出版进入现代化轨道。

二　广大的藏民族受众群体

藏民族是中国少数民族中历史悠久、分布广泛、人口规模较大的民族，它对信息的多方面需求，成为创办藏文报刊的受众基础。而以藏族为基本受众的藏文报刊，必将拥有广大的传播市场。

藏族聚居在以青藏高原为主的广大区域。自古以来，青藏高原就是藏民族繁衍生息的地方。据传，吐蕃王朝兴盛时期，藏族人口大约有1500万，分布也较广，除西藏本部外，涉及今川、滇、甘、青、新等主要地区和尼泊尔、不丹、锡金、克什米尔等国家和地区。公元1737年，清政府在清查人口时，确认藏族有270万人。其中，西藏地区无疑是藏族人口最为集中的地方。公元1830年，清朝政府对西藏进行人口清查，估算数字为100万人。其他藏区的人口约有200万人。1951年西藏和平解放时，西藏人口为115万人。1953年，全国进行人口普查，西藏和昌都地区未直接进行普查登记，西藏地方政府估计并向中央申报了127.5万人。藏族是中国少数民族中分布最

[1] 颜园园、尕玛多：《藏族有文字历史可能早于1300年前》，新华网，2006年3月22日。

广，人口较多的民族。藏族悠久的文化传统和对广泛信息的需求，成为藏文报刊创办的民族基础。

据2000年全国第五次人口普查统计，藏族共有人口5416021人，主要分布于西藏、青海、四川、甘肃和云南等省（自治区）——西藏自治区，青海省的海北、黄南、海南、果洛、玉树等藏族自治州和海西蒙古族藏族自治州，甘肃省的甘南藏族自治州和天祝藏族自治县，四川省的阿坝、甘孜两个藏族自治州和木里藏族自治县，云南省迪庆藏族自治州等1个自治区、10个自治州、2个自治县。在我国少数民族中，藏族人口并非最多，但分布面积却占全国总面积的1/4，是少数民族中居住面积最广大的民族。这也意味着藏文报刊成为少数民族报刊中拥有最辽阔受众的民族语言介质的大众传媒。

作为全国最主要的藏聚居区，西藏是以藏族单一民族为主导的民族自治地方。《西藏自治区2007年经济和社会发展统计公报》显示：2007年末，全区总人口284.15万，藏族人口就达到94.89%。占到全国藏族人口50%的众多的藏族居民，使西藏汇集了全国最大藏文报刊读者群，也使这里成为全国藏文报刊最密集的区域。

三　以民族平等为核心的语言政策

藏文报刊创办的最根本法律依据，是以民族平等为核心的民族语言政策。自藏文报刊诞生的清王朝开始，历代中国中央政府均在国家宪法等各层次法律文本中，确定了中华各民族一律平等的基本法律和政治地位，并赋予各民族自由使用本民族语言文字的权利，使藏文报刊的创办和发展具备了坚实的法律基础。

在中国第一份藏文报刊诞生的清朝末年，虽然没有见到关于藏民族和藏语地位的明确法律认定，但是，清朝中央政府还是采取一些措施，如委派驻藏大臣、制定《藏内善后章程二十九条》等，强化西藏作为中国一个地方区域的地位确认。清政府并通过驻藏大臣，发展西藏的文化教育，促进汉藏文化交融。如驻藏大臣张荫棠、联豫在藏兴办藏文传习所、汉文传习所，创立译书局和藏文报等，实际上就包含着对藏民族及藏民族文化，包括藏语言文字的尊重。

1911年，中国最后一个封建王朝清政府被推翻，中华民国建立。在新的社会制度框架中，西藏及藏族在中国的地位以更加明确的法律文本确定下

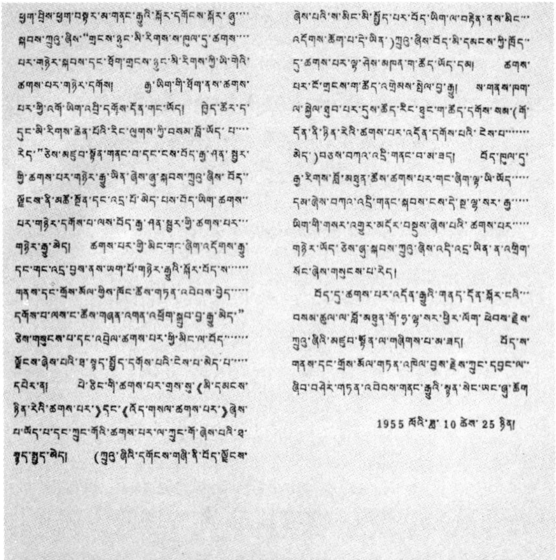

西藏自治区党委一九八六年一月二十九日关于《西藏日报》创刊三十周年举行纪念活动的批复（摘要）

西藏日报社在庆祝大会前除抓紧筹备工作外，要着重抓好三件事：一是从西藏的实际出发进行新闻改革，办好具有西藏特色的西藏日报，二是办好藏文报，把藏文报办成广大农牧民喜闻乐见的直接为他们服务的报纸，三是要树立报社一切工作为宣传服务为办好报纸服务的思想。

中央关于西藏日报的两次指示（1）

来。中华民国元年（1912年）1月1日，孙中山就任中华民国大总统。在《孙总统宣言书》中，宣布“合汉、满、蒙、回、藏诸地为一国，则合汉、满、蒙、回、藏诸族为一人，是曰民族之统一”①；中华民国元年（1912年）3月11日，民国政府颁布《中华民国临时约法》，其中规定：“中华民国领土，为二十二行省，内外蒙古、西藏、青海”；“中华民国人民，一律平等，无种族、阶级、宗教区别”②；中华民国三年（1914年）5月1日，民国政府颁布《中华民国约法》，其中规定：“中华民国人民，无种族、阶级、宗教之区别，法律上均为平等。”③中华民国十二年（1923年）10月10日，民国政府颁布《中华民国宪法》，其中规定：“中华民国人民与法律尚无种族、阶级、宗教之别，均为平等。”④这些法律传递了一致的民族理念：西藏是中国不可分割的一部分；藏民族享有与其他民族同样的平等地位。它们为藏文报刊的创办提供了明确的法律依据。

在新中国的法律体系中，民族平等和各民族自由使用本民族语言的权利获得了准确而明晰的确认。1949年，中华人民共和国成立。新生的人民政权自新中国成立伊始，就逐步制定了保障藏民族等少数民族和藏族语言

① 西藏社会科学院、中国社会科学院民族研究所、中央民族学院、中国第二历史档案馆：《西藏地方是中国不可分割的一部分》（史料选辑），西藏人民出版社1986年版，第452页。

② 同上书，第452—453页。

③ 同上书，第453页。

④ 同上书，第454页。

文字平等地位的法律文件。随着国家民族政策的完善，有关藏民族和藏民族语言文字地位的完整的法律体系全部建立起来，为藏文报刊的发展奠定了牢固的根基。1949 年 9 月 29 日通过的具有临时宪法地位的《中国人民政治协商会议共同纲领》规定："中华人民共和国境内各民族一律平等"，"各少数民族均有发展其语言文字、保持或改革其风俗习惯及宗教信仰的自由"①。1951 年 5 月 23 日，中央人民政府与西藏地方政府签订《关于和平解放西藏办法的协议》，其中就确定："依据西藏的实际情况，逐步发展民族的语言、文字和学校教育。"②1952 年 8 月 9 日，由中央人民政府公布施行的《中华人民共和国民族区域自治实施纲要》规定："各民族自治机关得采用各民族自己的语言文字，以发展各民族的文化教育事业。"③1961 年 4 月 21 日，《中共中央关于西藏工作方针的指示》中对在藏干部明确要求："凡是适宜留藏工作的要留下来长期工作，培养提高，并且坚决组织他们学习藏语藏文，五十岁以下的干部一定要学会使用（也要帮助藏族干部学好汉语文），为长期建设西藏努力奋斗。"④中国国家民族区域自治法的颁布，对少数民族和少数

中央关于西藏日报的两次指示

（一）

中央对西藏日报工作的指示

西藏工委：

八日电悉。同意你们创办西藏日报的意见，并基本上同意所提编辑方针和出版计划。编辑方针中所提"按照当地的特点进行关于党在过渡时期总路线的宣传"，应改为"按照当地特点进行关于中华人民共和国宪法的宣传"。此外，所提在西藏日报上进行批评和自我批评一节，根据目前西藏情况，不宜强调，只能在有利于爱国团结的条件下适当地运用。关于对报社的领导，应按照中央关于改进报纸工作决议的规定，即由工委书记之一直接领导，并委托宣传部协助管理日常业务。同时，不采取社长制，而采取总编辑制，设总编辑和副总编辑。所需干部由中央宣传部负责配备，须于何日到藏，可告中央宣传部。工委亦应尽可能从当地选拔报纸工作人员。又鉴于西藏地区辽阔，交通不便，西藏日报创刊后，各分区油印报是否都停刊或改出收音小报，请你们再加考虑后决定。

一九五五年三月四日

（二）

张经武来电谈毛主席对创办西藏日报的指示

予曾请示主席为西藏日报报头题字，主席指示："在少数民族地区办报，首先应办少数民族文字的报。为什么要用汉文报头？你们还有大民族主义思想"。我说是办藏汉两文合版的报。主席说："西藏与青海不同，不要藏汉两文合版，要办藏文报。报纸用什么名字和怎样办好，应同西藏地方商量，由他们决定，我们不要包办"。并指示，报纸名字不一定要用"西藏"二字，如北京的报纸有《人民日报》《光明日报》，中国报纸并未用"中国"二字（主席的意思是不用西藏地名可用藏文取名）。主席问到西藏人有多少人能看懂报纸，报纸要发行多少，要多少时间才能发到各地（意指不一定出日报）。又问在藏区汉人看什么报？我答过去拉萨办有汉文的新闻简讯。主席说，这样就可以了。

关于西藏出版报纸的问题，我的意见可等国华同志返回拉萨之后，根据主席指示并与西藏地方商定后再报中央审核。

一九五五年十月二十五日

中央关于西藏日报的两次指示（2）

① 中共中央文献研究室、中共西藏自治区委员会编：《西藏工作文献选编》，中央文献出版社 2005 年版，第 3 页。

② 同上书，第 42 页。

③ 同上书，第 59 页。

④ 同上书，第 262 页。

中央关于西藏日报的两次指示（3）

民族语言的地位做出了专门的确认，具有历史性的开创意义。1984 年 5 月 31 日，第六届全国人民代表大会第二次会议通过《中华人民共和国民族区域自治法》。2001 年 2 月 28 日，第九届全国人民代表大会常务委员会第二十次会议做出《关于修改〈中华人民共和国民族区域自治法〉的决定》。该法律确定了中华人民共和国“多民族”国家的基本特点，阐述了民族区域自治的性质是“发挥各族人民当家作主的积极性，发展平等、团结、互助的社会主义民族关系，巩固国家的统一，促进民族自治地方和全国社会主义建设事业的发展”。在赋予的少数民族的全面社会权利之中，就包含少数民族使用本民族语言和用本民族语言发展新闻事业的权利。该法律第十条规定：“民族自治地方的自治机关保障本地方各民族都有使用和发展自己的语言文字的自由。”第三十八条规定：“民族自治地方的自治机关自主地发展具有民族形式和民族特点的文学、艺术、新闻、出版、广播、电影、电视等民族文化事业，加大对文化事业的投入，加强文化设施建设，加快各项文化事业的发展。”这部自 1984 年 10 月 1 日起正式实施的国家法律，是在国家根本大法——宪法的基础上，对民族区域自治政策的具体化，也是国家在藏族自治区域内创办和发展藏语报刊的直接法律依据。

在中国的藏族自治地方的立法中，对藏语的使用也相应做出了明确的规定，其中也包括对民族语言媒体之地位的确认。随着 1984 年《中华人民共和国民族区域自治法》的颁布实施，自 1987 年开始，全国的 13 个藏族自治区、州、县，先后制定并颁布实施了“藏语文工作条例”。而在未能制定专门的“藏语文工作条例”的藏族自治地区，也在本地区制定的“自治条例”中，对藏语的使用和发展做出明确的规定。1987年至1988年，西藏自治区颁布关于藏语文的规定及实施细则；1989年、1990年，云南省迪庆藏族自治州、四川省木里藏族自治县分别颁布“自治条例”，对藏语的使用做出具体规定；1990年，青海省《海南藏族自治州藏语文工作条例》颁布；1991年，青海省《海西蒙古族藏族自治州蒙古族藏族语文工作条例》颁布；1993年，青海省《果洛藏族自治州藏语文工作条例》《黄南藏族自治州藏语文工作条例》同年颁布；1994年，青海省《海北藏族自治州藏语文工作条例》《玉树藏族自治州藏语文工作条例》同年颁布；1995年，《甘肃省甘南藏族自治州藏语言文字工作条例》颁布；1996年，《甘肃省天祝藏族自治县藏语言文字工作条例》颁布；1997年，四川省《甘孜藏族自治州藏族语言文字使用条例》颁布；2006年，四川省《阿坝藏族羌族自治州藏文社会用字管理办法》颁布。由此可以看出，在1987—1997年的11年间，除1992年留下空白外，没有一年未曾立法，其密度之大，令人震撼。全国的13个藏族自治地方，有11个建立了相关的法律制度。在此，还需要特别说明的是，1952年11月8日，新中国最早的地方性民族语言条例——《西康省藏族自治区关于发展民族语言文字的实施办法》颁布。后来“西康省”撤销，但该地方法规的影响和意义却并不能一同被历史“撤销”。

在中国最大的藏族自治区——西藏自治区，对藏语的使用做出了最完备的规定，典型地体现了藏语作为一种民族语言的法律和社会地位。在中国共产党十一届三中全会以后，中共中央批转了西藏自治区党委《关于汉族干部、职工学习藏语文的意见的通知》。西藏自治区党委、人民政府下发了6个文件，对藏语文工作的重要性、必要性作了多次反复强调，对藏汉族干部、职工学习藏语文和机关单位行文使用藏文作了具体要求和规定。为使藏语文工作纳入法制化轨道，根据《中华人民共和国宪法》和《中华人民共和国民族区域自治法》，1987年7月9日，西藏自治区四届人大五次会议审议通过了《西藏自治区学习、使用和发展藏语文的若干规定》（试行），共16条；1988年10月29日，西藏自治区人民政府颁布了《西藏自治区学习、使用和发展藏语文的若干规定的实施细则》（试行），共13章61条；2002年5月22日，西藏自治区七届人大五次会议修订颁布了《西藏自治区学习、使用和发展藏语文的规定》，共19条；西藏自治区人民政府还修订了《西藏自治区学习、使用和发展藏语文的规定的实施细则》；2001年11月16日，拉萨市人民政府以政府令的形式，发布了《拉萨市社会用字管理办法》（试行）[①]。

与周爱玲在青海语委了解藏文报刊情况（2005—8）

在国家关于新闻出版的专业行业法规体系中，对民族语言及民族文字报刊的出版给予了明确的认定和特别的关注。2001年12月31日，《出版管理条例》颁布。其中第五十条规定："国家扶持少数民族语言文字出版物和盲文出版物的出版发行。国家对在少数民族地区、边疆地区、经济不发达地区和在农村发行出版物，实行优惠政策。"2005年12月1日，《报纸出版管理条例》颁布，其中第三十二条规定："出版报纸地方版、少数民族文字版、外文版等不同版本（文种）的报纸，须按创办新报纸办理审批手续。"将民族文字报纸视作独立的平面媒介，而非一种报纸的附属物。

国家还以会议的形式，对民族文字出版物包括藏文报刊给予高度重视。1980年11月，国家民委和国家出版局在北京召开全国少数民族民族图书出

① 《全面正确执行民族语言文字政策，促进藏语言文字的发展》，中国西藏新闻网，2006年6月2日。

版工作座谈会，会后批转了《国家民委、国家出版局关于大力加强少数民族文字图书出版工作的报告》，要求对民族出版工作加强领导，“根据实际需要和可能的条件，给予积极支持和帮助”；1982 年，中共中央和国务院在《关于加强出版工作的决定》中指出：“要认真重视和扶植少数民族地区出版工作和少数民族文字的出版工作，推动他们为本民族经济文化的发展和全国出版工作的繁荣做出贡献。要切实考虑他们的特殊困难，在人力、物力、财力方面，给予更多的帮助。对少数民族文字编译人员、印刷技术人员的培养，有关部门应重视安排。”1996 年 1 月，中宣部、国家民委、新闻出版署联合召开全国民族出版工作会议，会议出台相关特殊政策，包括免收民文图书条码费、书号使用不限、设立扶植民族图书出版基金等。特别是 1986 年，中宣部、国家民委联合召开全国少数民族文字报纸经验交流会，就少数民族文字报纸问题进行专门研讨，并联合发布会议纪要，提出扶植少数民族文字报纸的意见。这是唯一的以少数民族文字报纸为专题的文件。

四　治国安邦的历史使命

在特殊的政治和背景下，藏文报刊首先是“政治媒介”，它的基本功能是“政治传播”。回首藏文报刊诞生的百年历史，就可以发现：藏文报刊的出现，在很大程度上响应和承担着治国安邦的政治使命。

西藏是中国最主要的藏族聚居区，在 13 世纪的元朝就开始归于中国中央政府管辖。而在其他藏族聚居的地方，如青海、四川、甘肃、云南、内蒙古等地区，也一直是中国传统版图的组成部分。

清朝政府对藏族聚居区的管理，典型地体现在对西藏的管理上。清政府以法律和行政手段持续加强对西藏的治理，进一步确立西藏对中国国家的归属感。根据历史记载，康熙四十八年（1709 年），清廷就特派吏部左侍郎赫寿前往西藏，为清朝派遣大臣进藏管理西藏地方事务之滥觞①。后来逐渐形成定制，连续派遣驻藏大臣代表中央政府管理西藏地方事务。在乾隆时期（1792—1793 年间），清政府制定《藏内善后章程二十九条》，对中央政府管理西藏的职责，包括驻藏大臣的责权做出具体规定。驻藏大臣不仅是中央政府的代表，而且是西藏现代文明的开拓者之一。于是，中国藏文报刊的开幕式就顺理成章地降临到清朝最后一位驻藏大臣联豫的身上。在清朝政府走向

① 顾祖成：《明清治藏史要》，西藏人民出版社、齐鲁书社 1999 年版。

历史的夕阳之际，它用最后的努力，创办了中国第一份藏文报刊《西藏白话报》。这种合乎逻辑的选择，把藏文报刊、驻藏大臣和中央政府三个关键的元素连接在一起，构成了清朝末年的一隙霞光。这也使这位有着游历欧洲经历的驻藏大臣，把创办藏文报刊作为治藏的最文明手段，并赋予颇具政治意义和现代化色彩的办刊宗旨——“爱国尚武，开通民智”。基于办报者的特殊身份，藏文报刊实际成为国家管理藏事的手段之一。

到了中华民国时期，中央政府对藏民族和藏语言文字的地位给予了明确认定，并通过各种涉藏机构，创办了一些藏文报刊。虽然总数不过 10 种，但只要我们仔细审视这些藏文报刊的“主人”，就会发现它们拥有基本相同的身份——官方。如《藏文白话报》藏汉文对照，它的主办者是中华民国蒙藏事务局；《新西康月刊》汉、藏文合璧，它的主办者为南京西藏诺那呼图克图驻京办事处宣传科；《蒙藏月报》汉、藏、蒙三文合璧，主办者是中华民国蒙藏事务委员会——原蒙藏事务局；内容中包括有藏文内容的《新青海》，本身就是青海省政府的机关报；《西陲宣化使公署月刊》汉藏合璧，主办者是国民政府九世班禅西陲宣化使公署宣传处；《戍声周报》中个别汉文文章附有藏文译文，它的主办者就是一个“武装机关”——驻西康省定乡县（今四川甘孜自治州乡城县）国民党陆军 24 军 136 师 408 旅；《西康新闻》有藏、汉文版，为西康省康定《西康新闻》报社主办；《西康国民日报》出汉、藏文版，是西康省政府的机关报，由国民党西康省党部主办。除了《西康新闻》外，其余均为政府机关、藏事机构和部队所主办，它们所拥有的行政主导地位，无疑把藏文报刊首先变成为治理藏族聚居区事务的“舆论机关”。藏文报刊的机关报刊身份，自然就会被赋予宣传政策、维护民族地区和谐稳定、保障国家统一的历史责任。

1949 年新中国成立后，国家逐渐建立了完整的民族法律体系，确立了藏族和藏民族语言文字科学的地位。中国共产党和中央人民政府积极推行民族自治，从 1950 年到 1987 年，全国先后建立了 13 个藏族自治区域——天祝藏族自治县、玉树藏族自治州、木里藏族自治县、海南藏族自治州、黄南藏族自治州、甘南藏族自治州、海北藏族自治州、果洛藏族自治州、甘孜藏族自治州、迪庆藏族自治州、西藏自治区、海西蒙古族藏族自治州、阿坝藏族羌族自治州。就自治地方初建的时间来评价，其中 12 个民族自治州、县在 1955 年前就全部建立。由于西藏的特殊性，西藏自治区直至 1965 年才宣告成立。藏文报刊就星罗棋布地布设在这些区域，形成了中国藏文报刊最密集的地方。而在藏文报刊中，由各级自治区、州党委和政府主办的机关报刊，差不多覆盖了所有的藏族自治区域，几乎每个自治区、州都拥有自己的藏文报刊，它们是藏语报刊的主导力量。同时，藏族自治地方的各行业主管部门创办了种类相当齐全的专业藏文报刊。而专业协会主办的藏文报刊，也是其中不可忽视的一个群落。藏文报刊成为宣传党和国家方针政策，传承民族文化，维护国家统一和民族团结，传递信息的重要途径，当然也是贯彻民族区域自治法，管理民族事务的平台。

五　民族文化传承的需要

语言是文化的载体。藏民族文化的传承，需要语言媒介的支持。在民族区域自治政策中，民族语言的出版是其中重要的内容。藏文报刊就是其中的一个方面。

藏文报刊首先是藏语言文字传播和完善的平台。藏语言文字是历史的产物，在传统文化的洗礼中，藏语堪称优秀和出色。作为现代传播媒介，藏语必然要面临与现代复杂信息的对接和融合，并能逐步实现良好的对应，用自己的语言符号流畅、准确和全方位地传播信息。这种新的不断推进的挑战，一定会砥砺藏语言文字强大的表现力，凝聚丰富的内涵，使藏语言上升到新的文化高度，无愧于世界最优秀语言之一的地位。

藏语与藏民族文化之间深刻而牢固的血脉联结，使藏语成为藏民族文化最恰当的载体。不同的民族文化之间虽“心有灵犀”，有着普遍的沟通和融合，但作为其根本特质和个性的区别性，实际上是绝对不可替代的。用藏语传递藏族文化，弘扬民族文化，是符合逻辑的选择。它本身也构成了藏族文化的突出品质。完整的藏语报刊传播系统，就广义而言，均为藏民族文化的内在构成。它证明，藏民族文化已经融入到现代文化的宏伟世界之中。而在藏文报刊中普遍存在的藏文化元素——主要是各种文艺副刊、藏医藏药、民俗文化、宗教信仰、历史传说等，更是凸显了藏民族文化的独有魅力，鲜明地展示出一个伟大民族的光彩。

六　对信息传播的需求

任何一个优秀的民族，都不会拒绝与时俱进的新鲜信息。这是它基于民族进步发展的内在驱动力所决定了的。而选择藏语作为接收信息的工具，其中包含着历史的必然和对未来的巨大期待。

每个民族对自己的母语都怀有深情。藏民族自然就习惯于用藏文阅读，并互相进行交流。这是文化的自觉选择。在有的情况下，特别是作为藏文报刊主要读者的农牧民和藏族基层干部，受教育程度的限制，就更容易自觉地选择藏文报刊，而不是别的语言的报刊。甚至在很多情况下，就只能选择藏文报刊，因为他们只懂得藏语，由此别无选择。藏文报刊正是在这个文化的独有区域，找到了自己独一无二的耕耘园地。

藏民族不仅仅眷恋历史的背影，它更憧憬于未来，对民族的进步保持充分的自信。当海量的信息汹涌而至的时候，它们更愿意通过自己母语的过滤，尽情地选取丰富多彩的世界。藏文报刊所刊登的饱满的信息，给藏民族聚居区的经济繁荣和社会发展提供了开阔的视野和强大的知识动力。藏文报刊实际成为藏族自治地方走向现代化的神奇发动机。

第二章

中国藏文报刊发展的历史轨迹

在中国的报刊史上，少数民族文字的报刊可谓“姗姗来迟”。

回首世界新闻史，可知报刊是最早出现的大众传播媒介。而中国古代的报刊，则是世界上最早诞生的平面媒介。新闻史学家公认：在唐人孙樵《经纬集》中记载的“开元杂报”[①]，是中国最早的报纸。“开元杂报”并非正规的报刊名称，而是因为大约出现在唐代开元年间（713—741 年），因此获得这样的命名。查阅“世界新闻史”，我们就会知悉，1566 年出现在意大利威尼斯的“手抄新闻”，是国外最早显身的报纸[②]。以此推断，8 世纪诞生的中国古代的报纸，比 16 世纪降生的外国报纸，其出现的时间早了差不多 8 个世纪。这是中国文化的荣誉和骄傲。

在这一时期，藏文报刊始终没有抛头露面，因此就留下了巨大的历史空白。在 1907 年出现在西藏的藏文《西藏白话报》以前漫长的历史长河中，在藏族聚居的地方，藏民族文化虽然具备了创办报刊的文字、印刷、出版等各方面条件，但始终没有奉献出 1 种藏文报刊。在此间有关历史的记载中，至今没有找到这方面的记录。[③] 笔者当然也没有获得这种惊喜的幸运。寻找这种历史遗憾的努力从来就没有中断，但不知答案何时会翩然而至。

中国报刊曾经拥有的骄傲在近代就渐渐削减了。1815 年 8 月 5 日，中国第一份近代汉语报刊《察世俗每月统记传》在马六甲诞生。它虽然没有在中国的本土出生，但并不影响它的“中国文化公民”的身份。较之于国外最早的近代报刊——在 17 世纪初诞生于德国的《通告——报道或新闻报》（1609

---

① 方汉奇主编：《中国新闻事业编年史》，福建人民出版社 2000 年版，第 463 页。

② 程曼丽：《外国新国传播史导论》，鲁旦大学出版社 2004 年版，第 4 页。

③ 西绕江措：《藏学报刊汇志》，载《中国西藏》1998 年第 4—6 期。

年)，《察世俗每月统记传》就“迟到”了整整2个世纪。如果拿《西藏白话报》与《察世俗每月统记传》进行比照，藏文报刊又比中国的汉语报刊晚了将近1个世纪。

我们在世界新闻史的偌大背景上行走，仅仅是为了找准藏文报刊的坐标和参照系。历史是不能被责怪的，但历史却可以被思考。

据少数民族新闻史学者白润生先生的研究，中国少数民族报刊的历史不过百年出头。1905年在内蒙古地区出版发行的蒙汉合璧《婴报》，拉开了少数民族文字报刊的帷幕。虽然如此，晚于蒙文报刊2年登上历史舞台的《西藏白话报》，也是中国最早的少数民族文字报刊之一①。在藏族聚居区，《西藏白话报》是最早出现的报刊。

在中央民族大学请教白润生、徐丽华先生（2004.7）

中国的藏文报刊，正好度过了自己的100年历史（1907—2007年）。从1907年诞生于西藏拉萨的第一份藏文报刊《西藏白话报》，到2007年创刊于青海西宁的《中国藏医药》，虽时间不长，但也是曲折发展，伴随着时代和社会的变迁，完成了自己特殊的历史使命。综合藏文报刊发展的历史轨迹

① 白润生：《民族报刊研究文集》，中国物价出版社1996年版，第13页。

和社会文化背景因素，我们在此将其发展历史划分为三个阶段：

第一阶段：1907—1951 年，发轫时期。

第二阶段：1951—1979 年，确立时期。

第三阶段：1979—2007 年，成熟时期。

第一节　中国藏文报刊的发轫期

（1907—1951 年）

中国的藏文报刊诞生于清王朝末年，并在中华民国时期获得了幼稚期的哺育。

自 13 世纪西藏归于元朝中央政府管理以后，清政府对西藏的管理是最直接和规范的。不仅制定法律，而且委派驻藏大臣实际管理。藏文报刊成为中央政府管理西藏的文明手段之一。中国藏文报刊的帷幕就由代表中央政府管理西藏事务的驻藏大臣，在藏族最大的聚居区的西藏徐徐拉开，从而开创了中国媒介史的新纪元。

1911 年，在清王朝废墟上建立起来的中华民国政府，通过立法确定了西藏和藏民族与中国其他地方、其他民族同样的平等地位。国民政府并设立专门管理少数民族事务的机构——蒙藏事务局。而在它的下面又专设“办报处”。在它们管理的对象中，就有西藏和藏文报刊。藏文报刊的创办和发展获得了法律和行政权力的有力支持。

中国藏文报刊的发轫期，始于 1907 年在西藏拉萨创办的《西藏白话报》，至 1951 年中华人民共和国成立。在 40 余年的时间里，受各方条件的制约，藏文报刊断断续续、星星点点地延续过来，勉强形成了自己的发展脉绪和有限规模。虽不能与同期汉文报刊相提并论，但作为一种文化传播媒介，却也显示出藏文报刊的基本格局和使命，标示着历史的存在。

一　藏文报刊诞生与发展的媒介环境

中国的藏文报刊选择在清朝末年降生，自有它的历史“道理”。

第一，藏文报刊是清朝中央政府管理的需要。

清朝政府对藏族聚居区的管理给予了持续的关注和高度重视。在全国最大的藏族聚居区的西藏，清政府的管理典型地体现了它的“治藏”方略。清朝政府以法律和行政手段加强对西藏的管理，进一步确立西藏对中国国家的归属感。据历史文献记载，康熙四十八年（1709 年）朝廷特派吏部左侍郎赫寿前往西藏，为清朝派遣大臣进藏管理西藏地方事务之起步[①]。后来形成定制，连续派遣驻藏大臣代表中央管理西藏地方事务。在乾隆时期（1792—1793 年间），清政府制定《藏内善后章程二十九条》。在其中第十条对驻藏大臣的责权做出具体规定："驻藏大臣督办藏内事务，应与达赖喇嘛、班禅额尔德尼平等，共同协商处理政事。所有噶伦以下的首脑及办事人员以至活佛，皆是隶属关系，无论大小都得服从驻藏大臣。扎什伦布的一切事务，在班禅额尔德尼年幼时，由索本堪布负责处理，但为求得公平合理，应将一切特殊事务，事先呈报驻藏大臣，以便驻藏大臣出巡到该地时加以处理。"[②] 在治藏事务中，创办具有现代启蒙色彩，作为大众传播媒介的报刊，是其中有效的手段之一。驻藏大臣肯定是最合适的人选。他们不仅拥有特殊、权威的政治身份，而且具有开阔的文化视野。当清政府的最后一位驻藏大臣联豫创办了中国第一份藏文报刊《西藏白话报》时，实际上显示出中央政府管理西藏的决心和信心。

第二，中华民国政府以法律的形式确定了西藏和藏民族的平等地位。

1911 年，辛亥革命爆发，随后中华民国建立，中国的封建社会制度终于成为渐行渐远的历史背影。对于西藏以及藏民族的政治地位，民国政府在它的各个层次的法律框架内都给予了清晰的确认。中华民国元年（1912 年）1 月 1 日，资产阶级革命先行者孙中山先生就任大总统，在他发布的《孙总统宣言书》中，明确宣布了共和时代中国五大民族平等的治国理念："合汉、满、蒙、回、藏诸地为一国，则合汉、满、蒙、回、藏诸族为一人，是曰民族之统一。"[③] 而汉、满、蒙、回、藏五大民族，不过是中华民族的缩影和标志。

中华民国元年（1912 年）3 月 11 日，民国政府颁布《中华民国临时约法》。在第一章"总纲"之第三条中，十分明确地确定了西藏作为中国一个地方区域的地位："中国民国领土，为二十二行省，内外蒙古、西藏、青海。"继续着自元代以来中央政府对西藏一以贯之的政策。而在第二章"人民"之第五条中，则进一步明确地倡明民族平等的治国理念："中华民国人

---

① 顾祖成：《明清治藏史要》，西藏人民出版社、齐鲁书社 1999 年版，第 151 页。

② 西藏社会科学院、中国社会科学院民族研究所、中央民族学院、中国第二历史档案馆：《西藏地方是中国不可分割的一部分》（史料选编），西藏人民出版社 1986 年版，第 269 页。

③ 同上书，第 452 页。

民，一律平等，无种族、阶级、宗教区别。”①

中华民国三年（1914年）5月1日，民国政府颁布《中华民国约法》。在第二章“人民”之第四条中，再次强调了民族平等的理念：“中华民国人民，无种族、阶级、宗教之区别，法律上均为平等。”②

中华民国十二年（1923年）10月10日，民国政府颁布《中华民国宪法》。在第四章“国民”之第五条中，表达了与《中华民国约法》本质相同的民族平等理念：“中华民国人民与法律尚无种族、阶级、宗教之别，均为平等。”③

在我们按照历史长河流动的顺序，将这些事关民族地位议题的法律逐渐展示出来的时候，已经无须做更多的说明和阐述，就可以很容易找到它们的中心句：西藏是中国不可分割的一部分；藏民族享有与其他民族同样的平等地位。也能够自然而然地做出简明的推论：无论是清王朝时代，还是中华民国时期，藏文报刊的创办具备根本的法律依据。藏文报刊的创办，不仅仅是信息传播和文化交流，更是国家的政治责任和行为。

第三，中华民国政府在行政管理上给予藏文报刊以实际支持。

到了中华民国时期，藏文报刊的创办不但拥有法律的根本保障，而且获得了国家行政权力的支撑。辛亥革命后，西方国家，特别是英、俄两国乘中国政权更迭，对边疆地区管理、控制松弛之机，乘虚而入，加紧了对中国西藏和外蒙古地区的侵略和对此二地区走向“独立”的策动，以达到肢解中国的目的。为应对这种险象丛生的边疆危机，尚处于建设中的民国政府，以大局为重，于1912年7月24日以大总统令的形式，公布设置了蒙藏事务局，隶属于国务总理，管理蒙藏事务。任命姚锡光为蒙藏事务局副总裁，并暂兼署总裁。办公处暂设于老北京东单牌楼苏州胡同。9月，任命贡桑诺尔布为蒙藏事务局总裁。他是我国近代史上一位开明的蒙古族上层人士，并追随孙中山的革命理念，在管理民族事务中发挥了积极作用。蒙藏事务局历史地继承了清朝理藩院（部）的职能，又吸收了一批清朝理蕃部派驻外蒙古、西藏的高级官员，按照清代的历史定制处理了外蒙古和西藏的一些重大问题，这不仅是新生民国政府的应急措施，客观上也有利于维护中央政府对蒙古和西

① 西藏社会科学院、中国社会科学院民族研究所、中央民族学院、中国第二历史档案馆：《西藏地方是中国不可分割的一部分》（史料选编），西藏人民出版社1986年版，第452—453页。

② 同上书，第453页。

③ 同上书，第454页。

藏地方行使主权的历史延续性。而在旗下成立的“蒙藏研究会”，实际上开启了蒙学、藏学作为中国社会科学之独立学科的先河。蒙藏事务局还于民国二年（1913 年）1 月，在北京创办了具有蒙藏事务局机关报性质的《藏文白话报》。该报广泛传播民国政府有关藏事政策，沟通中央政府与西藏地方的联系，启发、激励藏族僧俗群众反对分裂的爱国内向之心，对维护祖国统一和民族团结，抵御外国势力对西藏的政治侵略等方面，发挥了不可替代的作用。1914 年 5 月，蒙藏事务局建制撤销，改为“蒙藏院”。南京国民政府成立后，于 1928 年改“蒙藏院”为“蒙藏委员会”，先直属国民政府，后改隶行政院，为中央主管蒙藏政务之最高机关。作为中央政府主管藏事的最高权力机构，蒙藏事务局在蒙藏事务局报刊的创办和发展的历史进程中，特别是在其发轫时期，成为国家政治和国家意志的直接体现。①

第四，藏族受众的需要。

藏族聚居在以青藏高原为主的广大区域。自古以来，青藏高原是藏民族繁衍生息的地方。吐蕃王朝兴盛时期，藏族人口大约有 1500 万。分布也较广，除西藏本部外，涉及今川、滇、甘、青、新等主要地区和尼泊尔、不丹、锡金、克什米尔等国家和地区。1737 年，清政府在清查人口时，确认藏族有 270 万人。其中，西藏地区无疑是藏族人口最为集中的地方。1830 年，清朝政府对西藏进行人口清查，估算数字为 100 万人。其他藏区的人口约有 200 万人。1951 年西藏和平解放时，西藏人口为 115 万人。

1953 年，全国进行人口普查，西藏和昌都地区未直接进行普查登记，达赖的西藏地方政府估计并向中央申报了 127.5 万人。

藏族是中国少数民族中分布最广，人口较多的民族。藏族悠久的文化传统和对广泛信息的需求，成为藏文报刊创办的文化基础。

二　旧中国藏文报刊要目

在这一时期，中国的现代报刊已经获得了全面的发展，但藏文报刊受各种条件制约，却并不发达。主要是创刊数目有限，“网点”分散，汉藏文合刊，不具备连续性，影响力很小。不过作为一种历史和文化的存在，以及推动藏族聚居区的社会发展的传播媒介，它的作用、地位却绝对是不能被忽视的。

① 张羽新：《蒙藏事务局及其对藏政的治理》，载《中国藏学》2003 年第 3 期。

在对有限的历史文献的寻觅中，关于藏文报刊的任何一次发现，都会使笔者如获至宝，惊喜不已。在这种珍贵且断断续续的惊喜中，我们就会逐渐勾勒出1949年以前中国藏文报刊创刊的大体轮廓。谨以时序陈列于下：

1.《西藏白话报》。官方报纸。藏文版。1907年由驻藏大臣联豫创办于西藏拉萨。西藏地区最早的报纸，也是中国最早的藏文报纸。石印。旬刊。

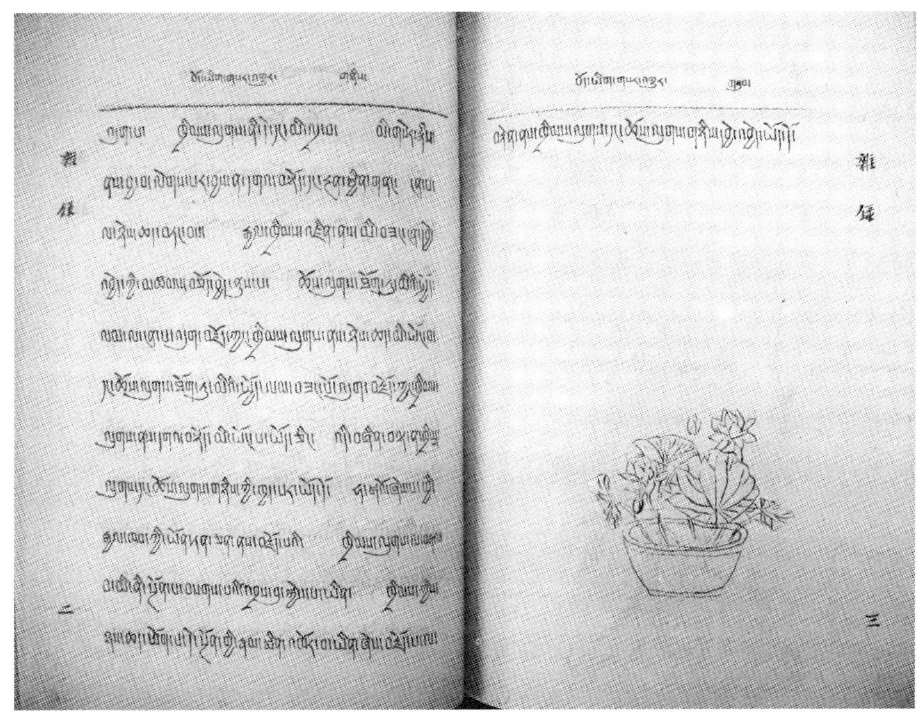

《藏文白话报》藏语“杂录”栏目

每期发行约300份。大约在1911年停刊。办刊宗旨：爱国尚武，开通民智。内容以官方文件为主，还有新闻、文学、杂论等。今西藏博物馆存有宣统二年（1910年）八月印刷本1册。①

2.《藏文白话报》。综合性刊物。藏、汉文对照版。1913年创办于北京。中华民国蒙藏事务局主办。月刊，年12册。1913年1月—1914年12月为石印本。1915年4月起汉文为铅印，藏文依然为手写印刷。1915年1—3

① 周德仓：《西藏新闻传播史》，中央民族大学出版社2005年版，第110页。

月停刊3个月。4月复刊，更名为《藏文报》。徐惺初、吴燕绍、徐敬熙等先后任总编纂。这是20世纪初中国内地创办白话报热潮的产物。办刊宗旨：提倡民主，各族同胞合力并进，共建中华民国。栏目设置：图画、法令、论说、文牍、杂录、答问、小说、专件、要闻、广告等。主要收藏于中央民族大学图书馆，但在西藏档案馆也有少量收藏。①

3. 《新西康月刊》。综合性月刊。汉、藏文合璧版（每期均有一篇藏文文章）。南京西藏诺那呼图克图驻京办事处宣传科主办。1930年5月创刊于南京。封面有藏文刊名。月刊。16开本。铅印。办刊宗旨：介绍西康、西藏民族和社会问题，促进西康实业、交通开发等。栏目设置：社论、特载、论著、消息、时事要闻、文艺、藏文文章专载等。南京大学、吉林大学、中国人民大学等7家图书馆收藏。②

4. 《蒙藏月报》。综合性刊物。汉、藏、蒙三文合璧版，其中也有汉藏合璧版。每期封底均有藏文、蒙文刊名。1929年9月在南京绒装街31号创刊。周刊。中华民国蒙藏事务委员会主办。原名《蒙藏周报》，1931年9月改为《蒙藏旬报》，1934年初改为《蒙藏半月刊》，1934年4月复改为《蒙藏月刊》。抗战期间迁至重庆，1945年迁回南京。1948年11月停刊。办刊宗旨：以三民主义为指导，为蒙藏民族呼吁；阐明蒙藏民族在中华民族大家庭中的历史地位和重要性；刊载国内外新闻、蒙藏地方社会情况、蒙藏文献和文学作品等。栏目设置：社论、蒙藏要闻、地方通讯、国内要闻、专载、论著、边声等。中央民族大学图书馆存。③

5. 《新青海》。青海省政府机关报。汉文版，部分内容有藏文版。1929年2月10日创刊，1931年4月终刊。为1929年1月青海省建省后由省政府创办的机关报，亦为青海最早出版的现代报纸。第四版为副刊"海潮"，其中有若干期曾被译为藏文。办刊宗旨：为建设新的青海，打破西宁的闭关封锁阵线，沟通文化军政交流，当好舆论喉舌，掀起前进高潮。栏目设置：中外要闻、本省新闻、副刊等。④

6. 《西陲宣化使公署月刊》。综合性月刊。以汉文版为主，每期均有一篇藏文文章，有藏文刊名。月刊。16开本。铅印。国民政府九世班禅西陲宣化使

① 周德仓：《西藏新闻传播史》，中央民族大学出版社2005年版，第112页。

② 徐丽华：《藏学报刊汇表》，中国藏学出版社2003年版，第61页。

③ 同上书，第59页。

④ 青海省地方志编辑委员会：《青海省志报业志》，青海民族出版社1999年版，第13页。

公署宣传处主办。1935 年 5 月 7 日创刊于南京。九世班禅洛桑确吉尼玛于民国二十一年（1932 年）四月七日任“西陲宣化使”，民国三十二年（1943 年）一月在内蒙古定远营达亲王府成立“西陲宣化使公署”，并创办该刊。“西陲”指内蒙古、西藏、青海等地。“宣化”即宣传中央德义，在三民主义指导下建设新中国。办刊宗旨：向蒙藏人民宣传政府政策；拥护中央政府，维护国家统一；中外要闻；民族风情；蒙藏建设等。栏目设置：论著、要闻、特载、调查报告、译述、宗教、署务报告等。中央民族大学图书馆收藏。①

7.《成声周报》。综合性刊物。以汉文版为主，个别汉文文章附有藏文译文，从藏文译为汉文者，附有藏文原文。原驻西康省定乡县（今四川甘孜自治州乡城县）国民党陆军 24 军 136 师 408 旅旅部主办。1936 年 1 月创刊于定乡县。至 1940 年共出 198 期。周报。油印。办刊宗旨：宣传三民主义和国民政府政策，报道藏区新闻，研究藏区经济和社会制度。栏目设置：简论、西康风土志、特载、专著、西康史料，还有传说、故事等形式的藏文文稿。南京图书馆、四川省图书馆等 7 馆有藏。②

8.《西康新闻》。综合性报纸。藏、汉文版。藏文版不定期出版，每期 8 开 2 版。汉文版为日刊。1939 年 4 月 24 日创刊。西康省康定《西康新闻》报社主办。办刊宗旨：向康区和西藏宣传抗日，报道西康省内外政治、经济情况。栏目设置：西康动员、合作旬禁、涛声、康区青年周刊、副刊等。③

9.《国民日报》。国民党中央主办。藏文版，1939 年 7 月创办于香港。陶百川、陈训先后主持。1941 年香港沦陷后停刊。1945 年抗战胜利后复刊。1949 年停刊。④

10.《西康国民日报》。西康省政府机关报，也称《国民日报》。汉、藏文版。藏文版为周刊，除部分文章外，大部译自汉文版《西康国民日报》。汉文版为日报。对开 4 版。每期发行 2000 份。1941 年 4 月 10 日创刊于康定子耳坡。1945 年终刊。国民党西康省党部主办。主要内容：政府公报、文件；国内外新闻；生活常识；藏区建设；藏族风俗、历史、宗教、社会调查

---

① 徐丽华：《藏学报刊汇志》，中国藏学出版社 2003 年版，第 67 页。

② 同上书，第 68 页；周晓晴：《三四十年代西康地区期刊（藏族部分）之述略》，载《西南民族学院学报》2000 年 2 月。

③ 方汉奇主编：《中国新闻事业编年史》，福建人民出版社 2000 年版，第 1416 页；西绕江措：《藏学报刊汇志》，载《中国西藏》1998 年第 4—6 期；徐丽华：《藏学报刊汇志》，中国藏学出版社 2003 年版，第 72 页。

④ 方汉奇主编：《中国新闻事业编年史》，福建人民出版社 2000 年版，第 1422、2636 页。

等。藏文版发行至甘肃、青海、西藏、云南等藏区。①

11.《世界新闻监》。藏文版。方汉奇先生收藏。具体情况不详。②

对此“要目”需做些说明：

（1）西藏《白话报》与《西藏白话报》是否为同一种报纸

新闻史学界公认：在20世纪初叶，西藏仅存《西藏白话报》一种，并无西藏《白话报》与《西藏白话报》之别。只是在《中国新闻事业编年史》（方汉奇主编，福建人民出版社，2000年9月）中先后出现了此二种报刊名称，引起争议。该著第373页记载：1905年，“驻藏大臣联豫、帮办大臣张荫棠在拉萨创办了西藏第一份报纸《白话报》。该报用石印机印刷，使用汉藏两种文字，每期发行约300份。自称以爱国尚武，开通民智为宗旨”。而在第463页又写道：1907年，“《西藏白话报》在西藏创刊。是西藏地区最早的报纸。用藏文印刷。清廷驻藏大臣联豫创办。以爱国尚武，开通民智为宗旨。是我国最早的藏文报纸。期发行数字约300份。”可以看出，这两处表述除时间——1905、1907年；创办人——联豫或联豫、张荫棠；语言——汉藏语或藏语等三处差异外，其余如出一辙。其实最关键的差异是创办的时间。史载，联豫在光绪三十一年（1905年）四月受命为驻藏大臣，但直到1906年7月才抵达拉萨。他没有可能在自己还未到达拉萨时就在拉萨创办报纸。因此，“编年史”当是将联豫被任命为驻藏大臣的时间误作办报时间。况且在该著的表述中，出现了自相矛盾的说法：假如真的存在2种非常近似的报纸，而编者却同时命之为“西藏最早的报纸”，岂不违反逻辑？笔者以为，西藏仅存1907年创办的《西藏白话报》一种，而不存在所谓1905年创办的西藏《白话报》。

（2）关于藏文报《世界新闻监》

此条信息源自《北京日报》2003年5月9日刊登的《我买到了方汉奇教授珍藏的大批民国早期报纸》（彭援军）一文。极为遗憾的是，仅知此报为1949年以前的藏文报纸，余无可考。

---

① 方汉奇主编：《中国新闻事业编年史》，福建人民出版社2000年版，第1458页；西绕江措：《藏学报刊汇志》，载《中国西藏》1998年第4—6期；徐丽华：《藏学报刊汇志》，中国藏学出版社2003年版，第76页；益西拉姆：《中国西北地区少数民族大众传播与民族文化》，兰州大学出版社2002年版，第41页。

② 彭援军：《我买到了方汉奇教授珍藏的大批民国早期报纸》，载《北京日报》2003年5月9日。

（3）关于香港版藏文报《民国日报》

在《中国新闻事业编年史》第 1422 页，注明国民党中央 1939 年 7 月在香港创办《民国日报》，但并未指明报纸语种是汉语还是藏语。而在该著第 2636 页“报刊名索引”中，明确将此报列为藏文版。但令人奇怪的是，在抗战关键时期，于并无多少藏族受众的香港专门创办藏文报纸，逻辑何在？即使已有书载，笔者还是不能肯定它就是藏文报纸，尚待考订。

（4）关于印度版藏文《各地新闻明鉴》

此报为对西藏有影响的藏文报纸。然创刊于印度噶伦堡（1924 年），不在本著论及范围。虽不收录于上，但它与西藏关系密切。该报不但刊登西藏、昌都新闻（如康藏战争、达赖喇嘛代表团到南京、冯玉祥带兵作战等），而且以西藏上层人士和商人为发行对象，每期约有百余份报纸进藏。

三　旧中国藏文报刊的基本面貌

较之于相应的历史时期内其他语种的中国报刊业而言，旧中国的藏文报出现时间之晚，规模之有限，是很令人遗憾的。不过，仅就它的存在状态而言，也显示出一些耐人寻味的东西。

1. 数目：在 1949 年前漫长的历史时期内，有案可稽的藏文报刊仅仅有上述的 11 种（所谓西藏《白话报》和《西藏白话报》应属同一刊物）。自晚清（1833—1910 年）到民国时期（1912—1949 年），中国大约有 19700 种报刊，总数逼近 2 万种。其中涉及少数民族的报刊已近 1000 种，而有关藏族内容报刊则有 100 余种。[①] 由此推算，藏文报刊仅占民族类报刊的 1%，占藏学报刊的 10%。这个比例与藏族聚居区的面积和人口显然不协调。

2. 时间：中国出现最早的藏文报刊当是 1907 年在拉萨创办的《西藏白话报》。这在学术界目前并无异议。此间藏文报刊的发展轨迹是：在 20 世纪的前 10 年，仅有《西藏白话报》（1907 年）1 种；在第二个 10 年，出现了《藏文白话报》（1913 年）1 种；在第三个 10 年，出现了《新西康月刊》（1920 年）、《蒙藏月报》（1929 年）和《新青海》（1929 年）等 3 种；在第四个 10 年，出现了《西陲宣化使公署月刊》（1935 年）、《戍声周报》（1936 年）、《西康新闻》（1939 年）和《国民日报》（1939 年）等 4 种；而在 40 年代，仅有《西康国民日报》（1941 年）1 种出版。不详 1 种。如果以 1907

---

① 西绕江措：《藏学报刊汇志》，载《中国西藏》1998 年第 4—6 期。

年作为中国藏文报刊的诞生年，那么，在其后的时间里，藏文报刊的发展就显得很不平衡。20世纪20—30年代出版的藏文报刊占到全部藏文报刊总数的70%以上。在其余时间段中，藏文报刊的创刊分别仅有1种。

3. 地域：藏文报刊地域分布的突出特点就是范围不广，特别是一些较大的藏族聚居区竟然找不到藏文报刊的踪影。在此11种报刊中，西藏仅存1种；北京1种；南京3种；西康3种；青海1种；香港1种；不详1种。看来，最靠近内地的藏族聚居区西康和民国政府首都南京是藏文报刊比较集中的区域。而传统的较大的藏族聚居区——西藏、青海则极其有限。在其他藏族聚居区，如甘肃、云南等地，却没有藏文报刊创办的记录。

4. 语言形式：我们一般根据报刊的正文语言确定报刊的语种性质，并不包括报刊名称、目录等采用的语种。如果正文全部或部分采用藏文，就可归于“藏文报刊”。在旧中国，藏文报刊的语言使用形式可分为三类——（1）纯藏文文本。仅有《西藏白话报》《世界新闻鉴》2种；（2）藏文和其他语种的合璧式文本。如汉、藏两语合璧式：《藏文白话报》《新西康月刊》《西康新闻》《西康国民日报》等4种。汉、藏、蒙三语合璧式：《蒙藏月报》1种；（3）藏语穿插式文本。即以汉语为主体，其中包含少部分或不定期的藏文栏目、文章等内容。如：《新青海》（副刊“海潮”曾译为藏文）、《西陲宣化使公署月刊》（每期均有一篇藏文文章）、《成声周报》（部分汉文文章附有藏文译文）。这样看来，纯粹的藏文报刊的确很是有限。

5. 代表性报刊：旧中国藏文报刊虽属有限，但也能反映出各自不同的代表性。

《西藏白话报》：这是西藏境内第一份现代报纸，也是全国第一份藏文报刊，开西藏近代报业的先河。虽报刊实物收藏甚疏，仅余一份，又为手写印刷，但在少数民族报刊史和中国新闻史上占有不可替代之位置。

《藏文白话报》：此为北京中央政府主管部门主办的民族类现代传播媒介，具有国家级媒介的至高地位。是旧中国最权威、最有影响力的藏文报刊。且实物收藏较丰，可资直接借鉴。时北京《中国时报》对此报给予很高评价，认为可“开通边地风气”，“增长该三族（蒙、回、藏）人民知识”，“晓然于共和统一系为四万万同胞谋幸福”。并描述了该报在藏族聚居区受到热烈欢迎的情形。[①]

① 西绕江措：《藏学报刊汇志》，载《中国西藏》1998年第4—6期。

《蒙藏月报》：此为南京中央政府蒙藏委员会主办的国家级传播媒介。该刊在政治上十分明确地提出民族团结、五族共和、建设三民主义国家的理念，并全面刊载涉藏事务，极具文献价值。

《西陲宣化使公署月刊》：此为班禅驻国民政府首都南京的机关刊物，是宗教视野与国家价值观互动的产物，具有特殊的标志意义。该刊涉及内蒙古、西藏、青海等藏族聚居区事务，资料性强，立足于民族团结和国家统一，足具参考意义。

《西康国民日报》：此为西康省政府机关报，是其时全国重要的藏区——西康省的舆论代表机关。而藏文为定期周刊，较之于其他不定期出版藏文的多语合璧式报刊而言，显具优势。该刊涉及政府政策、国内外新闻、藏区社会、经济、宗教、建设等方面内容，具有权威性。文献价值甚高。

四　旧中国藏文报刊的历史解读

（一）藏文报刊功能分析

1. 积极的政治教化

尽管不同的藏文报刊具有各自时代的特点和色彩，但就其政治取向而言，均强调尊顺官方——中央政府的意志，维护、捍卫和宣传民族团结和国家统一的基本理念，传播民族政策，促进民族间的和谐互动，维护国家和民族根本利益。《西藏白话报》所宣扬的“爱国尚武，开通民智”，明显带有资产阶级改良派的启蒙、国家振兴意识。《藏文白话报》则典型地体现了民族报刊的传播关键理念：民主、民族团结、资产阶级共和国。在民国时期，诸多藏文报刊念念不忘高举三民主义的旗帜，体现出执政党的最高政治原则和民众期待的社会理想，留下清晰的时代烙印。诞生于地方特别是西康省的藏文报刊，着力于中央政策与地方的融合，强调服从中央、社会开放、兴办实业、民族兴旺，宣传政府政令等。带有宗教性质的藏文报刊，则突出维护民族利益，从国家视野思考民族问题的重要性。在特殊时期，藏文报刊的政治功能更加凸显，如《西康新闻》对抗战的宣传几乎成为办报的基本出发点。总之，藏文报刊在政治教化、宣传中，表现出明显的国家化、政党化、正面化、建设化的倾向，与时代发展相吻合，成为研究这个时期中国社会特别是藏族社会的重要文献。

2. 藏民族文化传播

藏文报刊无疑是藏民族文化的主要载体。为取得文化共识，弘扬民族文化，藏文报刊大都设有专栏或副刊，传播民族风情、风俗、宗教、历史、文化等。特别是以藏民族母语——藏语为载体进行传播，就更富于亲和力、说服力和有效的表现力。藏文报刊实际成为培植藏民族文化的沃土。

3. 藏区和藏民族研究

藏文报刊一般还被称为“藏学报刊”，这是恰如其分的。因为它们不仅以藏语为媒介语言，而且将藏族聚居区和藏民族问题作为关注的对象。包括有关法令、论说、文牍、专件、民族史料、图画、广告等，涉及民族及民族地区的历史、政治、制度、经济、教育、物产资源、实业、交通、艺术、军事、金融等各个方面。这是了解藏民族和藏区历史的首选文献。

4. 对外信息沟通

几乎所有的藏文报刊都刊载国内外新闻，介绍域外和其他民族的文化，并不将视野局限于本民族和本区域。这就将更广大范围的信息传播进来，开拓了本民族的认知背景，在一定程度上实现了与域外的信息沟通，打破了知识鸿沟，推进了本民族、本区域的文明进程。需要注意的是，藏文报刊多以多语合璧为基本形式，如果以藏汉合璧或蒙藏汉合璧的形式出现，无疑是增加了1—2条信息通道，将藏民族的信息又传播出去，实现了第二轮的信息沟通——“我”与“他”的信息交流。

5. 文献意义

报刊与著作的最大不同，是信息传播的即时性，传播周期短，时效性强。这会使它及时、真实、全面地记录当时的社会、文化面貌，成为信度较高的历史文献。尤其是藏文报刊，以民族语言进行记录，更接近历史真实和文化本我，避免了翻译带来的距离和误读，文献意义更大。除了藏文报刊所载内容的文献价值外，其语言本身的历史存在和演变痕迹，又是另一种形式的文献存在。

6. 对民族语言平面媒介的传播模式的创意、定义

旧中国藏文报刊对民族报刊的贡献，还在于它们创立和演绎了多种民族语言的报刊形式。在本文前面部分，笔者将藏文报刊的语言形式分为三类：纯藏文文本；藏文和其他语种的合璧式文本；藏语穿插式文本。藏文报刊创立了民族报刊多种语言的结合模式，成为民族语言报刊的基本范型，具有对民族报刊语言传播模式的定义功能。今天的民族报刊，概无例外。

（二）藏文报刊生态评价

自1815年近代汉文报刊出现到1949年，历经了将近一个半世纪的漫长

历史阶段。在此期间，仅有 11 种藏文报刊出现。而在 1907 年之前，藏语报刊尚属空白。较之于藏民族和藏语悠久的历史，其状态无疑是很落后的。

——社会和经济的极端落后封闭是制约报刊发展的根本因素。在三个主要的藏族聚居区，西藏在 1951 年和平解放之前，尚处于中世纪式的完全封闭的封建农奴制社会形态，不具备现代传媒落地生根的基本条件：民主、开放、文明、城市化、市场经济等。而作为绝对强势文化形态的宗教，又以反世俗的姿态拒绝现代传媒。西藏的藏文报刊在有了一个不同凡响的开始后，便销声匿迹，脉绪不再。在藏族聚居的青海，直至 1929 年才建省，拥有独立的省级行政区系统后，现代报刊才相伴而生。青海与祖国内地有直接的联系，因此汉语报刊逐渐发展，藏语报刊却被疏忽。当然，青海当时经济、社会发展和文化教育的极有限发展，是藏文报刊几近荒芜的关键因素。而在西康地区，其与祖国内地的密切联系、文化教育的相对进步和作为国家战略后方的特殊位置，催生了此地藏文报刊的相对繁荣。北京、南京作为不同历史时期的国家首府，拥有最高的政治权威和最大的信息资源，因此在此诞生了影响最大的国家级藏文报刊。民族区域的社会进步形态决定了民族报刊的发展状态。

——受众的制约。由于历史原因，藏族民众的文化教育水平较低，城市居民很有限，人口总量不大，又不处于国家文化、经济的核心区域，未能形成一个有规模并具备一定传播素质的受众社会。辽阔的地域，有限的交通，使报刊发行困难重重。这些因素综合起来，使藏文报刊缺少创立和发展的原动力。实际上，民族在一定时期拥有的国家和社会地位，决定了本民族语言报刊的地位。

——语言自身的局限性。藏语是中华民族文化大家庭的重要成员，是藏民文化的载体和最重要的成果。但不容回避的是，藏语并非国家通用语言，它的影响仅仅发生在有限的区域、群落。这就决定了藏文报刊产生与发展的局部性。语言就像一个神奇的导游，仅仅将它的“文化旅行者”引导到自己影响力所及的地方。似乎可以这样说，语言的影响力决定着这种语言媒介的影响力。由此，旧中国藏文报刊的生存状况就具有了自己的合理性。

在此可以得出一个基本判断：旧中国藏文报刊的地位是由藏民族和藏民族聚居区的历史地位所决定的，但这并非是不可以改变的。新中国成立以来藏文报刊的突变式繁荣就证明了这个判断。

（三）旧中国藏文报刊研究的归结

将旧中国藏文报刊作为一个研究选项，具有多层面的意义。

找寻中国藏文报刊（1949 年以前）的基本面貌。藏文报刊是中国新闻事业的必然构成，也是民族新闻传播和民族文化的主要载体。但由于社会、政治、文化、地理、民族间的差异，中国藏文报刊的历史面目并不清晰，旧中国的藏文报刊状况更是模糊。这里的研究眼界虽很有限，但毕竟已经开始，并勾勒出一个具体的轮廓，使中国藏文报刊史的研究初步解决了第一个历史阶段的难题。

从媒介史来看，因为在此历史阶段内仅有很有限的藏语广播，因此，藏文报刊史就是藏族新闻史。就是说，这段藏文报刊史的厘清，也就是这一阶段藏族新闻史的初定。

旧中国藏文报刊史的初定，为 1949 年以后较为繁荣的藏文报刊发展史的研究提供了参照系。它的基本模式、特点、传播效应等，可说是此后藏文报刊的先河、楷模。

就民族学、藏学研究而言，旧中国藏文报刊史的研究，就是绘制了藏学研究的文献“网络图”。它的引导作用不言而喻。

但这项研究显然还有遗憾：基于文献记载和报刊实物的限制，这里对旧中国藏文报刊的梳理肯定不完整；若干藏文报刊一些基本问题尚未解决。这将是今后继续研究的课题，期待学界给予指导和关注。

第二节　中国藏文报刊的确立期

（1951—1979 年）

中国的藏文报刊，始于 1907 年，距今不过一百年的历史。在跨越时空的俯瞰中，我们就会发现它艰难而执著的轨迹。在度过了自己近半个世纪相对漫长的发轫期（1907 年《西藏白话报》至 1951 年《青海藏文报》）后，藏文报刊借助新中国成立后民族政策的伟大历史性跃进和巨大的社会文明进步，欣然步入自己的确立期（1951 年《青海藏文报》至 1979 年《西藏科技报》）。

作为大众传媒的藏文报刊，毫无疑问是历史、文化和政治的产物。1949 年新中国的诞生，给予藏文报刊的发展以珍贵的历史机遇。以民族平等为核心的民族政策的初步确立，全国 13 个藏族自治区、州、县的建立，使藏文报刊的发展获得了适宜的政治和现实土壤。直到1976年“文化大革命”结束，中国的藏文报刊就基本建立了以机关报为主流，辐射广播、教育、体育、医药、文学、科技等领域的传播媒介框架。它大约用了将近30年的时间，在中国的土地上初步构建了藏文平面传播媒介体系，在藏民族自治区和西部的社会经济发展中扮演了重要的角色。尽管它的起步、发展、体系和传播效力具有明显缺陷，但在少数民族语种的报刊中，藏文报刊的覆盖面和影响力还是居于前列。

一　藏族自治地方的建立与藏语言法律地位的确立

1949年中华人民共和国的成立，给藏文报刊的发展创造了前所未有的历史机遇。中央人民政府以立法的形式，确定了少数民族（包括藏民族）所享有的与其他民族完全平等的政治和文化地位，同时在传统的藏族聚居区先后建立了民族自治地方政府，确保藏民族的政治和社会地位。无论从文化发展还是社会进步角度来看，藏文报刊的全面发展乃势所必然。

自新中国成立的前夜所构思的民族政策战略框架开始，民族平等和各民族自由使用本民族语言的权利先后获得国家法律体系的确认。1949年9月29日通过的具有临时宪法地位的《中国人民政治协商会议共同纲领》第六章第五十条规定：“中华人民共和国境内各民族一律平等”；第五十三条规定：“各少数民族均有发展其语言文字、保持或改革其风俗习惯及宗教信仰的自由。”1951年5月23日，中央人民政府与西藏地方政府签订《关于和平解放西藏办法的协议》。其中第九条规定：“依据西藏的实际情况，逐步发展民族的语言、文字和学校教育。”1952年8月9日，由中央人民政府公布施行的《中华人民共和国民族区域自治实施纲要》第四章第十六条规定：“各民族自治机关得采用各民族自己的语言文字，以发展各民族的文化教育事业。”1954年9月20日，中华人民共和国第一届全国代表大会第一次会议通过的《中华人民共和国宪法》第三条规定：“中华人民共和国是统一的多民族的国家。各民族一律平等。各民族都有使用和发展自己的语言文字的自由，都有保持或者改革自己的风俗习惯的自由。……各少数民族聚居的地方实行区域自治。各民族自治地方都是中华人民共和国不可分离的部分。”创建藏文报刊的法理基础已经完全具备。

就自治地方初建的时间观之，从1950年到1965年的15年间，全国先后建立了13个藏族自治区地方政府。其中12个民族自治州、县在1955年前就全部建立。由于西藏的特殊性，西藏自治区直至1965年才宣告成立。民族平等的理念获得了行政机制的有力支撑。发展藏民族自己的文化，包括建立藏文报刊，成为各民族自治区地方政府的历史责任。13个藏民族自治区地方就成为中国藏文报刊最集中的区域。

中国藏族民族自治地方建立时间表

所属省区	成立时间	自治区域名称
甘肃省	1950年5月6日	天祝藏族自治县
云南省	1951年4月 1957年9月	德钦藏族自治区 迪庆藏族自治州
青海省	1949年 1955年 1952年9月26日 1954年1月25日 1955年12月12日 1985年4月24日	玉树藏族自治区 玉树藏族自治州 都兰蒙藏哈萨克族自治区 海西蒙藏哈萨克族自治区 海西蒙藏哈萨克族自治州 海西蒙古族藏族自治州
四川省	1953年1月1日 1955年 1987年 1953年2月 1955年5月	四川省藏族自治区 阿坝藏族自治州 阿坝藏族羌族自治州 木里藏族自治区 木里藏族自治县
青海省	1953年12月15日 1955年7月28日	海南藏族自治区 海南藏族自治州
甘肃省	1953年10月 1955年7月1日	甘南藏族自治区 甘南藏族自治州
青海省	1953年9月30日 1955年7月28日 1953年12月31日 1955年 1954年1月1日 1955年	黄南藏族自治区 黄南藏族自治州 海北藏族自治区 海北藏族自治州 果洛藏族自治区 果洛藏族自治州
四川省	1955年	甘孜藏族自治州
西藏自治区	1965年9月9日	西藏自治区

二　藏文报刊的发展轨迹

根据全国各省、区、州、县地方志记载，并参考相关文献，基本可以罗列出这一时期藏文报刊的清单：

年份	名称
1950 年	《广播》
1951 年	《青海藏文报》《藏民报》
1952 年	《人民画报》《夏河报》《新闻简讯》
1953 年	《康定报》《岷山报》《甘南报》
1954 年	《甘孜报》《广播新闻》
1955 年	《民族画报》《每周广播》《拉萨周报》
1956 年	《西藏日报》《卫生与健康》《青海湖》
1957 年	《青海教育》
1975 年	《青海民族学院学报》
1977 年	《阿坝科技》

据此分析，此期藏文报刊共有 20 种，基本上在 20 世纪 50 年代就创办起来。因此，50 年代的 10 年，可以被认为是藏文报刊确立的历史时期，为此后藏文报刊的发展奠定了基础，是中国藏文报刊发展的第一个高峰期，在中国藏文报刊发展史上占有突出的地位。而在 60 年代到 70 年代中期近 20 年的时间里，藏文报刊的发展历史就显得十分黯淡，除去有一份自治州机关报、科技报和学报现身外，留下的就是大片的空白。在这个时间段中，中国的政治气候风云多变，强力的政治运动掀起了一个个政治宣传狂潮，传媒高度政治化和保守的文化政策，大大限制了藏文报刊的发展。特别是 10 年“文革”，几乎摧毁了文化存在的根基。造反派在实际扼杀了《西藏日报》《甘孜报》以后，竟然以无限的天真和政治狂热，用自己的藏文版《西藏日报》和《红色新闻》《新甘孜报》分别取而代之。但这仅仅是昙花一现，不足以改变此期藏文报刊的基本生态。藏文报刊虽然建立了自己的初级体系，但就覆盖面、发展态势和影响力而言，留下了明显的遗憾。

文献还显示出藏文报刊的几个历史原点，诞生了中国藏文报刊史上的若干重要纪录：1950 年创办的《广播》，为广播新闻纪录刊物，是有史可查的新中国最早的藏文报刊。虽然它是青海省同仁县广播站主办的藏文油印小报，影响力仅限于一个县，一般并不被确认为新中国最早的藏文报刊标志，但其历史地位却赫然在册；而1951年创办的《青海藏文报》，是新中国具有标志意义的第一份公开发行的省级藏文报纸，开创了藏文报刊的新纪元；1952年创刊的《人民画报》，成为中国历史上第一份藏文画刊；1952年诞生的《夏河报》，又是第一份藏族自治州级藏文报纸；1956年创刊的《西藏日报》，成为世界上最大的藏文日报；1956年创刊的《青海湖》，是中国藏文报刊史上的第一份藏文文学刊物；1956年创刊的《卫生与健康》，是中国藏文报刊史上的第一份卫生医疗藏文刊物；1957年创刊的《青海教育》，是中国藏文报刊史上的第一份藏文教育刊物；1977年创刊的《阿坝科技》，是中国藏文报刊史上的第一份藏文科技刊物。这一时期，又成为中国藏文报刊一个重要的历史开创期。

需要特别补注的是：《中国新闻事业编年史》所载1958年9月25日创办的藏文版《巴彦淖尔报》为笔误，实为蒙文报纸。[①]

三　藏文报刊的构架

（一）类型

这一时期的藏文报刊涉及机关报、广播报刊、卫生医药、教育、学术、科技等7个类型，而以机关报为主体。

1. 机关报

在新生的中华人民共和国建立之初，自然就需要新的传播媒介体系给予匹配和支撑。新中国的国家机构需要用自己的传播媒介传达自己的声音，沟通信息，管理国家，推动社会进步。在这一时期，以实现民族平等、共同繁荣为旨归的藏族自治区、州、县全部建立起来。在藏族自治地方，用藏文报刊传达党和国家的声音，当然是最恰当的选择。于是，在这一时期第一波次藏文报刊的勃兴中，机关报刊就当仁不让，成为其主力军和显赫的主角。藏文机关报刊达到13种，其规模和影响力令其他类型藏文报刊难望其项背。这是历史的选择。它不仅奉献给新生的祖国以2种最早、最大的省级藏文报纸——《青海藏文报》《西藏日报》，同时，各藏族自治州的机关报也不甘

① 方汉奇：《中国新闻事业编年史》（上、中、下），福建人民出版社2000年版，第2586、1746页。

人后，纷纷创刊，涵盖了从西藏省级自治区到青海、甘肃、四川等省属的州一级自治区域的各个层次机关报，初步形成了新中国最初的藏文机关报刊网络，成为党和国家民族自治政策的生动体现，也描绘出新中国新闻事业的另一道风景。不过此期尚无自治县级机关报出现的记录。

《青海藏文报》青海省委机关报。1951 年 1 月 16 日创刊于西宁。是中国创刊最早的藏文省级报纸。创刊初期为旬刊，4 开 4 版，藏汉文对照，全部赠阅。1951 年 12 月 1 日改为周刊。1956 年 1 月 1 日，改为 5 日刊，对开 4 版。1957 年 1 月 2 日改为周双刊，对开 4 版。1962 年 4 月 24 日，《青海藏文报》更名为《青海藏民报》。1963 年 9 月 25 日，改为周刊。1963 年 10 月 31 日，恢复原来的藏汉文对照版式（3 个藏文版和 1 个汉文版）。1965 年 1 月 16 日重新启用《青海藏文报》报名。1969 年 1 月改为周三刊，有重大新闻时配汉文。1971 年 3 月 1 日改为藏汉文对照版，并开始订阅。1976 年由 4 开改为对开。1978 年 5 月 1 日全部改为藏文。1996 年 8 月 1 日正式启用激光照排和胶印。除为青海省内基层干部、中小学师生和藏族农牧民阅读外，还发行往省外四川、西藏、甘肃、云南等藏族地区。是中国最具有代表性的藏文报纸之一。

采访青海藏文报常务副主编才贡先生（2007.7）

《藏民报》综合性报纸。西北行政委员会民族事务委员会主办。藏、汉文版。1951 年在甘肃省兰州市创刊。月刊。32 开。1954 年 7 月 16 日停刊。藏文版原为 4 开 4 版，自 1954 年 1 月改为 32 开小册子出版。内容大部为汉文翻译为藏文。主要宣传政策、法令，报道藏区要闻、介绍生产经验和生活常识等。该刊是新中国建立大行政区后，第一份大行政区级藏文报纸，也是历史上唯一的大行政区级藏语报纸。

《夏河报》机关报。甘肃省夏河县工委宣传部主办。1952 年 4 月 10 日在

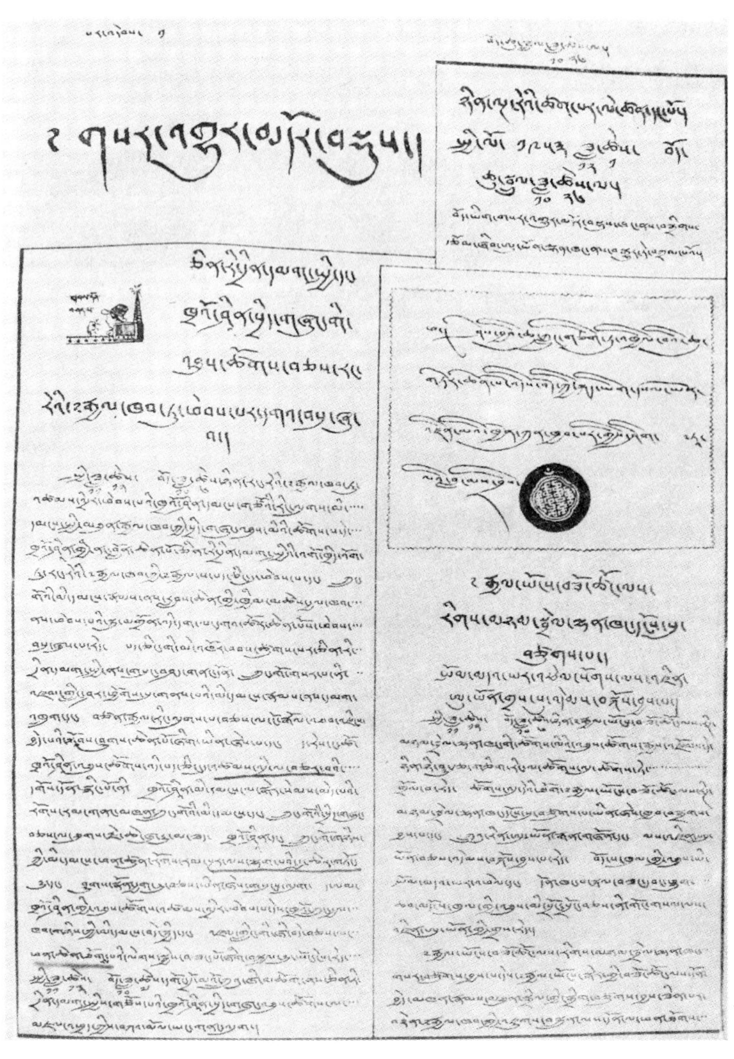

《新闻简讯》藏文版

甘肃省夏河县正式创刊。4 开 4 版。周报（周四出版）。石印。1953 年元旦起全部改为铅印。全部赠阅。发行对象为党政机关、上层统战人士、各部落、寺院等。与西藏、青海等少数民族地区交换。1953 年 5 月 1 日更名为《甘南报》。它既是后来《甘南报》的前身，也是新中国成立后全国第一份创办的藏族地区级报纸。

《新闻简讯》西藏军区机关报。藏文版 1952 年 11 月创刊于拉萨（汉文版 1952 年 10 月 1 日创刊）。32 开，月刊。在人民解放军 18 军到达拉萨后，途中创办的《新闻简讯》《草原新闻》停刊。1951 年 11 月 12 日，新华社西藏分社在拉萨创办以刊登新闻电讯为主的《新闻电讯》。1952 年 10 月 1 日，创办地方油印报纸《新闻简讯》（1954 年 4 月 11 日改为铅印）。1952 年 11 月，创办藏语版《新闻简讯》。32 开，月刊。1953 年 10 月，藏文版改为半月刊，4 开 4 版。1954 年改为石印，先后改为 5 日刊、周二刊、双日刊。1955 年藏文版改为铅印。1956 年 4 月停刊。发行量最高时达一千多份。宣传对象是西藏上层人士和寺庙喇嘛。它以宣传“十七条协议”和团结、友爱、反帝、爱国为己任，对读者进行社会主义启蒙教育。该报是新中国在西藏创办的第一份藏文报刊，也是《西藏日报》藏文版的前身，在西藏新闻事业发展史上占有突出的地位。

《康定报》中共四川省甘孜藏族自治州委员会机关报。1953 年以前创刊。5 日刊。汉、藏文合璧版。1954 年 8 月 2 日更名为《甘孜报》。它是四川省创办的最早的藏文报刊，也是四川省第一份创办的藏族自治州级报刊。

《岷江报》中共四川省阿坝藏族自治州州委机关报。1953 年 6 月 10 日藏文版创刊（汉文版于 1953 年 1 月 1 日创刊）。初，藏、汉文合刊。周刊。4 开 4 版。后分藏文版、汉文版分别出版。自 1955 年元旦起，藏文由周二改为周三刊。4 开 4 版。该报因为政治和历史原因，报纸名称多次发生更改，其经历也可称曲折复杂：1958 年 5 月 1 日，更名为《岷山日报》，藏文版出版周期不变；1961 年，恢复名称为《岷山报》，藏文版不定期出版，1966 年 12 月停刊；1967 年 7 月 20 日，报社创办《红色新闻》；1968 年 10 月，《岷江报》复刊，取毛泽东诗词“更喜岷山千里雪，三军过后尽开颜”之句，更名为《岷山报》，为阿坝州革命委员会机关报；1971 年 4 月 1 日停刊整理；1973 年 6 月 1 日正式复刊，定为 4 开 4 版，周三刊。1975 年 10 月 1 日，藏文版《岷山报》复刊。1981 年 1 月 1 日，更名为《阿坝报》。它是四川省第二份藏文地市级报纸。

《甘南报》甘肃省甘南藏族自治州州委机关报。1953 年 5 月 1 日，由《夏河报》改名为《甘南报》。藏汉文对照版。1955 年 1 月 1 日改为藏、汉文分版出版。5 日刊。藏文版为 4 开 4 版，均为藏文。在三年困难时期的 1961 年，曾停刊近 1 年，1961 年 10 月 11 日复刊。1962 年 3 月 31 日，《甘南报》藏汉文版均为周二刊（三、六出版）。1968 年第二次复刊。1972 年 5 月 2 日改为藏汉对照版，其中一、二、三版为藏文，四版为汉文版。周三刊（二、四、六出版）。1979 年恢复藏、汉两种文版。1980 年 8 月，设立藏文编辑部，自编自采，逐渐成为独立的报纸。每期容量汉字 5000 字，相当于汉文版的 1/4。1978 年后，增加地方新闻、突出民族特色。1979 年 9 月，首开副刊“邦锦花”。率先刊载《格萨尔王传・诞生》。

《甘孜报》中共甘孜藏族自治州州委机关报。藏、汉文版。1954 年 8 月于四川省康定县创刊，原名《康定报》。藏汉文合刊，一、二、三版藏文，四版汉文。对开 4 版。5 日刊。1956 年 10 月，由藏、汉文合版变为分版出版，4 开 4 版，周三刊。1958 年 5 月，更名《甘孜日报》，藏汉文版由周三刊改为周六刊。藏文版除部分赠阅外，改为订阅。1959 年后，因稿件不足停

《甘孜藏文报》

刊。1961 年恢复周三刊，恢复名称为《甘孜报》。“文化大革命”中由于受到冲击，被迫停刊。造反派各派先后出版《红色新闻》《新甘孜报》。1963 年停刊，改为电讯版。1968 年 10 月，甘孜州“革委会”成立，遂成为其机关报。1974 年 2 月，《甘孜报》藏汉文版复刊。1983 年 11 月，成立藏文编辑部，藏文版逐步实现自编自采。藏文报印刷近 4000 份，大部分赠阅。1955 年，《康定报》开辟文艺副刊，多载搜集的民间故事和民歌，并有少量散文记述新人新事。《甘孜报》开设副刊“短笛”、“农奴戟”（后更名为“雪花”）。1993 年实现激光照排。

《拉萨周报》 由驻藏部队主办的综合性报纸。藏、汉文版。1955 年前创办。周报。免费赠阅。藏文版为汉文版的翻译版。1956 年初停刊。

《西藏日报》 中共西藏自治区委员会、政府机关报。1956 年 4 月 22 日，该报藏汉文版与西藏自治区筹委会同年同月同日诞生。它是西藏第一份正式的省级日报，是世界上最大的藏文报纸，也是西藏第一份当代报纸，标志着西藏当代报业的诞生，同时还是西藏当代新闻传播事业的开端。达赖喇嘛题写藏语版创刊号刊名。1957 年 8 月，根据中共中央“六年不改，适当收缩”的治藏方针，包括总编辑庄坤、副总编辑严蒙在内的 1/3 人员精减，返回内地。1959 年元旦，鉴于西藏政治斗争形势严峻，西藏工委遂决定取消《西藏日报》报头下刊挂的“西藏自治区筹委会机关报”字样。原四方面副总编辑中，除西藏工委派出的正副编辑予以保留外，其余各方自然免职。在达赖叛逃国外后，《西藏日报》藏文版换下了由其题写的藏文报头。《西藏日报》由一份具有统一战线性质的省级报纸，完全成为中共西藏工委的机关报。1961 年 5 月，新华社西藏分社与《西藏日报》合署编委会成立。1959 年 3 月到 1961 年 3 月，报社进入全面恢复阶段；1961 年 5 月到 1964 年元月，报社进入发展阶段；1964 年元旦到 1966 年 5 月，报社进入兴旺阶段。1965 年 8 月，中共中央主席毛泽东为《西藏日报》题写刊名。同年 9 月 1 日，《西藏日报》藏汉文均使用毛泽东主席题写的刊名。1980—1982 年，根据中央决定，报社大批汉族干部内调。1989 年 2 月实行藏汉文胶版印刷。1994 年 4 月，《西藏日报》藏汉文版在全国省级报纸中最后一家实现激光照排。目前，报纸发行到四川、青海、甘肃等地所有藏区，是名副其实的全国最大的藏文报纸。藏文报的最高日发行纪录是 1976 年的 24973 份。

《西藏日报》创刊时社址——三多仓大院

采访《西藏日报》藏文版副主任朗杰卓嘎女士（2005.11）

2. 广播报刊

从新中国成立到改革开放前，电视尚未成为主流媒体。简便易行，覆盖面广的广播就成为最具代表性的电子媒体。党和国家制订的民族自治政策，保障了藏语广播的开办和发展。有关广播的藏文报刊也开始登上中国新闻媒介的历史舞台。此期涉及广播的藏文报刊大约有 3 种。在全国藏民族聚居的省级行政区中，青海回到中国共产党领导的新生力量的麾下为时最早。西宁于 1949 年 9 月 5 日获得解放。不久，整个青海全境为人民解放军所掌控。在当时的背景下，广播无疑是最迅捷的大众传播媒介，受到行政机关和群众的青睐，客观上促进了藏文广播报刊的一时兴旺。因此，以下 3 种藏文广播报刊均出现在青海省。

《广播》　广播新闻纪录刊物。青海省同仁县广播站主办。20 世纪 50 年代创刊。藏文油印小报。周二刊。内容由汉文广播新闻翻译而来。在 50 年代，青海省 20 个专区办过 14 种油印的广播小报，取名《广播》《广播新闻》《广播报》等，每周刻印 2 期。主要摘发中央、西北局及本省有关政策、法令、新闻、本地新闻等，免费发送到乡级单位。它是新中国最早的藏文广播报刊。

《广播新闻》　新闻小报。青海人民广播电台主办。1954 年创办于西宁。藏、汉文版。油印。主要收录中央人民广播电台新闻节目后记录刻印。

《每周广播》　专业报纸。青海人民广播电台文艺部主办。1955 年 10 月 1 日创刊。藏、汉文版。周报。8 开 2 版。公开发行。主要介绍一周文艺广播节目。1958 年更名为《广播节目报》。“文化大革命”开始后青海省人民广播电台自办节目取消，《广播节目报》于 1967 年 1 月 14 日停刊。共出版 145 期。它是新中国公开发行的最早的藏文广播报刊。

3. 卫生医药

在新中国创建初期，与藏民族生活与健康密切关联的医疗卫生事业，受到了党和国家的高度重视。服从于新生政权改善民生的需要，藏文卫生医药报刊应运而生。此期卫生医药藏文报刊仅存 1 种。它是藏语报刊中最早的行业报刊。

《卫生与健康》　卫生防疫专业刊物。青海省卫生防疫站宣传教育科与青海省爱卫会联合主办。汉文版。1956 年创办《卫生宣传》。32 开。双月刊。1968 年停刊。1971 年 6 月复刊，4 开 4 版小报。每年出版 10 期。1978 年 6 月停刊。1981 年 8 月复刊，更名为《卫生与健康》。月刊。32 开。值得关注的是，该刊创办有“牧区专辑”，汉藏文对照版。它以农牧民、中小学生、城镇居民为读者对象。内容主要涉及卫生政策、科学知识等。该刊为新中国最早的藏文卫生医药报刊。

4. 文学报刊

在藏民族传统文化中，文学占有醒目的位置。藏文与生俱来的文学“天赋”，使藏文文学报刊获得了藏族读者的格外青睐。服从于新生政权改善民众文化生活、弘扬民族文化的需要，此期出现了著名的藏文文学期刊《青海湖》。它是新中国最早的藏文文学期刊。

《青海湖》 综合性文艺刊物。青海省文联主办。1956 年创刊。藏、汉文版。16 开本，月刊。1965 年、1966 年改为 32 开本。1966 年辍刊。汉文版 1980 年复刊。主要栏目有高原风貌、高原新花、本刊作品评析、艺术辩证法探微、争鸣篇等。

5. 教育报刊

教育在提高国民素质中的基础地位，以及在教育水平落后的藏民族中推行现代教育的急迫性，催生了藏文报刊。服从于新生政权提高民众教育水平、建设新中国的需要，此期创办了藏文教育期刊《青海教育》。

《青海教育》 专业刊物。青海省教育厅主办。1956 年试刊，1957 年 7 月在西宁正式创刊，1960 年停刊，1979 年复刊。藏、汉文版。汉文版半月刊，藏文版双月刊。大 16 开。1985 年藏文版改为双月刊，汉文版改为月刊。

6. 学报

随着新中国一些民族高等院校的创建，以体现学术研究水平、进行学术交流为宗旨的学报加入了藏文报刊的行列，书写了新中国藏文学报的最早纪录。此期唯有《青海民族学院学报》1 种。

《青海民族学院学报》 综合性学术理论刊物。青海民族学院主办。1975 年 1 月 15 日创刊。藏、汉文版。隔期有一篇或两篇藏文论文，无专门藏文版。16 开，季刊。青海民族学院创建于 1949 年 12 月，是青海省建立最早的高校和全国创建最早的民族院校。初为“青海省青年干部训练班”，1950 年以后先后改为“青海省人民公学”、“青海省民族公学”，1956 年 9 月正式定名为“青海民族学院”。其创办的藏文版学报，也首开藏文学术刊物的先河，具有特殊的意义。

མཚོ་སྔོན་སློབ་གསོ།
MTSHO SNGON SLOB GSO 2003-1
ISSN 0529-3502
01>
9 770529 350016

《青海教育》

ISSN 1672—6863
青海民族学院学报
2004·1
JOURNAL OF QINGHAI NATIONALITIES INSTITUTE

《青海民族学院学报》

7. 科技报

响应新生政权建设新中国，向民族普及现代科技知识，推进藏族聚居区文明进步的呼唤，在此一时期藏文报刊的家族中，新增添了重要的成员——科技报刊《阿坝科技》。

《阿坝科技》　科普刊物。四川省阿坝州科技情报研究所主办。1977 年创刊。藏、汉文版。后更名为《阿坝科普》。16 开，季刊。设立的主要栏目有农业、牧业、气象、地质、情报等。并以专刊形式出版发行，如《藏兽医实用技术专刊》。

（二）地域分布

藏文报刊的诞生和发展，与新中国民族区域自治的态势基本吻合，主要分布于首都北京和藏族自治区域最集中的西藏、青海、四川和甘肃等省、自治区。以影响力而言，《西藏日报》所在的西藏自治区当推首席。而以藏文报刊涉及的类型而言，青海省的地位就极为醒目。四川省所属的甘孜、阿坝藏族自治州以当时最发达的地市级机关报独具一格，引人注目。各个大的藏族聚居区域，在藏文报刊的发展上逐渐形成了各自的优势和品质。分布“形势图”如下：

北京市：2 种。《人民画报》《民族画报》；

西藏自治区：3 种。《新闻简讯》《西藏日报》《拉萨周报》；

青海省：8 种。《广播》《青海藏文报》《青海教育》《青海民族学院学报》《青海湖》《广播新闻》《每周广播》《卫生与健康》；

四川省：5 种。《阿坝科技》《康定报》《岷山报》《甘孜州科技》《甘孜报》；

甘肃省：2 种。《藏民报》《夏河报》。

（三）开本

藏文报刊的开本，实际上并未表现出多大的特殊性，但受藏文报刊本身的限制，在出版时代风尚的投射下，就显示出总体小型化的格调。

报纸：以 4 开 4 版为主调。以机关报为代表的主流报纸莫不如此。如《西藏日报》《青海藏文报》《夏河报》《阿坝报》《甘孜报》等，均守 4 开 4 版的格式。但有些小报，因经济原因也改出 32 开本。如藏文版《藏民报》，原为 4 开 4 版，自 1954 年 1 月改为 32 开小册子出版。

刊物：以 16 开本为主。但也有以 8 开或 32 开版式出版者。如《民族画报》原出版 8 开版，后更改为 16 开本。《每周广播》就出版 8 开版本。《青海湖》先出16开本，后改为32开本。《卫生与健康》一直出版32开版本。基本版式在16开以下，甚至出版32开本，在整体上趋于小型化。

（四）出版周期

以出版周期短长排列，这一时期的藏语报刊大致情形如下——

日刊：《西藏日报》；

周五刊：《康定报》；

双日刊：《青海藏文报》；

周二刊：《广播》；

周三刊：《阿坝报》；

周刊：《每周广播》《拉萨周报》《夏河报》；

月刊：《藏民报》《人民画报》《青海湖》；

双月刊：《青海教育》；

季刊：《青海民族学院学报》《阿坝科技》；

不定期：《广播新闻》。

刊期演变：由于财力和内容方面的限制，藏文报刊的出版周期会因时而动，勾画出不同的变化曲线，显示出藏文报刊本身的境遇。如《新闻简讯》，就经历了月刊—半月刊—5日刊—周二刊—双日刊的曲折演变；《岷山报》由周二刊改为周三刊，后又不定期出版；《甘南报》始为周报，后又变为5日刊、周二刊；《甘孜报》先后出版5日刊、周三刊、周六刊，后又恢复为周三刊；《民族画报》《卫生与健康》均由双月刊改为月刊；《岷江报》的出版周期似乎更多起伏：由周刊、周二刊改为周三刊，直至不定期出版。

较之于一般汉语版报刊或同名汉语报刊，藏文报刊的出版周期显然要长些。而且形态丰富，变化多端。这一时期始终以日刊面目出现的仅有藏文版《西藏日报》1种。而经过演变，接近日刊的报纸尚有曾经改为周六刊的《甘孜日报》。不过，由于内容和发行量的问题，该报不久又恢复周三刊，难以承受日刊的高密度出版频率。除此而外，藏文报纸便以多种出版周期面世，有周五刊、双日刊、周二刊、周三刊、周刊等形式，假如有周四刊形式，它们的出版周期就很完整了。这种形态，显示不同层次的藏文版报纸有着不同的宣传责任、信息传播使命和发行背景，各司其职，但也表明发行市场的有限性。即使出于政治考虑要出版周期较短的报纸，但也难以受到财力、物力、受众的支撑。特别是不定期的出版周期，在藏文报刊中并非罕见，反映出藏文报刊在出版和发行上的尴尬局面。

（五）语言构成方式

这是藏文报刊中至关重要的命题。仅仅有藏文题名的报刊，并不能跻身“藏文报刊”之列。只有报刊的正文部分全部或部分使用藏文，才算是“藏文报刊”家族的正式成员。

藏文报刊的语言构成方式大致可分为纯藏文版和藏汉文版两种。

严格地来说，实际并没有纯粹的藏文报刊。在藏文报刊的身后，总有相对应的汉语报刊。这是因为：报刊作为大众传媒，既要正视汉语作为国家通用语言的现实，又要尊重藏语言作为藏民族母语的权利。藏汉双语最符合国家统一和民族自治的社会生态。如《青海藏文报》，开始时是以藏汉语对照的形式出版，到后来才变成为纯粹的藏语版报纸。除有过汉字刊名外，整个版面均为藏文。

在藏文报刊中，大量的是藏、汉双语版本的报刊。

一种形式是“同名异构”。两刊同名，但分别出版藏、汉语版本。如《新闻简讯》《西藏日报》《阿坝报》《广播新闻》《每周广播》《青海湖》《青海教育》《甘孜日报》《阿坝科技》《青海民族学院学报》等，均出藏汉两种版本的报刊。在国家的出版批号上，它们是两种报刊，但实际上同属一个组织机构，不过是在内部设立藏汉不同的编辑部门。在一定程度上可以被视为是同一报刊。值得特别注意的倒是藏汉语两种版本之间的关系。有的出版对照版，藏语和汉语两种版本的内容基本一致，可以认为是互为翻译，而主要的是藏语译自汉语。如初期的《青海藏文报》《甘南报》《夏河报》等；有的则各自独立，虽名称一致，但内容和形式却保持自己的相对独立性。如《西藏日报》就设立藏语和汉语两个编辑部门，在保持宣传格调一致的前提下，各自运作，藏文版并不是汉文的翻译版。以藏汉两种文字出版的报刊，基本沿着这样的轨迹前行：藏汉文对照——设立独立的藏语编辑部——互为呼应，但分别出版。因受人力财力之限，虽不可避免地有大部分文稿译自汉文版，但所占篇幅在随着藏文版的逐渐成熟而减少，直至完全用藏语采写编辑。

另一种形式是“藏汉双璧”，即合版。就是在同一份报刊中，既有汉文版，也有藏文版，但所占比例并不均衡。如《康定报》的版面上就藏汉文兼有。《甘孜报》初期采用藏汉语合版：藏、汉文版合刊，一、二、三版为藏文，四版则为汉文。以藏语为主，汉语兼之。《甘南报》1972 年 5 月 2 日也改为藏汉合版：其中一、二、三版为藏文，四版为汉文。版面组合方式与

《甘孜报》如出一辙，不排除互相仿效的因素。有的报刊取“镶嵌模式”，在汉文版中加入一点藏文文章。如《卫生与健康》就在汉文版中设藏文版“牧区专辑”。《青海民族学院学报》隔期有一篇或两篇藏文论文，但无专门藏文版。在实际力量难以支撑藏汉语版分别出版的情况下，这也是一种比较现实的选择。

受现实各种因素的制约，藏文报刊的语言构成方式也多有演变。如《甘南报》，先出藏汉文对照版，后改为藏汉文分版出版。1972 年 5 月 2 日改为藏汉对照版。1979 年又恢复藏、汉两种文版。1980 年 8 月，设立藏文编辑部，自编自采，逐渐成为独立的报纸；《岷山报》初为藏、汉文合刊，后变为藏文版、汉文版分别出版；《甘孜报》初为藏汉文合刊，后又藏汉文分版。1983 年 11 月，成立藏文编辑部，逐步走上自编自采的路子。总的趋势是设立独立的藏文编辑部，藏汉语分版刊行，各展优势。

一些要面对各民族受众的国家级报刊，则出版多语种版本，藏文仅为其中之一种。如《人民画报》《民族画报》，不仅出版汉、藏、维、蒙、朝鲜等少数民族语种刊物，也出版外文版本。

（六）主办方

在 20 世纪 50 年代到 70 年代中期，大众媒介并未获得市场地位，而藏文报刊完全是国家意志和意识形态的体现，藏文报刊的主办者基本是各级党政机关。

与机关报的主流地位相对应，藏文报刊的主办者多为各级党政机关，以保障机关报在舆论宣传和信息传播中的主导地位。如文化部外文出版局主办的《人民画报》，中央人民政府民族事务委员会主办的《民族画报》，西北行政委员会民族事务委员会主办的《藏民报》，中共青海省委主办的《青海藏文报》，西藏自治区筹备委员会主办的《西藏日报》，甘肃省夏河县工委宣传部主办的《夏河报》，各藏族自治州创办的《康定报》《岷山报》《甘南报》《阿坝报》《甘孜报》等。

一些专业机构也创办了藏文报刊。如青海省同仁县广播站主办的《广播》，青海人民广播电台主办的《广播新闻》《每周广播》，青海省文联主办的《青海湖》，青海省教育厅主办的《青海教育》，四川阿坝藏族羌族自治州科学技术委员会和编译局联合主办的《阿坝科技》，青海省卫生防疫站宣传教育科与青海省爱卫会联合主办的《卫生与健康》，青海民族学院主办的《青海民族学院学报》等。

在民族地区特殊的社会背景下，进驻民族地区的部队享有重要而突出的政治、文化主导地位，因此也成为藏文报刊的主办者。如藏文版《新闻简讯》便为西藏军区所主办，《拉萨周报》由驻藏部队主办。其时西藏军区下辖负责藏语翻译和审定的“编审委员会”，也是《新闻简讯》归西藏军区管辖的一个直接因素。

（七）机构设置

在此主题下，我们关注的目光主要应放在报刊内部是否设立藏文采编机构以及所拥有的地位。

在藏汉双语的基本构架下，藏文报刊在总的管理机构下，一般设有藏文采编部门。在开始时，它仅仅是整个编辑部的一个组成部分，或称编辑室、编辑组，明显具有以汉文采编为中心、藏文编辑依附其上的色彩。这就决定了藏文版基本是对汉语版的整体翻译，没有独立的采编权利。随着藏文版影响力的扩大，藏文版纷纷设立藏文编辑部，逐步走上自采自编的路子，凸显藏文版的特色和优势。如在《西藏日报》，就设立与汉语版编辑部规模相当的“藏编部”，负责藏文版的整体业务。《甘南报》《甘孜报》等也先后成立藏文编辑部，结束了对汉文版的依赖状况。由翻译变成独立采写编辑出版，当是藏文报刊的一大进步。

（八）印刷方式

在新中国藏文报刊初创时期，受经济实力和印刷方式的制约，除去当时较为先进而通用的铅印外，还有一部分是比较原始的印刷方式，如油印、石印等。虽手工操作，印刷速度和质量不及机器印刷，设备较为简陋，但可克服经济困难，操作方便，民间色彩浓厚，利于推广和发行。如 20 世纪 50 年代在青海创刊的《广播》《广播新闻》等，就是油印报刊。《夏河报》始为石印，1952 年 11 月底改为套印，汉文铅印，藏文手写石印。1953 年元旦起才全部改为铅印。作为《西藏日报》前身的《新闻简讯》，最初也是油印。1954 年改为石印。1954 年汉文版改为铅印，1955 年藏文版改为铅印。

（九）发行对象

藏文报刊有自己特有的发行对象，它的基本受众就是藏族群体。综合各种资料分析，藏语报刊的读者一般包括如下类型：

1. 上层统战人士。良好的藏民族文化修养、重要的政治地位和强大的社会影响力，使他们借助于藏文报刊了解政局和社会信息成为必要和可能。这是一个层次笃定的读者。藏族的民主人士、爱国者、活佛、喇嘛等，就是这部分读者的典型代表。

2. 国家工作人员。包括具有藏族身份的人员和基本掌握藏文的其他民族的干部、研究人员、民族事务工作者等。国家相关部门、民族院校、学术研究机构等机构的公务员也是藏文报刊的读者。如《夏河报》就定期赠送国家民委、西北民委、中央民族学院、西北民族学院等。这也是各藏文报刊采用的惯例。

3. 寺院。就传统藏族社会而言，寺院是藏族地区知识分子最为集中的地方，也是当地的文化中心之一。这里的格西、活佛和喇嘛都具有很高的藏语言和民族文化造诣。藏文报刊成为他们了解世俗社会种种信息的基本凭借。寺庙往往成为藏文报刊的最大“阅览室”。

4. 学校。在藏族自治区域，各级各类学校一般实行汉藏双语教学。藏语是第一教学和生活语言。藏文报刊不仅是基本课外读物，而且是合适的发表意见和思想的园地。藏族师生不仅是读者，也是理想的作者。学校成为藏文报刊仅次于党政机关的最大订户。

5. 研究机构和图书馆。民族问题的重要性和复杂性，催生了新中国很多民族研究机构，包括专门的藏学研究机构。藏文报刊是这里的基本读物和参考文献。在国家和省区、州研究机构和图书馆，藏文报刊成为主要的文化收藏品。

6. 农牧民。藏文报刊最大的读者群其实是广泛分布的藏族农牧民。藏文报刊倡导的“酥油糌粑味”，正是针对这部分特殊读者群落而设计的。藏文报刊实际主要是为农牧区信息传播的需要而生的。严格而言，它们并非城市文化的成员。

7. 解放军官兵。在解放之初，藏区人民解放军不仅是维护地方稳定的军事组织，而且是极其重要的政治力量。藏区驻军被要求学习藏语，运用藏语，促进民族间沟通，加强民族团结。藏文报刊就成为基本教材和读物。

8. 部落。在新中国成立后的相当长时期内，藏族部落并未退出历史舞台，它的社会组织作用依然有效。它的上层人士就需要阅读藏文报刊来把握社会脉搏律动。

（十）发行范围

藏文报刊的基本发行区域就是藏族自治地方，即西藏、青海、四川、甘肃等省区所属的藏族自治区、州、县。国家级藏文报刊（《人民画报》《民族画报》等）就可通过自己强大的发行网络，送达遥远的各个藏族自治区的藏族读者。一般藏文报刊的发行范围就是该报刊所属的区域。如《阿坝报》就主要在阿坝藏族羌族自治州发行，《甘南报》就在甘南藏族自治州内发行。但藏文报刊建立起来的现代交流机制，也使地方性藏文报刊有可能到达全国更多的藏族自治区域。比如在西藏的藏族读者就可以部分地看到四川、甘肃的《阿坝报》和《甘南报》。如《西藏日报》《青海藏文报》这样具有广泛影响力的藏文报纸，不仅是区域内的最大的藏文媒介，也是广大藏族聚居区的共同传播媒介。青海的藏族读者对《西藏日报》的熟悉，正如西藏的藏族读者对《青海藏文报》的熟悉一样。牵动藏文报刊在如此广泛的区域内传播的神奇之手，正是他们共通的母语——藏语。

藏文报刊的一个重要流向是民族研究机构、图书馆和民族院校。中国社会科学院和各省区社科院是研究民族问题的中枢，在这里藏文报刊所具有的文献意义不言而喻。中国现有的 15 所民族院校，在 20 世纪 70 年代以前差不多基本建立起来。藏文报刊不但是了解藏族聚居区信息的直接渠道，也是进行民族问题研究的第一手文献和学习藏文的生动教材。出于研究和收藏需要，国家和各省区图书馆，民族图书馆，博物馆，民族院校图书馆，也成为藏文报刊的主要订户。

（十一）发行方式、发行量

藏文报刊几乎没有市场化色彩。它的政治功能被置于最高位置，是否盈利并不是首先考虑的问题，它的经营费用基本是国家财政拨款，由此决定了其发行方式的特殊性。除一般的订阅外，赠阅和免费发送成为常见的发行方式。随着经营的规范化和市场压力，有些藏文报刊就部分或全部由无偿发送转为订阅。如《广播》便免费发送到青海省同仁县乡级单位；《夏河报》《拉萨周报》免费赠阅；《甘孜报》藏文版大部分赠阅。后除部分赠阅外，也改为订阅。

受语言范式、区域和受众规模的制约，藏文报刊的发行量比较有限。一般藏文报刊的发行纪录很难跨越 1 万份的临界点。《每周广播》的基本发行规模为 2000 份，最高纪录是 5000 份；《卫生与健康》是 5000—10000 册；《青海湖》每期发行 7000 册；《甘孜报》藏文报发行近 4000 份；《阿坝报》在 1983 年 6 月的发行纪录是：汉文版 7500 份/日，藏文版 1000 份/日，最高发行量曾达到 1 万份。有些则是藏、汉文版混合计算，如果以单一的藏文版来核计，发行期的数字可能会更小些。

具有全藏区或区域性影响的代表性藏文报刊的发行纪录却可以更高些。

如《青海藏文报》的发行轨迹是：1968 年 11000 份；1979 年 9271 份；1980 年 7900 份；1981 年 6800 份。明显呈下降趋势。但我们会注意到它的最高纪录已经逾越万份大关，达到 11000 份。《西藏日报》创造了藏文报刊的最高发行纪录，并基本保持稳定态势。它的最高纪录是 1976 年的 24973 份，与汉文版的距离更接近一点，肯定是中国规模最大、最具影响力的藏文报。如下表所示：

《西藏日报》发行量统计表

年份	藏文版	汉文版
1951 年		《新华电讯》几十份
1952 年 10 月	《新闻简讯》几百份	《新闻简讯》几百份
1956 年 4 月	4000 份	4000 份
1956 年	5000 份	5000 份
1960 年	10000 份	10000 份
1970 年	10000 份	10000 份
1971 年	14763 份	18645 份
1972 年	16254 份	19328 份
1973 年	17431 份	20546 份
1974 年	21235 份	26824 份
1975 年	22849 份	34351 份
1976 年	24973 份	41235 份
1977 年	24768 份	41045 份
1978 年	24684 份	42123 份
1979 年	22362 份	36241 份
1980 年	19481 份	29423 份
1981 年	17303 份	26830 份
1982 年	18262 份	26940 份
1983 年	18433 份	28163 份
1984 年	19051 份	26947 份
1985 年	13973 份	18299 份
1986 年	17123 份	18173 份

续表

年份	藏文版	汉文版
1987 年	18178 份	19908 份
1988 年	16188 份	18641 份
1989 年	16660 份	12624 份
1990 年	13500 份	16092 份
1991 年	14512 份	17644 份
1992 年	14500 份	18980 份
1993 年	14645 份	19612 份
1994 年	13866 份	19250 份
1995 年	13370 份	17687 份
1996 年	14655 份	18797 份
1997 年	13327 份	18387 份
1998 年	13921 份	19267 份
1999 年	14696 份	19914 份

数据来源：《西藏自治区新闻出版志》（2001 年 11 月，复审稿，第 198—199 页）。

（十二）栏目设置

藏文报刊的栏目设置具有明显的民族和区域特色。

1. 政策法令。如《广播》就主要摘发中央、西北局及本省有关政策、法令。《藏民报》主要宣传政策、法令。《卫生与健康》刊载国家卫生政策等。

2. 传递各个领域信息。包括经济、时事、科技、体育、农牧业、卫生、教育、气象、地质等各个方面。如《青海藏文报》开设经济天地、党团建设、文化生活等栏目。《阿坝报》设置教育战线、党团生活、今日话题、法律知识、科技动态等。《民族画报》开辟人物报道、经济纵横、民族教育等栏目。《阿坝科技》的农业、牧业、气象、地质、情报等栏目具有很大的实用性。

3. 地方新闻。如《广播》设立本地新闻栏目。《藏民报》有藏区要闻报道。《夏河报》开辟了藏区介绍专栏。《甘南报》1978 年后增加了地方新闻。设立了甘南各地栏目。《西藏日报》设置了“高原短波”栏目，直接服务于当地读者。

4. 民族文化。藏文报刊无疑是传播藏民族文化的最佳载体。相关栏目设置之丰富多彩，已经构成藏文报刊的独特品质之一。如《西藏日报》的文化看台、高原论坛、高原漫谈、西藏民间故事，《民族画报》的风情大观、民族教育，《青海湖》的高原风貌、高原新花，《阿坝报》的雪山草地、兄弟民族等，都具有浓郁的民族文化品位。

5. 特色副刊。在藏文报刊中，藏文副刊成为提升报刊文化境界和影响力的一个品牌。它的影响力甚至带动了整个报刊。《青海藏文报》开设有“雪莲”文艺副刊，《甘南报》1979 年 9 月首开副刊“邦锦花”，刊载诗歌、散文、格言、谚语、民间故事等，并率先刊载《格萨尔王传·诞生》，引起较大反响。1955 年，《康定报》开辟文艺副刊，多载搜集的民间故事和民歌，并有少数散文记述新人新事。《甘孜报》开设副刊“短笛”、“农奴戟”（后更名为“雪花”），刊载州内文学作者的作品。《西藏日报》藏文版的开设副刊“萨钮（新竹）”，刊登藏族传统的诗歌、民歌、谚语、谜语、民间故事、情歌等，在藏族读者中享有盛誉。

6. 特色专栏。如《阿坝报》开设牧业专版、林业专版、雪山子弟兵、兄弟民族，《甘南报》开设学科学、卫生常识、农牧天地等，都凸显了藏文报刊的独有风情。

（十三）传承关系

藏文报刊刊名在发展中多有变更，有的还反反复复，一刊多名，稍显曲折和复杂，影响了人们对报刊个体的认定，应作厘正，弄清渊源关系，确定报刊家族的谱系。

作为最具规模的藏文日报，《西藏日报》的创办和演变相当复杂。它最初发端于 1951 年 7 月 26 日、8 月 28 日人民解放军第十八军进军西藏途中创办的《新闻简讯》和《草原新闻》。1951 年 10 月 26 日、12 月 1 日，自四川、青海出发的人民解放军进驻拉萨，2 份油印报刊停刊。1951 年 11 月 12 日，以新华社名义出版《新华电讯》。1952 年 10 月 1 日，更名为《新闻简讯》。1952 年 11 月，创办藏文版《新闻简讯》。1956 年 4 月 22 日，《西藏日报》藏汉文版与西藏自治区筹备委员会同日诞生。它发源于西藏本土以外，历经 7 年才瓜熟蒂落。

《甘南报》的发展轨迹也颇多曲折。该报 1952 年 4 月 10 日创刊。1953 年 5 月 1 日由《夏河报》更名为《甘南报》。1955 年 1 月 1 日改为藏汉文分版出版。在困难时期的 1961 年停刊近 1 年，同年 10 月 11 日复刊。1968 年第二次复刊。1972 年 5 月 2 日改为藏汉对照版。1979 年恢复藏、汉两种文版。1980年8月，设立藏文编辑部，自采自编，逐渐成为独立语种的报纸。

《甘孜报》的演进头绪纷繁。1953年1月1日创刊，称《岷江报》，汉文版。1953年6月10日藏文版创刊。1958年5月1日，更名为《岷山日报》。1961年，恢复名称为《岷山报》。1966年12月停刊。1967年7月20日，报社造反派创办《红色新闻》。1968年10月，《岷江报》复刊，取毛泽东诗词"更喜岷山千里雪，三军过后尽开颜"之句，更名为《岷山报》，为阿坝州革命委员会机关报。1971年4月1日停刊整理。1973年6月1日正式复刊。1975年10月1日《岷山报》藏文版复刊。1981年1月1日，更名为《阿坝报》。1983年11月成立藏文编辑部，自采自编。2005年1月8日《阿坝日报》（藏文版）正式改为对开大报彩色版，是国藏区唯一的一张对开彩色藏文大报。而创刊于四川省甘孜州藏族自治州区域内的《康定报》是否是《岷山报》的前身？尚需考证。《甘孜报》由《康定报》还是《岷山报》直接更名而来？文献记载多有龃龉，值得进一步考察。

（十四）刊名题签

藏文报刊的刊名，多由藏族著名人士或政治家题写。1952年底《新闻简讯》藏文版创刊时，就由当时西藏地方政府最高领袖和宗教领袖达赖喇嘛

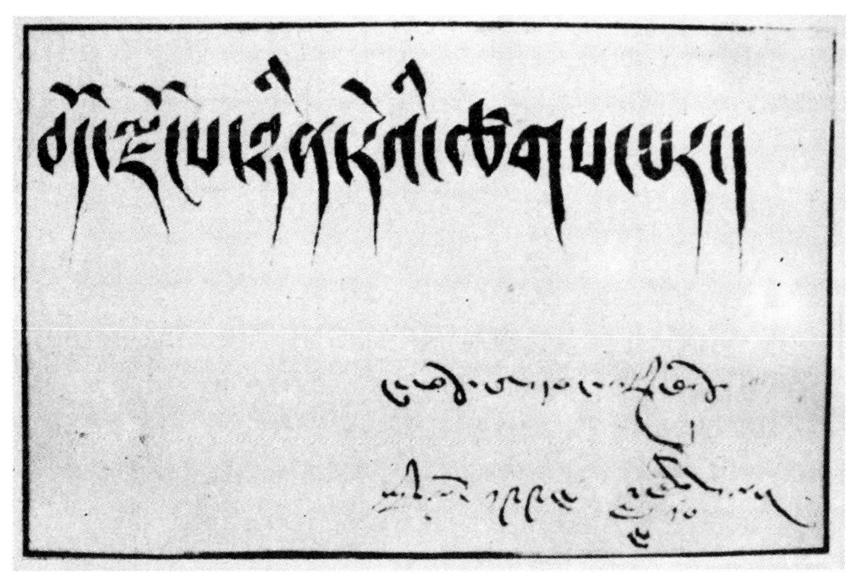

阿沛·阿旺晋美为《西藏日报》题写的藏文报头（1）

阿沛·阿旺晋美为《西藏日报》题写藏文报头（2）

题写，并覆个人印章。1956年，作为西藏自治区筹备委员会机关报的《西藏日报》藏文版创刊时，身兼西藏地方政府最高领袖、宗教领袖和西藏自治区筹备委员主任的达赖喇嘛，不仅最终确定了《西藏日报》的名称，并且为藏文版题写刊名。直到1959年西藏发生武装叛乱，《西藏日报》由统战报纸变为中共西藏工委机关报，遂取消达赖喇嘛题名，改由新任西藏自治区筹备委员会主任阿沛·阿旺晋美题写。刊名题签之演变，也显示出藏文报刊地位和功能的变化。

四　本期藏文报刊的传播特点

以中国藏文报刊的整体状态观之，这一时期的藏文报刊较之于旧中国，最大的进步是在28年的时间，特别是在整个20世纪50年代里面，获得了迅速的发展，基本构建了自己覆盖差不多全部藏族自治区域的传播格局，初步奠定了自己的传播风格，对这一时期藏族自治区域的社会文明和历史进步产生了直接的影响，成为20世纪中国大众传播体系中的重要方面军。

1. 以机关报为主体的藏文报刊三级传播体系（国家、自治区、自治州）基本建立。这一时期藏文报刊的规模并不庞大，仅仅有23种，其中还包括一些并未正式刊行的报刊。而有些报刊之间实际上具有渊源关系，如此计算起来，规范的藏文报刊在 15 种左右，仅数字并非可以乐观言之。但在进行了结构分析后就可以发现，藏文报刊的主骨架是党政机关报，并涉及广播、卫生、文学、学术、科技、教育等多个领域，既有报纸，也有刊物，而以发行周期相对较短的报纸为众。既有国家民族事务委员会主办的《民族画报》，也有省区及行政区创办的《西藏日报》《青海藏文报》，同时还有甘南、阿坝、甘孜等藏族自治州主办的《甘南报》《甘孜报》《阿坝报》，初步形成了国家、省区和自治州三级藏文报刊框架，基本满足了这一时期社会发展的需要。

2. 覆盖了全国主要的藏族聚居区。这一时期的藏文报刊，分布在西藏自治区、青海省、四川省和甘肃省等主要藏族聚居区域，藏族聚居区的核心地区已基本纳入了藏文报刊的视野之内。由国家主管部门主办的《人民画报》《民族画报》则面向整个藏族自治区发行。虽然此时尚有云南省的迪庆藏族自治州，青海的玉树藏族自治州、海西蒙古族藏族自治州、海南藏族自治州、海北藏族自治州、黄南藏族自治州、果洛藏族自治州，甘肃省的天祝藏族自治县，四川省的木里藏族自治县等 9 个藏族自治州县还没有创办自己的藏文报刊，但这些地方具有藏文阅读能力的读者，依然可以看到本省区主办的藏文报刊，并由此接受相关信息，身受藏文报刊传播网络之惠泽。

3. 藏汉双语传播模式已显雏形。在 20 余种藏文报刊中，单一的藏文报刊几乎没有存在。如果要将《青海藏文报》贴上这个标签的话，那么就可以算作是一个例外。但实际上，除去它的出版周期与《青海日报》不同外，《青海藏文报》还是青海日报社中与汉文版《青海日报》相对应的一份报纸，并未超越藏汉双语的模式。其余的藏文报刊，最起码拥有藏汉语两种语言版本，并以藏汉语分别出版和藏汉语合版等两种方式运作，“大同小异”，互为映照，在保持总体宣传基调一致的前提下，办出各自的特色。这种模式，既符合国家统一和民族区域自治的政治框架，也应对了藏族读者的信息需求，成为藏文报刊的基本范式，并积淀成为中国藏文报刊的传播传统，深刻地影响了此后藏文报刊的发展、繁荣。

4. 具有突出的传播功能。在了解了藏文报刊的办刊宗旨、栏目设置和发行之后，我们就能基本掌握藏文报刊的传播功能：宣传党和国家的大政方针和民族区域自治政策，获得政治地位和民族身份认同；在相对落后、分散和闭塞的藏族聚居区传播各种信息，特别是时事、文化、科技、教育、农牧业等方面信息，推进藏族聚居区的文明进程；传承藏民族悠久文化，积极发展藏民族语言，推进各民族的文化交流，确立民族自豪感，促进中华民族文化的大融合。

5. 凸显民族特色。以藏文作为报刊的传播语言，本身就是民族特色最集中的体现。在中国的报刊大家族中，藏文报刊开辟和造就了一个特殊的传播渠道。藏语报刊独特的民族语言表现力，富于民族风味的栏目，对藏族聚居区的政治、经济、文化、历史、民俗的介绍，特别是对传统民族文化的弘扬，塑造了藏文报刊与众不同的品位。它将自己与汉语报刊区别开来，而又互为呼应，形成了不可替代的传播价值。

6. 时间上的非连续性。如果我们认真审视这一时期的藏文报刊清单，就会看到其发展轨迹的不均衡性。在新中国藏文报刊的初创时期，1950 年到 1958 年的 9 年间，差不多诞生了藏文报刊确立期最主要的藏文报刊，而且一个年度都没有留下空白。而在 1958 年到 1979 年的 22 年间，仅仅稀疏地出现了 3 种藏文报刊，平均 7 年出现一份报刊，很多年份就没有留下任何藏文报刊创刊的记录，且没有给历史带来省级以上大型报刊面世的丝毫惊喜。这与当时动荡的中国政治背景息息相关。此时正好是各种政治运动频繁，同时是十年浩劫横扫中国大地的非常年代。如果要以政治宣传作为报刊的几乎全部传播功能的话，也许当时已有的藏文报刊就足够了。

7. 传播效力的有限性。藏文报刊作为一种民族语种的报刊，它的传播价值毋庸置疑。但也正因为此，其传播效能就比较有限。它的影响力基本局限于报刊所属的行政区域之内；出版周期较长，日刊仅 1 种，多为周刊、月刊和季刊，信息更新迟缓；地域高度分散，报刊发行受到极大限制，实际是延长了出版周期；发行量总在万份之内，很多仅有几千份，读者规模可以想见；受语种限制，它不可能发行到藏族自治区域以外不通藏语的地方。如果在藏族自治区域内能获得广大受众的认可，这种传播的有效性也并非不符合“分众传播”的逻辑。

五　站在历史的坐标上：奠定中国藏文报刊的稳固基础

在中国藏文报刊发展史上，这一阶段的藏文报刊占有重要的地位。

首先，开创了中国藏文报刊的全新时代。自 1907 年第一份藏文报刊《西藏白话报》创刊，到 1949 年新中国成立，旧中国的藏文报刊固然开创了自己的历史，在大众传媒体系中加进了自己的位置，但由于历史条件的限制，特别是受藏民族聚居区经济文化滞后的影响，其发展不仅断断续续，而且传播磁场相当有限。而从 1951 年开始，在新中国“风和日丽”的民族政策沐浴下，在藏族自治区经济社会快速发展的良好背景上，藏文报刊以历史上从来没有过的速度和规模建立起来，种类大大扩展，是藏文报刊的真正确立的时期。

其次，确立藏文报刊的基本框架和模式，承先启后，为此后藏文报刊的发展奠定了基础。旧中国的藏文报刊实际是发轫阶段，一切都在尝试。而到了 20 世纪 50 年代，在适宜的气候下，藏文报刊延续此前脉络，逐步确定了基本格局：以机关报为主体的国家、自治区、自治州三级报刊体系建立起来；藏汉双语成为报刊的基本语言模式；藏文报刊宣传政策、传播信息、推广科技、传承民族文化的功能逐渐形成。这些范式，差不多成为此后中国藏文报刊发展的楷模。

第三，创办了最有影响力的藏文报纸。新中国第一个藏文报纸《青海藏文报》和第一个藏文日报《西藏日报》，都在这一时期创刊。它们的意义就在于：既是新中国藏文报刊真正的诞生日，也是中国藏文报刊的代表作，标志着藏文报刊已跻身中国最具影响力的大众传媒行列，也意味着藏文报刊的成熟。

需要说明的是，这一阶段的藏文报刊在旧中国的基础上实现了根本性跃进，但缺陷也显而易见：藏文报刊多为汉文版的翻译版，基本没有独立采写。而设置独立的藏文编辑部，基本是在 20 世纪 70 年代末期以后的事情；对象性报刊极为有限，留下很多空白；很多地市和自治州尚无自己的藏文报刊；赠阅多于订阅，且多限于本地本州，覆盖范围相对封闭；发行量少，传播效应有限；基本为国家财政支撑，无经济自给能力。凡此种种，都是历史的存在，有待于在新的历史时期中实现跨越。

第三节 中国藏文报刊的成熟期

（1979—2007 年）

在 20 世纪 70 年代末期，中国的藏文报刊凭借着空前良好的历史机遇，比较顺利地步入了自己全面发展的光荣时期。

一 藏文报刊发展的政治、语言和文化背景及传媒生态

较之于以前的两个阶段，这一时期藏文报刊的发展具有不可替代的整体优势和独有的现代科技支撑。

以积极推进民族区域自治为核心的牢固的政治基础，成为藏文报刊发展的最基本的前提。

在20世纪70年代末，特别是中共十一届三中全会后，以改革开放为标志的中国社会进入了新的历史时期。政治的民主化和社会的开放，使国家经济建设成为整个社会运行的主题。少数民族地区，包括中国的13个藏族自治区、州和县经济、社会的繁荣发展，成为广大藏族同胞的共同呼声和愿望。经济发展的因素前所未有地渗透到藏民族社会生活的各个方面。藏民族对信息的需求从来还没有如现在这样强烈。在藏民族中，确实已经有一部分人可以依据自己的较高的文化程度，像祖国的其他民族公民一样，驾轻就熟地接受汉语媒介的信息传播。但毋庸置疑，受历史、文化、自然、教育等条件的制约，绝大部分藏族民众，依然还是习惯于用藏文阅读书刊，从中获取自己需要的信息和感兴趣的内容。这不仅是浓厚的母语情结，更重要的是，用自己熟悉的语言媒介接受信息，当然是既快捷又惬意的事情，既收获信息，也同时收获快乐。无论从感性或理性哪个方面而言，藏文报刊的全面发展，已经成为它的广大受众的呼唤，也是作为多民族国家的中国社会的深切期待。

在这一时期，对藏民族聚居区社会经济和文化发展至关重要的《中华人民共和国民族区域自治法》颁布实施。从此前的叙述可知，在新中国建立之始，中国的民族区域自治区就相继成立。国家以国家权力的庄严和权威性，确立了藏民族实现自治权利的最基本社会构架。1984年5月31日，第六届全国人民代表大会第二次会议通过《中华人民共和国民族区域自治法》。2001年2月28日，第九届全国人民代表大会常务委员会第二十次会议做出《关于修改〈中华人民共和国民族区域自治法〉的决定》。该法律确定了中华人民共和国“多民族”国家的基本特点，阐述了民族区域自治的性质是“发挥各族人民当家作主的积极性，发展平等、团结、互助的社会主义民族关系，巩固国家的统一，促进民族自治地方和全国社会主义建设事业的发展”。在赋予的少数民族的全面社会权利之中，就包含少数民族使用本民族语言和用本民族语言发展新闻

事业的权利。该法律第十条规定："民族自治地方的自治机关保障本地方各民族都有使用和发展自己的语言文字的自由。"第三十八条规定："民族自治地方的自治机关自主地发展具有民族形式和民族特点的文学、艺术、新闻、出版、广播、电影、电视等民族文化事业，加大对文化事业的投入，加强文化设施建设，加快各项文化事业的发展。"这部自1984年10月1日起正式实施的国家法律，是在国家根本大法——宪法的基础上，对民族区域自治政策的具体化，也是国家在藏族自治区域内创办和发展藏语报刊的直接法律依据。

特别需要说明的是，在这一时期，作为藏文报刊关键因素之一的藏语言的使用和发展，获得了科学发展的立法基础。

全国的13个藏族自治区、州、县，先后在此期间制定并颁布实施了"藏语文工作条例"。而在未能制定专门的"藏语文工作条例"的藏族自治地区，也在本地区制定的"自治条例"中，对藏语的使用和发展做出明确的规定。在对历史的梳理中，我们能清晰地看到各藏族自治地方对藏语言立法工作的清晰轨迹：

1987年7月9日，西藏自治区人大常委会颁布《西藏自治区学习、使用和发展藏语文的若干规定》（试行）；

1988年，西藏自治区第四届人民代表大会第五次会议通过《西藏自治区学习、使用和发展藏语文的若干规定（试行）的实施细则》；

1989年7月16日，云南省迪庆藏族自治州第七届人民代表大会第四次会议通过《迪庆藏族自治州自治条例》。1989年10月21日，云南省第七届人民代表大会常务委员会第八次会议批准。在"第六章 自治州的教育科学文化卫生体育事业"中，涉及民族语言和新闻媒体方面的内容；

1990年3月18日，四川省木里藏族自治县第七届人民代表大会第一次会议通过《木里藏族自治县自治条例》。1992年3月13日，四川省第七届人民代表大会常务委员会第二十八次会议批准实施。其中第六条规定：自治县的自治机关保障本县内各民族都有使用和发展自己的语言文字的自由；

1990年6月28日，青海省第七届人民代表大会常务委员会第十五次会议批准《海南藏族自治州藏语文工作条例》；

1991年3月4日，青海省第七届人民代表大会常务委员会第十九次会议批准《海西蒙古族藏族自治州蒙古族藏族语文工作条例》；

1993年4月21日，青海省果洛藏族自治州第九届人民代表大会第4次会议通过《果洛藏族自治州藏语文工作条例》。1993 年 7 月 17 日，青海省第八届人民代表大会常务委员会第四次会议批准实施；

1993 年 5 月 30 日，青海省黄南藏族自治州第十届人民代表大会第三次会议通过《黄南藏族自治州藏语文工作条例》。1993 年 9 月 18 日，青海省第八届人民代表大会常务委员会第五次会议批准。1994 年 1 月 1 日起施行；

1994 年 3 月 21 日，青海省海北藏族自治州第九届人民代表大会第五次会议通过《海北藏族自治州藏语文工作条例》。1995 年 3 月 30 日，青海省第八届人民代表大会常务委员会第十七次会议批准。1995 年 10 月 1 日起施行；

1994 年 5 月 13 日，青海省玉树藏族自治州第八届人民代表大会第五次会议通过《玉树藏族自治州藏语文工作条例》。1995 年 5 月 31 日，青海省第八届人民代表大会常务委员会第十八次会议批准。1995 年 7 月 1 日起施行；

1995 年 6 月 1 日，甘肃省甘南藏族自治州第十一届人民代表大会第三次会议通过《甘肃省甘南藏族自治州藏语言文字工作条例》。1996 年 6 月 1 日甘肃省第八届人民代表大会常务委员会第二十一次会议批准实施；

1997 年 11 月 21 日，甘孜藏族自治州第七届人民代表大会第五次会议通过《甘孜藏族自治州藏族语言文字使用条例》。1998 年 4 月 6 日，四川省第九届人民代表大会常务委员会第二次会议批准实施；

1999 年 3 月 26 日，甘肃省第九届人大常委会第九次会议批准《甘肃省天祝藏族自治县藏语言文字工作条例》；

2006 年 12 月 30 日，阿坝藏族羌族自治州九届州人民政府第 51 次常务会议通过《阿坝藏族羌族自治州藏文社会用字管理办法》。

这些历史的记录显示：建立民族自治区域最晚，但作为藏民族最大的聚居区和藏民族文化的发源地的西藏自治区，在 20 世纪 80 年代中后期，就率先在全国藏族自治地方制定了关于藏语言的地位、使用和发展的地方专题法规。无疑，在发展藏语言和藏文报刊方面，西藏成为全国藏族自治地方的先行者和标杆。其他的藏民族自治地方——青海省海南藏族自治州、海西蒙古族藏族自治州、果洛藏族自治州、黄南藏族自治州、海北藏族自治州、玉树藏族自治州、甘肃省甘南藏族自治州、甘肃省天祝藏族自治县、四川甘孜藏族自治州、阿坝藏族羌族自治州等 10 个地方，除去四川阿坝藏族羌族自治州（2006 年）外，均在 20 世纪 90 年代的 10 年内，先后完成了对本地方藏语工作的立法工程，使本民族母语的社会地位和功能获得了法律的确认。这些法律文本，都经过了州（县）、省（区）两级立法机构的审议和批准，权威性无可置疑。而其中依据国家法律对藏语地位的认定，对藏语的学习和使用、藏语工作的管理等方面的法律阐述，不仅具有不可挑战的原则性，而且具体可操作，在实际运用中具有广泛的指导意义。目前，尚未见到云南省迪庆藏族自治州、四川省木里藏族自治县2个藏族自治地方有单独制定“藏语文工作条例”的文本记载，但2州、县分别在1989年、1990年通过的“自治条例”中，对藏语的地位和使用都做出了规定，可视为“准藏语工作条例”，同样没有忽视藏语的使用和对藏语报刊的重视。

为切实落实藏语工作，全国各藏族自治区域也相应成立了藏语工作和管理机构。在《西藏自治区学习、使用和发展藏语文的若干规定》（试行）颁布的第二年，西藏自治区藏语文工作指导委员会便在1988年宣告成立。它的最高负责人就是历任的自治区人民政府主席。下设正厅级办公室。自治区各地市也成立了对应的机构。这个语言管理系统的行政约束力可以想见。而在与藏语言具有直接而密切关系的文化教育机构，特别是在新闻出版单位，藏语指导委员会亦具有权威性。如，1993年，西藏日报社就成立了5人藏语文指导小组。西藏自治区的做法和机构模式，在全国的藏族自治地方具有代表性。它们成为藏语工作的行政保障。

藏语的标准化和信息技术的现代化，奠定了藏文报刊作为现代传播媒介的重要地位。

藏语的使用地方分布在中国的广大区域，自然就造成了与世界上任何语言一样的“方言”隔膜。长久深受传统文化浸渍的藏语言，在现代文化特别是科技文化面前表现出诸多不适应性。藏语术语、词语的混乱，已经影响到信息的有效传播。新中国成立以来，特别是藏族自治地方建立后，藏语的标准化规范化工作步伐明显加快。陆续出版一批藏文辞书，包括《格西曲扎藏文辞典》《藏文大词典》《藏汉口语词典》《汉藏对照词汇》《藏汉词汇》《藏汉词典》等。藏文信息技术标准化工作开始于1993年，在国际上“以我为主”地开展了信息交换用藏文编码字符集国际标准的研制工作，并着手起草和制定国内标准。1996年还举办了“全国藏文印刷字体审定会”，审定通过了22种藏文印刷字体。从1995年开始，西藏自治区着手开展《藏语术语标准化工作的一般原则与方法》的研究制定工作，确定理论原则，审定统一了3000余条有关市场经济和中小学爱国主义教育等方面的藏文术语，并以活页形式下发区内各地市编译机构和区直新闻等有关单位，发送到五省区民语委、院校和内地有关部门，刊登于《藏语文工作》，以便达到藏文新词术语在使用上的统一性；与中国标准化研究院合作，审定了近6万条科技术语；为适应藏文软件开发工作的需要，翻译审定了8000多条计算机界面术语。

如何实现藏文与信息技术的结合，促进藏民族文化的现代化，加快藏语报刊的传播技术的革命，成为20世纪90年代科技界和文化界的重大挑战。从1984年开始，西北民族大学主持研制的藏文信息处理技术（简称同元藏文信息技术），研制出了具有自主知识产权的以藏文视窗平台为核心技术的多功能系列组合软件。包括：《藏文操作系统》《藏汉双语信息处理系统》《藏文视窗平台》《藏文文字处理软件》《藏文网站》《藏汉英多功能组合软件》等37项省部级新产品新技术及科技成果，藏文实现了信息处理。后来又开发出与汉英兼容的藏文操作系统，实现了藏文精密照排。1993年，国家技术监督局、电子工业部、西藏自治区有关部门正式承担了起草“信息交换用藏文编码国际标准”的工作。1994年初，国家技术监督局、国家民族事务委员会和电子工业部共同磋商，西藏藏语言文字工作委员会、西藏大学、全国信息标准化委员会及不少兄弟省市的专家们走到一起，几经努力，完成了第一个藏文编码字符集国际标准提案。1995年5月，“藏文信息处理国际编码研讨会”在拉萨召开，中央及地方单位的代表和藏学专家、计算机编码专家、梵文学者22人就其修订与完善作了长时间的讨论，对UNICODE的藏文编码提案进行了广泛而深入的分析研究，最终形成较为完善的藏文编码国际标准提案。1997年6月30日至7月4日，第33届WG2会议及SC2全会在希腊举行。两项会议在决议中分别宣布：藏文已经通过了最后一级的投票表决，正式形成藏文国际标准，其文本将由SC2秘书处提交ITTF（负责出版发行国际标准的机构）在适当时候进行打印出版。中国第一个成为国际标准的少数民族文字编码从此诞生。西藏自治区从1993年开始研制藏文编码国际标准和国家标准，经过藏语文、计算机、信息技术标准专家的共同努力，圆满完成了研制藏文编码国家标准和国际标准最终方案的任务，并经过国际标准组织的多道严格的程序和数轮投票，于1997年获得顺利通过，使藏文在我国少数民族文字中成为第一个具有国际标准、获得全球信息高速公路通行证的文字。同时国家已正式公布了《信息技术信息交换用藏文编码字符集——基本集》和《藏文编码字符集点阵字型第一部分——白体》两项国家标准。2004

年 8 月，中国第一个藏族语言文字的新闻采编网络——《青海藏文报》新闻采编网络建成投入使用，这也是中国第一个少数民族语言文字的新闻采编网络。这一套网络包括了软件、字库、查询系统、照片系统等，是在北大方正的汉语言基础平台上搭建起来的。经过几个月的磨合，于 8 月 4 日试运行出版了第一期报纸。它的建成标志着古老的少数民族语言实现了现代化的飞跃。2005 年 4 月 28 日，西南民族大学和四川艺术学校、甘孜州行政学院共同开发研究的土弥藏文信息处理系统计算机输入法获得国家权威部门的鉴定。该技术填补了我国藏文网络开发领域的空白。2005 年 3 月下旬，在北京召开的国家科学技术奖励大会上，青海师范大学物理系教授赵晨星（德熙嘉措）主持的藏文计算机键盘和输入编码方法研究课题，荣获 2004 年度国家科学技术进步二等奖。2007 年 9 月，关于新一代藏文电子出版系统、Windows 平台上藏文浏览器及网页制作工具和 Windows 2000/XP 系统上藏文处理系统的“藏文之星”在北大方正电子有限公司完成最后研制。这个藏文专项旨在为藏文地区提供强大的藏文字库和输入法、藏文交互式排版输出系统、Windows 平台藏文浏览器及网页活工具、在 Windows 2000 英文版或中文版环境下进行藏文处理。新一代藏文电子出版系统最新藏文大字符集编码标准，支持汉、藏、西文混排，对藏文的排版处理符合藏文相关语法和排版规范，同时兼容方正以前版本的电子出版系统。它不仅为藏区提供了功能强大的藏文字库和藏文排版输出功能，而且使西藏使用上国际最先进的计算机操作系统。青海日报社已经率先全面使用新一代藏文电子出版系统进行藏文报纸的出版。西藏日报藏文版的电子出版系统的改造升级项目也于 2007 年 7 月正式上线。这些努力和研制的成果，已经足以说明，藏文作为古老的语言，也已获得了和汉语基本同步的信息现代化技术系统，它对保障藏文报刊的编辑出版提供了最先进的现代技术。①

① 《填补空白——藏文信息计算机输入法问世》，《华西都市报》2005 年 4 月 28 日；《又一场革命：藏文进入电脑——藏文国际编码标准确定纪实》，中国民族网；《藏文键盘和输入编码方法获国家科技奖》，《青海日报》2005 年 4 月 12 日；《藏文新闻发布系统：方便网络传播藏族文化》，陈建栋，《光明日报》2004 年 12 月 30 日；刘晋，《藏文信息技术在民族语文现代化进程中的作用》，《中国民族》2003 年第 5 期；《中国第一套现代化藏文新闻采编系统投入使用》2004 年 8 月 27 日，新华社；《土弥藏文信息处理系统填补我国藏文网络开发领域的空白》，泽朗，2005 年 4 月 27 日，《甘孜日报》；《新一代电子出版系统推出》，玛格，中国藏学网，2007 年 9 月 5 日；《全面正确执行民族语言文字政策促进藏语言文字的发展》中国西藏新闻网，2006 年 6 月 2 日。

横跨广袤的藏族自治地方，星罗棋布点状分布的藏文报刊，急需建立全国性的藏文报刊协作机制，借此交流办刊经验，规范藏语名词术语，研讨相关问题，推动藏文报刊的发展。统计资料表明，自 1998 年首届全国五省区藏文报协作会议举办以来，以《西藏日报》藏文版和《青海藏文报》为领头羊的全国藏文报刊协作会议，始终坚持下来，以每年一届的频率，分别由全国各藏语报刊社主办，至今已经举办了十届。

全国藏文报协作会议一览表

届次	议题	主办	时间	地点
一	探讨业务；评选优秀作品；统一藏语新词术语	西藏日报	1998－7－20/1998－7－26	西藏自治区拉萨市
二	探讨业务；评选优秀作品；统一藏语新词术语；商讨广告协作	甘孜报社	1999－8－30/1999－9－5	四川省康定市
三	探讨业务；评选优秀作品；统一藏语新词术语；商讨广告协作	青海日报	2000－7－31/2000－8－6	青海省西宁市
四	探讨业务；评选优秀作品；统一藏语新词术语	日喀则报	2001－9	西藏日喀则市
五	探讨业务；评选优秀作品；统一藏语新词术语	甘南报社	2002－8－19/2002－8－23	甘肃省合作市
六	探讨业务；评选优秀作品；统一藏语新词术语	阿坝报社	2003－9－16/2003－9－20	四川省马尔康市
七	探讨业务；评选优秀作品；统一藏语新词术语	迪庆日报	2004－10－11/2004－10－15	云南省香格里拉县
八	探讨业务；评选优秀作品；统一藏语新词术语	甘孜日报	2005－9－19/2005－9－24	四川省丹巴县
九	探讨业务；评选优秀作品；统一藏语新词术语	青海法制报社	2006－8－12/2006－8－18	青海省西宁市
十	探讨藏文报刊、网站发展；加强各藏文报刊间的交流与合作；开展新词术语的统一规范	《中国西藏》杂志社、中央民族翻译局	2007－9－18	北京市

第十一次全国藏文传媒协作会议（2009）

“全国藏文报协作会议”的名称也发生着演变：第一届为“首届全国五省区藏文报业务协作会议”。在第二届会议上，大家觉得会议名称限于“五省区”（即有藏族自治地方的西藏、青海、甘肃、四川和云南5省区）有碍交流，便决定更名为“全国藏文报协作会议”。届次随会议进行顺序自然排列。但实际上，与会的不仅仅是藏文报社。自第八届会议开始，不少藏文刊物——《中国西藏》《民族》《民族画报》，民族语文研究机构——中国民族语文翻译局，民族语言网站——中国藏族网通等身影就出现在原属藏文报刊的专用舞台上，大大扩展了会议的容量。而在第十届会议上，国内藏区各大藏文报纸、期刊、网站就成为会议的主要成员，并不仅仅局限于藏文报刊。会议的名称也因此更改为“全国藏文传媒协作会议”，显然将以藏文为语言媒介的传媒都纳入其中。10次会议，西藏日报、甘孜报社（举办2次）、青海日报、日喀则报、甘南报社、阿坝报社、迪庆日报、青海法制报社和《中国西藏》杂志社、中央民族翻译局等10个藏文报纸和期刊、研究机构充当了主办方，同时，至少30—40家藏文报刊等媒介机构足履了主办方所在藏民族文化的“根据地”——西藏拉萨、日喀则，青海西宁，四川康定、马尔康、丹巴，云南香格里拉等，亲身经历和检阅了藏民族文化真实而丰富灿烂的面貌。这样，全国藏文报协作会议就逐渐演变成全国藏文传媒的协作会议，成为藏文传媒最大的交流平台，也是迄今为止对藏文传媒影响最为直接的传媒合作机制。

在这一时期，我们还不能不充分注意到中国新闻事业与世界传媒格局发生的重大变革，给藏文报刊带来的挑战、机遇。

20 世纪 70 年代以后，世界新闻传播史发生的重大变革令人震撼。如果以 1609 年德国奥格德堡发行的第一份新闻周刊《德国观察周刊》、1663 年德国莱比锡出版的第一份新闻日报《莱比锡新闻》算起，人类文明史上最早专业传媒的报刊，已经有 400 年的悠久历史。但近 70 年来，在最新涌现的电子媒介的强力冲击下，却经历了 3 次巨大挑战：20 世纪 30 年代，广播电台的商业运作，几乎成为报纸的噩梦。但报纸以专栏和综合报道之长终于在电台的重压下获得重生；50 年代，电视台凭借着人们的惊喜与渴望，以几何级数疯长，很多人对报纸悲观地发出“日薄西山”的哀叹，但是，报纸依然是抱紧具有深厚历史感和独立思想魅力的解释性报道，不仅没有灭亡，反而成为与电视、电台三足鼎立的三大传播媒介之一。失去独尊的时代固然可叹，但在新媒体的巨大压力下仍然耸立于新时代的文化之林中，亦堪称奇迹；不过，到了互联网纵横驰骋的 21 世纪，报纸的生死存亡仍然不可回避。互联网的免费、即时、海量、互动和多媒体共融的庞大优势，使报纸受到的第三次挑战充满了恐怖感。幸运的是，任何优势都不是全能的，报纸还是没有死亡。当然，它受到的“摧残”和“牺牲”的确是空前的，报纸进入了“结构性”危机①。这些背景看似遥远，实际上是藏语报刊一面看不见但却很开阔的镜子。很多关于藏文报刊的深层次答案，都可以在这里经过久久寻找后找到解题的思路和结果。

中国新闻事业并没有脱离世界新闻事业大潮的惯性。在“文革”结束，改革开放大势所趋的 20 世纪 70 年代后期乃至整个 80 年代，报刊的生长速度惊人，平面媒体的出现就像植树造林一般快速可见，很多受到欢迎的报刊创造了发行的神话，在中国新闻史上写下了“空前绝后”的纪录。然而，这样的黄金期和蜜月期由于后来居上的电视、网络而先后“蒙羞”。20 世纪 80 年代末期到 90 年代初、中期，电视普及的程度超乎大家的想象。电视的直观性和立体效果拉走了很多受众，报纸同广播一样遭受寒流。而到网络“横行”天下的 90 年代中后期直至 21 世纪初期，报纸和书籍等印刷品一道再次遭受追求“速成”的受众的冷遇。报刊在整体上只能屈居于电视和网络的身后。这是电子技术给媒介文化发展“确定”的必由之路。它绝不会受制于报刊“粉丝”们的情感和意志。一个多媒体融合的时代当然不会被多向度追求

① 李良荣：《当代西方新闻媒体》，复旦大学出版社 2003 年版。

的受众所厌恶。

乍看起来，藏文报刊远离传媒潮流和主旋律，但实际上并没有脱离传媒大轨道的重心。西藏和其他藏族自治地方的新闻事业，就总体而言并不繁华和发达，多居于广大而疏散的地域。它们形成了一个相对封闭的传媒生态环境，好像没有达到与外界息息相应的紧密程度。不过，传媒总的趋势依然顽强地作用于藏族聚居区的新闻事业走向。比如电视和网络的崛起先带给广播以尴尬，然后又带给报刊以难堪。但藏族聚居区有自身的社会运作法则。城镇所表现出来的与祖国内地酷似的传媒状态，并不能说明藏区的大众传播就已经达到全国的水平了。真实的传媒状况表现在农牧区。这里的藏文报刊受发行距离、成本和读者文化的限制，不可能创造很高的发行纪录。广播还是很实用、很便利、很廉价的信息接收器。电视当然是最受欢迎的现代传播媒介。中间又夹个越来越走红，从城镇向农牧区蔓延速度惊人的网络。藏文报刊的处境就很困难了。但是，正像国际传媒界无人敢判定报刊等平面媒介的死刑一样，在藏族自治区域，也没有哪种具有话语权的力量能或者敢于给藏语报刊一个最后的判决书。藏文报刊的生存理由，绝不仅仅由国家意志和政治所决定，而是民族文化传承的需要，更是一个民族的绝大部分成员习惯的信息接收方式。这样，在我们纵观中国藏文报刊发展历史，并试图将它梳理出来的时候，就不能仅仅局限于狭隘的“历史”视野，只是朝后看去，视之为“文明的背影”或“珍贵的绝版”，而是要在历史长河的漫步中，寻找面对未来的信心和思路，为藏文报刊的成长奠定坚实的路子。

二　藏文报刊的发展轨迹

将1979年到2006年长达28年的时间归为一个时期，对其他领域而言也许并不算长，但对仅仅有百年历史的藏文报刊而言，却并不短暂。这种划分，其实只是叙述上便利的考虑，并非是绝对的历史范畴。

根据已经收悉的文献资料和信息，笔者在此愿意按照年代，把记录在案的藏文报刊排列出来——只需要看着这个排列，稍具藏文化背景的人，就已经可以大致看出这一时期中国藏文报刊的发展轨迹和其中的“端倪”。如果有心的读者具备熟练的数学坐标绘制技巧，那么她（他）根据这个数据所绘制出来的曲线，一定不仅是很优美的弧线，更是清晰直观的藏文报刊的“命运”和“现状”的走势图：

1979 年——《青海省人民代表大会汇刊》《青海省人民代表大会公报》；

1980 年——《西藏科技报》《西藏文艺》《西藏民兵》《雪莲》《雪域文化》《贡嘎山》；

1981 年——《章恰尔》《知识火花》《健康向导》《群文天地》《阿坝报》《白鹿唇》；

1982 年——《西藏研究》《旭日》《西藏歌舞》《达赛尔》《攀登》；

1983 年——《青海法制报》《西藏群众文艺》《邦锦梅朵》《西藏纪检监察》《民族》《西藏佛教》；

1984 年——《雪原文史》《西北民族大学学报》《山南文艺》《拉萨河》《西藏教育》《青海藏语工作》《青海科技报》《西藏画刊》；

1985 年——《西藏法制报》《甘南群众艺术》《阿坝史志》《西藏青年报》《青海健康报》《羌塘》《拉萨晚报》《珠穆朗玛》《青海党的生活》；

1986 年——《西藏大学学报》《甘南之声》《艺研动态》；

1987 年——《藏学研究通讯》《草地》《雪域藏医药》《日喀则报》；

1988 年——《西藏艺术研究》《中国藏学》《求是文选》；

1989 年——《合作民族师专学报》《刚坚少年报》《求是》《西藏〈党的生活〉》《西藏研究内部参考》《雪域文化》《日喀则地区教育通讯》《山南教育》《主人》；

1990 年——《岗尖梅朵》《藏语文工作》《雅砻医学》《拉萨教育》《西藏广播影视报》《青海师范大学民族师范学院学报》；

1991 年——《青海民族师范专科学校学报》《阿坝译林》《藏语文研究》《那曲教育》《人民西藏》；

1992 年——《中国西藏》《西藏民族宗教》《日月山》；

1993 年——《西藏科技信息报》《昌都报》《安多研究》；

1994 年——《半月谈》《红原报》《拉萨教育》；

1995 年——《迪庆报》《藏医药研究》《根梗琼波》；

1996 年——《雪山之声》《藏医药杂志》《藏医药教育与研究》；

1997 年——《致富之友》《高原之舟》《青海畜牧业》；

1998 年——《西藏社会科学信息文摘》；

1999 年——《西藏政协》《金沙江》《阿坝藏学》《黄南藏文报》；

2000 年——《山南报》《藏区教育论坛》《东日》《雪域佛教报》《世纪新声》《新闻工作者知识》；

2001 年——《林芝教育》《佳仁》《三江》；

2002 年——《布达拉》；

2003 年——《海南藏文报》《青海民族学院学报》《读者之友》《林芝报》；

2004 年——《那曲报》《西藏政报》；

2007 年——《中国藏医药》。

这种排列，可以使我们了解这一时期藏文报刊发展的历史动态。

（一）这一时期藏文报刊出现的总数是 112 种。显示出藏文报刊进入了自己最辉煌的发展时期。

这些数据的统计是建立在有案可稽的藏文报刊登记表的基础之上的。由于种种限制，一些藏文报刊并未能进入我们的视野，特别是很多在社会上已经产生了较大影响，但未公开出版发行的藏文报刊，就无法列入这个名单。完全可以肯定，实际的藏文报刊总数，要大大超过上述统计。

我们姑且按照这个统计来看看藏文报刊的“成长”历程。

这一时期藏文报刊总数逾百种，而年度平均增长数达到将近 4 种。对一种少数民族语言的报刊而言，每年就有 4 种自己语言文字的报刊诞生，这的确是很值得自豪的成绩单。这个成绩单，比此前 73 年两个阶段成绩单的总和都要光彩夺目。较之于藏文报刊发展的第一个阶段（1907—1949 年）43 年间出现的 11 种而言，这一时期藏文报刊无论从总量上还是年度的平均数上，都大大超过了。在第一阶段，中国的藏文报刊不仅在很多年代留下了空白，而且总量很少，平均每年出现的藏文报刊还达不到 0. 26 个，就是说，每年仅仅能产生 1/4 个报刊，实际就是 4 年才催生 1 种藏文报刊。在进入二个阶段（1950—1979 年）后，藏文报刊共创办了 20 余种。按 30 年的时间计算，平均每年出现 0. 67 个，就是一个年度还达到不 1 个，但比较接近 1 个了。比第一阶段有了很大的进步。回首历史，我们就可以清晰地看到，受各种利好因素的呵护和培植，藏文报刊在总体上进入了自己最发达、最繁荣、最全面的历史时期。

（二）如果我们省略藏文报刊的“姓名”，仅按年度出现的数量排列出来，就能大体勾画出这一时期藏文报刊的发展曲线来。请看：

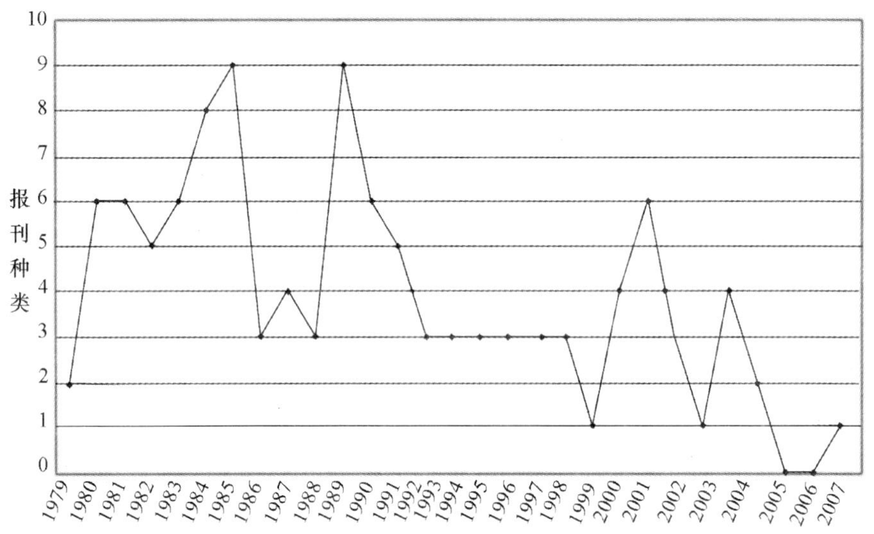

中国藏文报刊“成熟期”报刊发展趋势图

1. 除2005年、2006年度没有藏文报刊诞生的消息外，其余26年，每个年度都有新的藏文报刊降生，显示出其连续性发展的良好特征。这在以前的两个阶段中都是很罕见的。

2. 全国范围内年度诞生藏文报刊的最高纪录达到9种，差不多是一种语言报刊的“井喷”现象，足以反映藏文报刊发展强烈的内在张力。在创造这个最高纪录的1989年，一下子涌现出了形形色色的9种藏文报刊——《合作民族师专学报》《刚坚少年报》《求是》《西藏〈党的生活〉》《西藏研究内部参考》《雪域文化》《日喀则地区教育通讯》《山南教育》《主人》。其中包括2种学术期刊，1种全国仅有的少年儿童报纸，2种时事政治读物，1种全国绝无仅有的工会藏文刊物，2种教育专业刊物，1种藏民族文化刊物。它们的种类之丰富，涉及领域之广泛，报刊层次之高，都是令人羡慕的。这一年，成为藏文报刊发展的一个难得的“正面典型”。

3. 整个发展态势比较平稳。除过3个年度的出版纪录是1种，2个年度是2种外，其余年度出刊的水平都在3种及3种以上。而出现3种出刊的年份最多，竟然达到了9个。4种以上的年份多达13个。这充分说明，这一时期藏文报刊发展的内部和外部环境的总体水平较高，很适宜于藏文报刊的全面进步。

4. 具有“含蓄”的周期性。从总体观察，藏文报刊的发展当然有它的起伏波动，显示出一定的跳跃性，但要明确地划分其中的阶段性，还是有些困难。如果要努力寻找，总能看出一些发展的周期性来：

在刚刚起步的 1979 年，出现了 2 种政府公报性质的藏文报刊。没有出现“惊鸿一瞥”。

1980—1985 年，显然是第一个发展高潮：在 6 年间，它的出版总数达到 40 种，年度平均出刊的数值将近 7 种。最高的年度纪录是 9 种，最低的年度纪录也达到 5 种。这也是中国藏文报刊发展史上最高潮的一个时期，此后就再没有这样骄人的记录了。这与当时整个报刊的黄金期不谋而合，也与较高的社会的开放度和对民族问题的关注度有直接的逻辑关联。

1886—1988 年，整体水平有所下降，但仍为平稳发展时期，有每年 3—4 种的创刊率为证。

1989—1991 年，又一次出现了一个高潮：在 3 年间创刊总数达到 20 种，年度平均出版数接近 7 种。它不仅创造了中国藏文报刊年度出刊的最高纪录 9 种，而且其余 2 个年度的出刊记录总在 5—6 种之间，保持了一个良好的纪录。这与这一时期国际上民族问题的突出化，从而引发国内对民族问题的高度关注的宏观政治背景有关。研究民族问题的人多起来，涉及民族特别是藏族事务的藏文报刊就获得了大发展的契机。

1992—2004 年，中国的藏文报刊罕见地进入平稳发展时期。出刊总数是 39 种，年度出刊平均达到 3 种。在 13 年的时间里，每年奉献出 3 种藏文报刊的年度就达到 7 个，而且其中的 6 个年度竟然是比肩而立。自然，其中也有潮起潮落，2 个年度里每年仅仅出刊 1 种。2 个年度中的年出刊率略显“高潮”，分别达到 4 种和 6 种。但这些还不足以改变其总体的平稳态势。这是此前藏文报刊发展成绩哺育的结果，也是对民族地区政通人和的自然回馈。

2005—2007 年，藏文报刊似乎呈现出“寂寞”状态。其中 2005—2006 年就没有藏文报刊出版的记录。而 2007 年也仅仅有 1 种显身。须知，我们一直是以年度出现新的藏文报刊的数目来判断其发展状态。但实际上，既有的藏文报刊的数目、发行量和影响力，也是衡量藏文报刊发展水平的重要指标。

纵观这一时期的发展态势，我们可以用两个高潮期、两个平稳期来概括。总体上是平稳中有高潮，基本保持平稳的态势。

三 藏文报刊的传媒因素分析

在此期出现的超过100种藏文报刊，仅仅是一个笼统的数字。要了解藏文报刊的具体状况，还要从构成报刊的诸项媒介元素分析做起。

（一）类型

在这一时期，不仅藏语报刊的数量达到历史最高水平，就是报刊的种类，也是历史上最丰富多彩的。根据报刊的内容和性质，大致可以分为如下类型：

1. 地市机关报

在中国藏文报刊发展的第二个阶段，作为中国最大藏族自治区的西藏自治区，以及藏族聚居比较集中的青海省，均已应时之需，分别创办了省级藏文机关报《青海藏文报》和《西藏日报》藏语版。因此，在藏文报刊发展的第三个阶段，藏文机关报的发展中心自然就落在地市机关报上来。初步统计，在此期间创刊的藏文地市机关报有：属于西藏自治区的《拉萨晚报》（1985年）、《日喀则报》（1987年）、《昌都报》（1993年）、《山南报》（2000年）、《林芝报》（2003年）、《那曲报》（2004年）；四川省的《阿坝报》（1981年）；云南省的《迪庆报》（1995年）。共计8家——

《阿坝报》1981年1月1日创刊，原名《岷山报》（1953年1月创刊）。四川省阿坝藏族自治州机关报。1993年，《阿坝报》藏文版改为周三刊，4开4版。2002年8月，藏文编辑部告别了纸和笔，实现了编采程序计算机化。2005年1月8日《阿坝日报》（藏文版）正式改为对开大报彩色版，是中国藏区唯一的一张对开彩色大报。

《拉萨晚报》1985年7月1日创刊于拉萨。中共拉萨市委主办。藏文版改为周四刊，4开4版。共有四版：一版——要闻；二版——社会新闻；三班——科技、卫生、名胜古迹；四版——散文、诗歌、国际新闻。1993年10月实现激光照排。是国内唯一的藏文晚报。

《日喀则报》1987年10月1日创刊。1988年7月1日，《日喀则报》正式公开发行。中共日喀则地委宣传部主办。全国人大常委会副委员长，第十世班禅额尔德尼·却吉坚赞大师为藏文报题写报头。主要栏目有：展佛台下、后藏漫话、一句话新闻、军营内外、经济漫谈、读者来信、信息荟萃、理论与学习、科普知识、业务研究、调查报告、地方掌故、后藏史话、文艺

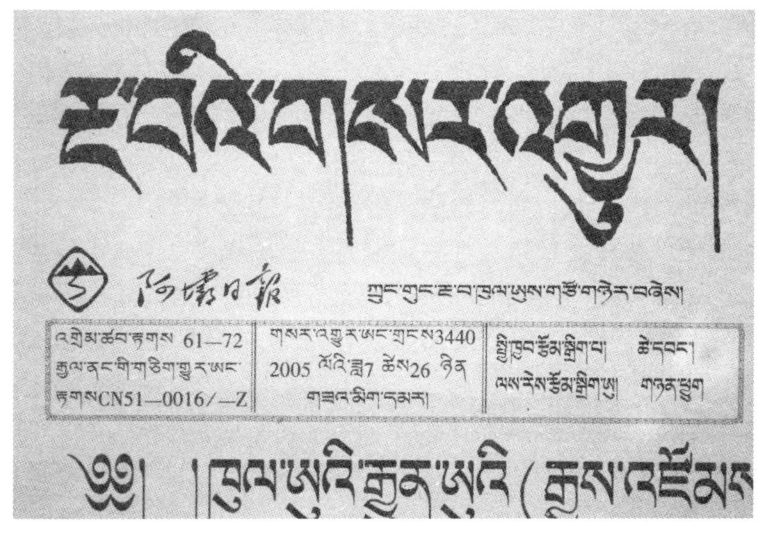

《阿坝日报》

副刊、珠峰、后藏短波、高原风景线、藏边拾萃、珠峰随笔等。发行到日喀则地区 19 个县市口岸、西藏 7 地市、西藏以外 21 个省市自治区直辖市的 140 多个大中城市和地区。与 300 多家地市报、少数民族州盟地市交换。是较有影响的地市藏文报刊。

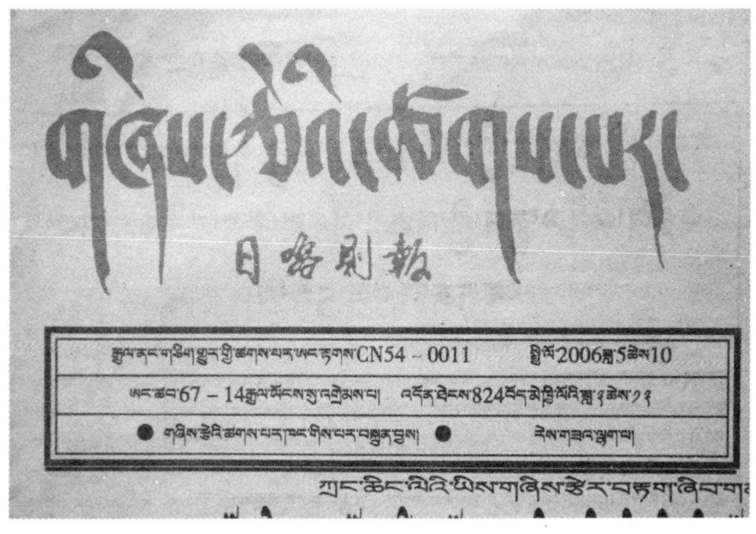

《日喀则报》

《昌都报》1993 年 7 月 15 日试刊。1995 年 7 月 13 日，全国公开发行。西藏昌都地委宣传部主办。全国人大常委会副委员长帕巴拉·格列朗杰为《昌都报》题写了藏文报头。藏文版《昌都报》为月报，已发行至昌都 11 个县、乡、村。主要栏目：要闻、本埠新闻、理论园地、文艺副刊等。开设了十余个专栏。

《迪庆报》藏文版 1995 年 3 月在云南省迪庆藏族自治州中甸县城创刊。1997 年正式发行。汉文版于 1989 年 3 月创刊。中共云南省迪庆州委主办。办刊宗旨：宣传党的方针政策，普及法律知识，报道本州各地经济建设情况，介绍藏族传统文化。办有副刊“岗拉梅朵”、“太子神韵”、“奶子河彰显”等。

《山南报》2000 年 1 月 1 日创刊于西藏山南泽当镇。2001 年 9 月 28 日公开发行。2006 年 1 月 1 日起扩为周二报。中共山南地区委员会主办。办报方针：“党报性质、晚报风格、山南特色、打造一流”。

《林芝报》2003 年 1 月 1 日在西藏林芝八一镇创刊。中共林芝地区委员会主办。

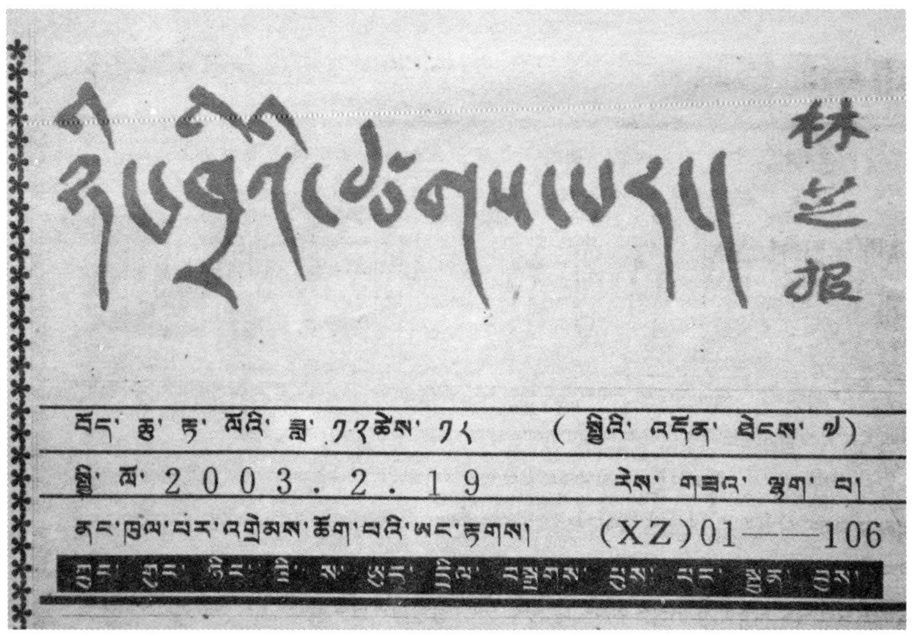
林芝报
2003.2.19
(XZ)01——106

《林芝报》

《那曲报》2004 年 9 月 1 日在西藏那曲黑河镇正式创办。中共西藏自治区那曲地委宣传部主办。它的创办，标志着西藏自治区全区 7 地（市）都有了自己的机关报。该报主要是宣传党的理论、路线、方针、政策，宣传那曲，及时准确地反映那曲在社会主义现代化建设中所取得的巨大成就和进步。

有些地市级藏文报纸也在此间创刊，但尚未得到准确的消息，只能暂付阙如。有的地市报纸汉文版创刊较早，藏文版后之，需要加以注意。如《迪庆日报》汉语版在 1989 年就已创刊，但藏文版则推迟到 1995 年。一些地市级报纸初创时乃至较长时间内为内部发行，直到后来才转为公开发行。目前，中国藏族自治地方的地市级藏文报纸基本为公开发行。

2. 机关公报

在此间创办的以传递政务信息的机关报共有 3 种——

《青海省人民代表大会汇刊》1979 年 8 月创刊于西宁。青海省人民代表大会常委会主办。藏（有时出藏文版）、汉文版。不定期。免费发放。

《青海省人民代表大会公报》1979 年 8 月创刊于西宁。青海省人民代表大会常委会主办。汉、藏文版。免费发放。

《西藏政报》2004 年创刊于拉萨。西藏自治区人民政府办公厅政策研究室主办。藏、汉文版。主要刊登国务院令、自治区政府文件、自治区政府办公厅文件、领导讲话等。公开发行，具有政府公报的性质。

3. 科技报刊

普及科技知识和技能，为广大农牧民服务，是藏语科技报的基本责任。在西藏自治区和青海省，分别创办了《西藏科技报》（1980 年）、《西藏科技信息报》（1993 年）和《青海科技报》（1984 年）等 3 种报刊，成为受读者欢迎的具有实用价值的报刊。

《西藏科技报》1980 年 8 月在西藏拉萨市创刊（汉文版 1979 年 9 月创刊）。西藏自治区科委、西藏科学技术协会主办。发行到西藏、四川、青海、内蒙古、云南等藏区。内容涉及西藏地质地貌、物候气象、动物植物、矿产资源、科考探险、历史文化、藏医藏药、高原旅游、风土人情等方面。1999 年藏文报每期发行达到 1.49 万份。西藏唯一的综合类科技报纸。

《青海科技报》藏文版 1984 年 7 月 1 日创刊于西宁（汉文报 1979 年 5 月 18 日创刊）。全国人大常委会副委员长班禅额尔德尼·却吉坚赞题写刊名。4 开 4 版。周刊。青海省科学技术学会主办。以引进和传播国内外适宜于青海地区的各种新科技、新产品、新种畜、新粮种，介绍农牧业和小企业的实用技术，反映本省科技动态，普及卫生常识为办刊宗旨。特色栏目：青海高原、高原与健康、高原畜牧业、科学致富、科技市场、中学生园地等。

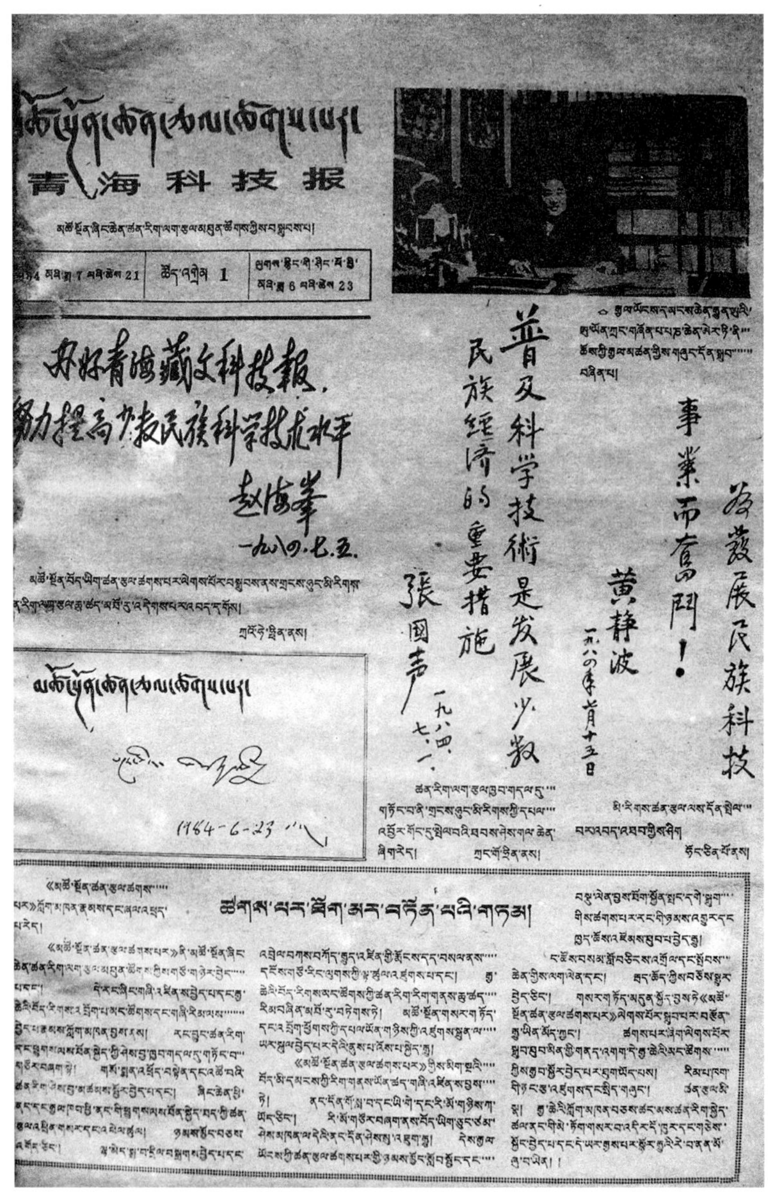

青海科技报

办好青海藏文科技报，努力提高少数民族科学技术水平

赵海峰

一九八四.七.五.

普及科学技术是发展少数民族经济的重要措施

張国声

一九八四.七.一.

为发展民族科技事业而奋斗！

黄静波

一九八四年六月十五日

1984-6-23

《青海科技报》藏语版创刊号

《西藏科技信息报》1993 年 2 月在西藏拉萨创刊（汉语版同年创刊）。西藏自治区科技信息研究所主办。藏文报无定价。读者对象：科技工作者、厂矿企业、农牧民。主要栏目：政策信息、经济信息、经营之道、信息窗、新产品、新技术、引进推广、适用技术等。全部赠送到西藏自治区区直有关部门、各地市县农牧区。1997 年 1 月因经费问题停刊。

4. 文学报刊

在藏民族文化的大家园中，文学不仅享有很高的地位，而且也诞生了很多声誉显赫的藏语文学刊物。用藏族自己的母语来进行文学的创作、研究和传播，是一种合乎情感和逻辑的选择。若以刊物的类型来划分，文学期刊应该是藏文刊物中最庞大和兴盛的一个家族。它们不仅数量可观，而且还塑造了很多著名的文化品牌，成为藏文报刊中的杰出代表——

1980 年，《西藏文艺》《雪莲》《雪域文化》《贡嘎山》先后创刊。在该年度创办的 5 种藏语报刊中，文学期刊就占到了 4 种——

《雪莲》1980 年 4 月 16 日创刊，1985 年 3 月 6 日终刊。青海省委宣传部主办。虽为汉语版，但有藏文译文，也是实质上的藏文期刊。主要栏目：小说、散文、民间文学、评论等。

《西藏文艺》藏文版 1980 年试刊，1982 年正式创刊（汉文版 1976 年筹建，1977 年创刊，1984 年改为《西藏文学》）。双月刊。西藏自治区文联主办。该刊以文学创作、翻译和理论研究为主。设小说、诗歌、散文、理论、报告文学、翻译、美术、摄影等栏目及综合特刊。主要读者对象：西藏、青海、甘肃、云南、四川五省区藏族读者。差不多就是藏文版的《西藏文学》。

《雪域文化》1980 年在西藏拉萨市创办。初名《西藏群众文艺》。不定期。1983 年 11 月 18 日正式公开发行。16 开。季刊。1988 年更名为《雪域文化》。西藏自治区文化厅、群众艺术馆主办。主要栏目：文艺园地（小说、诗歌、散文、报告文学、嘎协、谜语等）、群文天地、藏医学、高原人物、知识论坛、文学评论、民间文学、高原漫谈、古迹寻踪、文化旅游等。它的民间文艺色彩不仅使其区别于其他藏族文学刊物，而且开辟了了解和传播西藏文化的一种新的渠道。藏族民间文学是藏族文学的宝库，以此为刊物的内容，其文化的魄力和前瞻性不同凡响。

《贡嘎山》1980 年创刊于四川省甘孜藏族自治州。16 开。双月刊。第二、五期为藏文版。四川省甘孜藏族自治州文联主办。藏文版设有小说、散文、诗歌、民俗、文论、名作简介等栏目。在整个藏族聚居区都是一种文学的品牌。

到了 1981 年，藏文报刊奉献给藏族读者 3 种后来声誉日隆的著名文学期刊：《章恰尔》《群文天地》《白鹿唇》。

《章恰尔》1981 年创刊于青海省西宁市。由青海民族出版社主办的《章恰尔》，以精彩而丰富的内容，并以此为平台成功进行文学、文化运作，在培养藏族作家方面成绩斐然，创造了藏文报刊的最高发行纪录，2001 年进入“中国期刊方阵”，并获“双效期刊”，2003 年和 2005 年先后两次在全国 9000 多家期刊中脱颖而出，荣获第二、第三届国家期刊奖百种重点期刊，成为全国藏文期刊中唯一获此殊荣的期刊。它以自己在民族文学传播和开发方面的成就，一直攀登到了藏文报刊荣誉的巅峰，是当之无愧的中国藏文报刊的代表作。主要栏目：小说、诗歌、散文、评论、名作欣赏、选刊拔萃、文学讲坛、诗谜等。

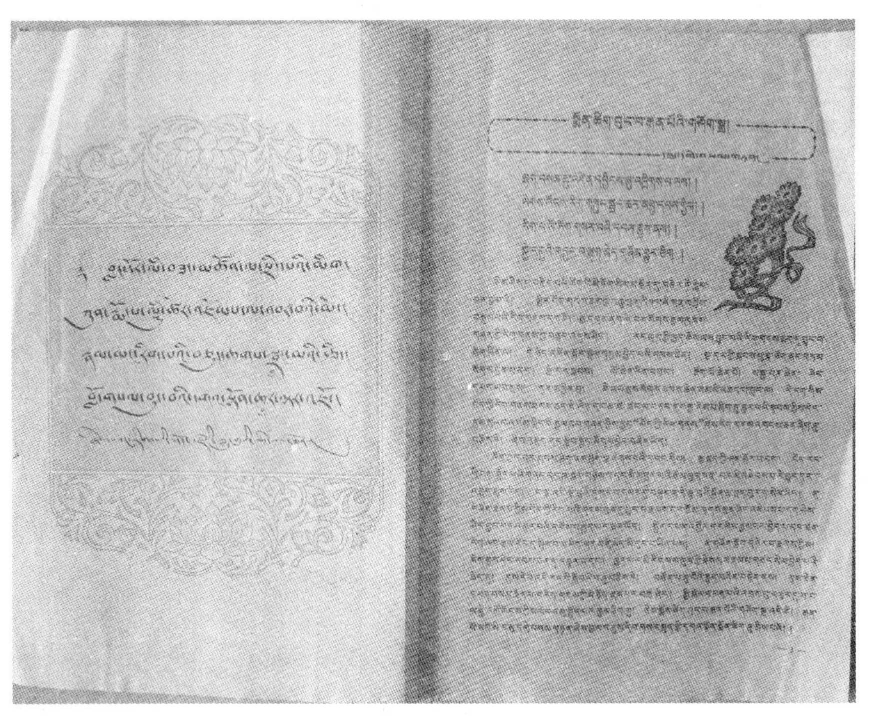

《章恰尔》（试刊）（1981 年）

《群文天地》1981 年正式创刊。青海省文化厅主办。藏文民间通俗文学刊物。它的前身为《青海群众艺术》（汉文版。1857 年创刊）。1985 年公开

《群文天地》

采访《群文天地》总编侃本先生

面向全国发行。1993 年办理国际刊号，正式向国际发行。季刊。16 开本。内容由创刊初期的以刊登民间创作为主的刊物，发展为设有多种栏目的综合性文艺刊物。全国创刊最早、影响较大的藏文通俗文艺刊物。并在国外拥有不少订户，成就了其在国际藏学界的声誉。

《白鹿唇》1981 年 8 月于青海省果洛州玛沁县创刊。青海果洛藏族自治州文联主办。主要栏目：诗歌、民间文学、译文等。除刊登文学作品外，还刊载藏族民俗、历史知识、传统文化、宗教等内容。1987 年停办。拥有美妙名字的《白鹿唇》，能够引起读者足够丰富的联想。它不仅是藏文文学期刊，也是藏民族文化的形象讲坛。

1982 年，仅仅是刊名都富于意境的《达赛尔》诞生了——

《达赛尔》1982 年 7 月在甘肃省甘南藏族自治州夏河县合作镇创刊。甘南藏族自治州文学艺术家联合会主办。“达赛尔”就是“月光”的意思。于是刊物的名字就曾经叫过《月光》。后来大家还是觉得藏语发音的“达赛尔”更富于藏族文化的韵致，就又恢复了最初的命名。内容以文学作品为主，兼载法律、医学、语言常识。主要栏目：小说、诗歌、散文、古典名著译文、诗词例话、民间文学、常识、美术之窗等。它不仅刊登藏族文学作品，还将自己的“地盘”扩展到更大范畴的藏族文化领域。

1983 年，第一份藏文民间文学报纸《邦锦梅朵》在西藏自治区破土而出——

《邦锦梅朵》1983 年 10 月 15 日创刊于西藏拉萨。“邦锦梅朵”就是“装饰雪山草地之花”的意思。它是一个富于象征意义和具有多层美好意蕴的名字。此后刊物名称虽多次更改，唯有美好的寓意和期待不会改变。初为藏语民间文学报纸。1988 年改为 16 开杂志发行。季刊。1990 年公开发行。设有神话故事、传统生活故事、歌谣、谚语、格言、寓言、民风民俗、名胜古迹、新民歌、新编通俗故事、民间文学评论等栏目。西藏文联、西藏民间文艺家协会主办。为西藏自治区抢救、搜集、整理、出版民间文学艺术的唯一藏文刊物。

1984 年，西藏自治区的 2 份地市级藏文文学刊物联袂登场。地市文学期刊的独到之处，就在于它更加贴近民族文化的原生态和根脉，因此更加生动和丰腴。它带给藏族文学园地以新的感受。

《山南文艺》1984 年创刊于西藏自治区山南泽当镇（汉文版 1979 年创刊）。1988 年全国公开出版发行。西藏山南地区文化局、地区文联主办。主要栏目：小说、诗歌、散文、纪实文学、报告文学、幽默园地、未来主人（学生作品选）、论坛、名胜古迹、民间文学、美术、摄影等。山南农牧民、各学校职工、学生、寺庙僧尼、部队指战员、地方干部职工等都成为它的读者对象。它根植于藏民族文化发源地的雅砻河谷，自有其文化的自豪和独特魅力。发行到西藏山南地区各县以及西藏、青海、甘肃、北京、全国各大民族院校及法国、比利时等国家。

《拉萨河》1984 年 5 月创办（汉文版 1983 年 5 月创刊）。拉萨市文化局主办。它以反映西藏社会生活、刊载边防部队战士文艺作品、培养文学新人、扶植少数民族作者为己任，开设有小说、诗歌、历史知识、民间故事、文学评论、民间歌谣、笑林、歌曲新天地、摄影、美术等栏目。它脚下的土地山川，是今天藏族文化的中心，因此也造就了该刊独有的民族文化优势。

1985 年，藏文文学报刊家族中又增添了两个漂亮的文学之子——

《甘南群众艺术》1985 年创刊于甘肃省夏河县合作镇。甘南藏族自治州群众艺术馆主办。它以繁荣丰富群众艺术生活，抢救民间文学艺术，加强民族团结，维护祖国统一，培养本地藏文作者为宗旨。开设民间文学、传统、小说、诗歌、美术等栏目。以弘扬藏族民间艺术为己任，创立了甘南地区文学园地。它的刊名全称很是规范——《甘南藏族自治州群众艺术》。

《珠穆朗玛》1985 年 9 月创刊。第一期分藏、汉文版，第二、三期为藏文版。年刊。16 开。1987 年 1 月终刊。西藏自治区日喀则群众艺术馆主办。以刊登本地区文学作品为主。其发表的噶协、民间故事、民间诗歌等尤其引人注目。

1987 年，来自于四川省阿坝的《草地》，带来了绿油油的一片新鲜的文学芳草地——

《草地》藏文版 1987 年创办。1980 年 6 月，《新草地》编辑部成立。初为季刊。内部发行。1982 年改为双月刊。1983 年成立阿坝州文联后成为其机关刊物。1986 年全国公开发行。1980—1989 年，它催生了阿坝州文学创作的一个高潮，诞生了不少著名的作家，包括张世俊、达尔基等。

1990 年，《岗尖梅朵》在青海省海省创刊——

《岗尖梅朵》1990 年在青海省德令哈市创刊。16 开。季刊。青海省海西洲文联主办。主要栏目：小说、诗歌、散文、民进文学、评论、美术等。1998 年改为诗刊。它与 1983 年在西藏创办的第一份民间文学报纸《邦锦梅朵》名字很接近，但含义却并不一样——雪域之花。

1992 年，在青海省海南藏族自治州诞生了文学期刊《日月山》——

《日月山》1992 年创刊于青海省海南藏族自治州共和县恰卜镇。藏文版。半年刊。青海省海南藏族自治州共和县藏语文工作委员会主办。全国人大常委会副委员长阿沛·阿旺晋美题写刊名。它不仅刊登文学作品，还为“格萨尔”研究、民族史志、民族语文、寺志等民族文化的研究提供了论坛。开设小说、格律诗、自由诗、散文、新苗园地、景点介绍、姓氏释义、民族语文、史学论坛、格萨尔研究、人物传记、寺志、美术摄影等栏目。

《岗尖梅朵》

《日月山》

1995 年，藏文文学刊物《根梗琼波》在四川创刊——

《根梗琼波》1995 年创刊于四川阿坝藏族自治州马尔康县。四川省阿坝藏族自治州翻译学会主办。它的出版周期长达 1 年。而它的名字“根梗琼波”更是奇崛——藏红花。设有小说、散文、诗歌、论文等栏目。

1997 年，《高原之舟》在青海省黄南藏族自治州驶上民族文学之路——

《高原之舟》1997 年创刊于青海黄南。青海黄南藏族自治州同德县教育局主办。它以培养本地区文学创作者，发掘民间文学，丰富农牧民文化生活，宣传党的方针政策为宗旨。主要刊登本地作者藏文论文和作品。在它的版面上，主要刊登本地区作者的小说、散文、诗歌、翻译、中学生作品、美术等文学艺术作品。

在以上简要的叙述中，我们就能看到藏文文学报刊在藏文报刊系列中占有的醒目位置。在这一阶段，藏文文学报刊（包括藏语民间文学报刊）出现的总规模应当在 18 种以上。差不多 2 年就有 1 种藏文文学报刊登台亮相。这样的文化"出勤率"的确是很高的。显示出文学在藏民族文化中的特殊地位。它们涉及四川的甘孜藏族自治州、阿坝藏族自治州，青海的果洛藏族自治州、黄南藏族自治州、海西蒙古族藏族自治州、海南藏族自治州，甘肃的甘南藏族自治州，西藏的拉萨市、山南地区、日喀则地区等 10 个地区，西藏、青海、甘肃、四川等 4 个省区。绝大部分藏族自治地方都拥有自己的藏文文学期刊。

5. 综合报刊

在藏文报刊群落中，综合报刊受到读者的重视。因为它可以提供给大家多方面的知识和感受，满足人们对知识的渴求。在此期间，出版的藏语综合报刊共有 10 种，而且散布在 20 世纪八九十年代和 21 世纪的初叶。在北京，在西藏的拉萨、那曲，在青海的玉树藏族自治州，在四川的阿坝藏族自治州等地，都留下了它们熟悉的身影——

1981 年，由北京民族出版社主办的《知识火花》问世。它的栏目包括：革命史、革命传统、科技知识、伟大祖国、艺术、世界要闻、宗教、你知道吗、民族介绍等。它用藏语传播给它的读者以开阔的文化视野。1996 年终刊。

1982 年，西藏人民出版社藏文编辑部第三编辑室出版《旭日》季刊。它于 1985 年更名为《知识集锦》。它关注的领域包括：时事新闻、政策顾问、农牧科技、法律常识、致富与信息、文化生活、少儿园地等。1985 年停刊。

1985 年，西藏自治区那曲文化局、广播电视局主办的综合性刊物《羌塘》在藏北草原诞生。它的使命就是反映西藏那曲地区政治、社会、经济、文化、教育等方面的变化。涉及文化教育、医疗卫生、邮电交通、那曲史话、民间文学、小说、诗歌、评论、美术作品、歌曲等多个方面。

1994 年，四川阿坝藏族自治州红原县委、县政府主办《红原报》。主要刊登州县新闻、工作报告、历史人物、县史、文学作品等。它是红原县地方新闻、社会、历史、文化和文学的主要载体。

1996 年，《雪山之声》藏文版在四川康定县创刊。四川省藏文专科学校主办。16 开本。不定期。内部发行。主要刊登该校师生有关历史、文学、宗教、教学等方面的论文和作品。

1999 年，青海省玉树藏族自治州治多县藏文室主办创办综合刊物《金沙江》。主要刊登翻译理论、藏族历史、名人传记、科研论文以及文学作品等。具有鲜明的民族文化韵味。

2000 年，四川民族出版社藏文室出版综合期刊《东日》。它辐射四川甘孜、阿坝等藏区，设有论文、风情录、知识窗、美术天地等富于特色的栏目。

2001 年，有 2 种综合刊物降生——

《佳仁》，由青海省玉树藏族自治州主办。“佳仁”的汉文意思是“黎明”或“曙光”。该刊宣传国家民族政策和宗教政策，刊载本地历史、文化、文学、宗教、民俗文章等。

《三江》，青海省玉树州人民政府主办。主要刊登本地作者的文学作品、评论、论文等。它所称的“三江”，就是著名的金沙江、澜沧江、怒江。地理位置的优势和奇异的文化色彩跃然纸上。

2002 年，今日中国杂志社主办的《布达拉》藏文版半年刊在北京出版。从创刊伊始，它就把向国内外读者介绍传统西藏文化和当今社会生活作为自己的光荣责任。开设有专题报道、社会生活、文化广场、旅游天地、经济大观、专栏等栏目。

6. 教育报刊

教育是传播文明的主要渠道和方式，在藏文报刊中，教育报刊占据了醒目的位置。在此期间，西藏、青海等全国 2 个最大的藏族聚居区都拥有了自己的藏文教育专业刊物。在西藏的拉萨、日喀则、山南、那曲、林芝等 5 个地市，以及四川阿坝藏族自治州，都有了属于本区域的藏文教育刊物。这样，全国的藏文教育刊物就达到了 7 家，而且一直保持着顽强的生命力，成为促进藏族教育事业发展的文化和交流平台——

1984 年，《西藏教育》问世。它虽然要比创刊于 1957 年的《青海教育》要晚得多，但却是西藏创办最早的教育专业刊物。

1989 年，西藏《日喀则地区教育通讯》和《山南教育》创刊。2 本同属内部交流的专业刊物，在促进本地区教育教学研究方面发挥了不可忽视的作用。

1990 年，《**拉萨教育**》在西藏创办。虽也属内部不定期出版，但并没有被本地区的广大教育工作者所忽视。

1991 年，《**那曲教育**》在西藏创刊。它是那曲地区展示教育动态和成果的唯一平台。

2000 年，四川省阿坝州马尔康县马尔康民族师范学校主办的《**藏区教育论坛**》创刊。它的宗旨是：总结和研究藏区教育实践，构建藏区教育理论体系。其目光所及，包含了藏区教育的格局和体系，以及中校乃至大学教育。

2001 年，《**林芝教育**》创刊。西藏林芝教委主办，报道本区中小学教育信息，反映中小学教育改革、教学实验等方面内容。

7. 晚报

晚报是城市文化和大众传媒结合的产物。在城市规模和商品经济并不发达的藏族聚居区，我们仅仅能找到一种藏文晚报——《**拉萨晚报**》。1985 年 7 月 1 日，《拉萨晚报》创刊，它首先是中共拉萨市委的机关报，其次才是晚报。读者对象：城市居民、机关干部。发行范围：西藏农牧区和四川、云南、青海、甘肃等藏族聚居区。它不仅是中国藏文报刊史上的第一份晚报，

《拉萨晚报》

也是迄今为止的唯一的藏文晚报。这种遗憾，完全是由藏族聚居区极为有限的人口、城市规模和经济活动所决定的。

8. 信息类报刊

由于藏族聚居区地域广袤、交通不便，相对封闭的人文环境对信息的需求强烈而迫切。因此，藏文信息类报刊就应运而生，加入到中国藏文报刊的行列。此类报刊共计有 4 种。主要分布在藏学研究的中心——北京和西藏。它们的主要内容也是有关藏学。也可算做是藏学报刊——

1986 年，**《艺研动态》**创刊。它由西藏文化厅西藏民族艺术研究所主办。1987 年更名为《西藏艺术研究》。

1987 年，中国藏学研究中心科研处在北京创办的**《藏学研究通讯》**面世，给研究藏学的人士提供了信息中转平台。但藏文版出版若干期后即停刊。

1989 年，西藏社会科学院主办**《西藏研究内部参考》**，主要刊登不适合于公开发表的文章、文献。

1998 年，西藏社会科学院主办**《西藏社会科学信息文摘》**，主要刊登藏学领域各学科的研究信息、重要论著的文摘。初名《信息与资料》。

《求是文选》

9. 文摘报刊

文摘报刊实际上采用了一种节约化、集约化的文化传播模式：它的采编对象并不是知识原地，而是五彩缤纷的优秀期刊和报纸。它的最大好处，就是在有限的版面上汇集某个阶段最好的文化信息，使读者可节省很多费用和时间，享受最丰富多彩的文化大餐。在汉语版报刊中，这种做法并不罕见。但以藏语文为媒介高度密集地浓缩信息，却是富于创意的。在此期间，藏文信息类期刊主要有 2 种——

1988 年，**《求是文选》**藏文版在北京创刊。民族出版社藏文组编辑出版。它并不独立采编，而主要是将汉文版《求是》（原《红旗》）杂志上的重要文章译为藏文刊登出来，帮助藏族读者了解党和国家的大政方针。实际是文摘性质的报刊。

2003 年，青海民族出版社创意出版《读者之友》，向读者介绍百科知识，开阔读者视野。它的内容涉及文化、文学、教育、历史、胜地概览、民俗、人物、名胜古迹、医药卫生、名词解释、地名介绍、小知识、幽默、美术等诸多方面。广受欢迎，可称是藏文版的“读者文摘”。

10. 法制报刊

普及法律知识、为群众提供法律咨询的法制报纸，一直深受藏族读者喜爱。而大量生动鲜活的案例，不仅给读者以故事般的吸引力，而且使其从中可以体悟生活道理、懂得法律知识。目前，在西藏、青海 2 省区，有 2 种法制类报纸——

采访《青海法治报》编辑部主任才保先生（2007.7）

1983 年，《青海法制报》在西宁创刊。它是新中国最早创刊的藏语法制报纸，现为《青海日报》子报。该报立足青海，面向全省 6 个藏族自治州，宣传社会主义民主与法制建设成就，普及法律知识，促进少数民族地区的民

青海法制报

《青海法制报》创刊号（1983）

族团结和社会稳定。

1985 年，**《西藏法制报》**创刊。西藏政法委主办。它是西藏唯一的政法类报纸，曾经创造过每期 5 万份的发行纪录，在藏族聚居区读者中曾经享有盛誉。

11. 学术研究报刊

藏学研究长期都是显学，国内外关注度极高。同时，藏学也是弘扬和传承民族文化的媒介，故此，在藏文报刊中，以研究藏学为主体的学术期刊占有较大的份额。也往往是藏文报刊的代表作，是其中知名度较高的一类期刊。在此期间，藏文学术期刊先后就有 11 种创刊。它们分布在首都北京、西藏拉萨、青海西宁、甘肃兰州和甘南藏族自治州、四川阿坝藏族自治州等 6 个地方，辐射了差不多整个藏族聚居区中的文化中心地带。虽在地理位置上星罗棋布、五湖四海，但却只有一个焦点：藏学。

1982 年，2 种具有代表性的藏语学术期刊创刊——

《西藏研究》，藏文版。西藏社会科学院主办。它的主要研究对象，涉及西藏的经济、政治、历史、宗教、语言文字、文物考古、藏医藏历等诸多领域。读者对象以藏学研究者、民族工作者、大专院校师生、藏学爱好者为主。《西藏研究》是全国有代表性的藏学期刊，拥有汉、英、藏 3 种文本，其中汉语版获得了极高的荣誉。为“全国中文民族类核心期刊（1996 年）”、“全国百种重点期刊（1998 年）”。藏文版虽未达到这样的高度，但也具有全国性的影响力，是最有代表性的全国藏文学术期刊之一。

《攀登》，青海省委党校、青海省行政学院、青海省社会主义学院主办。藏文政治理论刊物，也是新中国最早的藏学学术刊物之一。是全国唯一一家以藏文为媒介研究、宣传马列主义、毛泽东思想和邓小平理论，全面探讨藏族社会、经济、文化等领域历史和现实问题的重要论坛。

1984 年，**《西北民族学院学报》**在甘肃兰州创刊。它是创刊最早的全国藏文大学学报（虽然《青海民族学院》早在 1975 年就已创刊，但它的藏文版直到 2003 年才面世）。它不仅有藏文版，还有蒙文版。藏族语言文字研究、藏族文学与诗歌研究、藏族历史、社会研究、藏传佛教研究、藏族民俗学研究、美学、翻译、古籍文献研究等研究领域，都成为它关注的对象。

1988 年，**《中国藏学》**问世。这份由国家藏学研究的最高机构——中国藏学中心主办的机关刊物，无疑也是中国藏学研究的最权威学术期刊。它以藏族的社会历史文化和藏族地区的现实研究为主要内容，设置藏族社会历史、哲学宗教、传统科技、语言文学、文化艺术、民族教育、文献档案目录等主要栏目，展示着藏学研究的最新动态，也是进行国内外学术交流的国家学术平台。

1989 年，创刊于甘南藏族自治州合作民族师范专科学校的**《合作民族师专学报》**，重点探讨中学教育和民族教育，特别是藏族教育方面的课题，交流该领域的研究成果，在学刊林海中别具一格。

1990 年，**《青海师范大学民族师范学院学报》**在西宁创办。它以高等学府深厚的学术背景和力量，成为藏学研究的重要刊物。

1991 年，有 2 种藏文学术期刊问世——

《西藏大学学报》，藏文版。随着学术研究的需要，它由年刊、半年刊直到现在的季刊，直观地展示出自己成长的轨迹。主要栏目：藏学研究、西藏经济、理论探索、西藏高教、文艺理论、法学园地、教学研究等。该刊的汉语版早在 1986 年就宣告诞生。位于西藏拉萨的西藏大学，已逐渐成为藏学故乡的藏学研究重镇，在此背景上，它的藏文学报的影响力也日渐上升。

《青海民族师范专科学校学报》，以研究民族教育教学理论和实践问题为主题。它的主办者是位于青海省海南州共和县恰卜恰镇的青海民族师范专科学校。

1993 年，由甘肃省藏学研究所主办**《安多研究》**在甘南藏族自治州夏河县创刊。藏族的社会历史、民族教育、经济贸易、宗教哲学、文学艺术、天文历算、藏医藏药等多个方面都在它的关注视野之中。

1999 年，在另一个藏族自治州四川阿坝州马尔康县，**《阿坝藏学》**以浓厚的书卷气问世。从它开设的栏目——藏医、历史、语言、教育、格萨尔、旅游、人物、古迹目录等就可以看出，这份地方刊物关注的时空，并不局限

《合作民族师范高等专科学校学报》

于它脚下的这方天地。

2003年，《**青海民族学院学报**》藏文版终于问世。突出文化人类学与民族学的特色。注重青藏高原各民族的历史、文化、经济、宗教等的研究，使这份刊物带有强烈的地域和民族文化色彩。实际上，它的汉语版早在1975年就已诞生。

12. 医学医药类期刊

医学医药涉及最基本的民生主题，是民众最关心的生活话题。这一时期大量医学医药刊物的出现，也充分显示出藏族聚居区医疗卫生工作的迫切性。而藏医药是藏民族传统文化中的瑰宝，具有独特的科学逻辑和疗效。以此为关注对象的藏医药期刊，在藏语报刊中独树一帜，成为不可不被注意的传播媒介，成为藏语医学期刊中的主流。从1981年到2007年，仅仅记录在案的藏医药学杂志就有8种。其中5种便是范畴明了的藏医药学期刊。它们分布在西藏拉萨、青海西宁、西藏山南、甘肃甘南等4个地区。相对集中的办刊区域，自然就显示出中国藏医药学的若干个教学、生产和研究中心。而藏医药学在藏民族心目中的重要地位，由此可见一斑。在当今医学界对藏医药学的关注日渐强烈的背景下，藏医药学报刊的前景更加值得期待。

1981年，以普及医药常识、关心民众健康为己任的《**健康向导**》在青海西宁创刊。它的主办者是青海省卫生厅。刊登的文章主要涉及常见病和地方病防治、家庭常用药品使用、药品管理、老年保健、饮食卫生等，并不是藏医药专门刊物。

1985年，由青海省卫生厅、青海省计划生育委员会主办的《**青海健康**

报》创刊。作为医疗、保健专业刊物，它关注的目光总是投向这些方面：宣传国家医药卫生政策，反映青海医药卫生改革、管理和业务建设动态，颂扬先进人物和事迹，普及医学科普知识。

1987 年，**《雪域藏医药》**在拉萨创刊。西藏卫生厅、西藏藏医院主办。主要刊登藏医理论、藏医药研究等方面的论文。

1990 年，西藏自治区山南地区藏医医院主办的**《雅砻医学》**在西藏山南泽当镇创办。这份以讨论和研究藏医学为主旨的藏医学专业刊物，因为以藏民族文明的发源地雅砻河谷为背景，故名《雅砻医学》。

1995 年，**《藏医药研究》**在甘肃省甘南藏族自治州夏河县创刊。它以刊登研究藏医药、藏医历史、藏医与藏历等藏文论文和文章为主。

1996 年，**《藏医药杂志》**在甘肃省甘南州合作镇创刊。以刊登藏医药方面的论文、文章为主。《藏医药研究》《藏医药杂志》2 种藏医药杂志是否为同一刊物，尚需考证。同年，西藏藏医学院主办的**《藏医药教育与研究》**在西藏拉萨市问世。它的办刊宗旨，就是在藏医高等教育和研究方面作出最大的努力。

2007 年，**《中国藏医药》**在西宁创刊。该刊由青海金诃藏医药集团公司主管，青海省藏医院和青海省藏医药研究所主办。旨在加强国内外藏医药交流，提高藏医药学术整体水平，促进藏医药学术繁荣与进步，继承弘扬藏医药优秀文化，促进国内外藏医药交流。与以前藏医学学术刊物相区别的是，它具有近乎完美的学术背景：既有藏医药研究会作支撑，也有藏医院作为医学实践平台。更符合时代潮流的是，它拥有一个足够实力和影响力的藏医药专业研制公司。

13. 青少年报刊

青少年是社会的未来和希望，也是最具活力与求知欲的一个群体。针对他们的藏文报刊，虽然非常有限，但绝不能被忽视。在青少年时代就从自己的母语开始培养她们的民族文化认同和信心，对一个民族的成长、发展和强盛至关重要。目前，可以被确认的藏文青少年刊物有 2 种——

《西藏青年报》，1985 年在西藏拉萨创刊。共青团西藏自治区委员会机关报。1994 年 10 月汉文版驻四川记者站成立，成为西藏第一家立足西藏、走出西藏、面向全国的综合性报纸。它曾创造过西藏报纸最高的发行纪录。而藏语版则把它的读者对象选定为藏区及农牧区青年和群众，并努力扩展到西藏以外的藏族聚居区。

《刚坚少年报》，1989 年 6 月 1 日在青海西宁创刊。中国唯一的藏文少年儿童报纸。农牧区藏族儿童成为它最忠实的读者。该报还利用自己独特的文化资源举办以藏族少年儿童为主体的文化活动，出版针对假期的儿童合订本和读物，使它成为孩子们的第二课堂，深受喜爱和期待，同时也是藏语儿童文学的摇篮。

采访《刚坚少年报》主编尕藏先生（2007.7）

14. 工会报刊

在此期间，属于工会行业的藏语报刊唯《主人》1 种。这份由西藏自治区总工会、援藏发展基金会联合主办的杂志，于 1989 年 10 月在拉萨创刊。1991 年 11 月公开发行。它不仅是职工文化生活的平台，也是西藏社会和历史文化的镜子。

15. 艺术报刊

藏民族是能歌善舞的民族，高超的艺术天赋和开放的民族性格，使艺术成为这个民族生活的一个重要组成部分。藏文艺术报刊正是适应了这种需要，纷纷登上文化舞台。此类刊物有 2 种——

《西藏歌舞》，1982 年在拉萨创刊。西藏第一份音乐舞蹈报刊。但在 4 年之后终刊。它丰富的栏目令人羡慕：珠穆朗玛之歌、高原小百灵、边防战士的旋律、历史歌舞曲、荧屏歌声、西藏古典歌曲、在歌舞的海洋里、作品短评、雪山词林、西藏歌舞人物志、民歌等。西藏自治区文学艺术工作者联合会主办。

《西藏艺术研究》，1988 年在拉萨登台亮相。全国唯一以藏文化艺术为研究对象的专业理论刊物。1989 年公开发行。开设的主要栏目：音乐舞蹈、戏剧研究、文艺论坛、绘画艺术、藏学知识、文学论坛、艺术人物、资料介绍等。西藏自治区文化厅、西藏民族艺术研究所主办。

16. 画刊

画刊是藏族百姓喜闻乐见的出版物，它的阅读障碍小，形象直观。此间出版的藏文画刊仅有 1 种——

《西藏画刊》，1984 年在拉萨创刊。它是继《民族画刊》后出版的第二份藏文画刊，也是唯一的地方藏文画刊。刊登西藏和国内外优秀美术、摄影作品，介绍各画派代表人物，宣传藏族传统艺术，培养藏族传统艺术人才。西藏人民出版社主办。

17. 宗教报刊

就文化氛围而言，宗教特别是藏传佛教是藏民族文化中重要的构成之一。宗教集中反映了藏民族的文化、历史和哲学观念。藏文宗教报刊以藏语为载体，更能阐述、传达宗教的精神，成为藏族读者的重要读物。在这一时期，宗教报刊共有 4 种，主要分布在西藏自治区和甘肃省。

《西藏佛教》，1983 年在拉萨创办。中国佛教协会西藏分会（西藏民族宗教事务委员会）主办。1983 年定期出版。1987 年正式出版。该刊关注的范围几乎涉及宗教的各个领域，包括：特别栏目、佛语特摘、法界名人、净地简志、佛像佛经佛塔、宗教艺术、佛教常识、宗教名词、宗教节日、朝圣指南、佛协活动简报等。在西藏藏传佛教的浓厚的背景上，《西藏佛教》成为中国佛教界具有代表性的专业刊物之一。

《西藏民族宗教》，1992 年创刊于拉萨。西藏民族宗教事务委员会主办。全国人大常委会副委员长阿沛·阿旺晋美题写藏文刊名。藏文版主要在西藏区内发行。1995 年底停刊。

《雪域佛教报》，2000 年创刊。甘肃省拉卜楞寺主办。它的特殊之处在于其寺院报纸的身份。旨在向僧众宣传党的宗教政策、研讨佛学理论。

同年，由拉卜楞寺主办的藏传佛教刊物**《世纪新声》**创刊。旨在弘扬藏传佛教博大精深、源远流长的思想内涵和佛法理论，进而促进藏民族文化的传播和发展。

18. 历史报刊

藏文历史类报刊，主要有地方志的编撰和修订，并无纯粹的民族历史报刊。

《雪原文史》，1984 年创刊于四川省甘孜藏族自治州。内部发行。主要刊登本州历史、文化、文学、宗教等方面的论文和调查资料。

《阿坝史志》，1985 年创刊。四川省阿坝藏族自治州地方志办公室主办。它的主要任务是征集本州史料。

19. 纪检监察报刊

无论从党委系统的纪律检查委员会，还是行政机制中的监察机构，都是政党建设和国家管理的重要组成部分，并涉及整个社会的各个层面。在此期间，藏文纪律检查报刊有《西藏纪检监察》1 种——

《西藏纪检监察》，1983 年创刊，时名《纪检通讯》。1991 年更名为《西藏纪检》。1993 年更名为《西藏纪检监察》。纪检监察行业期刊。中共西藏自治区纪委和西藏自治区监察厅主办。

20. 政党报刊

在藏文报刊系列中，作为执政党的中国共产党政党报刊占有主体地位。在藏族聚居的主要地区的西藏、青海省区，都办有中共的机关刊物，宣传党的方针政策，促进党的建设。

《青海党的生活》，通俗性党员教育刊物。中共青海省委主办。1985 年创办于西宁。而汉语版先于藏语版创刊（1983 年）。办刊宗旨：宣传马克思主义民族观、宗教观，加强民族团结，维护祖国统一。主要栏目：党员教育、组织建设、各条战线优秀党员、开拓建设青海、党课教材、可爱的青海、相信科学破除迷信、红柳等。时任中共中央总书记的胡耀邦为之题写刊名。发行范围：西藏、四川、云南、甘肃藏区。农牧区赠阅。

《西藏党的生活》，通俗性党员教育刊物。西藏自治区党委组织部主办。1989 年创刊于拉萨。1997 年 3 月公开发行。读者对象：农牧党员、党务工作者、积极分子、基层干部。主要栏目：领导讲话、党课、好党员、先锋颂、党的基本知识、黑板报、经验介绍、法制园地、政治问答、讲科学破迷信、科普园地、副刊（雪莲花）等。

同年，藏文版政治宣传刊物**《求是》**中共西藏自治区党委主办。内容主要译自中央党校汉文版《求是》。

21. 政协报刊

作为中国政治制度的一个重要组成部分，政治协商会议在保证民族地区稳定和发展中占有突出地位。这里云集了很多爱国的民族精英，他们的智慧和监督对贯彻党和国家的民族政策发挥了积极作用。

《西藏政协》，1999年创刊于拉萨。西藏政协办公厅主办。主要刊登中国人民政治协商会议和西藏政协的工作报告、政治决议、政协各届领导人简介、政协委员的建议及提案、政协机关新闻、西藏文史资料等。它实际上是政协的专门工作刊物。

22. 人大报刊

人民代表大会制度是中国社会主义民主政治制度的关键一环，也是民族地区实施民族区域自治制度的重要保障。在西藏自治区，就创办有藏文的人大工作刊物。

《人民西藏》，1991年创刊于拉萨。以藏、汉两种文字出版。1995年8月3日被批准公开出版发行。双月刊。它的汉语版创刊的时间要早于藏语版：1985年3月5日创办，时名《人大工作通讯》。全国人大常委会副委员长阿沛·阿旺晋美题写藏文刊名。不定期出版。办刊宗旨：加强社会主义法制建设，推动西藏人大理论研究，与全国其他省区人大进行交流，指导基层人大工作。读者对象：国家工作人员、人民代表、人大工作者、法学工作者等。

23. 民兵报刊

民兵组织不仅是中国国防力量的重要组成部分，也是民族地区维护稳定和民族团结的社会组织。在藏族自治区域，仅西藏自治区办有藏文版《西藏民兵》，这也是全国仅有的藏文民兵刊物。

《西藏民兵》，1980年创刊于拉萨。西藏军区政治部主办。主要刊登中央政策、交流民兵工作经验、指导民兵建设等。

24. 翻译报刊

在民族地区，少数民族语言和汉语之间的翻译是实施大众传播的关键因素。藏文术语、新词的确定、翻译技巧等，成为传播媒介和文化工作者研讨的主题。关于藏语的翻译问题，常常会在民族语文报刊中得到探讨和展示。但我们在此还是将专门的翻译刊物作以介绍。

《阿坝译林》，1991年创刊。翻译专业刊物。藏文版。四川省阿坝藏族自治州编译局主办，阿坝州藏语文翻译协会协办。主要刊载汉译藏方面的学术论文和翻译技巧的文章。不定期出版。

25. 广播电视报刊

在藏族聚居区，自然和社会形成的局限性，使广播电视成为最便捷、最大众化的传播媒介。广播电视充分考虑到藏族受众的需要，一般都要开办藏语频道、频率，作为宣传广播电视事业建设成就和为听众、观众服务的广播电视报刊，一般也就出刊藏文版刊物。此间出版的藏文广播电视报刊主要有2种——

《甘南之声》，1986年创刊于甘肃省夏河县。藏、汉文合刊。16开本。不定期出版。主要刊登本州广播、电视事业发展方面的文章。甘肃省甘南人民广播电台总编室（甘南藏族自治州广播电视局）主办。

《西藏广播影视报》，1990年2月25日在拉萨创刊。西藏广播电视厅主办。全国人大副委员长阿沛·阿旺晋美题写报头。1995年以后间断性出版。汉文版于1989年8月25日创刊。1990年6月27日，获国家统一刊号。1990年10月26日藏汉文版正式公开发行。曾用刊名：《西藏电视报》。

26. 民族语文报刊

语言是民族文化的载体，少数民族与其他民族一样自由使用自己的母语，是实现民族区域自治的主要内容之一。民族语言的使用和研究成为民族工作的主要方面。在此期间，藏族自治地方以民族语文为主题的藏文报刊主要有3种——

《青海藏语工作》，1984年创刊于西宁。藏文版。青海省语言文字工作委员会、青海省民族事务委员会主办。原名《民族语文工作》。2001年更名为《青海藏语工作》。以宣传党和政府的方针政策，进行藏汉双语教学及藏语文理论研究，指导藏语文工作为办刊宗旨。主要栏目有：藏语文教学、理论研究、传统文化研究、翻译工作等。

《藏语文工作》，1990年在拉萨创刊。藏语文专业研究刊物。西藏藏语文工作指导委员会主办。以藏文、汉文对照本出版。

《藏语文研究》，1991年在四川成都西南民族学院创刊。以促进藏语文的发展和研究为宗旨。设置有栏目：研究与探索、翻译论坛、修辞学习、争鸣园地、双语教学与研究、调查报告知识讲座、工作动态、书刊评介等。四川省少数民族语言文字工作委员会、西南民族学院、中国藏学研究中心社会文化所、四川省民族语言学会、四川省对国外藏胞工作办公室合办。

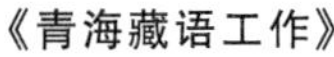
《青海藏语工作》

《藏语文工作》（西藏）

27. 民族报刊

在藏族聚居区，以民族问题为研究对象的藏文报刊受到重视。

《民族》，1983 年在四川省成都市创刊。藏、汉文版。藏文版为季刊。中共四川省民族工作委员会、四川省民族事务委员会主办。该刊旨在宣传民族理论和中国共产党的民族政策，交流民族工作经验，报道民族地区经济文化和社会发展情况，介绍民族地区的历史、文化、风俗等。立足四川，面向国内外，宣传民族地区社会经济文化发展状况，交流民族工作经验。

《民族》

28. 农牧业报刊

在广大而分散的藏族聚居区，农牧

业无疑是生产力的主要构成之一。以农牧民和农牧区科技工作者为主要读者对象的农牧业藏语报刊，成为具有广泛实用价值的传播媒介。在西藏、青海省区，此类藏文期刊主要有 2 种，均在 1997 年创刊——

《致富之友》，1997 年在拉萨创刊。西藏日报藏文编辑部主办。它的办刊宗旨就是为农牧民生产生活服务。设有本刊评论、致富带头人、致富信息、减负专栏、务工指南、法律常识、他山之石、种植养殖天地、农机天地、卫生与健康等栏目。32 开本。内部发行。

《青海牧业》，1997 年在青海西宁创刊。大 16 开本。季刊。青海省农牧厅主办。涉及国家畜牧业方针政策、全国畜牧业动态、青海畜牧业研究、畜牧业养殖知识、畜牧业医疗知识等诸多内容。

29. 新闻报刊

为贯彻党的民族政策，满足藏族受众对信息的需求，在藏族自治地方，新闻媒体一般都采用“藏汉双语”机制，藏文媒介占有接近一半的份额。对藏文媒体的传播业务进行研究，为藏语媒体从业者提供交流的平台，成为藏文新闻类报刊的主要使命。在此期间，藏文新闻业务报刊有 1 种——

《新闻工作者知识》，2000 年在拉萨创刊。《西藏日报》社藏编部主办。主要为藏族记者、编辑人员、通讯员学习新闻业务提供便利。开设有研讨、理论、通信园地、雪域论坛、读者论坛等栏目。

《西藏日报藏文通讯》（封面）

30. 时政报刊

在信息相对闭塞的民族地区，以传递党和国际政策、国内外时事、社会发展等为宗旨的藏文时事政治报刊受到广大读者的欢迎。特别是国家给予大额补贴，针对农牧民的藏文时政刊物的创办，为加大藏族聚居的信息交流创造了条件。在此期间，藏文时政报刊主要有 2 种——

《中国西藏》

《中国西藏》，藏文版 1992 年在北京创办。中共中央统战部主办。综合性刊物。汉文版 1989 年春在北京创办。办刊宗旨是报道西藏的经济、文化建设成就和社会发展，介绍西藏民族、宗教、文化艺术、旅游景点与民族风情。藏文版以刊登藏文来稿为主，描述西藏社会经济发展的新气象、新面貌、新时尚、新追求，介绍当代藏族杰出人物，研究藏族传统文化。目前已发行到全世界 110 多个国家和地区。1990 年获国家新闻出版署颁发的优秀期刊二等奖，1995 年获全国社会科学优秀期刊称号。**《半月谈》**，时事政治翻译刊物。1994 年 11 月试刊。1995 年 1 月在拉萨正式创刊。藏文版。大 32 开，国际型。半月刊。内容除精选汉文版《半月谈》内容外，还报道西藏重大新闻事件。固定栏目：权威人士论坛、半月评论、信息广场、百事咨询、读者之页、国内外半月大事、国际时事、西藏时事、经济纵横、政治观察、小测验等。非固定栏目：谈天说地、科教、本刊特稿、新闻人物、女企业家成功之路、“两会”特辑、港澳台、百姓身边的共产党员、自考之窗等。向西藏乡一级基层组织免费赠送 2 份。

在比较全面地回首这一时期藏文报刊的分类状况后，我们就能发现它们在媒介类型方面的若干特点：

1. 在此间的藏文报刊群落中，最为庞大的一个“集团军”就是文学报刊。它的总数达到了18种，没有任何一类藏文报刊的数量能够逾越它。这充分显示出文学在藏民族文化中的突出地位，也典型地折射出藏民族独特的文化气质和生活格调。长于艺术思维的藏民族，最善于用文学的形式表达他们对社会和人生的感悟、思考。面对这种壮观的文学报刊之林，我们不能不感佩藏语言与文学之间割舍不断的深厚历史因缘。

2. 在7种以上的藏文报刊中，依数目多少分别包含了学术报刊、综合报刊、医学医药报刊、教育报刊等4种。它其实很直观地告诉我们：在藏民族的文化和社会生活中，到底有哪些领域为他们所重点关注。它实际上就是藏民族文化主流的生动体现。藏学为国际显学，以藏学为主要研究对象的学术期刊，肯定占有醒目而辉煌的地位。藏学也张扬着藏民族文化的博大精深，同时又是突出的藏民族文化个性的明证。综合报刊的昌盛，洋溢着藏民族冲破闭塞、走向开放的强烈渴望，对知识和现代文明的热烈需求，以及对文化交流的开阔视野。在此期间，具有悠久历史传统的藏语言与现代化中的各个学科领域都建立了深刻的融合。藏语自觉地接受着现代文明的挑战和洗礼，基本达到系列化的医药医学报刊，展示出藏民族文化的突出特长。藏医藏药无疑是藏民族文化的精华之一，对藏医藏药的研究，就从一个通俗而独到的角度，逐渐逼近藏民族文化的核心地带。教育是文明传递和开发的广阔平台，遍布藏族聚居区的教育报刊，用本民族自己的语言传递文明和研究教育，既是培养人才之大计，也是推广民族语言的有效网络。

3. 审视这份并不齐全的名单，就会发现：刊多于报。在登记在册的大约112种藏文报刊中，报纸仅仅20种左右。这就意味着，84%左右的藏文平面媒介是以期刊的形式出现。它说明，藏文报刊的出版周期总体上较长。这是藏文报刊的发行背景所决定的：在居住分散、地域广大的藏族聚居区，受经济因素、空间距离和交通状况的制约，创办出版周期较长的期刊要比出版周期较短的报纸，更加符合实际。即使是报纸，面对遥远的发行距离和落后的发行条件，往往也不得不陷入期刊的发行周期律，成为实际上的刊物。

4. 报刊的分布具有“行业”上的普遍性。在这一时期的藏文报刊家族谱系中，可以看到不少的“单身贵族”。很多报刊仅仅有一两种问世。但是，它们却是各个并不重复的“行业”的当然代表，星罗棋布，覆盖了当今社会、文化生活的广泛领域。这种分布的态势，既是政策性的设计，也是生产生活的需要，显示藏文报刊已基本形成了自己的传播构架和体系。

中国藏文报刊"成熟期"的类型及分布略表

序号	类型	报刊名称	数量	主要分布地域
1	地市机关报	《拉萨晚报》《日喀则报》《昌都报》《山南报》《林芝报》《那曲报》《阿坝报》《迪庆报》	8	西藏、四川、云南
2	政府公报	《青海省人民代表大会汇刊》《青海省人民代表大会公报》	2	青海
3	科技报刊	《西藏科技报》《西藏科技信息报》《青海科技报》	3	西藏、青海
4	文学期刊	《西藏文艺》《雪莲》《雪域文化》《贡嘎山》《章恰尔》《群文天地》《白鹿唇》《达赛尔》《邦锦梅朵》《山南文艺》《拉萨河》《甘南群众艺术》《珠穆朗玛》《草地》《岗尖梅朵》《日月山》《根梗琼波》《高原之舟》	18	青海、西藏、四川、甘肃
5	综合报刊	《知识火花》《旭日》《羌塘》《红原报》《金沙江》《东日》《佳仁》《三江》《布达拉》《雪山之声》	10	北京、西藏、四川、青海
6	教育报刊	《西藏教育》《日喀则地区教育通讯》《山南教育》《拉萨教育》《那曲教育》《藏区教育论坛》《林芝教育》	7	西藏、四川
7	晚报	《拉萨晚报》	1	西藏
8	信息类报刊	《艺研动态》《藏学研究通讯》《西藏研究内部参考》《西藏社会科学信息文摘》	4	北京、西藏
9	文摘报刊	《求是文选》《读者之友》	2	北京、青海
10	法制报刊	《青海法制报》《西藏法制报》	2	西藏、青海
11	学术研究期刊	《西藏研究》《攀登》《西北民族大学学报》《中国藏学》《合作民族师专学报》《青海师范大学民族师范学院学报》《西藏大学学报》《青海民族师范专科学校学报》《安多研究》《阿坝藏学》《青海民族学院学报》	11	北京、西藏、青海、甘肃、四川
12	医学医药期刊	《健康向导》《青海健康报》《雪域藏医药》《雅砻医学》《藏医药研究》《藏医药杂志》《藏医药教育与研究》《中国藏医药》	8	西藏、青海、甘肃
13	青少年报刊	《西藏青年报》《刚坚少年报》	2	西藏、青海
14	工会报刊	《主人》	1	西藏
15	艺术报刊	《西藏歌舞》《西藏艺术研究》	2	西藏
16	画刊	《西藏画刊》	1	西藏

续表

序号	类型	报刊名称	数量	主要分布地域
17	宗教报刊	《西藏佛教》《西藏民族宗教》《雪域佛教报》《世纪新声》	4	西藏、甘肃
18	历史报刊	《雪原文史》《阿坝史志》	2	四川
19	纪检监察报刊	《西藏纪检监察》	1	西藏
20	政党报刊	《青海党的生活》《西藏党的生活》《求是》	3	西藏、青海
21	政协报刊	《西藏政协》	1	西藏
22	人大报刊	《人民西藏》	1	西藏
23	民兵报刊	《西藏民兵》	1	西藏
24	翻译期刊	《阿坝译林》	1	四川
25	广播电视报刊	《甘南之声》《西藏广播影视报》	2	甘肃、西藏
26	民族语文报刊	《青海藏语工作》《藏语文工作》《藏语文研究》	3	西藏、青海、四川
27	民族报刊	《民族》	1	四川
28	农牧业报刊	《致富之友》《青海畜牧业》	2	西藏、青海
29	新闻类报刊	《新闻工作者知识》	1	西藏
30	时政报刊	《中国西藏》《半月谈》	2	北京、西藏

（二）地域分布

为表述明晰，谨以表格形式对藏文报刊的地域分布作出初步展示：

所属省（区）	藏文报刊分布地域	总数	报纸	刊物
北京市［6种］	北京市	6	0	6
西藏自治区［53种］	拉萨市	40	6	34
	日喀则市	3	1	2
	山南地区	4	1	3
	昌都地区	1	1	0
	林芝地区	2	1	1
	那曲地区	3	1	2
	阿里地区	0	0	0

续表

所属省（区）	藏文报刊分布地域	总数	报纸	刊物
青海省［28 种］	西宁市	18	4	14
	玉树藏族自治州	3	0	3
	海西蒙古族藏族自治州	1	0	1
	海南藏族自治州	3	1	2
	黄南藏族自治州	2	1	1
	海北藏族自治州	0	0	0
	果洛藏族自治州	1	0	1
四川省［14 种］	成都市	3	0	3
	阿坝藏族羌族自治州	9	1	8
	甘孜藏族自治州	2	1	1
	木里藏族自治县	0	0	0
甘肃省［10 种］	兰州市	1	0	1
	甘南藏族自治州	9	2	7
	天祝藏族自治县	0	0	0
云南省［2 种］	迪庆藏族自治州	2	2	0

上述统计至少可给出如下推论：

1. 在全国 5 个藏族聚居区中，藏族占 92% 以上的西藏自治区，成为藏文报刊最大的荟萃之地。这里的藏文报刊达到 53 种，几乎是青海省的 2 倍。西藏藏文报刊的最大集聚之地就在西藏政治文化的中心拉萨，这里创办的藏文报刊就达到 40 种，占整个西藏藏文报刊的 74% 以上。而且在西藏的 7 个地市，几乎都有藏文报刊的踪迹。藏文报刊的类型在此也得到了完整的展示，全国几乎所有的藏文报刊类型在西藏都能找到。这与西藏自治区所拥有的最大藏族人口规模和藏民族文化的发源地的地位是吻合的。事实上，西藏完整而强大的藏文报刊阵容引导着全国藏文报刊的流向。

2. 除西藏自治区而外，全国最大的藏文报刊聚集地就是青海省。青海省虽不是藏族自治区，但这里有全国最多的 6 个藏族自治州，这使它成为仅次于西藏的最大藏族聚居地方，也意味着有为数不少藏文报刊的读者。藏文报刊当然集中于青海省政治文化中心的西宁市。据现有的记载，除海北藏族自治州外，其余 5 个藏族（蒙古族）自治州都分布着数目不等的藏文报刊，而以海南藏族自治州为最。全省涉及的藏文报刊类型也较为丰富。办刊质量较高。是西藏以外藏文报刊的又一中心。

3. 四川和甘肃省是藏文报刊的另外2个分中心。在四川省，有2个藏族（羌族）自治州、1个自治县，是藏族自治地方比较多的省份。同时，四川与西藏毗邻，在历史上曾经建立过西康省，两省区藏民族间的交流十分频繁。藏文报刊必然就拥有一定数量的读者群落。在当地比较发达的经济、技术支撑下，这里的藏文报刊办刊质量较高。在四川经济文化中心的成都，办有辐射全省的3种藏文报刊，但并不是四川藏文报刊最集中的地方。在2个藏族（羌族）自治州，都有藏文报刊的身影。而以阿坝州表现最为突出，藏文报刊的规模达到了9种，成为四川省藏文报刊最发达的地方。木里藏族自治县没有藏文报刊创刊的记录。而在甘肃省，有1个藏族自治州和1个自治县，它们靠近四川、青海的藏族聚居地方，民族文化得到良好的继承和发展，成为藏文报刊的另外一个亮点。在甘肃省省会兰州市，有1种藏文报刊存在。甘肃省藏文报刊主要集中的地方，在甘南藏族自治州，这里汇集了9种藏文报刊，无疑是甘肃省藏文报刊和藏民族文化的中心。甘肃省天祝藏族自治县尚无藏文报刊创刊的记录。

4. 北京作为各民族的共同政治经济文化中心，创办了一批数量并非最大，但具有全国和国际影响力的藏文报刊，是中国藏文报刊的高地和中心之一。在此，藏文报刊不仅是政治、民族政策的宣传工具，也是最具辐射力的现代信息传播媒介。

5. 在云南省，仅有迪庆藏族自治州1个，藏文报刊较少。迪庆与西藏相邻，藏民族间的文化交流源远流长。能够提供给藏族读者的平面媒介仅仅有藏文版《迪庆报》。这里没有其他类型的藏文报刊。究其原因，与此地藏族人口的有限性，藏民族与其他民族高频率的交流沟通有直接关系。

6. 总括起来，藏文报刊的分布地域，就全部集中在国家首都和西藏、青海、四川、甘肃和云南5个藏族聚居地方。显示藏文报刊的创办，既源于党和国家民族平等、民族区域自治政策的实施，也是本民族文化和信息交流的需要。

（三）开本

在藏文报刊的构成要素中，其报纸、刊物的开本具有相对的稳定性。

报纸：在20种以上。以4开4版为主流。受发行量和经济因素的制约，这一时期的地市和行业藏文报纸基本没有对开版式。仅仅有藏文版《阿坝报》为对开彩色版。这也是全国唯一的对开彩色藏文报纸。

刊物：在80种以上。以16开为主流。有的追随时尚，变而成为大16开本，以期提升期刊品位。也有32开本，如《知识火花》《半月谈》《旭日》《西藏党的生活》《致富之友》《新闻工作者知识》等，但明显居于少数。

（四）出版周期

就总体而言，受发行量和经济效益的影响，藏文报刊的出版周期，较之于汉语报刊，一般都要长些。在这一阶段，藏文报刊在出版周期方面表现出如下特点：

1. 在这一阶段创刊的报纸中，尚无一份日报。这是因为此间出版的报纸基本是地市级机关报和行业报，它们的读者群都很有限，且受地域和行业分割，没有能力也无必要创办每天都出版的藏文报纸。在中国藏文报刊史上，仅仅有1956年创刊于西藏拉萨的藏文版《西藏日报》1种为藏文日报。

2. 在藏文报纸方面，出版周期多样化，并发生着阶段性的递变。一般有月报、半月报、旬刊、周刊、周二刊等形式。而周刊是基本的出版周期。它既注意了信息传递的纪实性，也充分考虑到了藏文报纸读者、地域等方面的特殊性。随着社会经济大发展和读者需求的变化，藏文报纸的出版周期也在不断演变。如《西藏科技报》，就经历了半月报—周报—周二报的更迭。

3. 在藏文期刊方面，出版周期较为齐整，一般较汉语为长，但也有多层次变化。主要形式有：年刊（《羌塘》《珠穆朗玛》《藏语文研究》《那曲教育》等）、半年刊（《青海藏语工作》《西藏艺术研究》《日月山》等）、季刊、双月刊、月刊、半月刊等。其中，以季刊为主流。半年刊也占有一定的份额。季刊、半年刊等较长周期成为藏语期刊采用最多的出版形式。不少都有由半年刊到季刊演变的历史，如《主人》《藏语文工作》等；有由不定期到半年刊变化的记录，如《青海民族师范专科学校学报》等；有由不定期到季刊的转换，如《西藏社会科学信息文摘》等；也有由月刊到季刊的变化，如《西藏政协》等。总的演变趋势是由长变短，部分也有反方向发生者。说明读者对藏文刊物的需求更加强烈了，那些拥有“漫长”的出版周期的期刊已经令急不可待的读者颇为不满足了。

4. 与同名的汉语版比较起来，藏文版的出版周期显然要长得多。藏文报刊一般都诞生在藏族自治地方，为贯彻党和国家民族平等政策和区域自治方针，所在地的大众传播媒介基本实行“藏汉双语”模式，即一份期刊或报纸往往是藏、汉双语版。比较起来，汉语版会拥有更多的读者，因此出版周期相对较短；而藏文版读者有限，故而出版周期就显得长一些。如《迪庆报》，汉语版出版周期为周报，而藏文版则为月报，两者出版密度相差甚远。这主要是因为在迪庆藏族自治州，藏族的读者要远远少于西藏、青海的藏族读者。又如《中国西藏》，汉、英文版出版周期为双月刊，而藏文版则为季刊。当然也有两语种刊物的出版周期相同者，如《西藏科技报》，它们的出版周期均为周刊。但这种情形并不多见。

5. 不定期出版。在编排“中国藏文报刊名录”中，笔者曾作出说明：为什么要将一些未公开发行的藏文报刊列入其中？而不定期出版的藏文期刊，大都属于这种情形。如《读者之友》《雪域佛教报》《藏医药研究》等。在公开发行的期刊中，偶尔也会出现这种状况，但也是因为政治形势突变或经济困窘造成的，而非其常态。或者是在创办初期，由于各方面条件限制，尚不能定期出版，于是以不定期出版作为过渡。这从一个侧面反映出藏文报刊发展的困难境地。

（五）语言构成方式

主要在藏族自治地方创办的藏文报刊，自从它登上历史舞台的那天起，就与汉语结伴而行，形成了藏、汉双语的优良传统，在尊重汉语的“国语”地位的同时，也给自己的母语——藏文提供了社会交际语言的突出地位。藏文单语出版不失为一种选择，但仅为少数。

1. 藏、汉语合版。即汉语版为主体，但在其中加进一些藏语的文章和内容。如青海省委宣传部主办的文学期刊《雪莲》，就在汉语版中夹有藏文译文。在主要为汉族读者服务的同时，也兼顾到一些藏族读者的需要。

2. 藏、汉语对照版。在同一报刊中，藏语汉语同时出现，并且可以互译。一般是汉语在前，藏语在后，翻译于汉语。如青海省医药科普委员会主办的《健康向导》，就采用这一语言模式。它所要关照的，是那些藏汉双语兼通或有双语兼通取向的读者。在双语对照中学习语言，习得翻译技巧。这种形式的更深意义还在于，一份报刊实际承担了2种语言媒介的功能，使不同民族的读者拥有自由选择的余地：会汉语的就看汉语版，懂藏语的就读藏文版。它的另一个好处，就是通过这种“比肩而立”的排列方式，不仅缩短了2种语言的空间距离，而且促进了不同语言和文化间的自然融合，是民族文化交流的一种有远见的选择。

3. 藏、汉语分版。就是同一名称的报刊，分别用汉、藏文出版。它利用“分众传播”原理，为它的不同民族的读者提供了内容比较接近，但语言不同的出版物。它们分别有相对独立的编辑机构，但又同属一个出版机构领导。由于语言和读者不同，在内容的选择上各有侧重。又因为语言容量的差异，同样版面，汉语版的内容就要多于藏文版。这种“双璧映照”的方式，典型地显示出中国民族区域自治的特点，为绝大部分藏文报刊所采用。如青海省文化厅主办的《群文天地》，四川省阿坝藏族自治州主办的《阿坝报》等，均属于这种情况。

4. 多语合版。由于藏学的国际显学地位，一些涉及藏民族文化的期刊，还将它的目光投射到国际领域，使一种报刊同时拥有 3 种以上的语言版本，大大地扩展了报刊的发行范围和辐射力。如西藏社会科学院主办的学术期刊《西藏研究》，就同时出版汉、藏、英 3 种语言版，由此成为国际传播媒介。

5. 藏文单语版。完全采用藏文出版，独立采写和编辑。这种单语期刊或报纸，一般具有强烈的藏民族文化色彩和鲜明的读者对象，主要集中在藏民族的民俗、文学、语言、藏传佛教等领域。在这些领域，只有与之匹配的民族语言，才能最恰当和精微地传达、表述民族文化的独到之处和深厚意蕴。如西藏自治区文化馆和群众艺术馆主办的《雪域文化》，青海民族出版社主办的文学期刊《章恰尔》等。

6. 藏文翻译版。这些期刊带有文摘的性质，它们自身并没有独立的采写编辑权利，而是把汉语期刊用藏文翻译过来，供藏族读者阅读。如《求是》《半月谈》等。

（六）主办方

藏文报刊的主办方涉及很多“身份”。主要类型是：

1. 党政机关。地市机关报刊的主办者均为各级地方党委和政府等领导机关。如《甘南报》《甘孜报》《阿坝报》《日喀则报》《山南报》《拉萨晚报》《迪庆报》等，都分别由当地党委和政府主办。《西藏政协》《人民西藏》分别由西藏自治区政协、人大主办。它们成为当地的主流报刊。党政机关是藏文报刊最大的主办群体。

2. 专业组织和机构。如《雪域文化》就由西藏自治区文联主办，《健康向导》由青海省医药科普委员会主办，《西藏佛教》由中国佛教协会西藏分会主办。

3. 新闻出版机构。如《章恰尔》由青海民族出版社主办，《知识火花》由北京民族出版社主办，《致富之友》《新闻工作者知识》由西藏日报社主办。

4. 政府主管部门。如《群文天地》由青海省文化厅主办。《西藏研究》由西藏自治区社会科学院主办。

5. 大专院校。如《攀登》由青海省委党校主办，《西北民族大学学报》由西北民族大学主办，《西藏大学学报》由西藏大学主办。

6. 科研机构。如《藏学研究通讯》《中国藏学》由中国藏学中心主办，《安多研究》由甘肃省藏学研究所主办。

7. 群众组织。如《主人》由西藏自治区总工会主办。

8. 寺庙。如《雪域佛教报》由甘肃拉卜楞寺主办。

9. 经营实体。如《中国藏医学》由青海金诃藏医药集团公司和青海省藏医院、青海省藏医藏药研究所主办。

（七）机构设置

在藏文报刊中，多以藏、汉双语方式办刊。在报刊社机构设置中，一般都设有单独的藏文编辑部，可独立进行藏语采写编辑，利于藏文报刊的健康发展。在藏族聚居区的出版社中，也设有藏文编辑室，进行藏文图书和报刊的编辑出版。即使在未设立藏文编辑部的出版机构和报刊社，也有专职的藏文编辑人员。是否设立单独的藏文编辑部（室），往往成为衡量藏文报刊或出版物是否拥有独立采编权的标志。

（八）印刷方式

在这一阶段，报刊印刷方式的变化主要是20世纪90年代由铅印到激光照排的历史性变化。而在21世纪初，藏文报刊采用信息技术的最新成果，在《青海藏文报》最先采用藏文新闻采编网络（2004年8月），标志着藏文印刷编辑系统已经达到国际水准。

（九）发行对象

与汉语报刊比较起来，藏文报刊的发行对象比较狭窄，但却十分鲜明和独特。主要有：

1. 上层统战人士。主要面对具有良好藏民族传统文化修养的藏族上层人士。

2. 国家公务员。主要是具有藏文素养的党和国家机关的工作人员。

3. 寺院僧尼。具有良好的藏文修养，既是藏文报刊的读者，也是藏文报刊副刊的主力作者。

4. 民族地区学校师生。阅读藏文报刊，既是源于使用母语的便利，也是学习母语的“教材”。

5. 民族研究机构和国家各层级图书馆。藏文报刊被收藏于此，既是文献储备，也是学习和研究的需要。

6. 藏区农牧民。这部分读者的最初文化哺育就源自藏语，习惯于阅读藏文报刊。不仅因为是母语，也是因为不懂藏语以外的语言。

7. 基层科技工作者。以藏文报刊为工具进行科技普及工作。

8. 民族艺术工作者。主要从事藏族绘画、歌舞等艺术工作的专业人员。

9. 藏族文学爱好者与作者。以藏文文学报刊为平台进行创作、交流。

10. 藏学学者。了解藏族文化动态，收集资料，并作为发表平台。

11. 国外图书馆和研究机构。藏文文献收藏。

12. 藏族聚居区群众。覆盖全国各藏族聚居区。

13. 藏族基层干部。了解党和国家方针政策，学习相关知识。

14. 宗教学者。传播宗教知识，研究宗教理论。

15. 藏传佛教信众。了解宗教。

16. 翻译工作者。交流翻译工作经验。

17. 藏文媒体从业者。业务交流，规范新词术语。

18. 民族语文研究者。掌握藏文发展动态。

（十）发行范围

藏文报刊有比较明确的发行范围——

1. 各省区主办的藏文报刊，一般在本省区的藏族聚居区发行。同时，在全国有藏族聚居的5省区也有部分发行。如青海民族出版社主办的《章恰尔》就发行到甘肃、西藏、四川等地。

2. 各地市主办的藏文报刊，主要在本地市农牧区发行。但也会跨越本地市范围，在全国藏族聚居区有部分发行量。如西藏日喀则地区主办的《日喀则报》，除在日喀则地区18个县市的203个乡镇发行外，与全国400多家地市报社以及全国少数民族地市报都有交流。在全国的20多个省市自治区的180多个大中城市中，均有该报的读者（含汉语）。

3. 自1998年在藏文报社间建立的“全国藏文报刊业务交流协会”机制，使散布于各个藏区的藏语报刊获得了互相交流、共同建立新词术语规范的良机。

4. 藏文报刊的主要发行市场无疑在农牧区。在城市，由于各民族间的交流日益扩大，信息传播更加频繁，藏文报刊的读者在明显萎缩。而在文化教育程度逐渐提高的农牧区，藏文报刊真正找到了自己的“故乡”。

5. 藏文报刊具有一定的国外市场。以藏民族文化为主要背景的藏文报刊，同样受到了国外藏学机构的青睐。而国外的大型图书馆，也尽力收藏藏文报刊，使其成为人类文明的珍存。

（十一）发行方式、发行量

藏文报刊的发行，主要还是以邮局发行为主。

同时，为了促进报刊的发行，扩大其影响力，一些藏文报刊还派人到藏族聚居的学校进行征订。如《刚坚少年报》就曾派出编辑部人员到西藏的山南、昌都、阿里，青海的玉树，甘肃的甘南等地宣传，并开展征订工作。

在藏文报刊发行中，有相当一部分是赠阅。特别是涉及宣传党和国际政策，以及为农牧民致富直接服务的报刊，就基本采取赠阅的方式。如西藏人民出版社主办的藏文《半月谈》期刊，全部赠送给基层干部。报刊的办刊费用就来自于国家财政拨款。一些报刊随着社会经济形势的改变，国家对报刊财政拨款的减少，逐渐由赠阅变为征订。但即使是征订，也会拿出不小的一部分报刊赠阅。因此，藏文报刊的经济状况一般很差，国家的财政拨款并不能完全满足办刊需要。

藏文报刊基本没有广告刊登，也就意味着没有广告收入。在 1999 年第二届全国藏文报刊协作会议期间，与会的全国主要藏文报刊达成协议，在所属藏文报刊上互相刊登广告，以求推动藏文报刊的经营，但由于运行机制不畅，终归流产。

藏文报刊受读者群体萎缩、地域广大、语言隔阂因素的制约，发行量极为有限，在整体上要远远低于汉语版。一般报刊的发行总量在 3000—5000 份左右。与读者实际生活生产比较密切的“实用性”报刊，读者量会多一些，如《西藏科技报》在 1999 年的期发行量达到 15000 份，《青海科技报》藏、汉语合版曾经创下 5 万份/期的“显赫”纪录；针对中小学生的藏文报纸受到藏族小读者的欢迎，如《刚坚少年报》的发行量就达到 13000 份/期。一些受欢迎的文艺期刊也会取得不错的发行业绩，如《章恰尔》单期发行量曾经达到过 8000 册，创下藏文期刊的最高发行纪录。一些藏文学术期刊仅仅在很小的范围内发行，如《西藏研究》藏文版每期赠阅 500 份，零售仅有 200 份。法制类报纸与读者生活十分贴近，一直保持相对较高的发行量，如《青海法制报》藏文版 1985 年发行量达到 1 万份/期，而《西藏法制报》在“鼎盛”时期的 20 世纪 80 年代，曾经创下藏文版 5 万份/期的“惊人”纪录。被称为“世界上最大的藏文日报”的《西藏日报》藏语版，在 1976 年的发行量是24973份/期，创造了至今藏文报纸无法企及的最高纪录。而这个纪录即使今天的《西藏日报》自身也无法逾越。

在20世纪90年代后，受电视、网络的冲击，报刊整体发行量下滑，藏文报刊的发行量也随之下降。

（十二）栏目设置

藏文报刊的栏目设置，除根据基本的信息需求开设常规栏目外，还承担弘扬民族文化的重任，开辟了若干具有地域和民族特色的栏目。

具有代表性的栏目是：

1. 政治宣传和教育。涉及党和国家方针政策，特别是民族政策等。也包括时政消息。

2. 专业、行业。涉及不同专业报刊的不同专业领域，包括农牧业、医药医学、宗教、科技、工会、民兵、教育、法律、歌舞、语言、文学等领域。

3. 民族文化。为体现民族特色，在各类不同的报刊中，总是开设一些藏民族文化、民俗、历史、古迹等方面的栏目。

4. 副刊。在报纸和期刊中，一般都设有副刊，主要刊登文学作品和民俗知识，并往往成为报刊的品牌和发行支撑点。如《西藏党的生活》开设有副刊“雪莲花”；云南《迪庆报》设有“岗拉梅朵”、“太子神韵”、“奶子河彰显”；青海《黄南藏文报》设有“隆务河”；西藏《日喀则报》设有“珠峰”等。

5. 藏区信息。在藏文报刊中，大多都开设有藏区相关信息的栏目，以促进相互沟通。如国家统战部主办的《中国西藏》就设有“藏区要闻”栏目。各省（区）、藏族自治州所办的藏文报刊也很注意刊登其他各省（区）、藏族自治州的信息。

6. 人物。在藏文报刊中，常常设有介绍藏族杰出人物的栏目。如西藏的《雪域文化》就设有“高原人物”栏目。

7. 翻译。藏、汉语之间的翻译是藏族聚居区文化活动中不可回避的话题。在藏文报刊中，关于翻译的栏目并不鲜见。如青海省海西洲文联主办的《岗尖梅朵》设有“译林”栏目。西藏山南地区主办的《雅砻医学》设有“译文”栏目。

8. 美术摄影。藏族聚居区独特的风光和藏民族对艺术的钟爱，促成了藏文报刊上诸多的“美术”、“摄影”栏目的出现。它们不仅形象地记录了藏民族的历史，也丰富和活跃了报刊的版面。

9. 文摘。为扩大信息量，很多藏文报刊就设有文摘性质的栏目。如青海民族出版社主办的《章恰尔》就设有“选刊拔萃”栏目。

10. 理论研究。为提升媒介水准，满足部分读者的欣赏和研究需求，在不少藏文报刊中，开设有理论研究栏目。如《青海法制报》就设有“法律论坛”栏目。

11. 地方史话。如西藏那曲主办的《羌塘》就开设有“那曲史话”栏目，西藏的《日喀则报》就开设“后藏漫话”栏目。

12. 藏族民间文学。如西藏日喀则的《珠穆朗玛》就设有嘎协、民间故事、谜语、民间诗歌等栏目。

（十三）传承关系

在这一时期，藏文报刊也因时代变化，一些报刊的刊名和形式曾经发生了更替。这些演变情况，既记录了藏文报刊自身的历史进程，也揭示出藏文报刊某些传播规律。如由西藏自治区文联主办的《西藏文艺》，就在后来发生了很大变化。汉文版1976年筹建，1977年创刊，1984年更名为《西藏文学》。而藏文版1980年试刊，1982年正式创刊。1988年更名为《雪域文化》。它由起初的1种藏、汉双语的文学期刊，后来裂变成为2种独立的不同名的藏语、汉语文学期刊，而且成为藏文文学期刊中的品牌刊物。这种发展演变的轨迹，是藏文刊物不断探索办刊特点，确立自己特色和地位的过程。这种演变，也凸显了藏文刊物和汉语刊物的区别，最大限度地发挥了民族语言媒介的优势和特色。

（十四）刊名题签

藏文报刊特殊的政治和媒介地位，获得了党和国家领导人以及文化精英的重视。在一些重要的藏文报刊中，就有他们的刊名题签。特别是藏民族出身的政治领袖，很看重藏文报刊在维护国家统一和民族团结、继承和发展民族文化、促进藏族聚居区社会经济繁荣方面的巨大影响力，因此以为藏文报刊题名的方式表示支持和激励。如汉、藏语版《青海党的生活》的汉语版题名者就是时任党中央总书记的胡耀邦；《青海科技报》的藏语版刊名由全国人大常委会副委员长班禅额尔德尼·却吉坚赞题写；《西藏广播电视报》《西藏民族宗教》《日月山》的藏语版刊名由全国人大常委会副委员长阿沛·阿旺晋美题写；全国人大常委会副委员长帕巴拉·格列朗杰则为西藏地市级机关报《昌都报》题写了藏语版刊名。他们的题名大大提升了藏文报刊的政治与媒介地位。

四　本期藏文报刊的传播特点

在中国的藏文报刊发展史上，1979—2007 年是其全面发展的历史时期。无论是藏文报刊的规模还是种类，也无论是其持续性和影响力，都是前所未有的。在适宜的政治、文化和经济氛围中，藏文报刊水到渠成，基本形成了自己的传播体系，覆盖了中国藏族聚居的全部地域，成为中国新闻传播大系统中的重要环节。在这段近 30 年的历史进程中，藏文报刊作为一个伟大的生命体，逐渐凝聚成为饱含文化意蕴和大众传播素质的信息平台，并显现出自己与众不同的品质。

1. 中国的藏文报刊进入了空前的繁荣阶段。在经过第一个阶段的创立和酝酿之后，中国藏文报刊又迎来了新中国建立的伟大历史转变。这种历史变革所倡导的最先进最明确的民族平等理念和强有力的机制，成为藏文报刊发展的天赐良机。由于新的国家初建，百废待兴，文化的全面繁荣尚待时日，因此藏文报刊虽然具有了一个新的开始，初步构建了其传播构架，但由于历史条件的限制，加之“文革”长达 10 年的重大干扰，藏文报刊的发展还是受到制约，在藏族主要聚居的青海和西藏，虽然创办了省级藏语机关报，一些地方的藏文报刊也建立起来，部分行业报刊也登上历史舞台，但它们的影响力、规模和种类毕竟有限。只有在进入改革开放后新的历史阶段，藏文报刊在社会、政治、经济、文化等诸方面才获得了全面发展的良好条件。藏文报刊的总数达到创纪录的 100 余种。对中国藏文报刊的真实存在而言，这些数字只能说是显示了其中的主要状况，但绝不是全部事实。因为不少的藏文报刊虽非公开发行，但作为内部出版物，其产生的影响力也是不可忽视的。它们中的很多种报刊，却因为缺乏正式的记载而不能够进入我们的视野。2005 年，笔者就项目研究采访青海省藏语文工作委员会，被告知青海省内部出版的藏文报刊至少在 100 种以上。它们就包括学校、协会、寺院、研究机构、文化单位等主办的藏语报刊。这一阶段藏文报刊门类之齐全、涉及领域之广、版式之丰富、发行量之大，都创造了新的历史纪录。藏文报刊已经成为中国大众传媒体系中醒目的“家族”，对藏族聚居区社会经济的发展，对维护国家统一和民族团结，产生了巨大的影响。

2. 构建了种类齐全的民族语言传播框架。在适宜的政治和文化氛围中，藏文报刊的种类从来没有像这一阶段这样齐备。根据我们设定的并不很科学的划分标准，这一阶段的藏文报刊种类达到了 30 种：地市机关报、政府公报、科技报刊、文学报刊、综合报刊、教育报刊、晚报、信息类报刊、文摘报刊、法制报刊、学术研究报刊、医学医药类期刊、青少年报刊、工会报刊、艺术报刊、画刊、宗教报刊、历史报刊、纪检监察报刊、政党报刊、政协报刊、人大报刊、民兵报刊、翻译报刊、广播电视报刊、民族语文报刊、民族报刊、农牧业报刊、新闻报刊、时政报刊等。它们基本涵盖了社会文化的方方面面。其中，文学期刊、学术研究期刊、综合报刊和医药医学、教育报刊的家族“人丁”最为兴旺，典型地反映出藏民族信息需求的若干热点。以期刊为主体的媒介阵容，构建了藏文报刊较为完整的框架，成为与汉文报刊相为呼应的宣传阵地、文化平台和信息枢纽。

3. 具备历史上最完整的政治和法理基础。在 20 世纪 70 年代末期以前，新中国面对民族自治地方的根本大法如《宪法》《民族区域自治法》等已经确立。中国的 13 个藏族自治区、州和县相继建立。藏文报刊的政治、行政、法律基础基本构建。而到了 20 世纪 80 年代以后，绝大部分藏族自治地方先后通过地方立法的形式，制定了“藏语文工作条例”。部分未制定专门“藏语文工作条例”的地方，也以“民族自治条例”的方式，对藏语文的使用作出规定，具有相同甚至略高一些的法律效力。这些条例对藏语文使用的规定，本身就包含了对创办藏文报刊责任和义务的认定，同时，它们对藏语文地位和功能的确认，也为藏文报刊的创办和发展提供了强大的法理支持。

4. 藏汉双语机制全面构建。中国的藏文报刊具有藏汉双语的深厚传统。它既尊重汉语作为国家通用语言的地位，又正视藏语作为民族母语的社会价值。在这一阶段，虽然也有一些单语的藏文报刊诞生，但总的趋势，却是藏、汉双语报刊日月映照，相形相生。藏文报刊在直接面对藏族受众的同时，也充分考虑到在开放的信息时代，各民族间大融合带来的新的信息传播态势。藏文报刊不能仅仅局限于藏语受众，也要向藏语以外的语言媒介投去好奇的一瞥。藏汉双璧形成的开放语言环境，有利于藏族受众开阔视野，也对汉语受众提供跨文化交流的可能性。在中国的少数民族语言媒介中，将民族语言和国家通用语言结合得如此成熟和完整的，当属藏文报刊。

5. 政治传统依然坚定而醒目。学界对少数民族语言媒介“政治传播功能”的认定是有道理的。藏文报刊也不例外。藏文报刊首先是执政党政治宣传的工具，其次才是信息传播媒介。藏文报刊的最高责任是它的政治使命。它的社会责任要远远大于信息传播。因此，当政治使命与信息传播功能、经济法则发生冲突的时候，一切都可以舍弃，唯独政治不能被弱化和放弃。这就可以解释为什么大部分藏文报刊要由国家支付费用，为什么即使亏损也不能停刊，为什么赠阅大于订阅，有的甚至至今还全部赠阅。市场铁律必须让位于政治原则。在社会的大系统中，可见的经济效益和深远重大的社会效益比较起来，往往显得“微不足道”，没有比国家的统一和民族的团结更重大的事情。藏文报刊坚守宣传阵地，主导舆论，服务于国家和民族大业，贯彻民族平等理念，一直是并且还将是藏文报刊的首要使命。

6. 覆盖国家政治中心和整个藏族自治地方。受语言和办刊宗旨的指导，藏文报刊具有特定的传播区域。作为国家政治中心的北京，既集中了全国最高级别的藏文报刊，也是藏文报刊的国家中心和重要辐射区。这里既有最权威的藏文政治报刊如《求是》藏文版，也有最高层次的藏文学术期刊《中国藏学》。在全国的藏族聚居区，基本都有自己创办的省区和地州等不同级别的藏语报刊，以及涉及各领域的专业报刊。即使在未见创办藏语报刊记录的一些藏族自治州县，也并不能称作是藏文报刊的盲区。因为并非只有本地创办的藏文报刊才可以被阅读。可以说，在中国的藏族聚居区，到处都可以看到藏文报刊的身影，它们已经成为藏民族文化生活中不可缺少的内容。

7. 藏文信息化的实现为藏文报刊的现代化插上翅膀。在这一阶段，随着信息技术和计算机技术的高度现代化，藏文不仅实现了印刷和术语的标准化，而且还开发了信息化系统，使藏文信息技术达到了国际标准，并获得国际社会的认可。藏文采编出版系统在藏文报刊中开始普遍使用，使藏文报刊的采写、编辑和印刷实现了现代化。藏文报刊现在已经与汉语报刊一样步入现代传媒的行列。信息技术的运用，提升的不仅是传播效能，而且也在提升着藏文报刊的社会和文化地位，对于促进民族文化的发展，实现中华民族的复兴具有深远的意义。

8. “全国藏文报刊协作会议”成为藏文报刊交流和规范化的平台。针对藏文报刊的区域隔离，新词术语不统一带来的传播困惑，为交流办刊经验，研讨藏文报刊的传播规律和特点，为藏文报刊的发展设计新的思路，从1998年开始，以《西藏日报》藏文版和《青海藏文报》为主导的全国藏文报刊协作会议，已经连续举办了10届。它以规范藏语新词术语，评选优秀藏语新闻，交流办刊经验，讨论和应对藏文报刊面临的困难和挑战为宗旨，逐渐形成具有极大影响力的藏文报刊交流、合作机制，对推动藏文报刊的发展繁荣，扩大藏文报刊的传播效能，实现藏文媒介传播的现代化和规范化，作出了历史性的贡献。

五　藏文报刊的历史局限性

作为一种民族语言的传播媒介，中国的藏文报刊在承载多层面的历史、文化和政治责任的同时，又受到各种因素的制约，表现出诸多局限性，直接影响了藏文报刊的生存和发展，但也孕育着藏文报刊走向未来的巨大生机。

1. 基本没有经济效益，对国家财政依赖性强。藏文报刊语言的规定性，把自己限定在相对较小的读者群落之内；发行规模过小，差不多处在经济相对落后的民族地区，基本没有广告收入；赠送依然是基本发行方式。凡此等等，就决定了藏文报刊根本不可能依照市场经济模式进行运作，只能是依靠国家财政拨款办刊，缺乏活力和自主性。

2. 藏文报刊的基本读者群在萎缩。随着藏族聚居区与外界交流的扩大，商品经济的渗透，藏文报刊在传播信息的速度和辐射面上就不占优势。在它的读者看来，阅读藏文报刊甚至不如阅读汉语报刊方便。在高速发展的城镇，民族间的区别越来越小，文化的趋同性更加显著，藏文报刊读者群的萎缩显得更加“触目惊心”。它动摇了藏文报刊存在与发展的基础。

3. 地域分割影响藏文报刊的整体传播力度。在不同层次的民族自治地方创办民族语言报刊，本属国家民族政策的善意和远见，用心良苦，取得了明显效果，藏文报刊令人惊讶地分布在几乎所有的藏族自治州县。但是，过分强调“处处”有藏文报刊，以行政区域“布点设摊”，数字固然可观，但单个报刊的规模和影响力却极其有限，且易造成地域分割的不良格局。特别是在现代技术支持下的报刊，完全可以跨越时空壁垒，将整个藏族聚居区作为传播范围，创办大型多层次藏文报刊，实现藏文报刊的真正飞跃，应为一种符合未来趋势的选择。

第三章

中国藏文报刊的基本构架和媒介传播品质

在我们基本浏览了藏文报刊发展的轨迹之后，差不多已经可以对这一种民族文字的平面媒介形成整体的历史印象。由一个个片断、细节连缀而成的藏文报刊的时间链条，告诉了我们藏文报刊的演变过程，但这还仅仅是单薄的线性记忆。我们可以设想，如果能破除时间的局限，把藏文报刊都汇集到我们的眼前，整体地俯瞰它的全部面貌，解析其中的内涵，把握其传播特征，在中国新闻事业历史的广大背景上进行审视，一定会有更大的收获。

一　中国藏文报刊的基本构架

从媒介的构成元素着手，我们可以就中国藏文报刊的基本框架作出大体的描摹。

（一）地域分布

作为民族语言文字的报刊，它的分布地域主要取决于藏族聚居地和国家的政治生态。藏文报刊在藏族聚居地大体上保持着相对稳定的态势，故无论在哪一个发展阶段，这里都是藏文报刊“枝繁叶茂”的生息之地和重心所在。而社会发展和政权的更替，使国家的政治中心不断发生位移，政治中心之所，也必然是藏文报刊中心之地。

在藏文报刊的百年历史中，它的发生、发展基本环绕着如下三类地区：

1. 藏族聚居区

在中国藏文报刊诞生的清王朝晚期，政治没落和国家的极度衰败，尚未达到有勇气和能力建立民族自治区域的境界。在最主要的藏族聚居区的西藏，清政府保持着管辖的连续性，但受种种因素制约，这种管理的象征意味也许更大些。不过由于实行驻藏大臣制度，于是以驻藏大臣为导演兼主角的中国的第一份藏文报刊就诞生在西藏，这是历史的必然。除去西藏，在藏族聚居的其他地方，就没有看见过藏文报刊的蛛丝马迹。笔者觉得，这与清政府对西藏问题的重大关注远远超出了对其他藏族聚居区的关注有着一定关系。

历史推进到中华民国时期，民国政府以前所未有的明朗姿态，通过立法确立了藏民族及藏语言文字的平等地位，但也未能建立民族自治地方。但是，它对藏事管理的力度显然加强了。特别是对西藏、西康、青海等地的民族事务更加关注。因此，藏文报刊涉及的区域就扩大到西康、青海一带。这里是藏族居住比较集中的地方，也是藏民族文化的中心区域，具有创办藏文报刊适宜的氛围。

2. 藏族自治区、州、县

中华人民共和国成立后，藏民族获得了空前平等的政治地位。特别是先后建立了13个藏族自治区域，总面积达219.2119万平方公里，占全国国土面积的近23%。它们包括西藏、青海、四川、甘肃和云南等省、自治区，即西藏自治区，青海省的海北、黄南、海南、果洛、玉树等藏族自治州和海西蒙古族藏族自治州，甘肃省的甘南藏族自治州和天祝藏族自治县，四川省的阿坝、甘孜两个藏族自治州和木里藏族自治县，云南省迪庆藏族自治州等1个自治区、10个自治州、2个自治县。1951年以后创办的大批藏文报刊主要分布在这些地方。其中以西藏、青海两省区最为密集，因此也成为中国藏文报刊直观的地图和坐标。

3. 国家首都

作为国家的政治中心，北京、南京在相应的历史阶段中创办过如《藏文白话报》《中国西藏》《中国藏学》《民族画报》等国家级的藏文报刊。它们的数量并不算大，但由于突出的政治地位，却是藏文报刊的代表作和权威媒介，不仅主导国家民族事务的舆论，而且成为国家统一和民族团结的象征。

（二）媒介类型

仅就藏文报刊的媒介类型而言，它与汉文报刊并没有本质的区别。因为不论哪个民族，它们对信息的需求总是与那个时代的社会潮流密切相关。只是由于民族、文化、地域之别，才显示出若干差异。归纳起来，大致有如下种类：

1. 机关报刊。主要是由藏族自治地方党委、政府主办的报纸和期刊。它们一般是发行量最大、发行范围最广、最具权威性、可信度最高、影响最大的藏文报刊，是藏文报刊的主流，也是贯彻国家政治意志和政策法令、传播综合信息、传承民族文化的主要渠道。目前，藏文机关报刊已遍布藏族自治地方，覆盖了全部藏族聚居区。

2. 对象报刊。在新中国成立之前，藏文报刊涉及的领域极其有限，主要集中于时政和藏民族文化等方面。由新中国成立到改革开放前，藏文报刊的主角依然是机关报，甚至可以说是机关报的“独角戏”展演。虽然也出现一些对象性报刊，如文学、教育、法制等类型的报刊，但范围依然相当狭窄，影响往往限于一隅。自改革开放以来，藏族社会对信息的需求空前强烈和广泛，其涉及领域之广，前所未有。大略统计起来，就有时政、政党报刊、政协、人大、翻译、学术、法制、民族、民族语文、科技、农牧、新闻、医学、青年、法制、工会、民兵、广播电视、历史、少年儿童、纪检监察、宗教、文艺、教育、医药、藏传佛教、政协、地方志、实用科技、外事、军事、经济、财政、金融等 34 种以上。也许划分报刊种类的标准不尽科学和严谨，但这些被罗列出来的丰富的报刊类别，总是可以显示出藏文报刊多方面、多领域的文化蕴涵。它们基本包含了当今社会生活的方方面面，留给我们的阅读死角已经很少了。这些类别既对应了汉文报刊的大多类型，同时却也别具一格地展示出属于本民族文化独特的面貌来。如藏族文学、民族语文和翻译、宗教、藏医藏药等，都是独一无二的民族文化高地。

3. 综合类报刊。与对象性报刊不同的是，综合性报刊的知识容量丰富，涉及领域全面，就像是文化上的“综合学府”，提供给读者以广泛的信息。它不会很高深，但却很实用，能够开阔读者的知识视野。一册在手，纵览天下，传播的效益极高。在文化教育相对落后的藏族聚居区，它很适合藏族读者的口味，因此受到真诚的欢迎。

4. 晚报。在居住分散、城镇化程度不高的藏族聚居区，实际上很难提供给晚报以适宜的生长气候和土壤。晚报的藏文版，主要还是民族政策的体现。目前在整个藏文报刊阵列中，唯有西藏自治区的《拉萨晚报》一家。它既不能每日出版，在本应属于自己“领地”的城市里也没有更多的读者。但它填补了藏文报刊种类的空白，其象征和标志意义，以及由此传达出来的深厚期待，也当书写一笔。

5. 学术期刊。藏族聚居区也是藏学的故乡和中心。特别是以藏语为语言介质进行藏学的研究，具有科学的逻辑和学术的最大便利。在藏文学术期刊中，藏学、民族学自然就是刊载的主要内容。设立于大专院校特别是民族院校的学报，学术研究的领域固然不受限制，但藏学和民族学却是重心所在，也往往是其品牌栏目。在专业学术期刊中，藏学、民族学的研究绝对为其主导。如《中国藏学》《西藏研究》《西藏艺术研究》等，其实就是很专业的藏学、民族学学术期刊。藏文学术期刊的原创性和权威性，使其在学术界拥有较高的地位。

6. 行政公报。这一类报刊的主要功能是传递行政信息，它们的主办者基本是人大、政府机关。它没有机关报的综合性质，不需要进行论述和研讨。如《青海省人民代表大会公报》《西藏政报》等就属于此类。

7. 信息报刊。在相对封闭，社会经济较为落后的藏族聚居区，信息的传播具有十分现实的意义。信息类报刊传递更多的是艺术、文化、学术等方面的信息，主要是为研究者提供便利。如西藏社会科学院主办的《西藏社会科学信息文摘》，中国藏学研究中心创办的《藏学研究通讯》，西藏文化厅西藏民族艺术研究所主办的《艺研动态》等。

8. 文摘报刊。文摘报刊所具有的内容精选、知识开阔的优势，受到了读者的特别欢迎。在藏文报刊中，如藏文版《求是文选》，将党和国家的权威期刊进行选编，并用藏文翻译刊印，给藏族读者提供了极大方便。同时，参照《读者》编辑模式，在有限的版面收载丰富的文章精品，同样是良好的传播模式，由青海民族出版社创意出版藏文版的《读者之友》即为其代表。

9. 画刊。形象直观、生动逼真的画刊，在文化教育并不发达的藏族聚居区，具备较大的读者市场。即使文化程度很低甚至是文盲，也可以进行基本的阅读，获取主要的信息。特别是在电视尚未普及的时代，配以简洁文字的大量图片，传达给读者以丰富绚烂的图像信息，在很大程度上能够满足读者需求。分别创办于北京和拉萨的《民族画报》《西藏画刊》，在广大的藏族地区具有相当的影响力。

（三）主办方

在相同的国家政治制度背景下，藏文报刊的主办方与汉语报刊比较接近，但由于民族地区的特殊性，一些民族机构和民族文化行业组织也加入了主办方的行列，显示出其独特性。归总起来，大致有如下类型：

1. 党政机关。藏文报刊突出的政治传播功能，使党政机关报成为藏文报刊系列中最具影响和最权威的传播媒介。在清朝以来的各个历史时期，各种党政机构就充当了藏文报刊最大的所有者。既有中央政府职能部门主办的报刊，如《藏文白话报》（中华民国蒙藏事务局主办），中央人民政府民族事务委员会主办的《民族画报》；也有省级机关主办的报刊，如《西康国民日报》（国民党西康省党部主办）、《西藏日报》（中共西藏自治区委员会主办）、《青海藏文报》（青海省委主办）。同时还有地市级机关报刊，如《阿坝报》（四川阿坝藏族自治州）、《甘南报》（甘肃甘南藏族自治州）等。在此，还应该看到由人大、政协机关主办的藏文报刊，如《西藏政协》《人民西藏》等。主办者的特殊身份和权威地位，实际上也决定了藏文机关报刊在传媒体系中主导性的影响力。

2. 专业组织和协会。在藏文报刊中，拥有数量不少的行业报刊，这些行业包含了文学、医药、科技、卫生、教育、畜牧业、广播电视、宗教等诸多方面。如《雪域文化》就由西藏自治区文联主办，《健康向导》由青海省医药科普委员会主办，《西藏佛教》由中国佛教协会西藏分会主办，《日月山》由青海海南藏族自治州共和县藏语文工作委员会主办。

3. 新闻出版机构。在藏文报刊的主办者中，一些出版机构，特别是民族出版机构，利用自己的出版优势，先后创办了不同类型的藏语报刊，在编辑、出版和发行等方面占有先机，具有较大的辐射力。如北京民族出版社主办的《知识火花》，西藏日报社主办的《致富之友》《新闻工作者知识》，青海民族出版社主办的《章恰尔》，甘南人民广播电台总编室（甘南藏族自治州广播电视局）主办的《甘南之声》、青海同仁县广播站主办的《广播》、青海人民广播电台文艺部主办的《青海广播电视报》等。

4. 政府职能部门。为宣传政府政策，传递信息，推进工作，交流经验，研讨问题，政府主管部门常常扮演着藏文报刊的发起人和创办者的角色。政府在信息的丰富性、权威性，强有力的经济支持，较为流畅的发行渠道等方面优势独具，成为藏文报刊生存和发展的基石。在藏文报刊群落中，它们占有较大的份额。如《群文天地》由青海省文化厅主办，《西藏教育》由西藏教育厅民族教育研究所主办。

5. 大专院校。国家民族区域自治政策，赋予了民族地区高等教育机构以开展藏学、民族学研究的历史责任。而这里又是文化圣地、学术中心，很多藏文学术和文化期刊就诞生在这里。特别是高校传统的学术出版物——学报，代表着高校学术研究的水平。分布在藏族聚居区的高等学府，特别是民族院校，创办了系列藏文期刊，为民族文化的传承作出了历史贡献。如西北民族大学主办的《西北民族大学学报》，青海省委党校主办的《攀登》，西藏大学主办的《西藏大学学报》，甘南藏族自治州合作民族师范专科学校主办的《合作民族师专学报》等。

6. 科研机构。在国家文化中心和藏族地区，有很多著名的藏学研究机构，在旗下汇集了强大的科研阵容。由它们主办的学术期刊，在藏学、民族学的研究中独领风骚。如中国藏学中心主办的《中国藏学》，西藏社会科学院主办的《西藏研究》，甘肃省藏学研究所主办的《安多研究》等。

7. 群众组织和团体。像全国的其他地区一样，在藏族聚居区，也有齐整的群众组织。由其主办的藏文报刊，不仅是工作所需，也是传播民族文化的信息平台，在自己的领域和社会层面具有特殊的影响力。如西藏团委主办的《西藏青年报》，西藏自治区总工会主办的《主人》等。

8. 藏传佛教寺庙。藏传佛教是藏区主要的宗教流派，具有普遍而深刻的影响力。遍及藏区的藏传佛教寺院，不但是当地的宗教中心，更是传统文化的中心，具有强大的凝聚力。寺院的喇嘛和高僧拥有良好的文化修养，同时也是藏文报刊重要的读者群落。以各寺院为中心，在其周围甚至更大半径的范围内，分布着广大的信众，它们也是藏文报刊潜在的受众。由寺院主办的以弘扬佛法为主题的宗教报刊，占有民族语言和宗教中心的两大天然优势，在特殊的受众群中具有特殊的传播效应，值得关注。由甘肃拉卜楞寺主办《雪域佛教报》就属此例。

9. 军事组织。国家军事组织是具有特殊影响的政治力量，在一定的历史时期，它成为藏族聚居区获得新生、稳定和发展的保障。鉴于驻扎地并不发达的文化教育水平和军事组织的较大影响力，由驻地军事组织主办的报刊也成为藏文报刊序列中格外引人关注的一类。如西藏和平解放之初，由西藏军区主办的藏文版《新闻简讯》，由驻藏部队主办的《拉萨周报》，西藏军区政治部主办的《西藏民兵》，1936 年驻西康省定乡县（今四川甘孜自治州乡城县）国民党陆军 24 军 136 师 408 旅旅部主办的《成声周报》等，均为在一定历史时期曾经发生过重要传播效应的藏文传媒。

10. 经营实体。在藏文报刊的发展史上，与商业领域的隔绝和羸弱的经济实力，一直是制约发展的主要因素之一。在藏文报刊发行的主要区域，恰恰是经济发展的落后地区，也是低消费群体集中的地方，因此，藏文报刊往往被广告商所忽视。不过，随着民族地区的开放开发，如藏医药这样具有民族特色的领域，逐渐为商家所看重。具有远见的经营者既开发商品，也开发文化，两者相得益彰，客观上给藏文报刊注入了新鲜的活力。如 2007 年由青海金诃藏医药集团公司和青海省藏医院、青海省藏医藏药研究所主办的《中国藏医学》，即开创了一个藏文报刊获得新生的美好先例。

（四）出版周期

藏文报刊的出版周期呈现出多样性。与汉文报刊比较起来，在总体上周期较长，且不稳定。

制约藏文报刊出版周期的因素表现在很多方面：人口分布地域辽阔，使藏文报刊的受众相当分散，发行成本大大增加；经济发展相对落后，没有足够的财力缩短出版周期；受翻译程序的制约，使用民族语言办刊的时间和经济成本无疑会大大增加；藏文报刊以边远的农牧区为主要发行对象，不宜于出版周期很短的报刊；信息传递没有发达地区流畅，信息资源有限，也是确定藏文报刊出版周期不得不考虑的因素之一。

在藏文平面媒体中，“报纸”和“刊物”在出版周期上的表现也有明显区别。报纸的周期短些，刊物的周期就长些。但就“不定期”出版而言，二者也有相同之处，这正是藏文报刊面临的困难和尴尬。

1. 藏文报纸

在新中国成立之前，藏文报刊虽有发展，但并不完整和繁荣。在此期间，并无一份藏文日报，基本为周刊，出版周期较之相对应的汉文报纸要长。如1941年出版的《西康国民日报》，藏文版为周刊，汉文版则为日报。此间报、刊名称混淆，名为“报”，实际为“刊”。如1929年创办的《蒙藏月报》实际就是出版周期为一个月的期刊。

新中国出版的藏文报纸，日报仅有《西藏日报》1种，是世界上唯一的藏文日报，可谓绝无仅有。比较有代表性的《青海藏文报》为双日刊，也是出版周期比较短的藏文报纸。西藏自治区各地市出版的藏文报纸，青海、四川、甘肃、云南的藏族自治州出版的藏文报纸，各省区出版的藏文对象报纸等，出版周期显得多样化，一般为月报、半月报、旬报、周报、周二、周三、周五刊，以周报较为普遍。随着经济的发展和读者需求的变化，藏文报纸的出版周期也发生着阶段性的递变，出版周期逐渐在缩短，信息传递频率在加快，如《西藏科技报》，就经历了半月报—周报—周二报的更迭。但也不得不回复到藏文报纸合理的出版周期之内。如《甘南报》始为周报，后又变为5日刊、周二刊。《甘孜报》先后出版5日刊、周三刊、周六刊，后又恢复为周三刊。

藏文报纸还有不定期出版的特殊现象。由于其读者群有限，经济拮据，有些藏文报纸就没有固定的出版周期。如作为综合性报纸《西康新闻》(1939 年)，汉文版为日刊，藏文版则不定期出版。这种状况在新中国成立后创刊的公开发行的藏文报纸中基本消除，但受特殊因素的影响，并未销声匿迹。而很多内部出版的行业藏文报纸，因出版周期不能得到保障，不定期出版反而成为常态。

2. 藏文期刊

藏文期刊的出版周期相对稳定，跨度不大，但较之汉语期刊，依然显得比较“漫长”。同时也有不定期出版的情况存在。

在旧中国，藏文期刊有月刊、双月刊、季刊、半年刊和不定期刊等类型，但以双月刊和季刊为主，出版周期较长。

新中国成立后，藏文期刊出版周期在逐渐缩短，但出版周期依然多样化。变化之一是月刊在增多，如较早出版的《人民画报》《青海湖》等，就是月刊。就总体而言，出版周期较长。主要形式有：年刊（《藏语文研究》)、半年刊（《西藏艺术研究》)、季刊、双月刊、月刊、半月刊等。其中，以季刊为主流。半年刊也占有一定的份额。季刊、半年刊等较长周期成为藏语期刊最多采用的出版形式。不少都有由半年刊到季刊演变的历史，如《主人》《藏语文工作》等；有由不定期刊到半年刊变化的记录，如《青海民族师范专科学校学报》等；有由不定期刊到季刊的转换，如《西藏社会科学信息文摘》等；也有由月刊到季刊的变化者，如《西藏政协》等。总的演变趋势是由长变短，但也有出版周期短、长起伏，甚至反方向发生者。

不定期出版的藏文期刊，大都出现在非公开发行的期刊中。内部期刊的规范性、经济和机构人员保障、发行渠道等都不及公开发行期刊，极易出现不规律出版的情形。如《读者之友》《雪域佛教报》《藏医药研究》等就根据需要和可能出版，难以确定固定的出版周期。而在公开发行的期刊中，因为政治形势突变或经济困窘，偶尔也会出现这种违反常规的情况，但非其常态。有的是在创办初期，由于各方面条件尚不成熟，不能定期出版，于是以不定期出版作为过渡，逐步实现定期出版。

（五）语言构成方式

在藏族聚居区，作为国家民族政策的产物，藏文报刊肯定不能仅仅作为单个传播媒介来看待。面对汉语作为国家通用语言，藏语作为地方通用语言，藏汉双语交际的现实，藏文报刊往往并不单独存在，而是与汉文报刊互为对应。“藏汉双璧”，成为中国传媒中的独特风景线，也是把握藏文报刊的基本逻辑起点。

藏文报刊历经一百年，其间多有变迁，形态复杂，归纳起来，藏文报刊的整体语言面貌有如下类型：

1. 藏语单语型。单纯的藏文报刊并不占主流，主要集中在具有浓郁民族文化氛围的领域，特别是文学方面。作为语言的艺术，用藏文进行文学创作，自然就具有不可替代的表达优势。如《刚坚少年报》《达赛尔》《章恰尔》等。但即使如此，出于不同民族文化交流和扩展民族文化空间的需要，这些原来单语的报刊，也开始创办与之对应的汉文报刊。藏文单语报刊固然有明确的读者，但同时又限制了汉语读者，限定了传播的区域，对弘扬民族文化未必完全有利，也不利于各民族文化的融合和发展。

2. “藏汉双璧”型。就是在同一报刊名称下，分别用藏文、汉文出版，构成奇异的同名异构。采用藏汉双璧的方式，其最大的优越性，就在于既尊重了汉语作为国家通用语言的历史和现实，也充分反映了藏语在藏区通用语言的平等地位。不仅如此，双语办刊的模式，还有利于民族文化间的交流。这种突出的优越性，使藏汉双语成为藏文报刊的主要语言方式。在全国藏族自治区域，大部分报刊采用此种出版模型。尤以西藏最为典型，它的主要报纸、报刊差不多都采用双璧型，如《西藏日报》《西藏科技报》《西藏青年报》《拉萨晚报》《日喀则报》《西藏佛教》等，可谓不胜枚举。特别需要说明的是，还有部分三语版报刊，如《中国西藏》《西藏研究》就出版汉、藏、英三种文本的刊物，《蒙藏月报》以汉、藏、蒙三文合璧形式出版，具有地方、国家和国际的多层意义。

3. “藏汉合璧”型。也可称“藏语镶嵌型”。即在以汉文为主体的报刊中，加进部分藏文文章。它基本属于汉文报刊，但考虑到藏族读者或研究者需要，就加进部分藏文内容，在一定程度上形成双语交融的情景，有利于跨文化传播。如1920年创办的《新西康月刊》(每期有一篇藏语文章)，1936年创办的《成声周报》(个别汉文文章附有藏文译文) 等，即按此方式编辑出版。

4. “面孔型”。为体现民族文化色彩，注意到藏族读者的存在和阅读的初级需要，在藏族地区出版的很多汉文报刊，便在刊物的封面印刷藏语名称，或刊印藏文目录，但内容均为汉文。它们在基本面貌上属汉语报刊，藏文符号仅仅是一种标志和文化姿态，我们并不将其归入“藏文报刊”范畴，因此也未列入“中国藏文报刊名录”，在此仅作为一种现象作出说明。

（六）发行区域

藏文报刊的发行区域并不模糊：藏族受众所在之地自然就是藏语报刊的发行区域。它们的身影基本上就在藏族聚居区游弋，覆盖了藏民族广大的生活区域。主要集中于全国 13 个藏族自治区域所在的西藏、青海、四川、云南、甘肃等 5 个省区。在西藏，藏文报刊的发行涉及整个西藏地区，特别是农牧区。而在青海、四川、云南、甘肃等省份，藏文报刊发行的明确地域，就在省内的藏族自治州、县。同时，藏文报刊还在不同时期的国家政治中心现身。如曾经作为清王朝、中华民国和中华人民共和国首府的北京，以及曾经作为中华民国首府的南京。对藏文报刊而言，它的所在地与发行区域实际上保持着整体上的一致性。

（七）开本

藏文报刊的开本具有相对的稳定性。与汉文报刊相比，并没有太大的差异。随着出版时尚的递变，以及社会经济的发展，藏文报刊的开本也在发生着转变。

报纸：以 4 开 4 版为主导。作为主流报纸的机关报基本遵循此版式。如《西藏日报》《青海藏文报》《阿坝报》等习惯于 4 开 4 版的开本。但一些小报因经济、发行量等原因，遂选择了 32 开本。如藏文版《藏民报》，原为 4 开 4 版，自 1954 年 1 月改为 32 开小册子出版。地市和行业藏文报纸读者有限，发行量较小，影响范围基本限于当地，故无对开版式。从目前得到的资料，仅见藏文版《阿坝报》出版对开彩色版，是全国唯一的对开彩色藏文报纸，因此格外引人注目。

刊物：受期刊风尚和出版习惯的影响，藏文刊物一般以 16 开本为主流，与汉文报刊保持大致相同的“格式”。但也有出版 8 开和 32 开的期刊，以谋求独有的出版风格。如《民族画报》就曾出版过 8 开版，视觉冲击力大。不过考虑到成本等因素，后来还是恢复到 16 开。《每周广播》就出版 8 开版本。有的藏文期刊出于邮寄和阅读的便利，逐渐在走向小型化，由 16 开缩简为 32 开，《青海湖》即为此例。有的藏文期刊一直坚持 32 开本的版式，成为办刊风格的一个有机组成部分。如《半月谈》《卫生与健康》《西藏党的生活》《致富之友》《新闻工作者知识》等。有的则反其道而行之，追随时尚，由普通 16 开本变而成为大 16 开本，富于气势和观瞻效果，以图提升期刊品位。

（八）收藏地

对藏文报刊的收藏主要基于这些因素：阅读需要、文献保存、民族文化实体陈列、教材、跨文化交流等。

藏文报刊的收藏地主要集中于国家和各省区大专院校图书馆、博物馆，藏学、民族学研究机构，寺院，民族事务管理机构，民族出版机构，民族教育机构，民间收藏机构和收藏家，集报协会，新闻出版机构，语言管理机构，民族文化团体等。图书馆、博物馆和研究机构，成为藏文报刊的历史长廊和荟萃之地。藏学、民族学研究机构，民族院校等，是藏文报刊的主要收藏之所。

（九）机构设置

在藏、汉双语的基本构架下，各报刊均设有藏文采编机构。在开始时，它仅仅是以汉文采编为中心的编辑部的一个构成板块，藏文版基本是对汉文版的整体翻译，没有独立的采编权利。随着藏文版影响力的扩大，藏文版纷纷设立藏文编辑部，逐步走上自采自编的路子，为藏文报刊的一大进步。在藏文报刊编辑部内部，它的机构设置与汉语编辑机构并无本质不同。因此，在一个藏汉双璧的报刊机构中，有无独立的藏文编辑部，成为衡量藏文报刊是自采自编还是汉文“翻版”的重要标志。

（十）印刷方式

在新中国藏文报刊初创时期，受经济实力和印刷方式的制约，除去铅印外，还有一部分是比较原始的印刷方式，如油印、石印等。如《夏河报》始为石印，1952 年 11 月底改为套印，汉文铅印，藏文手写石印。1953 年元旦起才全部改为铅印。作为《西藏日报》前身的《新闻简讯》，最初也是油印。1954 年改为石印。1954 年汉文版改为铅印，1955 年藏文版改为铅印。

在 20 世纪 50 年代中后期，藏文报刊基本实现铅印，告别了比较原始的印刷方式。

报刊印刷方式的历史性变化，主要发生在 20 世纪 90 年代由铅印到激光照排之际。而在 21 世纪初，藏文报刊采用现代信息技术的最新成果，在《青海藏文报》最先采用藏文新闻采编网络（2004 年 8 月），标志着藏文印刷编辑系统已经达到国际水准。

（十一）读者对象

作为一种民族语言的报刊，藏文报刊有自己特定的读者对象，它的基本受众就是藏族群体。综合各种资料分析，藏文报刊的读者一般包括：

1. 上层统战人士。主要包括藏族的民主人士、爱国者、活佛、喇嘛等，他们具有良好的藏民族文化修养和突出的政治地位，是藏文报刊稳定的读者。

2. 国家工作人员。具有藏文素养，由此接受各种信息。

3. 寺院僧尼。藏文报刊读者、作者身份兼备的特殊读者。藏文报刊成为了解世俗社会种种信息的基本媒介。他们也是藏文报刊活跃的作者。

4. 民族地区学校师生。阅读藏文报刊，既是源于使用母语的便利，也是学习母语的“教材”。

5. 民族研究机构和国家各层级图书馆职员。阅读藏文报刊，主要在于文献储备和学习、研究之需。

6. 藏区农牧民。藏文报刊最广泛的读者群体。习惯于通过母语接受信息。在不通汉语的情况下，也是唯一能够接受信息的语言媒介。

藏族老阿妈多吉普赤在展示 2001 年 7 月 22 日的《西藏日报》。当日的《西藏日报》藏文版头版右上角刊登了多吉普赤老阿妈和她老伴与胡锦涛同志的合影。记者 王杰学 巴乔 摄（图片来源：《西藏日报》）

7. 基层科技工作者。以藏语为母语，通过藏族群众能够接受的方式，进行科技普及工作，促进生产力提高。

8. 民族艺术工作者。在藏语言与藏族艺术深刻的融合中，真切体味民族艺术的真谛。

9. 藏族文学爱好者与作者。以藏文文学报刊为平台，充分领略藏族文学的独特魅力。

10. 藏学、民族学学者。了解学术动态，收集资料，开展研究，并作为发表平台。也包括国外藏学学者。

11. 藏族基层干部。通过熟悉的母语了解党和国家的方针政策，学习相关知识，开展工作。

工布江达县读者在阅读《西藏日报》藏文版（2006 年 5 月）

12. 解放军官兵。驻藏区人民解放军学习藏语，运用藏语，促进民族间沟通，加强民族团结。

13. 宗教学者和藏传佛教信众。了解宗教知识，研究宗教理论。

14. 翻译工作者。掌握藏语文素材，交流翻译工作经验。

15. 藏文媒体从业者。开展业务交流，规范新词术语。

16. 民族语文研究者。掌握藏语发展动态，捕捉语言材料。

（十二）发行方式、发行量

藏文报刊的政治宣传教化功能被置于最高位置，其经营费用由国家财政拨款。除一般的订阅外，赠阅和免费发送成为常见的发行方式，但也在逐渐向订阅方式演变。如《半月谈》藏文版全部免费发送，《甘孜报》藏文版大部分赠阅，后改为订阅。

受语言、区域和受众规模的制约，藏文报刊的发行量比较有限。一般发行纪录很难跨越1万份大关。如《青海湖》每期发行7000册，《甘孜报》藏文报发行近4000份，而《阿坝报》在1983年6月的发行纪录是：汉文版7500份/日，藏文1000份/日，最高发行量曾接近1万份。有些则是藏、汉文版混合计算，如果以单一的藏文版来核计，期发行数会缩小1/3—1/2。不过，具有全藏区或全国性影响的代表性藏文报刊的发行纪录却可以更高些。如《青海藏文报》的最高发行纪录是11000份（1968年）。《西藏日报》最高纪录是24973份（1976年），创造了藏文报刊的最高发行纪录，与汉文版的发行量更加接近。这个纪录至今未被打破。

（十三）栏目设置

藏文报刊的栏目设置具有明显的民族和区域特色。主要包括：（1）政策法令；（2）各领域信息；（3）地方新闻；（4）民族文化；（5）副刊。在藏文报刊中，藏文副刊成为提升报刊文化境界和影响力的一个品牌。《青海藏文报》开设有“雪莲”文艺副刊。《甘南报》1979年9月首开副刊“邦锦花”，刊载诗歌、散文、格言、谚语、民间故事等，并率先刊载《格萨尔王传·诞生》。1955年，《康定报》开辟文艺副刊，多载搜集的民间故事和民歌，并有少数散文记述新人新事。《甘孜报》开设副刊“短笛”、“农奴戟”（后更名为“雪花”），刊载州内文学作者的作品。《西藏日报》藏文版开设副刊“萨钮（新竹）”、“雪域之花”，刊登藏族传统的诗歌、民歌、谚语、谜语、民间故事、情歌等，在藏族读者中享有盛誉；（6）特色专栏。

《西藏日报》藏文版的栏目设置具有典型性。目前有36个版。每周三、五扩大为8个版。其余每天4个版。版面分布如下：

一版、二版：要闻版。主要刊载内容与汉文版基本相同；

三版：综合版。主要内容有地方新闻、周末乐园、文艺副刊等；

四版：时事版。主要刊登国际国内时事新闻。设有“伟大祖国在前进”、“世界之窗”等栏目；

五至八版：周三、五出版。轮流刊出政法、经济、文化、教育、卫生与健康、旅游与环保、学习与实践、援藏等栏目。

（十四）传承关系

藏文报刊的刊名、出版周期、语言形式等在发展中多有演变，有的还反反复复，一刊多名，显示出曲折复杂的发展轨迹。

作为最具规模的省级藏文日报，《西藏日报》的发展历史较为漫长。它最初发端于1951年7月26日、8月28日人民解放军第十八军进军西藏途中创办的《新闻简讯》和《草原新闻》。1951年10月26日、12月1日，自四川、青海出发的人民解放军进驻拉萨，2份油印报刊相继停刊。1951年11月12日，以新华社名义出版《新华电讯》。1952年10月1日，更名为包含地方新闻的《新闻简讯》。1952年11月，创办藏文版《新闻简讯》。1956年4月22日，《西藏日报》藏汉文版与西藏自治区筹备委员会同日诞生。它发源于西藏本土以外，历经7年才宣告诞生。

在藏族自治州报纸中颇具代表性的《甘孜报》，其演进头绪纷繁，耐人寻味。1953年1月1日创刊，称《岷山报》，汉文版。1953年6月10日藏文版创刊。1958年5月1日，更名为《岷山日报》。1961年，复名为《岷山报》。1966年12月停刊。1967年7月20日，报社造反派创办《红色新闻》。1968年10月，该报复刊，取毛泽东诗词“更喜岷山千里雪，三军过后尽开颜”之句，更名为《岷江报》。1971年4月1日停刊整理。1973年6月1日正式复刊。1975年10月1日《岷山报》藏文版复刊。1981年1月1日，更名为《阿坝报》。1983年11月成立藏文编辑部，自编自采。2005年1月8日《阿坝日报》藏文版正式改为对开大报彩色版，是国藏区唯一的一张对开彩色大报。而《甘南报》的情形也与此极为相似。

（十五）刊名题签

刊名题签具有很大的象征意义。既可表明该刊的特殊性，也能显示出其影响力。

党和国家的领袖是藏文报刊刊名重要的题写者之一，以此表明肯定和扶植。如毛泽东主席为藏汉文版《西藏日报》题写刊名，时任中共中央总书记的胡耀邦为汉藏文版《青海党的生活》题写刊名等。

藏文报刊的刊名，多由藏族著名人士或政治家题写。特别是藏民族出身的政治领袖，很看重藏文报刊在维护国家统一和民族团结，继承和发展民族文化，促进藏族聚居区社会经济的繁荣方面的巨大影响力，因此以为藏文报刊题名的方式表示支持、激励。如《青海科技报》的藏文版刊名由全国人大常委会副委员长班禅额尔德尼·却吉坚赞题写，《西藏广播电视报》《西藏民族宗教》《日月山》的藏文版刊名由全国人大常委会副委员长阿沛·阿旺晋美题写，全国人大常委会副委员长帕巴拉·格列朗杰则为西藏地市级机关报《昌都报》题写了藏文版刊名。他们的题名大大提升了藏文报刊的政治地位。

藏文报刊题名的更迭，也曲折反映出国家政治形式的变化和报刊性质的演变。1952 年底《新闻简讯》藏文版创刊时，就由当时西藏地方政府最高领袖和宗教领袖达赖题写，并覆个人印章。1956 年，作为西藏自治区筹备委员会机关报的《西藏日报》藏文版创刊时，身兼西藏地方政府最高长官、宗教领袖和西藏自治区筹备委员主任多重身份的达赖，不仅最终确定了《西藏日报》的名称，并且为藏文版题写刊名。直到 1959 年西藏发生武装叛乱，《西藏日报》由统战报纸变为中共西藏工委机关报，遂取消达赖题名，改由新任西藏自治区筹备委员会主任阿沛·阿旺晋美题写。刊名题签之演变，显示出藏文报刊地位和功能的变化。

二　中国藏文报刊的传播功能

藏文报刊不仅是中国大众传播媒介的重要构成，同时更是中国政治生活的晴雨表。

（一）藏文报刊的创办，是中国不同历史时期政治制度的文化体现

对于藏文报刊的传播功能的把握，首先必须面对它承负着的政治使命。藏文报刊的出现，是国家民族政策的必然结果。

在藏文报刊的开创时期，正值清朝末年。一个曾经强大的封建王朝，此时已经走到了它名副其实的暮年。虽然这时它沦落成为一架破车，但庆幸的是，它并没有放弃对藏事特别是对西藏的管辖。驻藏大臣联豫在极度困难的情况下，依然孤独地守护在这块中国特殊的土地上。联豫所具有的国际视野和祖国内地白话报的热潮，使他看到了传播媒介在唤醒民众方面的巨大力量。于是，在社会和个人一系列奇妙的历史交融中，中国最早的藏文报刊《西藏白话报》就由驻藏大臣在拉萨创刊起来。它所推崇的“爱国尚武，开通民智”的宗旨，鲜明地体现了其国家意识和文化启蒙的主题。“爱国”是

藏文报刊的第一使命，从此以后，它就成为藏文报刊的基本宗旨。以主办者清王朝“钦差大臣”的显要身份，这份经过皇帝审批的报纸的宗旨，也就是清王朝中央政府的意志。藏文报刊，首先作为维护国家统一的利器，登上了中国现代文化的历史舞台。

历史的脚步走到中华民国，藏民族等少数民族获得了法律上的明确地位。民国政府在它的宪法中，申明西藏为中国领土之一部分，藏民族和其他4个民族达致“五族共和”，各民族一律平等。藏民族使用自己语言的权利得到保障。民国政府不遗余力地维护国家统一、民族团结。民国政府还设立了管理民族事务的职能部门——蒙藏事务局，统一管辖民族事务。在它的行政构架中，又专门设立办报处，负责藏文、蒙文等民族文字报纸的管理。民国时期的第一份藏文报刊《藏语白话报》由此诞生。该报所具有的官方机关报性质，使它成为民国政府民族事务的传声筒，藏文报刊首先成为政治媒介。在此后创办的有限的藏文报刊中，机关报自然是主流。藏文报刊上传达的官方立场，集中体现了民国政府的民族政策，成为官方的政治平台和宣传工具。

新中国成立后，中央人民政府不仅在各个层次的法律文件中，确立了藏民族的平等地位和自由使用本民族语言的权利，使藏文报刊的创办和发展获得了坚实的法律基础。为切实落实民族政策，国家先后成立了13个藏族自治地方，并赋予多方面的民族自治权利。各民族自治地方政府又根据国家法律的规定，制定了关于藏语言使用和发展的地方法规，其中包括支持建立藏语新闻媒体的条款。从中央到地方，国家构建了完整的民族法律体系和民族行政构架，成为藏文报刊生存和发展的前提。藏文报刊正是在这样适宜的土壤上，覆盖了中国的藏族自治地方和政治文化中心，每个藏族自治地方都有自己的藏文报刊。藏文报刊的出现，体现了国家的民族平等政策，落实了法律赋予的民族语言的权利，显示出党和国家对藏民族的关心、尊重，以及促进民族地区社会进步和民族团结的诚意。

（二）藏文报刊的创办，是国家开展民族工作的需要

在藏族聚居区，藏语是藏民族的通用语言和习惯的文化表达媒介。国家通过藏文报刊这一载体，可以非常顺畅而具有亲和力地传达党的路线、方针、政策，使民族受众了解相关信息，响应领导机关的工作部署；广泛的社会信息也会出现在藏文报刊的版面上，开阔读者的视野；现代科技文化知识的传播，必将加快藏族地区的开放节奏和现代化进程。藏文报刊正如一座桥

梁，连接藏族受众和政府，统一思想，凝聚人心，鼓舞精神，提高素质，部署工作，推动民族工作的开展。

（三）藏文报刊的创办，是藏民族自身发展的需要

藏文报刊的创办，对藏民族自身的发展至关重要。借助于民族母语的传播便利，阅读藏文报刊，就等于是获得了重要的信息平台。源源不断、丰富多彩、富于历史厚重感和现代新鲜感的信息，在进入了藏民族的大脑之后，会成为激发其创造性的巨大动力。不仅会开阔视野，而且能够对自己民族的历史和未来作出科学的判断，引导民族走向现代化之路；藏文报刊还是民族文化的载体和传承的舞台。藏文报刊所采用的藏民族语言文字，本身就是民族文化的丰富展示。从一定程度上说，藏文报刊的发展，实际就是藏文的发展和丰富。藏文报刊还是藏民族文化的合适载体，它对藏民族文化的传播、研究、宣传，具有任何别的语言报刊所不具备的优势。藏文报刊的发展，同时也就成为藏民族文化发展繁荣的象征，对提高民族素质，增强民族凝聚力、自信心和自豪感，促进民族事业的发展，具有多重的意义。

（四）藏文报刊的创办，是国家对外宣传战略的重要组成

在国外敌对势力对中国的民族政策横加指责，持续散布“西藏民族文化灭绝”谬论的背景下，藏文报刊的创办和发展，成为我国对外宣传的重要举措。藏文报刊存在的本身，就是对国外敌对势力的有力反击。同时，藏文报刊可以发挥自己的优势，与国外藏文报刊实现交流，阻断境外同文报刊对我国进行的消极文化渗透。藏文报刊所具有的民族文化特质，在国家进行对外宣传和文化传播中，具备其他语种报刊所难拥有的传播效能。

三　中国藏文报刊的媒介传播品质

作为一种民族语言的传播媒介，中国藏文报刊深受民族文化和历史的熏陶沐浴，在中国国家宏大的历史背景上，逐步塑造了自己独特的媒介形象，形成了鲜明的媒介品质。

（一）政治传播为本

中国的藏文报刊，正如所有少数民族语言报刊一样，本质上是国家民族政策的产物，是国家政治造就的结果，因此，藏文报刊的根本传播使命便定位于政治。

藏文报刊的政治使命，比中国任何其他语种的报刊都要突出。藏民族不仅是中国较大的少数民族，也是历史文化悠久的少数民族。主要聚居于青藏

高原上的藏民族，由于复杂的历史原因，往往处于国家统一和分裂的旋涡的中心。作为藏民族主要聚居地域的西藏，在历史的变迁中，在帝国主义的干涉和封建专制统治下，其地位问题一直是国外敌对势力分化、遏制中国的重头“话语”。“西藏独立”的逆流，成为干扰西藏社会发展、稳定，阻挠中国统一和民族复兴的最大障碍之一。在中国走向统一和繁荣的伟大历史进程中，藏文报刊是构建中华民族大厦的文化支柱之一。在特殊背景上诞生和成长起来的藏文报刊，有着与生俱来的维护国家统一和民族团结、促进藏族地区社会稳定和发展的历史责任，并成为藏文报刊进行传播的无可争议的主题。把握藏文报刊的政治传播本质属性，是理解藏文报刊的基本逻辑起点，是把握藏文报刊媒介属性的基础。

政府主导是藏文报刊政治传播属性的具体体现。藏文报刊实际是国家民族区域自治政策的产物，故在中国藏文报刊体系中，由各级党政机关主办的报刊无疑拥有主导地位。各自治区、州、县的机关报刊，一般都有藏文版，初步形成了国家、省区和自治州三级藏文报刊框架。它们不仅是最权威的信息平台，也是当地的舆论中心。特别是在民族政策宣传上所发挥的核心作用，为其他报刊所不及。藏文报刊的文字优势和可保存的特点，甚至使其成为藏族群众的基本文化读物。

（二）服务民族事业

藏文报刊鲜明的民族属性，本身就确定了自己明确的服务对象。这使它的传播主要面向四个方向辐射：

1. 宣传民族政策，实现民族平等。藏文报刊首先以宣传党和国家民族政策为责任，使藏族受众了解相关法规，掌握基本政策，实现政府与民间的沟通，落实民族平等的宪法精神。

2. 传递信息，实现内外沟通。作为大众传播媒介，传递信息为其基本功能，藏文报刊概莫能外。多方面的信息传播，不仅能使受众掌握知识，开阔视野，而且会促进藏族聚居区与外界的沟通，将自己融入更大的社会交流圈，最终促进本民族的进步。

3. 尊重民族历史，传播民族文化。藏文报刊肯定要承担对本民族文化的历史责任。不仅要为藏语言提供载体，也要通过这个载体，在民族文化的传播和研究中发挥媒介的功用。

4. 普及现代科技，促进生产力发展和文明进步。以藏语为语言媒介，传播先进科技知识和现代文化，对提升生产力水平、加快藏族地区的发展和繁荣，具有现实的意义和深远的影响。

（三）拥有独特的受众

面对藏区社会发展的实际状况和民族区域自治的特点，藏文报刊无疑将自己传播的重点放在广大的农牧区。如《西藏日报》在创办之初，就将自己的主要宣传对象确定为农牧民和基层干部，兼顾上层统战人士和懂藏文的机关、厂矿职工。这种定位就决定了藏文传媒在传播内容上一般集中在如下若干方面：宣传党和政府的重大方针政策；报道国内外时政大事；传播现代科技知识和生产经验；进行现代文明启蒙教育；宣传传统文化、艺术等，突出基本信息、实用知识、技能的传播和弘扬民族文化。

（四）藏汉双语传播

在国家统一和民族自治的重要背景下，藏族自治区域的报刊一般都呈现出藏、汉双语的独有机制。藏汉语报刊或采用双璧模式——同名而各自独立运作，或合璧模式——藏汉文共版，既尊重汉语作为国家通用语言的现实，又体现民族自治的特殊性，成为藏文报刊的最重要特质。在付出了双倍的投入后，双语神奇的传播效果，在传播信息、更新观念、传承文化、促进民族地区的跨越式发展方面，发挥了无可替代的功效。这种模式，既符合国家统一和民族区域自治的政治框架，也应对了藏族读者的信息需求，积淀成为中国藏文报刊的传播传统和优势，深刻地影响了藏文报刊的发展和繁荣。藏汉双璧形成的开放语言环境，有利于藏族受众开阔视野，也对汉语受众提供了跨文化交流的可能性。在中国的少数民族语言媒介中，将民族语言和国家通用语言结合得如此成熟和完整的，当属藏文报刊。

（五）与汉语报刊在整体上保持着一致性

党性原则是社会主义新闻事业的根本原则。与汉语传媒一样，藏文报刊是党和政府的喉舌和舆论宣传工具，是党的宣传工作的重要组成部分，必须纳入党的绝对领导之下，同党中央保持高度一致，为维护西藏的稳定和民族团结，维护国家统一，发挥积极的社会功效。在宣传主体内容上，藏文报刊与汉语传媒同样保持着一致性。无论是对民主改革、改革开放的宣传，还是反分裂斗争的宣传，虽对象和方式有所区别，但重点和大方向却并无不同。在技术、设备等基础建设上，藏文报刊与汉文传媒同步发展，一起享受着现代科技带来的快捷和便利。

（六）在藏汉双璧式的格局中，藏文传媒既与汉文传媒密切关联，但同时又保持着独立性由于同处民族区域之中，所以在很多方面和很多时候，藏、汉语报刊就表现出很多一致性。在 1980 年以前，由于藏文报刊独立采编写能力极为有限，藏文版实际成为汉文版的翻版和缩编。但藏文报刊毕竟具有自己独立的组织机构，传播对象和语种有别，藏文采编力量也在逐步增强，其作为汉语传媒的影子和翻版的历史已经结束，而发展成为一个独立的传媒。它不像人们想象和推测的那样，是把汉文版的内容原封不动地翻译过来，成为汉语的译制版。目前，藏文报刊虽然还远未做到全部用藏文采编写，但除去重要评论、新华社通稿、区内重大事件报道等内容同时刊出外，主要还是独立采、编、写、播、刊，可以根据实际确定自己的宣传重点，可以独立处置。即使是同一内容，藏文报刊也可以大胆进行压缩、改编，精简篇幅，有所侧重，体现自己的传播意图。特别是对作为传媒灵魂的言论，藏文报刊也注意显示自己的特色。有些言论完全是藏文报刊在党的宣传原则指导下的独立撰写；有的则是对汉文版刊发的重要言论进行改写、压缩，或者是将其分解转化为“讲话”、“问答”、“某某谈时事”、“社论介绍”等，以适应受众的接受能力，达到较为理想的传播效果。这种区别，最大程度地适应了受众的需要，实现了宣传效果的最大化。

（七）民族风格鲜明

藏文报刊本身就是民族特色的最集中体现。其独特的民族语言表现力，富于民族风味的栏目，对藏族聚居区的政治、经济、文化、历史、民俗的介绍，特别是对传统民族文化的弘扬，塑造了藏文报刊与众不同的品位。藏文报刊大都设有专栏或副刊，以彰显民族文化魅力。藏文报刊既是传播媒介，也是巨大的收藏宝库，使藏民族文学、艺术、体育、医学、宗教、民俗民族文化得以传承和推进。特别是以藏民族母语——藏文为载体进行传播，就更富于亲和力、说服力和表现力。藏文报刊实际成为培植藏民族文化的沃土。

由于藏文报刊的主要服务对象是农牧区受众，兼顾上层统战人士和部分机关干部，故其基本风格就是要坚持省、地市报的架子，农民报的内容，体现出“酥油糌粑味”，将新闻性、教育性、知识性和文艺性相结合，突出民族和地方特色。

1. 在内容上贴近藏族受众生活，注重接近性，体现出传播价值。藏文报刊不仅及时明确地向大众传播区内外发生的重要社会、经济、文化教育等各方面的信息，使封闭的高原与外界沟通，同时还依靠西藏厚重的文化底蕴，宣传西藏独特的地理环境、悠久的历史、灿烂的民族文化、丰富的自然资源、众多的名胜古迹、得天独厚的登山旅游业、奇特的民族宗教节日等人文和自然景观，展示出藏族民众在生产、生活、习俗、服饰、观念等方面的历史变迁，传播文化知识，增强民族自豪感。特别是针对西藏传统意识浓厚，现代观念落后的实际，开辟了“生活常识”、“卫生与健康”、“科普园地”、“法制园地”、“祖国各地”、“世界各地”等专栏，全方位传播新思想、新知识、新文化、新观念和新科技。藏民族还是一个能歌善舞的民族，文艺宣传便成为传媒突出的内容之一。藏语报刊不但将从农牧区采集来的传统艺术经过提炼加工后刊发，而且将现代艺术形式和新的作品向大众传送。藏文报刊实际上扮演了一个信息、文化传播者和“启蒙老师”的光荣角色。

2. 在采编写形式上体现藏文传媒的独立性和特色，为藏族受众所喜闻乐见。藏文报刊不专以长篇大论夺目，而是最大限度地扩大信息量，故在稿件采编上讲究短小精悍，精编内容，以增强信息密度，提高媒体的吸引力；在传达方式上，针对受众文化基础差的实际，多采用刊登照片、连环画、问答等具体可感的形式，通俗易懂，形象生动，力戒空洞说教；为突出藏文报刊的个性和亲和力，以求受众的信任和接纳，藏文报刊刊出的文章，多由藏族记者采写，汉语翻译成藏语稿件刊发的比例逐步减少。省区级报刊基本达到藏、汉编辑部分设，藏文报刊逐渐实现了用藏文直接采编。

3. 在语言风格上，努力体现民族特色，以吸引读者。藏文历史悠久，人文底蕴深厚，表现力强。藏文报刊的稿件多由藏文记者和来自基层的通讯员提供。他们在采写过程中，积极吸收民间语言的丰富营养，经过规范化和艺术加工，显得生动形象，通俗易懂，突出了乡土气息，很受藏族大众的欢迎，收到良好的宣传效果，使之成为凸显藏文传媒民族和地域特色最直接的标志。

（八）类型完整

据最近的统计，中国现有的藏文报纸有 20 家，藏文期刊则在 60 种左右。在少数民族语种的报刊中，藏文报刊的规模当居于榜首。与当地汉语报刊几乎保持着对应平衡。汉语报刊所拥有的媒介种类，藏文报刊差不多都能与之呼应。而针对藏族特殊需要的宗教、藏医学、药学、体育、法制、文化、教育等报刊跻身其间，则是凸显了藏文报刊独有的优势。

（九）藏文报刊三级传播体系［国、区、州］基本建立

经过 100 年的历史演进，藏文报刊业已建立了以党政机关报为主骨架，并涉及广播、卫生、文学、学术、科技、教育等多个领域，报刊并进，形成

国家、省区和自治州三级藏文报刊框架，覆盖全国藏族聚居区，基本满足了社会发展的需要。

（十）有助于藏区和藏民族研究

藏文报刊一般还被称为“藏学报刊”，这是恰如其分的。因为它们不仅以藏文为媒介语言，而且将藏族聚居区和藏民族问题作为关注的对象。包括有关法令、论说、文牍、专件、民族史料、图画、广告等，涉及民族及民族地区的历史、政治、制度、经济、教育、物产资源、实业、交通、艺术、军事、金融等各个方面，是了解藏民族和藏区历史的首选文献。

（十一）具有文献意义

报刊与著作的最大不同，是信息传播的即时性，传播周期短，时效性强。这会使它及时、真实、全面地记录当时的社会、文化面貌，成为信度较高的历史文献。尤其是藏文报刊，以民族语言进行记录，更接近历史真实和文化本我，避免了翻译带来的距离和误读，文献意义更大。除了藏文报刊所载内容的文献价值外，其语言本身的历史存在和演变痕迹，又是另一种形式的文献存在。

（十二）对民族语言的平面媒介传播模式的创意和定义

中国藏文报刊的创刊和基本体例的形成，创立和演绎了多种民族语言的报刊形式。笔者将藏语报刊的语言形式分为三类：纯藏文文本，藏文和其他语种的合璧式文本，藏语穿插式文本。藏语报刊所设立的民族报刊多种语言结合的模式，成为民族语言报刊的基本范型，具有对民族报刊语言传播模式的定义功能。今天的中国民族报刊，概无例外。

（十三）独特机制增强藏文报刊活力

国家实行的对口援藏战略，使藏文报刊获得了持续发展的强劲动力。2005 年 9 月，全国新闻出版系统援藏工作会议在拉萨召开。在国家新闻出版总署的部署下，西藏的藏文报刊在资金、技术、专业人才诸方面得到了祖国内地大的报业集团、出版集团的直接扶植。全国藏文报刊协作机制的建立，促进了藏文报刊的交流和发展。自 1998 年开始，西藏、青海、甘肃、四川、云南等藏区共同发起建立“藏文报刊协作会议”，目前已举办 10 届。同时举办全国五省区藏文好新闻评选活动。

（十四）藏文信息化建设取得历史性进步，为藏文报刊现代化奠定基础

从 1993 年开始，西藏自治区研制藏文编码国际标准和国家标准，并于 1997 年获得顺利通过，使藏文在我国少数民族文字中成为第一个具有国际标

准、获得全球信息高速公路通行证的文字。2004 年 8 月，中国第一个藏族语言文字的新闻采编网络——《青海藏文报》新闻采编网络近日建成投入使用，这也是中国第一个少数民族语言文字的新闻采编网络。现代新词汇的藏文概念标准化步伐加快。在 2006 年青藏铁路正式通车后，相关新术语的藏语翻译规范即被确定。“火车”被称为“美廓尔”，而火车站、观光车、火车车厢、列车员、乘务员、车次、直快、特快、慢车、软座、软卧、硬卧、硬座、售票处、候车室、候车大厅、餐车、始发站、终点站、站台、检票口、出站口、入站口、发车时间、晚点以及天桥、问询处等 28 个与铁路有关的藏语词汇被规范使用或新生使用，便利了信息的准确传播。

（十五）周期较长

受藏族聚居区受众规模、社会经济和交通等因素的制约，藏文报刊确实很难成为“传媒巨人”，即使与相对应的汉语报刊相比，它的出版周期在总体上依然达不到汉语报刊那样高的出版频率。报纸的周刊化和刊物的季刊化，目前还是其主流。

（十六）区域分割

藏族自治区域的土地面积极其广大，人口密度很小，不仅造成了区域内传播的困难，也使区域间的“传播流”被阻隔，形成事实上的各区域藏文报刊传播分割的状况。如西藏的藏文报刊就很难到达青海的某一个州县的读者手中，同样，在西藏的读者要看到青海的藏文报刊，亦非易事。地缘因素对藏语报刊的区域分割力不可忽视。

（十七）非城镇化

随着藏族自治区域社会经济的高速发展，这里城镇的大众传播格局已经与祖国内地更加趋同。尽管城镇的藏族受众在大幅度增加，但藏文报刊在多维度的传媒群落面前，已不再是唯一的选择。藏语报刊必然将自己的重心移师广袤的农牧区。在西藏自治区日喀则地区昂仁县卡嘎镇江嘎村，很多时政消息就是从《西藏日报》藏文版了解到的。藏文报就是偏远牧区群众的“千里眼”。而寺庙的僧人也是藏语报刊的忠实读者。在日喀则市曲美乡那塘村那塘寺就有 2 份藏文版《西藏日报》。可以预言，藏文报刊能否拥有未来，主要取决于在可以预见的时期内，是否可以培育出适宜的农牧区藏语报刊市场。

（十八）非市场化

藏文报刊在整体上并未实现市场化，基本上还是政府行为。有限的藏族受众，决定了其有限的发行量。由于区域内企业稀少，直接限制了广告投放。除过《西藏日报》这样的省级机关报开辟有一定的广告版面外，绝大部分与广告无缘，没有经济活力。

四　中国藏文报刊的历史缺陷

不可否认，藏文报刊在中国媒介体系中尚处于弱势地位。即使与藏语广播、电视等电子媒体相比，也不占优势。主要表现为：

（一）对藏文报刊存在的必要性历来存在重大争议

藏文报刊是国家意志的产物，但并未由此消除其存在必要性的极大争议。怀疑或否定的主要理由是：使用藏语的人口很少，藏文报刊发行量小，成本居高，实际效果不佳；藏文报刊虽可为藏族读者直接服务，但限于藏语却不利于藏民族的长远发展，不利于民族共同点的培育和发展，不利于各民族的交流和沟通；随着社会的发展，特别是交通、通信和信息技术的快速发展，各民族间的交流日益频繁，藏族的文化水平不断提高，汉语成为各民族共同语的趋势更见明显，藏文报刊读者群急剧缩小，藏文报刊存在的必要性在减弱。这些争论以及尚难明确的结论，成为藏文报刊不能获得较大发展的根本症结。

（二）“以藏文为主”，优先发展藏文传媒的战略并未真正落实

在文化战略层面上，藏文报刊并没有受到歧视，但在政策层面上，藏文报刊却一直未能获得切实可行的保障，缺乏特殊的政策扶植。1986 年，中宣部、国家民委联合举行了唯一的一次民族文字报纸专题会议，虽形成了纪要，但仅仅是指导性意见，不具备可操作性。许多扶植民族文字报刊的规定和要求，仅仅作为有关法规的附则或其中一部分，提出轮廓性的意见，未能形成具体的措施。无论是国家还是地方行政机构，都缺乏具体、专门的政策规定。

作为最大藏族聚居区的西藏，提出了“以藏语为主，藏汉语并举”的语言原则，但难以真正落实。主要原因就在于藏文传媒一直未形成广泛而显著的影响力。随着藏区改革开放的进一步深化，藏区与外部世界一体化步伐加快，藏文报刊的影响力和必要性就更加受到质疑，这就必然影响到社会对其重要性、迫切性的客观评价。在藏文报刊史上，没有人公开否认“以藏文为主”的发展战略，但实际上更多的是停留在理念层面上，难以付诸实施。

（三）受众有限

在藏区日益开放和现代化的城镇，直接阅读藏文报刊的人员已经比较少见，在开放的文化氛围中，人们似乎更习惯阅读汉文报刊，或干脆观看电视。藏文报刊在藏区的城镇，尤其是地市以上城镇基本上没有多少影响力。具有藏文语言能力的“城市人”越来越少，充当藏文传媒受众的人正在负增长，部分藏族也不例外。而在农牧区，由于大众居住分散，宗教意识根深蒂固，文化程度较低，他们与传媒的关系也并不是很密切。这成为制约藏文报刊发展的最关键因素。

（四）经费不足

由于认识不到位，缺乏政策支持，经费严重不足，极大地限制了藏文报刊的发展。按照有关规定，藏文报刊经费一般列入地方财政预算，资金并不充裕。有的行业报刊经费由主管或主办单位自筹，往往难以保证。补贴经费很有限，多数藏文报刊艰难维持。办公条件差，直至要缩小版面，甚至不能按期出版，影响了办刊质量。藏文报刊基本没有广告收入，不具备自身发展活力。

（五）市场萎缩

藏文报刊读者群小，发行量有限，发行区域地处偏远，居住分散，发行成本高，综合支付水平甚至是同类汉语报刊的1—2倍，居高不下，给藏文报刊的生存和发展带来很大压力。特别是当前媒体竞争激烈，电子媒体辐射范围急剧扩大，藏文报刊的发展空间受到严重挤压，发行量下滑，市场不断萎缩。

（六）农牧民阅读不能保障

农牧民作为藏文报刊的主要受众，却因为种种条件限制，出现了阅读难的窘境。补贴经费有限，许多藏文报刊仅仅能发到乡镇一级，无法覆盖整个基层。受自然条件限制，邮递员一般只能将报刊送到乡镇，难以直接投递到农牧民手中。既影响了报刊发行的积极性，也削弱了急需获取信息的农牧民的阅读热情。

（七）报业结构和行业资源配置不合理

藏文报刊数量上的优势，并不能掩盖结构性缺陷。主要表现为文学类、社科类偏多，自然科学、经济文化生活类偏少；报刊区域所有，限制在较小范围之内，各自为政，重复办刊，浪费了资源；有的藏文报刊区位特点不突出，但却仅仅在区域内发行。

（八）藏文传媒质量整体不高

在特殊的社会经济文化背景下，基层藏文通讯员数量急剧减少，范围缩小，信息源匮乏；专业人才数量不足，质量不高，缺乏足够的人力、智力储备；传媒远离作为经济和文化中心的城市，被关注度大大降低，新闻市场分散而缺乏热情；新闻仅仅关注会议和城市，对农牧区实际情况和发生的新闻缺乏注意，媒体所展示的藏区，并不完整和真实，加之内地传媒的强力冲击，直接制约了藏文报刊的发展。

（九）藏汉文报刊之间的隔膜日益加剧

藏族聚居区经济的跨越式发展和城市化进程的迅速推进，使以汉文传媒为主流的城市新闻媒介更加发达，而以藏文传媒为主流的农牧区新闻媒介则日显衰弱，两极化的发展趋势，使藏、汉语传媒之间的距离逐步扩大，这种强烈反差所形成的启示，无疑对藏文传媒的前景更加不利。

第四章

中国代表性藏文报刊要览

【编选说明】

1. 为全面展示具有代表性的藏文报刊的个刊状况，特编选“中国代表性藏文报刊要览”19 例；

2. 选入的主要标准：具有全国性影响的藏文报刊；在中国藏文报刊发展史上具有特殊地位的藏文报刊；各藏族聚居区、自治区代表性藏文报刊；各历史时期代表性藏文报刊；各行业代表性藏文报刊；各不同办刊类型的藏文报刊。

3. 关于藏文个刊介绍的体例，大体保持一致。但针对某些报刊的特殊性和资料的盈虚，适当作出增删。

4. 在藏文个刊介绍的题目中，力求标示出该刊的特殊地位和评价。但限于篇幅，仅可出现最主要的评价语。

5. 限于文献资料，对有些报刊的介绍不尽全面和准确。有待今后不断补充和丰富。

6. 尚有不少藏文报刊在中国藏文报刊发展史上占有突出位置，但受种种局限，不能专列一部进行介绍，期望今后能有弥补机会。

7. 以藏文报刊创刊时间先后为编排顺序。

一　《西藏白话报》——中国最早的藏文报刊

【名　　称】《西藏白话报》

【创办时间】光绪三十三年（1907 年）。

【地　　点】西藏拉萨。

【创 办 人】中华民国驻藏大臣联豫。

【办刊宗旨】爱国尚武，开通民智。

【历史沿革】

联豫是清王朝的最后一位驻藏大臣。他于光绪三十一年（1905 年）4 月受命为驻藏官员，次年抵达拉萨。后因驻藏大臣有泰被弹劾，升任驻藏大臣。民国元年（1912 年）离职返京。在藏 6 年。由于他有游历欧洲的背景，故在藏期间采取了一些重要的改革措施，以吹进新的风气，在藏办报，即为其一。1908 年，联豫从印度购进藏文字模及印刷机器，建立译书局，翻译朝廷的圣旨政令，汇编为《圣谕圣训》，还准备翻译“实学实业之书”。光绪三十三年（1907 年）四月初五日，他在为办报给光绪皇帝的奏折中，详细地说明了他的办报思路：

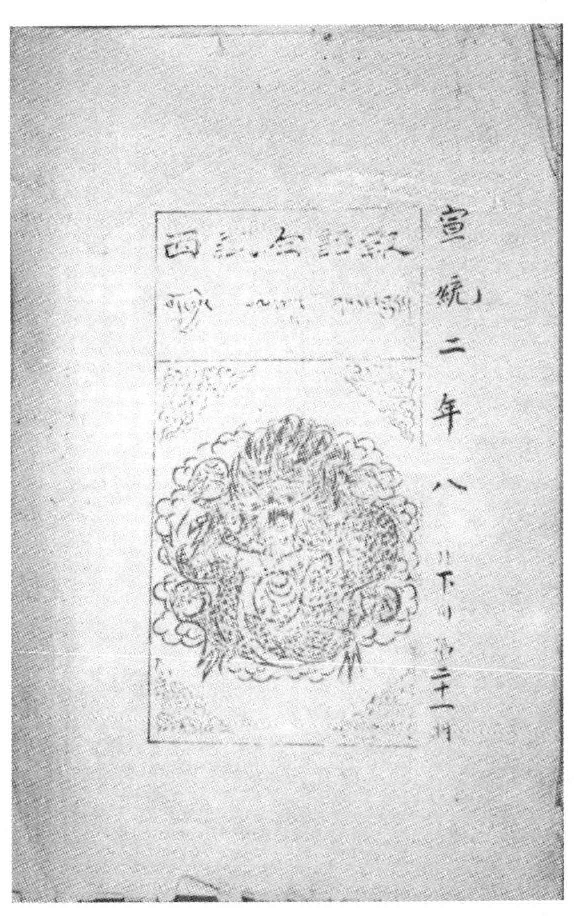

《西藏白话报》封面

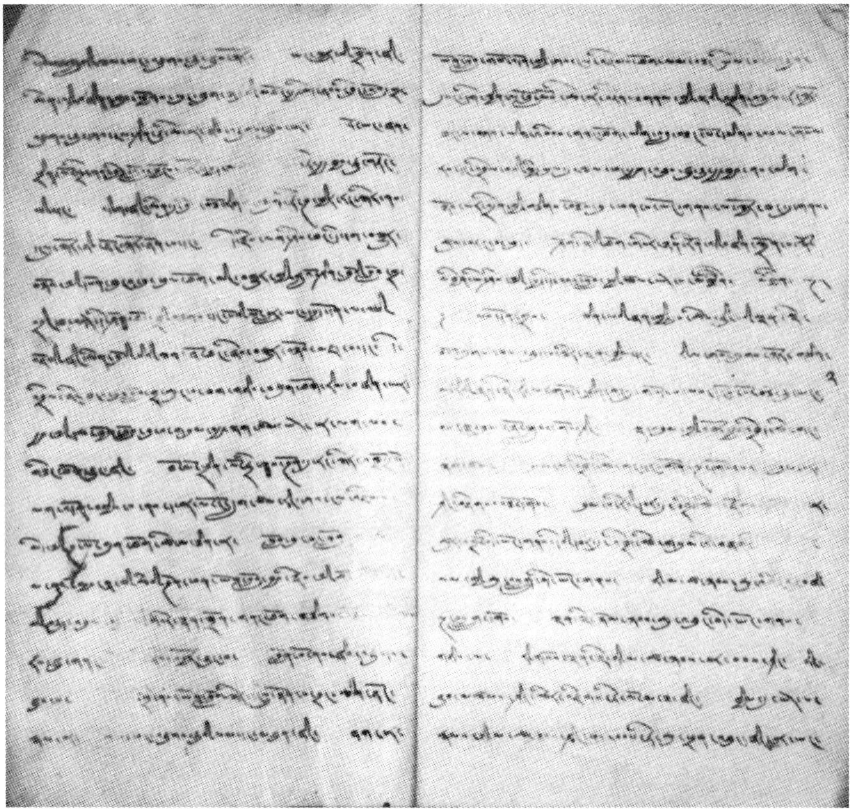

《西藏白话报》内页

再，奴才详察藏中人痼弊已深，欲事开通，难事速效。因思渐开民智，莫善于办白话报。与其开导以唇舌，实难家喻而户晓，不如启发以俗话，自可默化于无形。

奴才现已于藏中开设白话报馆一所，参仿四川旬报及各省官报办理，以爱国尚武开通民智为宗旨，通篇全译唐古忒文字（注：藏文），取其便于蕃民阅览。商之该商上噶勒丹池巴（注：指代理商上事务罗布坚赞）等，亦踊跃赞成，并将前藏僧俗各官花名开单关阅，请先派销约计三百余份，其自来购阅者，尚不在内。

适查办大臣张荫棠带来石印机器一付，旋将第一期本报，由奴才捐廉印刷发送，探悉蕃情，均甚乐观。现已专差赴嘎里嘎达添购机器，不日可到。其中如有不甚恰当之处，力事改良，以期用笔代话，开化迷信。将来文明渐进，购阅自多，庶咸知外国情形，举行一切新政，似尚不无裨益。

可见联豫创办《西藏白话报》的动机，是“爱国尚武开通民智”，将西方及内地的新风气传进西藏，以改良西藏文化和社会环境，促进社会进步。这与内地办报的目的是一脉相承的。

清政府驻藏大臣联豫于光绪三十三年（1907 年）在拉萨创办的《西藏白话报》。

该报属官方报纸，旬刊，年出 30 本，约于宣统三年（1911 年）中华民国取代清朝统治、联豫去藏时停刊。

【版式】

该报现仅存于西藏博物馆，此为宣统二年（1910 年）八月印刷的第二十一期《西藏白话报》。笔者亲手翻阅过该期报纸，并有实物照片。全报仅存 7 页。报纸用进口白色优质机制纸印刷、装订而成，长 34. 5 厘米，宽 21. 5 厘米，版幅为长方形。封面正中用红、蓝两色勾勒出长方形框，上部自左至右为蓝色汉、藏文“西藏白话报”字样，下部正中印蓝色团龙一条，四角饰云纹。框右为墨书汉文“宣统二年八月下旬第二十一期”13 字。

最末一页为汉藏文办刊说明，蓝色印刷，字迹较模糊，但尚可辨认，主要是表示出刊周期和价钱：“本报系每十日出版一本，每本收藏元一枚。每月三本，每年三十本，全年报资合□（注：原字迹模糊难辨）藏三十元。此□（注：原字迹模糊难辨）日零卖之价也。若订阅一年及半年者，每本减二分……”

中间 5 页为正文，似用钢板刻写，墨色印刷，均为藏文行书。

【栏目和内容】

该报主要刊登清朝中央政府以及四川、西藏的公牍、各省官报与中外报刊文章摘要，还有政论文、中外新闻。有时还刊载反帝爱国的文章，或明或暗地批评英国对印度、锡金和西藏的侵略。第二十一期《西藏白话报》主要涉及西藏新闻、内地新闻、国外新闻以及科技知识等，共有文章、报道 15 篇。主要内容如下：

1. 开办警察学校。江孜已开辟为商埠，需一定数量的警察维持秩序，根据钦差大臣的命令，拟从拉萨第一陆军中挑选 100 名识字的军人进入警察学校学习，时间一个月，本月（8 月）20 日开学。

2. 黑龙江、江西两省局部地区遭受水、虫灾，期政府拨出二万两白银赈济灾民。

3. 四川某某（注：原文字迹难辨）县陈老师热心办学，个人出资1000多两银子，创办了师范学堂和两所小学堂，陈已去世。四川总督赵尔丰请求政府在其家乡建立牌坊，以示表彰。

4. 广东铁路局任命龙建章为审查委员，对修建粤汉铁路的经费预算进行审查。

5. 北京将开办一所公安学校，招考告示已经贴出，欢迎中学生报考。

另外，涉及开垦荒地、开辟商埠、中国手工业品参加南洋博览会等消息，还有文章介绍古代人怎样饲养牲畜、发展农业，以及西方科技知识，使人类不断发展进步，等等。

【特色】

1. 体现了爱国启蒙的近代报刊理念。联豫办报的目的，就是要以当时最先进的传播媒介，“渐开民智”，传播现代文明，更新人的观念。这与当时在祖国内地形成的白话报热潮所体现的办报理念一脉相承。

2. 信息传播功能比较突出。该刊报道了当时国内有影响的新闻，包括与西藏居民息息相关的招生信息，在其时极为封闭的西藏，实现了一定程度上的内外信息沟通，尤显可贵。

3. 为藏文单语报刊。除封面、封底有若干藏文外，内页全部为藏文。凸显了传播的明显针对性，在藏民族文明发展史上，藏文第一次成为大众传播媒介的语言介质，藏民族也第一次荣幸地充当了藏文大众传播媒介的受众。

【地位】

1. 西藏近现代最早的报纸，也是西藏历史上最早的报纸。

2. 中国最早的藏文报纸。它的出现，开创了中国藏文报刊的历史。中国藏文报刊的历史“元年”就定格在了20世纪初的公元1907年。

二　《藏文白话报》——中国早期最具影响力的官方藏文报刊

【名　　称】《藏文白话报》

【创办时间】中华民国二年（1913年）。

【地　　点】北京。

【主　　办】中华民国蒙藏事务处。

【办刊宗旨】宣传民主共和，维护祖国统一，民族平等，共建中华。

【历史沿革】

1912 年，中华民国蒙藏事务处办报处筹备。1913 年元月正式创刊。月刊。每年出版 12 册。以藏汉文对照形式出版。

1913 年元月到 1914 年 12 月出版的《藏文白话报》均为石印本。自 1915 年 4 月开始，汉文版改为铅印，藏文版为手写印刷。1915 年 1—3 月，因蒙藏事务院整理内务，准备铅印，故停刊 3 个月。同年 4 月复刊，并更名为《藏文报》。徐惺初、吴燕绍、徐敬熙等先后任总编纂。

在第一期的《发刊词》中，主办者用明确的文字说明了创办《藏文白话报》的宗旨："蒙、回、藏不能离中华民国，别自成其为蒙、回、藏；中华民国不能离蒙、回、藏，别自成其为中华民国。况蒙、回、藏享权利与汉、满平等，合于选举及被选举资格，人人有选举为大总统之权，人人有被选举为大总统之权，无边陲歧视，无种族谬说。卫蒙、回、藏即以卫中华民国，卫中华民国即以卫蒙、回、藏。自今以往，我四万万同胞，一德一心，尊重国权，崇尚人道，新邦缔造，正中华民国优待蒙、华民国英雄立功之

《藏文白话报》封面（1）

西藏最早的藏文白话报

《藏文白话报》封面（2）

秋也。本报发刊其用意以中回、藏，与以前君主专制时代不同；蒙藏事务局优待蒙、回、藏，与以前理藩部时代不同。取其施行政令公布周知，免致传闻失实，且冀蒙、回、藏同胞，以中华民国为前提，合力并进，岂不懿欤!”由此可见，该刊的办刊宗旨是宣扬五族共和，共建民国。

《藏文白话报》主要收藏于中央民族大学图书馆古籍室。包括第一到第十四号，第二期到第九期（第一期付阙）。西藏自治区档案馆存有中华民国二年（1913 年）七月第七号，共 3 册。

【版式】

幅面为 237mm × 165mm，大于一般 32 开。订口在上，上下翻动。虽命曰“报”，但实际上是当今杂志的样式。以该报第一号（期）为例，可见封面上方为两面相互交叉的五色旗，下面依次排的文字为［藏汉文对照］：藏文白话报/中华民国二年一月出版/第一号/中华民国邮政特准挂号认为新闻纸类。后来在最下方还注明“本期奉送”字样。“号”改为“期”。

【栏目】

栏目多有变化，但基本栏目是：

编辑说明：草体横书，对报刊体例的变化等作出说明，无题目。

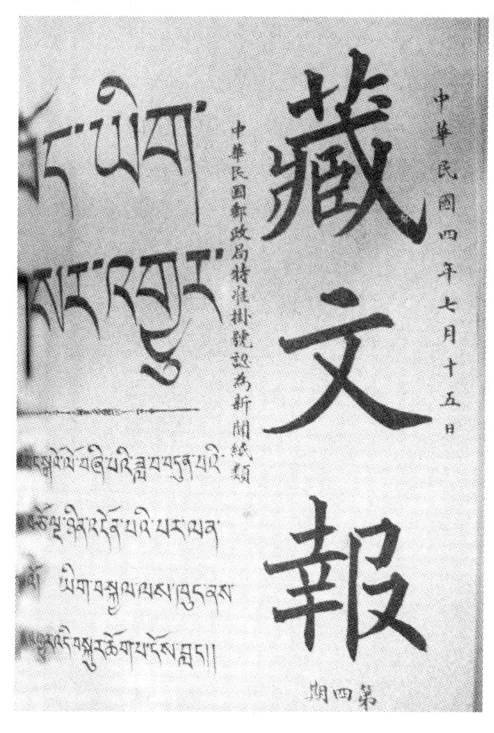

《藏文报》封面

图画：主要包括领导人肖像、蒙藏学校开学、毕业学生合影以及旗帜、帽章、爵章等。形象直观，具有较高的史料价值。有的是照片，有的是工笔素描。如九角陆军旗、青天白日海军旗、九角陆军兵团旗等。

法令：主要刊登政府法令、临时大总统令、有关少数民族的法令等。

论说：刊登关于西藏、蒙古地区政治、军事、历史、文化、宗教、经济等方面的论文和文章。如《论中国政府为西藏的患难兄弟》、《论佛法足以发挥共和之精神》等。

文牍：刊载蒙藏院（蒙藏事务局）呈报蒙藏地区的各种批文。如《蒙藏院呈为前藏番商来京贸易拟恳准予护照文并批令》等。

杂录：刊登知识性文章。如《国家版图略说》《前藏公民推戴书》等。

答问：以问答形式宣传国内政治等方面知识。如《中国改成中华民国是何意思》、《何为共和政体》等。1915 年 4 月铅印后该栏目取消。

小说：刊载短篇小说。如《合力援例》《汉族之崇拜喇嘛》等。此栏目并不固定，有时隔期刊登，有时两期连载。

专件：内容庞杂，有“杂录”气象。包括名单、规则、文章、函件等。

要闻：包括外交新闻、印花税法及其施行细则、西藏选举参议员、各国承认中华民国临时总统电文等。该栏目于民国四年（1915 年）4 月取消。

广告：也用“告白”的名字。面向蒙、回、藏地区征集广告，为边疆商贸服务。可见者有公益广告、招生广告，并不收取费用（包括翻译费用），政策很是优惠。

【特色】

1. 体现了合于时代趋势的政治理念。在清朝灭亡而中华民国兴起的伟大历史变革时期，作为政府官报，该刊大力宣传民主建国思想，构建“中华民国”的国家观念；倡导人人有选举权和被选举权，激励民主参与意识；提倡民族平等，宣扬各族同胞合力并进，尊重国权。它所宣传的民族平等、国家统一和民主建国的思想，在当时产生了良好的影响。它也是中国汉语报刊重视政治传统，凸显宣传色彩的滥觞。

2. 在民族报刊确立藏、汉双语模式上有发凡起例之功。该刊为藏、汉双语对照版，汉文在前，藏文在后，藏文均译自汉文。对藏文中尚无对应意思的新词，在译文中附有汉文。它不仅大大丰富了藏语的词汇和语言表现力，而且初步确立了藏民族地区报刊藏汉对照的模式。既显示了汉语的国家语言地位，也尊重了藏语的民族语言地位，在处理国家一统和民族自治关系上作出了示范性的尝试。在中国藏文报刊历史上，它是第一个采用藏汉双语刊印的平面媒体。而在此之前的《西藏白话报》，就基本是藏文印刷，基本无汉语正文（封面和封底有汉字）。

མཚོ་སྔོན་བོད་ཡིག་གསར་འགྱུར

青海藏文报 QINGHAI TIBETAN NEWS

CN63—0001 55—2

2005.8.14 7.10 7847

《青海藏文报》

3. 中国藏文官报走向近代化，基本栏目和构架雏形初具。从栏目设置可见，它的官方色彩极重，着重于传播政府政策、法令和治国思想，重视政论和说教，一般新闻并不多见。有图有文，亦有广告，近代报刊的面目基本显示出来。

4. 保留了民族史料，对学术研究具有直接意义。如藏族官商与中央的交流、藏民族风俗礼仪、藏族上层参政议政、藏族聚居区社会经济发展等，均有文献价值。

【地位】

1. 中国藏文报刊史上第一份真正意义上的官报。在此之前有《西藏白话报》，其虽也是驻藏大臣代表官衙所办，但主要是以驻藏大臣联豫个人名义创办，仅为藏文，囿于西藏地方，手书油印，并不具备辐射广大藏族聚居区的影响力，是藏文官报的开始，但还不能称之为中国藏文官报的“首席”。

2. 在20世纪初叶对中国藏族聚居区影响最大的藏文报刊。由于交通和发行的因素，《藏文白话报》在西藏以外的影响力，实际要超过西藏。其时总纂徐敬煦曾不无自豪地宣称：“发刊以来，边陲各界大受欢迎。刊发请益之文电络绎不绝，益坚边氓内乡之心。今蒙回藏各境，日就和平，五族共和，国基日坚，其文字收功，远轶于武力，以仆之始愿实不及比固。”而北京的《中国时报》对《藏文白话报》开通边地风气，增长人民知识，了解共和一统等方面所发挥的作用给予很高评价。1913年9月出版的第9期《藏文白话报》，转载了北京《新中国报》8月30日的一篇通讯，题为《蒙藏白话报之收效》，报道说，蒙藏局为“开通边地风气起见”，编辑出版了《藏文白话报》（还有蒙、回白话报），“按期寄送”，对于边疆民族地区人民知识的增长，以及宣传共和等方面，颇具成效，“兹闻该报前经寄由川边转发各喇嘛寺及头人等藏文报多份，经邓柯、春科等，大喇嘛咦香色辈，奉（捧）读之下，视如神奇世宝，日与大众讲说，且供奉殿中，渐次影响、传播民间，而林葱各土司群诣办事长官行署，多方要求电达中央，添赏数份，以备观览。该长官允为据情代达。此电昨经总统府交蒙藏局照准矣”。由此可见，《藏文白话报》当时在藏区确实有着很大的政治影响，对于维系藏族上层僧俗人物对中央政府的向心力，起到了一定积极的作用。

三 《青海藏文报》——新中国第一份藏文机关报

【名　　称】《青海藏文报》

【创办时间】1951 年 1 月 16 日。

【地　　点】青海西宁。

【主　　办】中共青海省委。

【办刊宗旨】

在发刊词中阐述办刊宗旨如下：《青海藏文报》将根据中国人民政治协商会议共同纲领的总政策，在中共青海省委、省人民政府的领导下，结合兄弟民族当前工作，向本省数十万藏、蒙各族人民报道时事，发扬国际主义与爱国主义精神，传达各项政策，尤其是民族政策，真实地反映藏、蒙人民生活、劳动建设等，以便交流经验，指导工作。为进一步加强各民族亲密团结，肃清土匪、特务，发展生产，提高藏、蒙人民的政治水平和文化事业，鼓舞藏、蒙人民更好地在共产党和人民政府领导下为建设新青海而奋斗。

采访《青海藏文报》主编戈明先生（2007.7）

【历史沿革】

《青海藏文报》1951年1月16日在青海省会西宁市创刊。中共青海省委的机关报。青海日报社主办。综合性地方报纸。是中国共产党在全国创办的最早的藏文报纸。

《青海藏文报》是在艰苦的条件下创办的。当时报社仅有的一二位编辑与青海日报社人员一起，在西宁市东关大街198号简陋的平房里开始了报纸的创办。由于缺乏藏汉双语兼通的人才，翻译工作就在外聘请专业人士进行。藏文铅字字模不全。

《青海藏文报》创刊号内容丰富。4开4版，用新闻纸红色油墨铅印。藏汉文对照。第一版刊登毛泽东主席照片。刊登创刊词《提高藏蒙人民的政治文化为建设新青海而奋斗——本报创刊献辞》，阐述了《青海藏文报》的办报宗旨和历史使命。中共青海省委、省人民政府负责人分别题词。第一版——青海省人民政府主席赵寿山："提高游牧区人民文化生活"；副主席张仲良："发展贸易文化交流"；第二版——副主席廖汉生："发展民族文化事业"；省委统战部部长周仁山："具体宣传民族政策通俗报道新鲜事物"；第三版——副主席喜饶嘉措："藏民们有了本报就明瞭每十日的情况使通达世界事务的人逐渐遍及各地"；副主席马辅臣："促进文化交流"。

1961年6月2日（一说为1962年4月24日）更名为《青海藏民报》。但读者认为此名限定了使用藏文的蒙古族读者，又已经习惯《青海藏文报》的名称。1965年1月16日遂又恢复《青海藏文报》名称。

【版式】

创刊初期为旬刊。第1、2期为4开4版。藏汉文对照。1951年2月6日第三期改为8开2版。1951年5月16日第13期恢复4开4版。1951年12月1日改为周刊。1956年1月1日改为五日刊。对开4版。1957年1月2日改为周双刊。对开4版。1959年1月3日改为对开4版周双刊。1963年9月25日改为周刊。1963年10月31日恢复原来的藏汉文对照版——3个藏文版和1个汉文版。1969年1月改为周三刊。有重大新闻时配发汉文。1967年10月6日由4开改为对开。1971年3月1日改为藏汉文对照，开始订阅。1978年5月1日全部改为藏文版。1984年1月2日该周刊为双日刊。1996年8月1日正式启用激光照排和胶印。1998试出彩印。2003年完成网络改造。

【栏目】

先后设有许多定期和不定期的专栏和专页。主要有《本省新闻》《国内要闻》《经济天地》《经济短讯》《党团建设》《文化生活》《大家谈》《草原信箱》《民主与法制》《盾剑生辉》《科教晨曦》《农牧经济》《大市场》《文海汇珍》《生活百味》《邻近省区》《博览窗》《知识宝库》《新风赞》《在民族大家庭里》《兄弟民族在前进》《祖国新貌》《来自西藏的消息》《国际简讯》《邦锦梅朵》（文艺副刊）《科技的妙用》《地名漫谈》《家庭》《后代的希望》《文化遗产》《牧区经济》《中国藏区近期信息与动态》《译者笔录》《商贸信息》等。

1996 年，该报对原有的专栏进行了大的调整和增删。1996 年 3 月，将《来自西藏的消息》更名为《中国藏区近期信息》，2003 年又改为《兄弟省区》专页；原文艺副刊《雪莲》直称《文艺副刊》，分设“星宿”、“芳草地”、“嫩枝”、“文海探宝”（2001 年 4 月更名为“珍珠宝岛”）等 4 个专页，循环刊出；增设《畜牧经济》（2001 年 4 月更名为《农牧经济》）、《科教晨曦》专页；1996 年 4 月开辟《博览窗》《知识宝库》（2004 年并入《博览窗》）；1996 年 8 月开设《党的建设》《盾剑生辉》（政治与人民军队）和《大市场》专页；1996 年 8 月开设《半月时事》专页；1996 年 9 月开设《生活百味》（2001 年改为《丰富的生活》）专页；1996 年 10 月增设文摘性质的专页《文海汇珍》；2002 年 4 月开设《旅游经济》专页。出版周期基本为每月 2 期。内容涉及卫生、市场、旅游、广闻博览、文摘及邻近省区信息等各个方面。

【发行】

第 1—10 期每期发行 1600 份，全部赠阅。自 1951 年 4 月 26 日第 11 期开始，通过各地邮局订阅。在青海省内，以藏族基层干部、中小学校师生和藏族农牧民群众为主要发行对象，同时，在四川、西藏、甘肃、云南等省区也有部分订户。

【组织机构】

1995 年以前，报社设翻译科、通采科和编辑科。1996 年内部机构设置调整为总编室（包括出版和校对）、经济部、要闻部、政法部、文教部。2003 年初设 5 个部室：办公室、要闻部承担编稿和译稿任务；出版部主要负责版面和校对；采编部分管新闻采写和固定专页（栏目）的管理；广告部主要承担报纸的广告、经营和发行工作。

《青海藏文报》由青海日报社编委会具体领导，其中有一名编委会委员负责处理日常管理和编务等工作。现为党组、社委会、编委会分设体制。历年分管《青海藏文报》的总编、副总编或编委依次是乔迁、张铁民、德木却、姚德明、戈明等。2003 年 7 月，青海日报社副社长戈明兼任《青海藏文报》主编。

《青海藏文报》设编译室，负责报纸的编辑、出版等日常工作。编译室下设 4 个科：总编科——版面、副刊、行政；编译科——稿件编辑和翻译；校对科——报纸出版前的全部稿件和版面的校对；通采科——管理各记者站常驻记者、通讯联络、通讯员队伍、报纸发行等。1994 年，共有编辑、记者、翻译 40 人。少数民族占 90% 以上。初级以上业务职称者占 80%。1989 年 7 月 25 日，青海日报社在青海省 6 个民族自治州分别设立《青海藏文报》记者站。

【特色】

1. 宣传主题明确。以宣传民族平等、民族团结和各民族共同繁荣为主题。以新闻宣传为主，兼顾法制教育、科技普及和其他文化知识的传播。

2. 注重宣传报道方式。采取编译合一的方法，国内外重大新闻以新华社电讯稿和汉文版《青海日报》一版要闻为准进行精编翻译，省内基层群众的宣传则主要通过采编来实现。通过新鲜、感人的新闻事实体现主题，同时注意刊载深入浅出和富有说服力的文章，从理论上阐述各族人民加强团结的道理。

3. 重视来自农村、牧区发展生产、改善人民生活和群众文化活动的报道，以及与藏族人民有直接关系的新闻。广大农牧区藏族、蒙古族干部，农牧民，知识分子，佛教寺院僧侣和其他行业藏族群众，都成为藏文报纸的忠实读者。

4. 加大藏族记者、通讯员自采新闻的力度。在 20 世纪 90 年代，在见报的地方稿件中，自采藏文新闻稿和通讯员用藏文写作的稿件占到 25% 左右。

5. 栏目设置既凸显民族特色，又与时俱进，体现时代风尚。

6. 在藏文术语规范化方面作出积极贡献。藏文新闻宣传中名词术语不统一、不规范和处理新词术语原则不明确，是制约藏语大众媒介传播效果的一大难题。立足于缓解藏文书面语口语之间的差距偏大、各方言区方言差距偏大、语言理论与语言实践之间差距偏大、语言管理与语言运用之间差距偏大、语言继承与语言发展之间不甚协调等五个矛盾为基本着眼点，处理藏语运用问题，向国际一体化、标准化看齐，以国家提出的《确定术语的一般原则与方法》为标尺创造新术语。在词汇、句式、语言风格等方面适当向卫藏方言看齐。汉语地名、人名的译音向普通话看齐。自 1995 年开始，《青海藏文报》以信函的形式积极寻求与其他兄弟藏文报社间交流新词术语和规范化的途径。从 1998 年开始，与《西藏日报》藏文版共同发起，创立全国藏文报协作会议机制，在实现藏语术语新词规范化方面迈出科学的一步。

【地位和影响】

1. 中国共产党在全国创办最早的藏文报纸；
2. 新中国第一份省级藏文报纸；
3. 全国最有影响最有代表性的藏文报纸之一。

新中国成立初期，《青海藏文报》作为全国仅有的藏文报纸，在对青海藏族、蒙古族聚居区宣传党的大政方针，民族宗教政策，安定人心，团结民族宗教上层人士，平息叛乱，建立人民民主政权等方面发挥了巨大的历史作用，其影响几乎波及中国的整个藏族聚居区域。在此后的各个历史阶段，《青海藏文报》依然发挥着宣传、组织藏族、蒙古族群众的重要作用。改革开放以来，在青海省藏族、蒙古族聚居区的农牧区宣传党的方针政策，特别是民族宗教政策，揭批达赖集团分裂祖国活动和渗透活动等方面，进行了大量有效的舆论宣传，为促进社会稳定、经济繁荣和文化进步发挥了不可替代的作用。

四　《甘南藏文报》——新中国最早的地市藏文报刊

【名　　称】《甘南藏文报》

【创办时间】1952 年 4 月 10 日。

【地　　点】甘肃省甘南藏族自治州合作市。

【主　　办】甘肃省甘南藏族自治州州委主办。

【办刊宗旨】

宣传党的基本路线和各项方针、政策，宣传州委、州政府的工作思路和工作部署，反映甘南各族人民在经济建设和社会发展中取得的巨大成就，团结、教育、引导、鼓舞全州各族人民投身现代化建设事业，为甘南藏区社会政治稳定和民族经济发展服务。

【历史沿革】

《甘南报》的前身是 1952 年创刊的《夏河报》。

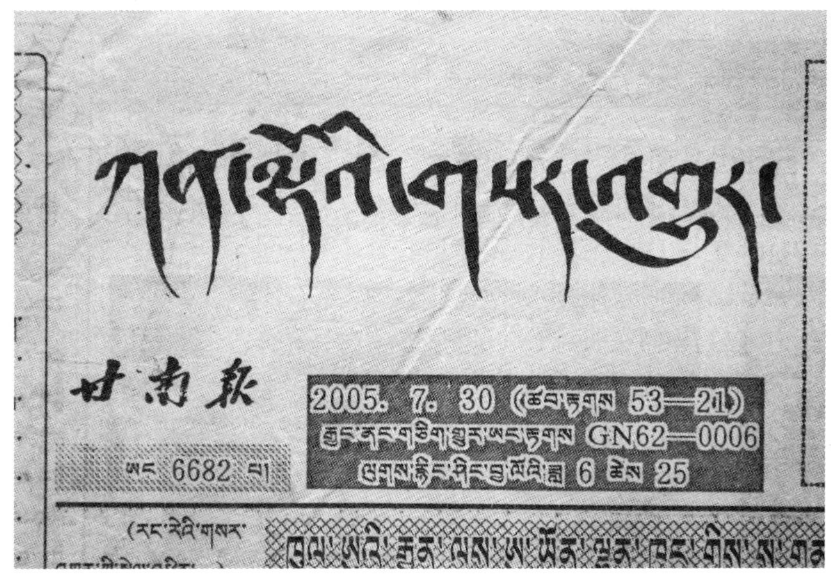

《甘南报》

1951 年 10 月，为贯彻第一次全国宣传工作会议和甘肃省党代会精神，夏河县工委宣传部建议创办《夏河报》。1952 年 2 月 22 日，夏河报社正式成立。1952 年 4 月 22 日，《夏河报》正式创刊。4 开 4 版。藏汉文对照。石印。周刊（每周四出版）。初时报社有 6 人。1953 年增至 23 人。社内分设编辑部和印刷厂。初，发行 50 余份。后至 410 份。定价旧人民币 400 元。全部赠阅。赠阅对象为党政机关、上层统战人士、各部落、寺院；中央民委、西北民委、中央民族学院、西北民族学院等。与西藏、青海以及其他少数民族地区报纸进行交流。1952 年 11 月底，《夏河报》改为套印，汉文版铅印，藏文版手写石印。1953 年元月 1 日，报纸全部改为铅字排版印刷。

《夏河报》自创刊至 1953 年 4 月 23 日共出版 55 期。主要配合党的中心工作，重点宣传贯彻中央在民族地区“不分不斗，不划地主，牧工牧主两利，扶植贫苦农牧民发展生产”的政策和“牧业第一、副业第二、农业第三”的经济发展方针，报道简政、剿匪、恢复发展生产、培养民族干部等方面的消息。开设了“藏区介绍”栏目，系统介绍甘南藏区的历史、自然风光、生产生活常识、民族风俗习惯等知识。开设“口蹄疫的症状及防治法”、“月食是怎么回事”、“月食介绍”等传播科学知识的栏目。开设“读者来信”、“表扬”、“简讯”等与读者进行沟通的栏目。

《夏河报》创刊初期，采用藏汉文对照模式，藏文在先，汉文在后。版式简单，藏文排通栏或两栏，汉文排两栏。字号单调，藏文仅有排标题、正文的两种字号，汉文也仅仅有5种字号。新闻用语尚未摆脱旧报纸的影响，汉文稿中时常见到文言字句和句式，藏语译文也不很通俗，词语拼写不甚规范。

1953年5月1日，《夏河报》更名为《甘南报》。藏汉文对照。4开4版。周刊。1953年7月1日改为5日刊。

《甘南报》创刊初期，正当甘南藏族自治区筹备之际，报纸就将宣传党和国家民族区域自治政策作为主要内容。刊登甘南藏族自治区筹备委员会历次会议（包括成立大会）的报道和主要决定，编写“宣传讲话”，刊发《什么是民族区域自治》《实行民族区域自治有哪些好处》《推行民族区域自治要克服各种不正确的认识》等文章，开辟《甘南藏区概况介绍》。报纸以地方新闻为主，突出报道农业生产，开设“畜牧业讲座”、“传播生产”、“科学知识”。

1954年3月，报社实行采编合一制度。

1955年1月1日，《甘南报》藏、汉文分开出版。各版名称均为“甘南报”。5日刊。藏文报4开4版。纯藏文报纸。只在报头用汉文标明“甘南报藏文版”及期数、年月日和报社地址，以资识别和便利邮局发行。

1955年5月，中共甘南工委印发《中共甘南工委关于加强〈甘南报〉的意见》，确定报纸的对象是农牧民群众和区乡干部。在办报中必须实行“通俗化”方针，做到粗识字的能看懂，不识字的能听懂。加强地方性新闻的报道。汉文版中地方稿件应占2/3。藏文版与汉文版在内容上保持一致，但因藏文版容纳的内容仅仅为汉文版的1/2，故着重刊登畜牧业生产、牧民生活和国内外重大政治事件的稿件。

在1957年全国“反右”政治潮流中，《甘南报》也不可回避地进行了相应宣传。

1958年春，甘南部分地方发生武装叛乱，交通、邮路和电话被破坏，报纸停止刊登地方新闻，利用收音机抄收新华社消息，出版周期改为周刊。1958年6月，报纸恢复了地方新闻和原出版周期，报道各族人民反封建斗争情况。顺应时代宣传主流，亦大量报道“大跃进”方面的消息。

1961年上半年，因国民经济发生严重困难，甘南州委决定停办《甘南报》。

1961 年 10 月 11 日，《甘南报》复刊。

1962 年 3 月 31 日，《甘南报》又恢复出版。藏汉文均为周二刊。每逢周三、六出版。为体现民族和地方特色，报纸编发言论，组织通讯，突出宣传以牧为主、牧副并举、发展多种经营、实现农牧结合的生产方针，报道农牧区实行“三包一奖”情况。加大了对民族、统战的宣传力度。开设文艺副刊，增强报纸的趣味性和可读性。

1965 年，是《甘南报》的鼎盛时期。通讯员达到 1800 人，其中藏族 30 多人。

1966 年 9 月 20 日，《甘南报》在政治运动的冲击下再次停刊。1968 年初，实行军事管制。1968 年 3 月，报社革委会成立，着手恢复藏文版报纸出版。

1968 年 6 月 15 日，《甘南报》第二次复刊。

1972 年 5 月 2 日，《甘南报》改为藏汉文对照。1、2、3 版为藏文，4 版为汉文，内容与藏文版相同。周三刊，每周二、四、六出版。每期容纳文字 4000—5000 字。初，刊登新华社消息，转载《甘肃日报》省内要闻。1973 年 1 月开始恢复地方新闻的刊登。

1970 年 1 月 1 日，汉文《甘南报》复刊。藏文版仍为周三刊。每周一、三、五出版发行。

“文革”前的藏文版，实际是汉文版的译文版。

1979 年，恢复藏汉两种文字版，藏文为周三刊，每逢二、四、六出版。

1980 年，《甘南报》设立藏文编辑部，开始走自采自编的路子，《甘南报》藏文版逐渐发展成为一份独立的民族语言文字报纸。

20 世纪 70 年代末，国家实行改革开放国策后，《甘南报》顺应时代潮流，在经济建设、计划生育、民族政策和民族团结、社会主义精神文明和法制建设等方面的宣传中取得突出成绩。

2004 年，《甘南报》改为《甘南日报》。

【编辑】

《甘南报》藏文版每期容量仅有汉文 5000 字左右，相当于汉文版的 1/4。所用稿件全部选自汉文版。1959 年以前，藏文版实际是按照汉文版全译。其后，开始编译，将汉文稿压缩后由翻译组再作翻译。1964 年，“翻译组”改称“编译组”，工作范围不变。藏文的工作程序基本稳定为：选稿—缩编—审定（汉文稿）—翻译—审稿—画版—审样（版样）—发排—校对—审读

（清样）—付印。

“文化大革命”前，选稿和缩编稿由翻译人员承担。版面大致分为要闻、经济、政文、时事。在每期汉文版出版后，就选择重要新闻和适合于藏文版刊登的稿件进行缩编：保留原稿主要内容，压缩重复部分和细节，以增加报纸容量。一名编委专门负责审定汉文缩编稿和版样。缩编稿审定后，翻译人员全文译成藏文，由翻译组长审定，再根据译稿字数和汉文版版式，画出藏文版版样，审定后发藏文排字车间排版。工作程序严密，未发生重大政治事故。但因系周二刊，又须经过翻印程序，一般稿件总是晚于汉文版一期，影响时效性。多直译，语言较生硬。

【栏目】

1978年后，根据读者的要求，藏文版对宣传内容进行了初步的调整。增加地方新闻比例，突出民族文化特点。1979年，藏文版首开文艺副刊《邦锦花》，刊登诗歌、散文、格言、谚语、民间故事等，率先刊登藏族英雄史诗《格萨尔王传·诞生》。陆续开辟了“学科学”、“卫生常识”等专栏，丰富了报纸内容，活跃了版面。对版面进行调整。3版实现专栏化，其他各版也开设了“甘南各地”、“简明新闻”、“图片新闻”、“农牧天地”等一批专栏，仅1986年全年就编发各种专栏271个。注意版面设计，重视使用图片、刊头、题花、尾花和标题制作，版式改成3栏或4栏，部分标题改为竖排，报纸面貌发生了新的变化。在翻译稿件时，既强调准确，又重视通俗、通顺，注意改进文风。除方针政策和重大新闻按中央文件和其他藏文报统一提法、用词外，其他稿件不强调整齐划一，允许在尊重原文的前提下，科学运用民族语文的构词方式和行文习惯，使译文在通俗化方面取得重要进步。

目前，《甘南日报》一版为要闻版，设“抓项目，促发展”、“一线报道”、“监督台”等8个固定栏目；二版为经济版，设“经济政策”、“科技知识”、“广角镜”等11个固定栏目；三版为社会版，设“党的建设”、“社会写真”、“小草”等15个固定栏目；四版为广告版，设形象宣传栏目。

【发行】

在《夏河报》创办之时，报纸全部赠阅给党政机关、上级主管部门、上层统战人士、各部落、寺院等，也包括西藏、青海等民族聚居区。

在《甘南报》创刊时期，确定了读者对象：“面向藏民兼顾回、汉民，适当照顾区乡干部，重点放在牧业方面，文字应以粗通文字的人能看懂。”报纸发行以赠阅和订阅相结合：机关、学校（初小以上）、团体及集镇商民订阅，各区乡、部落、寺院及有关人士一律赠阅。

1953 年报纸发行量为 1400 份，其中赠阅 700 余份，订阅 600 余份（省外订阅 130 余份）。

1955 年藏汉文分版后，藏文报发行 496 份，汉文报发行 1038 份。直到 1958 年，报纸的发行总数徘徊在 1000 份左右。

"大跃进"时期，报纸发行量猛增。

1960 年 1 月份，报纸的发行量总计达到 13500 份。其中汉文报 13000 份，藏文报 500 份。

1962 年复刊后，报纸发行量大幅度下降。

1963 年初，汉文报发行 367 份，藏文报发行 555 份（含赠阅）。

1964 年发行量开始回升。当年第一季度藏汉文版发行数为 1629 份。其中订阅 629 份（汉文报 475 份，藏文报 154 份）。

1965 年底，报纸发行量达到 23068 份。创下了报纸的最高发行纪录。其中汉文报订阅数为 21000 份，藏文报为 600 份。

1968 年《甘南报》藏汉文复刊后，发行 1700 份。全部赠阅。

1872 年后始有订户。

1978 年初，报纸赠阅 1624 份，订阅 395 份，共计发行 2019 份。

自 1980 年起，汉文版全部改为订阅。藏文报仍采用订阅和赠阅相结合方式发行。赠阅的范围为牧区和半牧区藏族聚居的行政村、藏族中小学和藏传佛教寺院。

【特色】

1. 创办最早的地市级藏文机关报。其间历尽曲折和困难，无论从两语模式的变化，还是发行方式的演变，包括内容、版式、栏目等，典型地显示出地市藏语报刊发展的历史轨迹和特点，具有标本意义。

2. 突出地方报纸优势和特点，注重地方新闻报道。

3. 凸显民族特色，为藏族读者服务。

4. 显示藏民族语言的特殊魅力，注意翻译的通俗性和艺术性，提高报纸传播效能。特别是该报确定的"粗通文字的读者能看懂，不识文字的读者能听懂"的原则，具体可行，具有很大可操作性和代表性。

【地位和影响】

新中国最早的地市级藏文机关报；在中国藏族聚居区具有较大影响力的藏文地市级报纸。

五 《民族画报》——中国最早的藏文画刊

【名　　称】《民族画报》

【刊名题写】周恩来（中华人民共和国政务院总理）。

【创办时间】1955年2月。

【地　　点】北京。

【主　　办】中央人民政府民族事务委员会。

【办刊宗旨】

通过图片和文字宣传马克思列宁主义、毛泽东思想；宣传中国共产党的方针、政策，尤其是民族政策；着重反映中国少数民族地区政治、经济、文化教育、科学卫生等方面的成就及新人、新事、新风尚；介绍各民族的优秀历史文化、风土人情，以及各民族地区的风光、建筑、山川河流、名胜古迹等。

【历史沿革】

《民族画报》是在《人民画报》副册基础上发展起来的。1951年，基于读者了解少数民族社会、生活内容方面的需要，中央人民政府民族事务委员会参事室即以蒙古、藏、维吾尔等少数民族语言文字翻译出版《人民画报》，作为《人民画报》的副册出版，附在《人民画报》中发行。中央民委参事室专门组成画刊组，摄影家庄学本担任组长。1953年8月副册增加朝鲜文字版。副册主要报道少数民族方面的重大新闻，以民族团结为主要内容。稿件主要来自画刊组记者，也有新华社记者的作品。虽篇幅有限，内容尚不很丰富，但以图片形式进行形象报道和宣传，很受各族读者欢迎。

由于副册不能满足读者需要，在时任中央民委副主任、民族出版社社长、著名新闻记者萨空了的倡议下，国家有关部门于1954年批准成立《民族画报》。1955年2月，《民族画报》创刊，周恩来总理题写刊名，用汉、蒙古、藏、维吾尔、哈萨克、朝鲜6种民族文字出版，向国内外发行。《人民画报》副册随之停刊。

1960年7月至12月，由于进行书刊质量检查，停刊6个月。

1966年10月至1973年12月，因“文革”停刊7年零3个月。

1974年1月复刊。

【版式】

在作为《人民画报》副册期间，画报为8开本，8面，黑白凹印加单色

《民族画报》

套印。1955 年《民族画报》创刊，双月刊。每期 24 面。1957 年改为月刊，每期增至 28 面（其中彩页 6—8 面）。1959 年增至 32 面（彩页 8 面）。1959 年 8 月至 1966 年 8 月曾出版壮文版。1966 年起增至 36 面（彩页 8 面）。

1974 年 1 月复刊后，篇幅增至 40 面（彩色 14 面）。1977 年增至 44 面（彩色 16 面）。1998 年画报进行大改版，采用国际流行的大 16 开版本。篇幅增至 66 面，彩页增至 42 面。1999 年全部改为彩色出版。篇幅 68 面。

【发行】

由于《民族画报》率先开始形象地宣传少数民族，用专题形式反映少数民族人民生产、生活，这对国内外人们了解中国少数民族情况，各民族人民知晓党的民族政策，促进各族人民之间相互了解，起到了独有的重要作用，这就使《民族画报》在各民族地区拥有广泛的读者群。除定期向党和国家领导人赠阅外，在全国主要图书馆、资料室，特别是各大专院校和县以上图书馆；各民族地区的政府机关和有关领导人；国家民委各直属机关、各地民委机关；部分团体、部队等地方和人员都可以看到《民族画报》。

《民族画报》创刊初期发行量就达到 4 万册，以后逐渐增加到 15 万册，最高发行纪录为 2 万册。发行范围主要在国内，读者对象主要是各少数民族。同时，在朝鲜、蒙古、日本、缅甸、委内瑞拉、秘鲁、墨西哥、苏联、丹麦、德国、英国、法国、美国、加拿大、澳大利亚、斐济等 50 多个国家和地区也拥有一定数量的读者群。

【栏目和内容】

主要栏目：民族工作、报道摄影、社会广角、环球写真、艺术长廊、旅游天地、西线军旅等。

在“创刊的话”中，《民族画报》给自己确定的任务是：通过图片和文字，报道在过渡时期中伟大祖国各族人民在中国共产党和人民政府的领导下，巩固团结，热爱祖国，建设幸福的新生活，反对国内外敌人的英勇斗争，以及各民族各方面的先进的模范人物的事迹。通过这些报道，鼓舞各族人民保卫和平和建设祖国的热情与积极性，使我们的国家更加蓬勃地向前发展。

在创刊初期，主要报道各民族地区历史性的社会变革和各族人民走向新的生活的情况。在 1959 到 1962 年间，《民族画报》以较多的篇幅报道了西藏平叛和推翻封建农奴制的民主改革，翻身农奴当家做主的历史变迁。对 1965 年西藏自治区成立进行全面报道。开辟《民族介绍》栏目，在全国媒体中第一个以专题报道形式，用图片对 56 个少数民族的社会、经济、文化等方面进行介绍。

“文化大革命”期间，《民族画报》停刊。

1974 年复刊后，既应政治形势需要刊登时文，但也集中报道了党的民族区域自治政策落实情况，加强了对民族干部培养、民族团结、军民团结、民族地区工农业生产等方面的宣传。1975 年，在红军长征 40 周年之际，开辟“红军经过的地方”专栏。1976 年，突出悼念毛泽东、朱德、周恩来等第一代核心领导逝世。为纪念对《民族画报》给予高度关注的周恩来总理，画报出版了增刊，编辑印发《周恩来同志为共产主义事业光辉战斗的一生》画册。1977 年出版专刊《深切怀念敬爱的周恩来总理》。

1978 年十一届三中全会后，《民族画报》重点报道民族地区走出封闭，步入市场经济轨道，大力推动社会经济发展的伟大历史跃进。曾经成功地开展过多项大型报道及连载报道，如《中华民族的摇篮——黄河》《环行祖国边疆》《新亚欧大陆桥纵横》《澜沧江纪行》《西行阿里》等，这些报道都在广大读者中产生了良好的影响。

【特色】

1. 作为多语种民族语言画刊，具有从不同文化背景展示中国民族历史文化和现代生活的优势。而藏文画刊就是其中重要的一种。

2. 藏文画刊以中国整个藏族聚居区民族的生活为观照对象，视野开阔，有助于读者从宏观上把握藏民族的悠久历史和灿烂文化，了解这个民族的今天和未来。

3. 形象直观的传播方式，超越了民族、语言、文化和地域，具有广泛的传播张力，辐射到广大读者的群落，影响力要大大超过纯文字或以文字为主要传播媒介的藏文报刊。

4. 是各民族间交流的理想平台。

【地位】

1. 中国新闻史上第一份，也是世界第一份反映本国少数民族生产、生活的民族画报。

2. 中国少数民族语种最丰富的画刊。

六 《西藏日报》——世界上最大的藏文日报

【名　　称】《西藏日报》

【创办时间】 1956 年 4 月 22 日。

【地　　点】 西藏自治区拉萨市。

【主　　办】 西藏日报社。

【办刊宗旨】

西藏自治区党委机关报。《西藏日报》以“正确导向、扩大信息、贴近群众、突出特色”为办报宗旨，宣传党的路线、方针、政策，自治区党委政府的各项工作方针和措施，讴歌人民群众的英雄业绩，传播知识和信息，反映群众呼声，为西藏的发展和稳定服务。

【刊名题写】

汉文版报头由中共中央主席毛泽东题写，藏文版报头由全国人大常委会副委员长阿沛·阿旺晋美题写。

【历史沿革】

《西藏日报》藏、汉文报于 1956 年 4 月 22 日同时创刊。经历了一系列的社会大变革，真实地记录了西藏自治区筹委会的成立、平息叛乱、民主改革、改革开放、治穷致富的历史脚步，见证了西藏从封建农奴制社会到社会主义社会，从贫穷落后到发展进步，走向富裕、文明的发展变化的各个历史阶段，为促进西藏的经济发展和社会进步发挥了重大影响。

《西藏日报》的前身是中共西藏工委的《新闻简讯》。《新闻简讯》是解放军进军西藏不久办起来的油印小报，有藏、汉两版。藏文版于 1953 年初

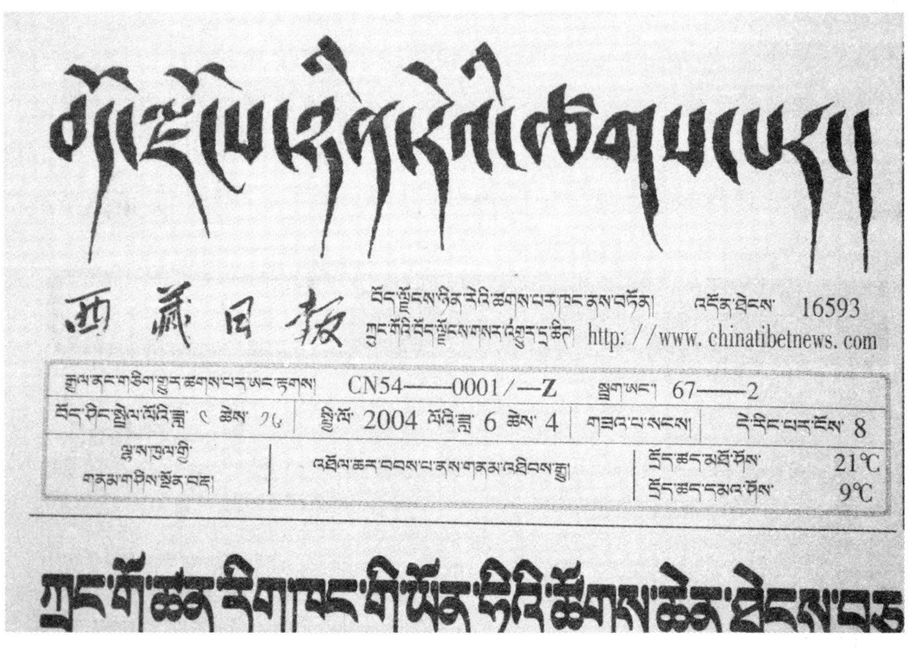
西藏日报
16593
http://www.chinatibetnews.com
CN54——0001/—Z
67——2
2004 6 4
8
21℃
9℃

《西藏日报》藏文版

创刊，初为油印小册子，以西藏上层人士和寺庙喇嘛为对象，主要宣传“十七条协议”精神，高扬团结、反帝、爱国的旗帜，对读者进行社会主义启蒙教育。其间报道了抗美援朝、祖国经济建设成就、第一次全国人民代表大会、第一部宪法的公布等重大新闻。通过报道执行“十七条协议”和人民解放军进藏人员给西藏人民办好事——修通康藏、青藏公路，修筑拉萨河堤、发放无息贷款、为群众免费看病等事迹，逐步消除藏族百姓对共产党的恐惧心理。同时系统地介绍了全国各民族自治地方的过去和现在，宣传党的民族自治政策。

藏文版《新闻简讯》始为油印32开，1953年下半年改为半月刊，4开1张。1954年改为石印5日刊、3日刊。

1955年改为铅印日刊，为正式创办《西藏日报》打下基础。最初发行仅仅为几百份，后来达到1000余份。但就是这有限的报纸，也受到了顽固分裂分子的阻挠。他们撕毁张贴的报纸，唆使人对送报人员挑衅、侮辱、扛膀子、吐唾沫、扔石头，试图扼杀报纸的发行和传播。为冲破阻力，保证报纸的顺利发行，藏文版《新闻简讯》在达赖喇嘛题写的报头下，套红印刷达赖喇嘛的私章。爱国诗人擦珠·阿旺洛桑还亲自到寺庙送发报纸，使党的政策和社会主义、爱国主义思想进入寺庙。

《西藏日报》的筹备工作受到了党中央和毛泽东主席的直接关注。1955年，中共中央根据西藏社会实际，决定不成立军政委员会而成立西藏自治区筹备委员会。《新闻简讯》已经不能适应形势需要。1955年10月，中央人民政府驻藏代表张经武就在藏创办省级报纸一事请示毛泽东主席，毛主席就此作出具体指示：“在少数民族地区办报，首先应办少数民族文字报纸。为什么要用汉文报头？你们还有大民族主义思想。”“西藏与青海不同，不要藏汉两文合版，要办藏文报。报纸用什么名字和怎样办好，应同西藏地方商量，由他们决定，我们不要包办。”并指示，报纸名字不一定要用“西藏”二字，如北京的报纸有《人民日报》、《光明日报》，中国报纸并未用“中国”二字（毛主席的意思是不用西藏地名可用藏文取名）。毛泽东主席的意见，基本确定了“西藏日报”特别是西藏日报藏文版的办刊模式和原则。1956年2月18日，中共西藏工委决定在《新闻简讯》的基础上创办一张正式的省级报纸。同年3月7日，中共西藏工委任命“西藏日报”领导班子，以庄坤为党组书记和总编辑。西藏日报社正式成立。并仿照自治区筹委会组织机构模式，成立了由西藏地方政府、班禅堪布厅、昌都地区解放委员会和中央进藏工作人员等四个方面组成的领导机构。庄坤任总编辑，严蒙（原新华社）为副总编辑。四位藏族著名人士为副总编辑：噶雪·顿珠才让、德夏·顿珠多吉、擦珠·阿旺洛桑、江金·索南杰布。报纸的性质确定为中共西藏自治区工委机关报和西藏自治筹备委员会机关报，并在报头下加印“西藏自治筹备委员会机关报”字样。藏汉文分开出版。对开4版，日报。藏文版的读者对象主要是西藏中上层人士和寺院僧尼。关于报纸的名称“西藏日报”，是在当面征求了达赖喇嘛的意见，并最终由达赖喇嘛确定的。达赖喇嘛还为藏文版题写了刊名。汉文版则集鲁迅手迹而成。

1956年4月22日，《西藏日报》藏、汉文版与西藏自治区筹委会同年同月同日诞生。它是西藏第一张正式的省级日报，是世界上最大的藏文报纸，也是西藏第一份当代报纸，标志着西藏当代报业的诞生，也是西藏当代新闻传播事业的开端。关于藏文“报纸”一词，在西藏军区编审委员会中展开了激烈的争论。《西藏日报》副主编江金·索南杰布主张取藏文字母中“印刷”之音、之意，合成了目前藏语“报纸”一词，成为至今藏文报刊等出版物中通用的“报纸”一词，丰富了藏语的词汇。

西藏工委采取得力措施，加强藏文报工作。1956年12月初，中共西藏工委委托工委委员平措旺杰到报社领导藏文报工作。1957年3月11日，任命擦珠·阿旺洛桑、江金·索南杰布为编辑委员会副主任、副总编辑。噶雪·顿珠、德娃夏在继续担任副总编辑职务的同时，分别兼任编辑部副主任、新闻训练班副主任。成立西藏日报社藏文编辑部，列成普拉为藏文编辑部主任。噶雪·顿珠（兼）、格西曲扎、祝维翰、马俊明、金鉴为副主任。藏文编辑部的工作由西藏军区编审委员会负责，它也成为西藏日报社三个主要部门（汉文编辑部、行政经理部）中的一个。《西藏日报》无论从人员还是组织机构上，都进入了其历史上的第一个高峰。

在创刊之初，《西藏日报》宣传的核心内容是“十七条协议”和中央“慎重推进”的方针，着重于重大政策的介绍，带有政治启蒙的色彩，故以转载新华社电讯稿为主，知识性文章居多，对西藏地方新闻的报道有限。

1957年8月，根据中共中央“六年不改，适当收缩”的治藏方针，包括总编辑庄坤、副总编辑严蒙在内的1/3人员精减，返回内地。藏文编辑部仅有1人负责藏文报的工作。汉、藏语版艰难地维持着最基本的编辑出版。在此一时期，《西藏日报》对西藏江孜市区头人本根却珠迫害干训队藏族学员旺杰平措事件的连续报道，获得了广泛的社会影响，充分体现了机关媒体的权威性和强大的舆论引导力量。

西藏日报出版之后，我们将按照联系实际、联系群众的方针，采用西藏人民喜见乐闻的民族形式，使它能够真正成为西藏各阶层广大人民的好朋友。为此，希望广大读者经常地不断的给予深切的关怀和爱护，经常的及时的提出批评和改进意见，使它能够随着西藏的政治、经济和文化的日益发展，担负起它应有的光荣任务。

གསར་འགྱུར་འགོ་འཛུགས་བརྗོད་ཚིག

《西藏日报》创刊词（1）

热情的鼓励　殷切的希望

原中共西藏工委副书记范明同志的贺信：

西藏日报社编委会：

西藏日报创刊三十年来，在党的光辉民族政策与西藏实际相结合的、有西藏特色的民族政策指引下，在西藏区党委领导下，遵循实事求是的办报原则，大力宣传马列主义、毛泽东思想和十一届三中全会以来的各项方针政策；宣传党对西藏制定的反帝爱国、加强民族团结和更加进步的方针政策；教育和鼓舞西藏各族人民以爱国主义和建设社会主义新西藏的热情，发挥了党的喉舌作用，并取得了优异的成绩。对此，请允许我以个人的名义向西藏日报创刊三十周年和全体同志，致以热烈的祝贺和亲切的慰问。同时，也热切地希望同志们总结既往经验，解放思想，大胆改革，为开创西藏日报的新局面而共同奋斗，为建设一个团结、富裕、文明的社会主义新西藏作出更大的贡献！

范　明
一九八六年九月十二日

《西藏日报》创刊词（2）

《西藏日报》创刊号发刊词

（一九五六年四月二十二日）

西藏日报的筹备工作，在达赖喇嘛、班禅额尔德尼和中共西藏工委的亲切领导下，在各阶层僧俗人民的热烈赞助和各界人士共同商讨下，已经顺利完成了。今天西藏日报与西藏自治区筹备委员会成立的同时正式创刊，和大家见面了。

西藏日报的出版，是西藏人民政治生活中的一件大事情，是随着西藏自治区筹备委员会成立的又一件大喜事。它是西藏自治区筹备委员会的机关报，是西藏人民自己的报纸。它将在西藏自治区筹备委员会、达赖喇嘛、班禅额尔德尼和中共西藏工委的领导下，完成以下各项任务：宣传中国共产党、中央人民政府和毛泽东主席的民族平等团结政策、宗教信仰自由政策和民族区域自治政策，更进一步的加强祖国各民族之间的团结和西藏内部的团结；宣传马列主义和爱国主义思想，教育干部和各阶层人民，提高政治觉悟；阐明西藏自治区筹备委员会各项工作的方针、政策和措施，指导西藏各项工作的开展和进行；反映西藏政治、经济、文化的发展情况，反映西藏人民的生产建设和生活等情况；交流与传播各种工作经验和生产经验；介绍祖国社会主义建设的各项伟大成就和世界和平民主运动的发展情况；介绍西藏的历史、文化和艺术，介绍现代的科学知识和理论。

《西藏日报》创刊词（3）

《西藏日报》副总编辑擦珠·阿旺洛桑

《西藏日报》副总编噶雪·顿珠

1959年元旦，鉴于西藏政治斗争形势严峻，西藏工委遂决定取消《西藏日报》报头下刊挂的“西藏自治区筹委会机关报”字样。原四方面副总编辑中，除西藏工委派出的正副编辑予以保留外，其余各方自然免职。在达赖喇嘛叛逃国外后，《西藏日报》藏文版换下了由其题写的藏文报头。《西藏日报》由一张具有统一战线性质的省级报纸，完全成为中共西藏工委的机关报。其办报宗旨发生了质的跃进。

1961 年 5 月，新华社西藏分社与《西藏日报》合署编委会成立。

1959 年 3 月平叛结束后，西藏政治形势明朗化，《西藏日报》也进入了自己的繁荣期。

1959 年 3 月到 1961 年 3 月，报社进入全面恢复阶段。报社员工达到 180 人，超过了 1957 年的规模。藏文编辑部继续设立和运作。宣传的重点是：为坚决平息西藏叛乱创设浓厚的舆论氛围；宣传西藏自治区筹委会代行地方政权的意义和作用；宣传党的民族政策和平叛政策；正面组织民主改革宣传报道。

1961 年 5 月到 1964 年元月，报社进入发展阶段。报社组织旨在提高报纸质量的业务“红旗竞赛”活动。每天组织好版面、好标题、好专栏、好新闻、好照片评价活动。经过 8 个月的竞赛活动，藏、汉文报纸的新闻采写和办报质量均获得明显提升，整体办报水平创下历史最好纪录。编委会还成立专业夜校，总编辑金沙亲自授课，西藏工委首长、筹委会各部、处负责人也登台讲解西藏形势政策。1962 年，又对对印自卫反击战进行了报道。

1964 年元旦到 1966 年 5 月，报社进入兴旺阶段。至 1964 年，西藏胜利完成平叛和民主改革。社会秩序趋于稳定，生产力得到恢复和发展。1964 年 10 月 1 日，采购自上海的轮转印刷机印刷的藏文报纸同读者见面，标志着《西藏日报》印刷技术手段达到全国先进水平。为迎接西藏自治区成立，《西藏日报》组成报道组，分赴昌都、那曲、山南等地区，报道百万翻身农奴在摧毁了封建农奴制后获得的新生。报纸不仅地方新闻多，内容新，评论版面天天有，栏目丰富，期期有新，而且版面中心突出，枝繁叶茂，设计精巧，印刷清晰，美观大方，引人入胜，获得读者较高评价。到 1966 年，报社总人数达到 441 人，是历史上最兴旺的时期。

1965 年 8 月，中共中央主席毛泽东为《西藏日报》题写刊名。同年 9 月 1 日，《西藏日报》藏汉文均使用毛泽东主席题写的刊名。

1966 年 5 月，《西藏日报》以揭批“金沙路线”为标志，开始了“文化大革命”。1967 年元月，报社造反派组织夺权。1967 年 3 月到 1969 年 9 月，实行军事管制。1969 年 9 月，成立报社“三结合”革命委员会。1971 年 5

月，成立了以地方干部为主的革委会。1973 年 3 月，成立报社党委会。其间，红卫兵造反派还创办过藏文版报纸《红色造反者》。

“文化大革命”结束之初，报社取消革委会，实行党委领导下的总编辑负责制。

1980—1982 年，根据中央决定，报社大批汉族干部内调，专业人员奇缺，是报社自 20 世纪 50 年代后期以来遭受到的最大冲击。

20 世纪 80 年代中期以后，《西藏日报》获得较大发展。1988 年，《西藏日报》试行胶印藏文报。1989 年 2 月实行藏汉文胶版印刷。1993 年，报社成立藏语文指导小组。1994 年 4 月，《西藏日报》藏、汉文版在全国省级报纸中最后一家实现激光照排，告别了传统的铅与火的时代，标志着报纸的印刷技术实现了历史性飞跃。

西藏日报社历届主要负责人有庄坤、方驰辛、金沙、张林桂（军代表）、孟昭勤（军代表）、张再旺、李文珊、尹锐、李长文、群觉、高延祥、张崇银、李而亮、孟晓林。

【版式】

《西藏日报》为汉文版和藏文版两张大报。汉文版根据西藏稿源淡旺季的特点，每年 5 月 1 日至 10 月 31 日每周 48 版；11 月 1 日至次年 4 月 30 日每周为 36 版；藏文版每周为 36 版。

【栏目】

主要栏目：一版——要闻简报、高原漫谈、重点专栏；二版——高原短波、国内要闻；三、四版——国际快讯、体育大看台、聚焦西部、他山之石；五版——关注、经济聚焦、经济笔谈、经济传真、生活视点、文化看台、军营文化；六版——增收新亮点、高原论坛、农村走廊、消费视窗；七版——产经简报、旅游动态、援藏实录、实用科技、你言我语；八版——股市周评、证券信息、个股点评、操作策略。

【发行】

西藏日报社非常重视《西藏日报》藏文版，每周的藏文报已增加到 36 个版面，日发行 1.6 万份。目前，报纸发行到四川、青海、甘肃等地所有藏族聚居区，是名副其实的全国最大的藏文报纸。从藏北草原深处的牧民到藏南田间地头的农民，从偏远的道班工人到繁华都市里的市民，从关心国家大事的政协统战人士到寺庙里的僧众，都有《西藏日报》藏文版的忠实读者。藏文报的最高日发行纪录是 1976 年的 24973 份。

【特色】

1. 保持清醒认识，增强喉舌意识。西藏特殊的政治、社会、历史背景，造成了复杂的民族、宗教等问题，反分裂斗争成为西藏新闻宣传的核心使命。作为最具代表性的藏语传播媒介，就承担着重要的政治责任，维护国家统一和民族团结，促进西藏政治和社会稳定。报纸致力于实现三个结合：一是把反对分裂、维护祖国统一和民族团结的宣传与爱国主义宣传结合起来；二是把西藏和平解放以来各方面的发展变化的宣传和党的民族政策的宣传结合起来；三是把稳定局势的宣传和改革、发展的宣传结合起来。

2. 确立明确的宣传指导思想。根据藏文报的读者对象和宣传任务，在制订宣传计划和选编稿件等方面形成了基本的指导思想：两个面向——面向农牧区，面向基层；三个突出——突出重点，突出农牧区，突出农牧民；三个服务——为西藏人民服务，为社会主义服务，为西藏发展和稳定服务。如开设一些实用性强的栏目：市场经济、科普园地、教育与学校、新风赞、生活顾问、商品信息、卫生与健康等。针对农牧区文盲多、文化水平低等实际，精选稿件，力求简明通俗，图文并茂，更多地报道县以下发生的新闻。

3. 办出特色，体现“酥油糌粑味”，增强可读性。用藏民族语言展示西藏独特的民族文化和地域特色，是《西藏日报》藏文版的突出优势。在内容上贴近农牧民生活，使群众有亲切感。如展示西藏独特的地理环境、悠久的历史、灿烂的民族文化、丰富的自然资源、众多的名胜古迹、得天独厚的登山旅游业、奇特的民族、宗教传统节日等知识性、趣味性、娱乐性很强的自然、人文景观，传播雪域居民的生活、生产、习俗、服饰等文化观念，增长知识，树立民族自信心和自豪感。在语言文字上努力体现民族特色，吸引藏族受众。提高藏族记者、通讯员的文化素质和翻译水平，使新闻报道具有较高的可读性。报社自20世纪70年代末80年代初就致力于藏文通联工作，鼓励记者和通讯员用藏文直接写稿。

4. 承担文化启蒙的历史责任。针对西藏民众浓厚的传统意识，藏文报纸就把新文化、新知识、新思想、新观念和科学技术知识的传播作为主要责任。在三、四版上开辟了生活常识、卫生与健康、科普园地、法制园地、伟大祖国欣欣向荣、祖国各地、世界各地、兄弟民族在前进、世界之窗、四方新闻、生活顾问等栏目，以比较密集的信息和活跃的格调，满足读者的求知需要，将现代文明传达到民众心中，推动西藏的社会进步。办好时事版，力求文章短、条数多、图文并茂、信息量大、版面活，广泛传播国内外信息。在选稿上注意介绍各方面经验，注重国内外重大新闻和事件的报道，对准新潮流、新风尚、新事物，不放过民众很感兴趣的天下奇闻，不疏漏藏民族关心的国内各少数民族区发生的重要新闻，尽可能多地使用直观形象的新闻图片。

5. 为直接服务于西藏农牧民的生产生活，由藏文报编辑部编译出版以农牧区干部、群众为主要读者对象的藏文版《致富之友》杂志。通过宣传党的方针政策、传播科学文化知识、传递经济信息、介绍致富经验，指导农牧民群众脱贫致富奔小康，深受农牧民群众的喜爱，已成为农牧民群众脱贫致富的良师益友。

【地位】

《西藏日报》藏文版作为全国各种藏文报纸中最具权威、发行量最大、影响面最广、读者人数最多的藏文报纸，是党和政府联系藏族群众的桥梁和纽带，也是全国藏文传播媒介实现信息传播规范化的领头羊。

七　《西藏科技报》——全国首家藏文科技专业报纸

【名　　称】《西藏科技报》

【创办时间】1980 年 8 月。

【地　　点】西藏自治区拉萨市。

【主　　办】西藏自治区科委、西藏科学技术协会主办。

【办刊宗旨】

《西藏科技报》

紧密结合西藏实际，宣传党的科技方针政策，介绍西藏独特的地质地貌、物候气象、动物植物、矿产资源、西藏历史、文物、藏医藏药、高原旅游、各民族风土人情，特别是紧紧围绕西藏农牧区经济发展这个中心，大力普及推广农牧业先进实用技术。

【历史沿革】

1979 年 10 月 11 日，《西藏科技报》汉文版创刊。4 开 4 版。半月刊。后改为周报。年发行 1.3 万份。

1980 年 8 月，藏文版《西藏科技报》创刊发行。4 开 4 版。月报。后改为半月刊。年发行 1.5 万份。

1988 年，荣获“全国科普报刊先进集体”称号，受到中国科协的表彰。1990 年，获中国科技报研究会“全国十佳科技报”称号。1998 年，被西藏自治区党委、人民政府授予“全区民族团结先进集体”称号。

【版式】

4 开 4 版。周报。

【栏目】

西藏地质地貌、物候气象、动物植物、矿产资源、科考探险、历史文化、藏医藏药、高原旅游、风土人情等。

【发行】

发行范围：在西藏自治区，发行到各地市及县的 437 个行政区所属公社及生产队的农牧民群众。在西藏以外，主要发行到四川、青海、内蒙、云南等省区的藏族聚居区。

读者对象：具有一定文化程度的工农牧群众、科技工作者、干部、教师、学生、城镇居民等。

发行量：1989—1991 年 9 万份，其中藏文报 3 万余份。1999 年发行 3 万份，其中藏文报 1.49 万份。

报社经费主要来源于财政拨款。

【特色】

1. 突出西藏科技特色和民族文化优势，形成比较鲜明的办报风格。如重点介绍西藏独特的地质地貌、物候气象、动物植物、矿产资源、历史文化、藏医藏药、高原旅游、民族风土人情等，凸显西藏特色，对读者具有很大吸引力。

2. 针对农牧民实际需要，注重刊登农牧业实用科技技术和知识。如科技发明、科学常识、畜牧饲养、医疗卫生知识等，满足群众需要。

3. 图文并茂，可读性强。多配发照片。文章短小通俗。以对话方式宣传科学知识。

【地位和影响】

全国首家藏语科技专业报纸。“全国十佳科技报”。

八　《雪域文化》——最具影响力的藏文藏民族文化刊物

【名　　称】《雪域文化》

【创办时间】1980年。

【地　　点】西藏自治区拉萨市。

【主　　办】西藏自治区文化厅、群众艺术馆主办。

【办刊宗旨】

坚持四项基本原则，坚持“二为”方向和“双百”方针，立足西藏面向全国，全面介绍丰富多彩的藏族文化艺术，力求反映西藏传统文化艺术和现代文化艺术的各个方面，弘扬本民族的优秀文化。内容健康丰富，综合性强，体裁多样，篇幅短小，通俗易懂，为西藏文化事业和社会主义精神文明建设作出贡献。

【历史沿革】

1980年试刊。刊名《西藏群众文艺》。内部刊物。1983年11月8日，经西藏自治区党委宣传部批准，由西藏自治区新闻出版局登记备案，正式创刊，公开发行。1988年更名为《雪域文化》。1994年，汉文版《雪域文化》停刊。藏文版继续出版发行。

【版式】

藏汉语版。16开本。季刊。

【栏目】

民族艺苑、歌曲、曲艺、故事、谚语、影视之窗、少儿文艺、文艺园地（小说、诗歌、散文、报告文学、嘎协、谜语等）、群文天地、藏医学、高原人物、知识论坛、文学评论、民间文学、美术、摄影、高原漫谈、古迹寻踪、文化旅游等。

【发行】

普及性文艺刊物。读者对象：具有中等以上文化程度的读者。发行量：2500册/期。自办发行。刊物定价：1983—1989年为0.70元；1991年为0.80元；

1992—1993 年为 1.00 元；1994—1997 年为 2.00 元；1998 年为 2.50 元。

【特色】

1. 以传播西藏民族文化为使命，全面介绍和发展民族文化艺术，客观、真实地展示出西藏文化的整体面貌。

2. 内容丰富多彩，读者喜闻乐见。

3. 培养本民族文化和艺术创作队伍。

【地位和影响】

由于该刊物明确而独特的定位，灵活的办刊机制和独一无二的藏民族文化背景，使之成为全国最具影响力的传播藏民族文化的藏文刊物。

九　《章恰尔》——中国最具影响力的藏文文学期刊

【名　　称】《章恰尔》（意为“雨露”）

【创办时间】1981 年。

【地　　点】青海省西宁市。

【主　　办】青海民族出版社。

【办刊宗旨】

文学艺术刊物，以扶植藏族文艺新人，繁荣文艺创作，提高民族文化素质为宗旨。立足青海，面向全国藏区，为人民服务，为社会服务。坚持党的基本路线和文艺方针，坚持党的民族政策，注重作品的思想品位和艺术质量，努力突出民族特色和时代特征，团结和引导广大藏族作家讴歌时代，弘扬主旋律。

《章恰尔》获“第三届国家期刊奖百种重点期刊”获奖证书（2005）

【历史沿革】

1981 年在青海省会西宁市创刊。藏文文学期刊。

【版式】

16 开。季刊。2006 年，杂志扩版增页，由 68 页增加到 208 页。

【栏目】

大型藏语文学期刊。主要设有小说、诗歌、散文、评论、争鸣天地、名作欣赏、选刊拔萃、文学讲坛、诗谜、讽刺幽默、创作谈等栏目。

【发行】

覆盖中国整个藏族地区，远销到美、日、意、英等海外 17 个国家。在樟木口岸，成为出境旅客携带的文化珍品。在其读者群中，包括了大中学校师生，农牧区具有一定藏语文化基础的群众，藏族干部、职工，藏学研究者，寺院僧人等不同层次和阶层的人。而大学生则是该刊物的主体作者群落。特别是寺院僧人，既是读者，也是作者。他们以良好的文化修养，创作了大量的格律诗。在远处山西的五台山寺院，也有《章恰尔》的踪迹。该期刊目前发行 8000 册。最高达到 1 万册以上。其发行量不仅名列青海省文学期刊之首，而且位列全国藏文期刊的最前列。2004 年 4 月，《章恰尔》进入网络，创造了日点击率 15 万次的出色纪录，引起国内外普遍关注。考虑到期刊发行因素，后由刊载全文改为刊登“目录”和“提要”。

【特色】

1. 以培育藏语文学新人为使命。《章恰尔》始终将团结藏族作家，发现和培植藏族文学新人视为自己的神圣职责。它的作者群落已经发展到千人，其中写作状态比较稳定的基本作者达到百余名。《章恰尔》培育的 60 多名作者在青海省内外文学评奖中获奖。编辑部动员全国 50 余位爱国活佛捐款设立“章恰尔文学基金”、“章恰尔文学奖”。有 2 人荣获中国少数民族文学创作奖“骏马奖”。为表彰《章恰尔》在培养和扶植藏族作者方面的突出成绩，中国当代文学研究会和中国少数民族文学研究会连续四次为《章恰尔》颁发“园丁奖”。

2. 注重藏民族文化品牌效应。进行了增页扩版，并适度调整期刊的市场定位，对原有的栏目进行了必要的调整和充实，增加了一些可读性强的新栏目，同时，加强对原有品牌栏目的建设力度，从而使刊物内容更加丰富，形式更为多样。扩版后的《章恰尔》已步入大型文学期刊行列。在刊发的 1000 多位作者的 7000 多篇作品中，有 80 余篇作品获得全国和省级文学大奖。近百篇作品翻译成汉语、英语在国内外发表。上百篇作品入选大中专语言教材。数百篇作品被收入各种文学专辑出版发行。为支持民族教育事业，《章恰尔》杂志联合“金珂藏药”向全国403名藏族在读硕士、博士赠送2007年《章恰尔》杂志。2001年经新闻出版总署评定，进入“中国期刊方阵”，并获“双效期刊”；2003年和2005年先后两次在全国9000多家期刊中脱颖而出，荣获第二、第三届国家期刊奖百种重点期刊，成为全国藏文期刊中唯一获此殊荣的期刊。先后三次获得青海省期刊校编质量评比一等奖，12次获得省内外奖励。

3. 以期刊为平台策划组织各种藏文文学创作和评奖活动，扩大期刊影响力。在《章恰尔》创刊20周年之际，由青海民族出版社出版的《章恰尔20年精品丛书》于2001年正式出版发行。《章恰尔20年精品丛书》共分8卷，包括《小说卷》（上、下册）、《诗歌卷》（上、下册）、《理论评论卷》《散文卷》《翻译小说卷》《名作欣赏卷》。《丛书》所选均是20年来共81期《章恰尔》期刊发表的5000多篇（首）作品中的上乘之作，代表了《章恰

《章恰尔》藏语版创刊号（1）

《章恰尔》藏语版创刊号（2）

尔》20 年的最高成就。《章恰尔》文学期刊自 1994 年设立“章恰尔文学奖”及“新人新作奖”，评奖活动每三年举办一次。2006 年 8 月 16 日，“金珂藏药”杯第五届章恰尔文学奖暨新人新作奖在西宁举行颁奖仪式。本届“金珂藏药”杯章“恰尔文学奖”以 2003 年至 2005 年在《章恰尔》期刊上发表的小说、诗歌、散文为评选作品，经读者投票推荐和专家评选，最终评选出章恰尔文学奖三名：德本加的小说《狗及其主人们》、次仁顿珠的小说《英俊和尚》、益本桑布的诗歌《通弥小传》。新人新作奖两名，分别为觉乃·云才让的小说《罪孽》、赤·桑华的诗歌《向往和平》。此次获奖作品以小说居多。“章恰尔文学奖”获得者分别获奖金5000元；“新人新作奖”得主分别获奖金2500元，评选活动由青海金诃藏药集团全力提供赞助。为目前藏语文学作品获奖金额之最。

【地位】

全国最有影响的藏文文学刊物。不仅发行量在藏文文学刊物中居于首位，而且获得了国家权威部门的质量和影响力认可，先后进入“中国期刊方阵”，并获“双效期刊”、国家期刊奖百种重点期刊，成为全国藏文期刊中唯一获此殊荣的期刊。该刊物不仅办刊质量上乘，而且以此为平台，积极承担起弘扬藏民族优秀文化的历史使命，作出了卓有成效的努力，被誉为“藏族文学的里程碑”、“藏文版《人民文学》”，对推动藏族文学事业发展，建设民族文化作出了杰出贡献。

十　《攀登》——最早的理论学术藏文期刊

【名　　称】《攀登》

【创办时间】1982年4月。

【地　　点】青海省西宁市。

【主　　办】青海省委党校、青海省行政学院、青海省社会主义学院。

【办刊宗旨】

以马列主义、毛泽东思想、邓小平理论、“三个代表”思想和科学发展观为指导，坚持党的基本路线，坚持实事求是，理论联系实际，立足广大藏区积极宣传党的基本理论以及党和国家的一系列方针政策，努力研究广大藏区在改革开放和社会主义现代化建设中面临的理论和实践问题，不断开拓藏学研究新领域，传播科学知识，担当宣传喉舌，以藏文为媒介，积极推介“一校两院”教学科研的最新成果，为不断提高藏族干部群众的素质服务，为民族地区的经济建设和社会进步服务。

【历史沿革】

1982年4月创刊。1989年公开发行。

【版式】

16开，季刊，每季末20日出刊。

《攀登》

【栏目】

理论学习、民族经济、党的建设、民族教育、争鸣、民族语文、藏族历史、藏族文化、宗教研究、格萨尔研究、信息荟萃、学术争鸣、古迹整理等。

【发行】

自办发行，每份全年定价 26 元，每期定价 5 元，全年邮寄费 6 元。

【特色】

1. 综合性藏文理论研究刊物。以藏文为语言媒介，研究、宣传马列主义、毛泽东思想和邓小平理论，全面探讨藏族社会、经济、文化等领域历史和现实问题的重要论坛，是贯彻执行中国共产党的民族宗教政策，维护民族团结和祖国统一的阵地。

2. 全国有代表性的藏文藏学学术刊物。研究领域涉及藏学的基本方面，并不局限于青海，具有全国性的影响力。

3. 藏学教育和研究相结合的藏文藏学刊物。

【地位和影响】

新中国最早创办的藏文藏学学术期刊。中国有代表性的藏学学术刊物。

十一　《青海法制报》——创刊最早的藏文法制报纸

【名　　称】《青海法制报》

【刊名题写】全国人大常委会副委员长阿沛·阿旺晋美。

【创办时间】1983 年 1 月 5 日。

【地　　点】青海省西宁市。

【主　　办】青海日报社。

【办刊宗旨】

立足青海实际，面向甘肃、四川和云南藏族聚居区，宣传党的政策，普及法律常识，开展法律咨询，积极宣传社会主义民主与法制建设成就，促进少数民族地区的民族团结和社会稳定。

【历史沿革】

1981 年 6 月 25 日试刊。1983 年 1 月 15 日正式出版。初为青海省政法委的机关报，由青海省司法厅主办，青海省法制报社编辑出版。1985 年 1 月向全国公开发行。1981 年 6 月由青海省司法厅宣教处负责人李凡和 4 位兼职编采人员开始筹备编辑出版。1983 年 6 月 15 日，经青海省人民政府第 5 次常务会议决定，成立《青海法制报》编辑部，暂定编制 15 人。1984 年 8 月 21 日，青海省编制委员会批准编制为 25 人。1985 年 12 月 14 日，青海法制报社成立，设置编辑委员会，下设办公室、总编室、记者部、广告发行部。1994 年共有工作人员 29 人。其中在编人员 22 人，聘用 7 人。总编辑 1 人，副总编辑 2 人。首任主编为李凡。2000 年，由青海省司法厅转归青海省政法委主办。2004 年 11 月 17 日，归青海日报社主办，成为其旗下的子报。

藏文法制报

2005 789

55 – 8

CN63 – 0009

QINGHAI ZANGWEN FAZHIBAO

མང་ཚོགས་ཡིད་མི་ཚིམས་པའི་ཀུན་སྤྱོད་དག་ཐེར་བྱེད་དགོས།

青海《藏文法制报》

【版式】

1981 年 1 月试刊时为半月刊，1984 年 11 月改为周刊；藏文报为旬刊，现为周报。

【栏目】

主要栏目：政法短波、法庭内外、审判消息、警钟长鸣、案例通讯、请你断案、理论园地、法律顾问、法律咨询、公民话题、普法讲座、普法广角、社会大看台、犯罪忏悔录、婚姻与家庭、道德与法、法制论坛、市场阡陌、名家新作、精神文明建设等。

第一版刊登要闻及重要言论；第二版为综合新闻；第三版主要编发法制理论、法制知识、国家及本省颁布的法律法规等；第四版为副刊。

报道的重点：普法教育、地方立法、执法队伍建设、执法状况、法律监督、人民代表大会制度等。

特色栏目：《法律咨询》，创刊时即开设此栏目，该栏目紧密结合社会法制热点，解答读者关心的问题。《案例通讯》，以真实的典型案例劝说人们弃恶从善，选例情节生动，可读性强，以案释法，广受好评。

【发行】

读者对象：青海、甘肃、四川、西藏等省区藏族干部和群众。

发行方式：1983—1984 年内部发行。1985—1987 年邮局发行。1988—1991 年通过西宁晚报发行公司发行。1991—1993 年通过全省司法部门自办发行。1994 年通过邮局发行。汉藏文版共发行 2—2.5 万份/期。藏文版 1992—1993 年发行 5000 份。1994 年发行 10000 份。2005 年发行 2970 份。2007 年发行 4160 份。无广告。

【特色】

1. 进行法制宣传和教育。宣传党的司法方针政策、国家法令，普及法律知识，介绍司法经验、案例，批评违法行为，报道司法工作中涌现的先进事迹和人物，交流司法实践经验，提高民众的法制意识。

2. 贴近百姓。面对农牧民的现实法律困难，该报开设“法律顾问”栏目，帮助读者学习法律知识，教会如何打官司。四川阿坝的农民就曾聘请该社记者为其进行法庭辩护。在第二版开设“三江源保护”栏目，解决民众遇到的实际问题。通过案例向民众宣传法律知识和法制观念，生动通俗，人们喜闻乐见。

3. 以报纸为平台开展藏文文化推广与竞赛活动。1998 年主办“奇正杯”藏文诗歌大赛。2001 年举行藏文“星光杯散文大赛”。这些活动均获得了活佛的赞助。举办“喜马拉雅的呼唤”小说创作竞赛活动、“民主与法制”论文竞赛等征文活动，积极推动了藏语文化的发展。2005 年，在创刊 20 周年之际，该报编辑出版了 6 部丛书，汇集了该报创刊以来的优秀作品和文章。翻译普法小册子与书籍。包括：《法律知识问答》《西部大开发法律法规选编》《农牧民适用法律读本》等。也有关于“行业法”的翻译。

4. 副刊有声有色。副刊主要刊登诗歌、小说等藏语文学作品。“校园之歌”发表中小学生的习作。“高原倾诉”是文学园地。“宗喀声源”刊登僧人的作品。副刊还采取连续刊发作品的方式，每年集中培养 1—3 位作家。不仅吸引了大量读者，而且还成为作家的摇篮，扩大了报纸的影响力。

5. 影响范围较广。该报虽主要在青海省内发行，但影响所及，并不限于本省。西藏、甘肃、四川、云南等藏族聚居区，都有该报的读者和作者。甘肃合作师范学校曾订阅 100 份，以此进行法制教育。美国哈佛大学图书馆收藏该报。中国藏学研究中心、中央民族大学等全国藏学教育和研究机构也都订阅该报。

【地位和影响】

全国最早的藏文法制教育专业报纸。也是全国最具影响力的藏文法制专业报纸之一。

十二 《邦锦梅朵》——最具影响力的藏文民间文学刊物

【名　　称】《邦锦梅朵》

【创办时间】1983 年 10 月 15 日。

【地　　点】西藏自治区拉萨市。

【主　　办】西藏文联、西藏民间文艺家协会。

【办刊宗旨】

坚持四项基本原则，坚持“双百”方针，注重思想性，知识性，趣味性。发挥民间文学教育作用。为发掘和抢救西藏丰富的民族民间文学遗产，推动民间文学的收集、整理和研究工作，繁荣和发展西藏民间文学事业，活跃我区各族人民的文化生活，增进社会主义精神文明，加强对外文化交流与合作作出贡献。

【历史沿革】

1983 年 10 月 15 日在拉萨创刊，藏汉文版。

初为西藏民间文学报纸。1988 年，由月报改为 32 开 64 页的杂志。内容增大，版面翻新，刊物质量有了整体提高。1990 年改为 16 开杂志正式出版发行。

“邦锦梅朵”的藏语意思为“装饰雪山草地之花”。其藏语名称多次更改：1989 年译为《邦锦梅朵》；1991 年译为《邦锦美朵》；1992 年第 1 期译为《帮锦梅朵》；1992 年第 2 期译为《邦锦花》；1993 年夏季号译为《邦锦梅朵》；1995 年 2 月后统一译为《邦锦梅朵》。汉文版于 1993 年更名为《西藏民俗》单独出版。

首任主编：廖东凡。

至 2004 年，该刊创刊 20 周年之际，共出版发行 117 期，同时出版发行了近 20 本民间歌谣、故事、曲艺等单行本。

【版式】

16 开，季刊。

【栏目】

神话故事、传统生活故事、歌谣、谚语、格言、寓言、戏曲、民风民俗、名胜古迹、新民歌、新编通俗故事、民间工艺、雕塑绘画、音乐、舞蹈、新民歌、新篇通俗故事、民间文学评论等。并刊登有关藏族民间文学方面的研究文章。

【发行】

读者对象：西藏农牧区群众，西藏区内外民间文学爱好者，社会科学、民间文学研究者。

初创时年发行量15000份。目前发行3000册/期。在发行中，存在刊物代销款拖欠现象。西藏阿里地区、昌都地区，青海省等地基本是免费赠送。

价格演变：1994年1月，定价由0.80元提升至1.50元；1999年1月，定价为2.50元。

【特色】

1. 以传播、整理、翻译和研究西藏民间文学为己任。刊登了大量的西藏民间文学精品，搜集整理了散布于民间的谚语、故事、传说、格言、寓言等，为西藏民间文学的传承和研究作出了突出贡献。

2. 知识性、可读性、趣味性相得益彰，内容丰富，图文并茂，雅俗共赏。是了解西藏、认识西藏的窗口和钥匙。

3. 具有较大的影响力。在国内外期刊展览会上受到各方关注和好评。帮助国内外读者了解西藏传统民族文化。形成了以中青年为主的西藏民间文学创作队伍。同时，“西藏民间文学”已进入高等学校课程体系。

【地位和影响】

西藏唯一的藏文版民间文学期刊。全国最具影响力的藏文民间文学刊物。

十三 《西藏佛教》——最早的藏传佛教学术藏文期刊

【名　　称】《西藏佛教》

【创办时间】1983年。

【地　　点】西藏自治区拉萨市。

【主　　办】中国佛教协会西藏分会（西藏民宗委）。

【办刊宗旨】

遵守国家宪法和法律，遵守民族区域自治法，正确宣传党的民族宗教政策，介绍西藏各教派的渊源及历史，解释佛教专用名词，介绍佛的身、语、意（佛像、佛典、佛塔）和各种宗教图画及用品，宗教著名人物。满足僧俗信众需求，为有关历史与研究机构提供资料。

【历史沿革】

佛教文化是西藏民族文化宝库中的重要组成部分，为更好地发挥西藏宗教界爱国人士的专长，为社会主义现代化建设服务，满足多年来有关研究部门和单位的需求，1982 年恢复工作的中国佛教协会西藏分会决定创办《西藏佛教》丛刊。

经西藏自治区宗教事务局研究，同意创办《西藏佛教》杂志。初定 1983 年创办藏文版不定期《西藏佛教》。待后出版藏、汉文月刊或季刊。

1986 年，《西藏佛教》第一期正式出版发行。全国人大常委副委员长、中国佛教协会名誉会长班禅额尔德尼·确吉坚赞题词："诸恶皆莫做，勤行善圆满，自心全调伏，斯为佛说教，教证二法者，利乐所生处，雪域引路灯，愿佛教昌盛。"中国佛教协会会长赵朴初居士题词："汉藏佛法，连枝并昌，宪章显密，兰桂齐若。"

创刊初期的 1986、1987 年，每年发行 1 期。

1988 年以后，改为半年刊，并丰富了刊物的形式和内容，增加了有关图片。

【版式】

16 开 87 页，半年刊。

【栏目】

特别栏目、佛语特摘、法界名人、净地简志、佛像佛经佛塔、宗教艺术、佛教常识、宗教名词、宗教节日、朝圣指南、佛协活动简报等。

【发行】

自办发行，每期发行 4000 册，每册 3 元；办刊费用主要是国家每年的财政拨款。

该刊在国内外被广泛订阅、收藏。包括：意大利象雄学图书馆，香港相关机构，中国出版社对外贸公司，中国图书对外贸易公司，北京中国藏学研究中心，甘肃合作民族师范学校，甘肃合作民族图书馆，青海玉树民族师范学校，同仁县民族中学，四川阿坝县宗教事务局，康巴书店，云南中甸县宗教事务局，西藏民族学院图书馆等。

该刊还向领导、专家、研究所、西藏各地区佛协、佛学院等 82 个单位赠送。

【特色】

1. 全面介绍国家宗教政策、佛教历史、仪轨和有关宗教活动，成为读者了解西藏宗教知识和事务的平台。该刊始终高举爱国主义旗帜，介绍佛教工作成就，以及与佛教有关的知识、节日、用品等。发表了古教派寺庙、圣地的历史和著名佛教人士的宝贵传记。刊登了各种佛教活动的报道文章和图片。报道佛教界赈灾济贫、举办社会福利事业等精神文明建设方面的文章。内容真实，知识性强，获得读者好评。

2. 重视对具有全区影响的佛教典礼、节日和西藏佛教协会各项活动的报道。1986 年（藏历火虎年）报道恢复后的拉萨祈祷大法会；1987 年，报道中国藏语系高级佛学院在北京成立的消息；1987 年底，刊登中国佛教协会西藏分会关于反对拉萨分裂骚乱活动的文章；1989 年，发表纪念第十世班禅额尔德尼·洛桑赤列伦珠·确吉坚赞白桑布圆寂的系列文章；1990 年（藏历铁马年），发表以圣地冈底斯山十二年一度的马年转经节为主题的文章，受到游者和信徒的欢迎；1991 年（藏历铁羊年），刊发纪念西藏和平解放 40 周年和关于纳木错湖十二年一度朝圣节的文章；1992 年，刊登关于圣地杂日扎山十二年一度朝圣节的文章；1993 年，刊登特别文章《伟大的丰碑：灵塔改供殿“三界胜利殿”闪耀着加持的光辉》，庆祝第十世班禅灵塔改供殿胜利竣工；1995 年，以直贡噶举派猪年大讲经为主题发表文章。同时结合各教派的大节日，刊发圣地志，使信徒们对各大圣地的佛教节日有了一定的了解，也给旅游观光带来了效益。报道了寺庙、活佛和僧人捐款帮助那曲雪灾地区百姓的善举。

3. 以图片形象报道佛事活动。重要的有：1986 年班禅大师亲临拉萨大法会；1991 年刻制《丹珠尔》木刻版；1992 年，中央和自治区领导出席噶玛巴转世灵童坐床典礼、西藏佛协第六届代表大会；1993 年，纪念毛泽东诞辰 100 周年活动；1994 年，布达拉宫维修工程竣工典礼；1995 年，第十一世遍知班禅额尔德尼·洛桑光巴·隆珠却吉坚赞在扎什伦布寺坐床，另外，还刊登了著名喇嘛、活佛、寺院、圣地、佛教节日等方面的珍贵照片。报道了重要的佛界外事活动。

【地位和影响】

新中国最早创办的藏文佛学学术期刊。中国有代表性的藏文佛学学术刊物。

十四　《青海科技报》——最具影响力的藏文科技专业报纸之一

【名　　称】《青海科技报》

【刊名题写】全国人大常委会副委员长班禅额尔德尼·却吉坚赞。

【创办时间】1984 年 7 月 1 日。

【地　　点】青海省西宁市。

【主　　办】青海省科学技术学会。

【办刊宗旨】

向青海省藏族群众宣传党的科技政策，传递科技信息，普及科技知识，为广大农牧民群众的生产、生活服务，提高读者的科技意识。

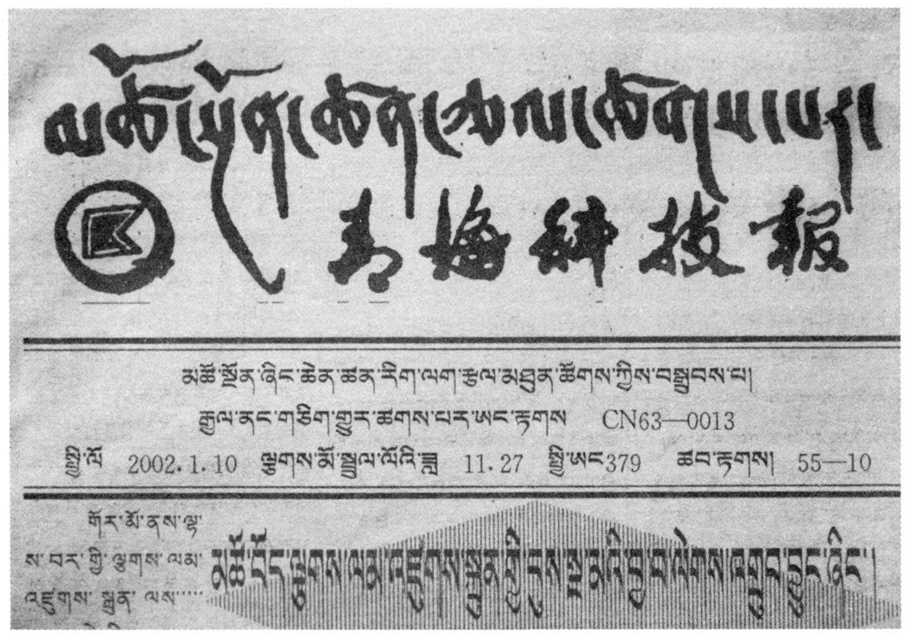

青海科技報

CN63—0013

2002.1.10　11.27　379　55—10

《青海科技报》

【历史沿革】

《青海科技报》于 1984 年 7 月 1 日在西宁创刊。4 开 4 版。半月刊。科普性藏文报纸。汉文版于 1979 年 5 月 18 日创刊。

它的前身是《科学普及报》，1957 年由青海省科学普及协会筹委主办并创办。试刊 7 期后，于 1958 年 7 月 1 日创刊。4 开 4 版。旬刊。1959 年 1 月 1 日改为 5 日刊。此为青海省历史上第一张以普及科学技术知识为宗旨的报纸。《科学普及报》1960 年 8 月停刊。1964 年 1 月 1 日复刊。1966 年 9 月 10 日再次停刊。

【版式】

4 开 4 版，月刊。

【栏目】

第一版：科技新闻。主要报道青海省各个领域科技进步的新情况、新经验、新成果以及科技界先进人物事迹等。1991 年 8 月至 1992 年 9 月，配合汉文版《青海科技报》，开辟了《高原科技明星》专栏，图文并茂，在头版头条位置连续刊登了在青海省科技界有影响有突出贡献的 27 位科技工作者的主要事迹。

第二版：农牧版。主要向农牧民介绍农牧业各方面的实用技术，推广科学种田、科学养畜，为青海省农牧业发展、农牧民科技致富提供最新的科技指导。

第三版：生活知识版。主要栏目有：信息窗、小幽默、奇闻录、医药卫生等。

第四版：科学连环画专版。自 1984 年创刊到 1988 年 10 月，共出版连环画 103 期，有图有文，通俗易懂，很适合牧区文化知识普遍较低的实际情况。1988 年 10 月后，此版改为科技连环画与知识卡片交换刊登，其中很多文章被《甘南藏文报》《拉萨晚报》《西藏科技报》摘登。

【发行】

初创时期（1984—1987 年）为赠阅。每期发行量为 1.5 万份。

1988—1990 年通过邮局订阅，每期订数为 500 份左右。因农牧民到邮局订阅不便，1991 年开始自办发行。每期发行量 3000 份。1994 年为 2000 份。

【特色】

1. 顺应农牧民需要，报纸内容以科技实用技术为主。在农牧区具有较大的影响力。

2. 在宣传方式上注重通俗化和形象化。语言大众化。多刊用图片。采用漫画和连环画等绘图方式进行宣传。

3. 文章以翻译为主。主要以意译为主。重视科技新概念的翻译和传播。

【地位和影响】

青海省历史上第一张以普及科学技术知识为宗旨的报纸。在全国藏族聚居区有一定的影响力。

十五　《刚坚少年报》——中国唯一的藏文少年儿童报纸

【名　　称】《刚坚少年报》

【刊名题写】藏文报——全国人大常委会副委员长阿沛·阿旺晋美；汉文版——全国政协副主席、中国佛教协会会长赵朴初。

【创办时间】1989 年 6 月 1 日。

【地　　点】青海省西宁市。

【主　　办】青海民族出版社。

《刚坚少年报》

【办刊宗旨】

贴近千姿百态的青少年世界，倡导积极向上、与时俱进的立身精神，传递中小学教育信息，关注青少年的教育状况，剖析中小学教育中的特点和难点问题，探讨青少年的心路历程，为青少年的健康成长营造良好的环境。

【历史沿革】

1989 年 5 月 1 日、15 日出版试刊。

1989 年 6 月 1 日正式出版发行。为全国首家专为少年儿童创办的报纸。以藏族小学高年级和初中生为主要对象的综合性藏语报纸，同时也是藏族中小学教师、学生家长和儿童教育工作者的参考读物。创刊号上刊登了全国妇联副主席康克清的题词："勤奋学习，自强不息。"中共青海省委副书记桑结加题写了贺词。

1998 年自筹资金实现激光照排。

2001 年 12 月 21 日，《刚坚少年报》汉文版正式创刊。

【版式】

4 开 4 版。旬刊。每月 1 日、10 日和 20 日出版。同时，出版暑期、寒假合刊，便于学生在假期集中阅读。同时出版《看图作文》《藏族儿童文学概论》《优秀作文精选》等图书。

【栏目】

主要刊登与少年儿童有关的国内外重要新闻、中小学文理各科知识、诗歌散文、游记、故事、书画作品、学生习作、歌曲和小幽默等。第一版为综合版；第二版为语文版；第三版为史地、数理版；第四版为副刊。开设的栏目主要有：小学生行为规范、可爱的中华、三言两语、刚坚短波、中外少年、名人少年、金钥匙、文学常识、格言故事、作文评介、童话故事、语法修辞、小幽默、历史知识、历史人物、地理知识、民族知识、国情知识、名胜古迹、法官老人讲法、绿色视野等。副刊"雪莲"专门刊发藏族中小学生作文和书画作品。1993 年组织了有奖征文活动，收到应征稿件 1000 余份。

【发行】

在青海、西藏、甘肃、四川、云南等省区发行。英国大使馆也有订阅。目前该报除订户外，还大量向农村、牧区学校赠送。募集资金，给贫困学生捐赠 7580 份。1994 年，该报每期发行 17000 份。2005 年，发行量达到 13000 份。

【特色】

1. 以农牧区藏族儿童为主要读者对象。旨在启迪智慧，丰富知识，培养学习兴趣，提高道德修养。募集社会资金为边远农牧儿童捐赠《刚坚少年报》。

2. 突出知识性和学习性。报纸栏目和内容广泛，视野开阔，利于学生丰富知识，提高智力。同时积极配合学生在校学习，开设与课程学习有关的栏目。自2005年开始，编辑出版《刚坚少年报》暑期合刊和寒假合刊，满足学生假期学习之用。策划出版了《看图作文》《藏族儿童文学》《中小学优秀作文选》等三种藏文图书，受到少年儿童的欢迎，并再版发行。

3. 以报纸为平台，组织儿童文化活动，拓展报纸的传播领域。2006年7月16日，报纸募集资金5万元，与世界自然基金会共同邀请青海省内外热爱写作的80名藏族儿童，在青海省海南藏族自治州共和县黑马河乡湖畔成功举办了“城乡藏族少年儿童手拉手活动”。

4. 强化征订宣传，发行量创藏文对象报刊全国之最。编辑部每年年底均组织编辑前往甘肃、青海、四川、云南、西藏等省区藏族农牧区开展宣传征订工作。与藏族中小学生座谈，征求对报纸的意见，共同拟订办报方案。1994年，报纸每期发行17000份，为该报发行最高纪录，也是除《西藏日报》以外藏文报刊发行的最高纪录，藏文行业报纸的最高纪录。

【地位和影响】

全国第一张，也是唯一的针对农牧区藏族少年儿童出版的藏文少年报，在藏族儿童文学的传播和研究中居于全国领先地位。该报编辑部编辑的《藏族儿童文学概论》一书荣获2006年第八届西部地区教育图书二等奖。

2006年，《刚坚少年报》荣获国家新闻出版署颁发的“服务社会主义新农村建设出版发行先进集体”称号，青海省新闻出版局和青海省报业协会“2006年度全省报纸编校质量检评优秀单位”称号。2007年又获青海省藏文报纸编校质量评比第一名。

十六　《主人》——全国唯一的工会行业藏文期刊

【名　　称】《主人》

【创办时间】1989年10月。

【地　　点】西藏自治区拉萨市。

【主　　办】西藏自治区总工会、援藏发展基金会。

【办刊宗旨】

立足工会、面向社会；多角度、多层次、多方位地展现西藏工运事业的风貌；反映新时期西藏职工的工作、学习与生活情况，宣传改革开放以来各条战线涌现出的先进人物与先进事迹；兼发西藏民俗、风情、地理、经济等方面的文章，促进区内外文化交流。

《主人》

【历史沿革】

1989 年 10 月创刊。1991 年 11 月 7 日公开发行。

【版式】

半年刊。16 开。

【栏目】

工会工作、企业管理、开拓者、高原旅游、雪莲艺苑、青工之友、职工之声、高原文化、西藏医学、圣地解说、名人简介、争鸣与探讨、杂谈、工会论坛、西藏工运、极地风采、雪域风情、高原走笔、国事家事、五彩人生、职工天地、法制园地、谈古论今、国际工运、西藏人在内地、雪莲艺苑、藏史纵横等。

【发行】

主要在西藏自治区工会系统发行。以藏族职工为主要读者对象。印刷基数 3000 册。

【特色】

1. 宣传西藏工运工作和西藏企业在改革中的成就。反映企业和职工的困难和呼声。1989—1999 年间，共出刊 20 册，其中工会的稿子占到 20% 以上，使其成为反映职工心声，沟通企业和社会的桥梁。

2. 注重可读性。开设展示西藏民族文化和地域特色的栏目，体现出史料性、信息性、趣味性，丰富了读者的知识视野，扩大了刊物的读者范围和影响力。

【地位和影响】

全国唯一的工会行业藏文期刊。

十七　《迪庆报》——云南藏族聚居区唯一的藏文报纸

【名　　称】《迪庆报》

【创办时间】1989 年 11 月。

【地　　点】云南省迪庆藏族自治州香格里拉县。

【主　　办】中共云南省迪庆藏族自治州委。

【办刊宗旨】

以党的基本路线为指导，坚持四项基本原则，正确把握舆论导向，发挥报纸功能，客观、真实、公正、全面地报道反映全州各种新鲜事物，指导社会生活，鼓舞全州各族人民奋发向上，推动两个文明建设。

【历史沿革】

1989 年 11 月创刊于云南省迪庆藏族自治州中甸县城。藏、汉文版。2002 年，《迪庆报》进入日报运行轨道，发行量增加，发行范围扩大。

2005 年 10 月，《迪庆日报》电子网络版正式开通。

【版式】

4 开 4 版。汉文报为日报，藏文报为周刊。

【栏目】

1991 年以来，开设了金融长短波、农牧科技开发、半边天、读者来信、为您服务、重点工程、三言两语、法制园地、税务之窗、岗拉梅朵、太子神韵等十多个固定栏目。

【发行】

读者对象：州、县党政机关干部，各条战线干部职工，农村基层干部及部分有阅读能力的农民。发行量由试刊阶段的 2000 余份，增加到 1992 年的 5000 余份。目前，汉文版发行达到 12000 余份，藏文版达到 3000 余份。藏文版全州免费赠阅，主要对象是寺庙、学校和藏族村社。

【特色】

1. 根据党在各个时期的工作重点，适时制订报道计划，开展报纸业务活动。报纸以经济建设为中心，把贯彻民族区域自治法，宣传民族团结进步作为长期宣传的重点。积极报道以滇藏丝绸之路——茶马古道为背景的川藏经济文化交流。宣传迪庆藏族自治州取得的建设成就。1991 年，全面报道中日梅里雪山联合登山队攀登梅里雪山始末。1992 年，在此举办云南省地州市报新闻摄影年会，扩大了对迪庆的宣传。大力宣传迪庆的旅游、畜牧、水能、木材等优势资源。重点报道了一批率先走出雪山草原，大胆内引外联，组织国内外、省州内外合资及联营开发迪庆资源的典型，以及以市场为导向，建立扩大生产经济市场，深化企业改革的系列新闻，搞好科技推广的典型报道，对推动迪庆经济发展、普及科学技术发挥了积极作用。

2. 根据迪庆为云南省第二大林区的特殊地位，组织进行林业系列宣传。1992 年 4 月到 1993 年 4 月，迪庆报社与迪庆林业局联合举行“绿色征文”活动。运用消息、通讯、工作研究、见闻、侧记、图片等多种形式，宣传报道了迪庆州林业改革发展的新成就、新经验。对科技兴林、开发林产品、发展经济林做了深层次的探讨。

3. “半边天”栏目生动活泼，受到读者欢迎。以人物消息和人物通讯为主，宣传各行各业妇女致富典型和新的风貌，成为该报拥有读者最多、来稿最丰富的栏目之一。

4. 民族特色浓郁。特别是副刊“岗拉梅朵”、“太子神韵”、“奶子河显影”，凸显出香浓的“酥油糌粑味”。“岗拉梅朵”意为“雪莲花”。它们对迪庆州优秀民族文化遗产、历史掌故、风土人情、名胜古迹的介绍，赢得了藏族读者的好评，也吸引了其他民族的读者。

5. 重视形象直观的报道方式。注重配发新闻价值较高的新闻照片和艺术性强的艺术照片。图文并茂，两翼齐飞。1991—1993 年，迪庆州内洪涝、泥石流、雪灾频发，该报记者深入现场，拍摄了大量生动的照片。据统计，该报自创刊到 1993 年 10 月，刊登的两类照片占整个文字报道的 1/4，给读者留下了深刻的印象。

6. 建立了广大的通讯员网络。1991 年，该报在全州各县乡聘请了 110 名业余通讯员。报社编辑记者承担了培养通讯员的任务。形成了以该报记者采写、通讯员来稿为主，上级新闻单位要闻和外来稿件为辅的稿源格局。

【地位和影响】

云南迪庆藏族自治州在全国发行的唯一党报。云南藏族聚居区发行量和影响力最大的报纸。地域特色浓郁的香格里拉文化区域主流媒体。

十八　《半月谈》——全国唯一的藏文时事政治综合刊物

【名　　称】《半月谈》

【创办时间】1994 年 11 月。

【地　　点】西藏自治区拉萨市。

【主　　办】西藏人民出版社。

【办刊宗旨】

宣传党的各项方针政策，评说天下大事，探究社会热点，讨论国事与时事，在突出实用性的同时，强化社会性、可读性，直接为西藏的农牧区基层干部和广大的农牧民群众服务。

【历史沿革】

藏文版《半月谈》是受新华社委托，在西藏自治区党委和人民政府的直接关注下，由西藏人民出版社主办的。该刊于 1994 年 11 月出版 2 期试刊。1995 年元月由西藏自治区新闻出版局批准，正式出版发行。

《半月谈》

【版式】

藏语版。32 开本。80 页。半月刊。每月 15 日、30 日出版。

【栏目】

固定栏目：权威人士论坛、半月评论、信息广场、百事咨询、读者之页、国内外半月大事、国际时事、西藏时事、经济纵横、政治观察、小测验等。

非固定栏目：谈天说地、科教、本刊特稿、新闻人物、女企业家成功之路、“两会”特辑、港澳台、百姓身边的共产党员、自考之窗等。

【发行】

3720册/期。定价1元。该刊经费每年由国家财政拨款30万元，但仍亏损22万元。

读者对象：农牧区基层干部。全部向西藏乡一级基层组织免费赠送。

【特色】

1. 是汉文版《半月谈》的翻译版。刊载内容主要是对新华社总社主办的每期汉文版《半月谈》有选择地进行翻译，并增加西藏的时事内容。

2. 突出重点，把握大局，指导西藏，传播信息。

3. 直接面向农牧区基层干部和广大农牧民群众，是宣传党的方针政策，时事政治，传播改革新动向、新举措，介绍国内外新形势，周期短收效快的综合时事政治刊物。

【地位和影响】

全国最唯一的面向农牧区的藏文综合时事政治半月刊。

十九 《山南报》——有代表性的地方藏文报纸

【名　　称】《山南报》

【创办时间】2000年1月1日。

【地　　点】西藏自治区泽当镇。

【主　　办】中共西藏自治区山南地委。

【办刊宗旨】

宣传党的路线、方针、政策，维护社会稳定、反对民族分裂，倡导文明科学，反映社情民意，大力宣传实施西部大开发的战略决策，为确保西藏“一加强、两促进”的历史任务作出积极贡献。

【办报方针】

党报性质，晚报风格，山南特色，打造一流。围绕山南的实际开展宣传，力求关注普通百姓的生活，力争办出自己的特色。

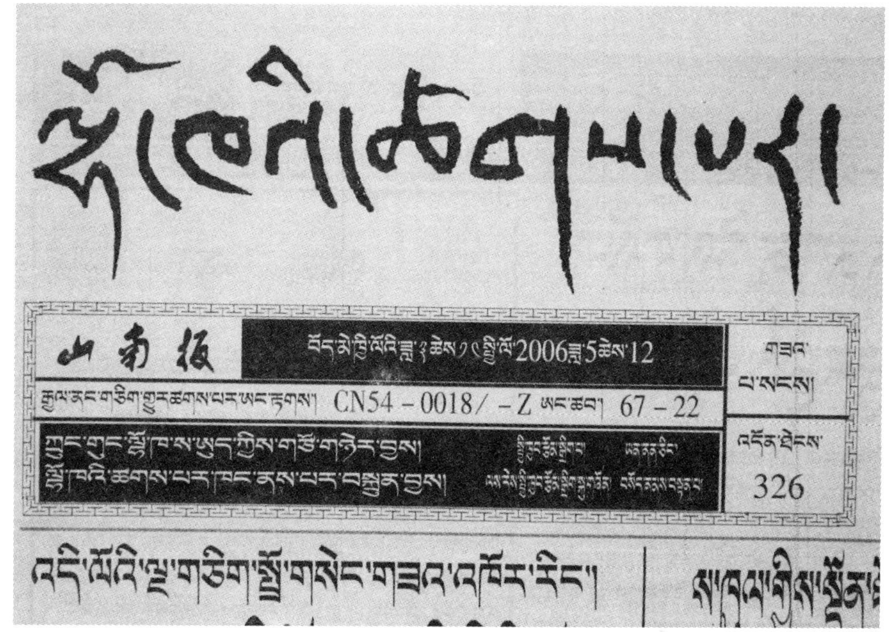

《山南报》

【办报思路】

充分发挥地域亲和力，牢牢占领本地区的读者市场。以不甘人后、敢创一流，只争朝夕、奋发进取的开拓精神和“面向山南、走向全国”的办报目标，打造《山南报》的特色品牌，创办西藏一流的地市党委机关报，最大限度地服务读者、满足读者。

【采编体制】

采编统分结合，坚持三审终审。

对编辑实行编辑责任制，四级把关，分层考核。编辑每人负责一版，分管领导对所管版面一期一打分。报社每周一学习，小总结；报纸每期审读，每月一抽查，大总结，让编辑讲评，让责任人自己讲评，领导讲评。形式多种多样。评编稿质量，评写稿水平，评组版情况。并把奖惩直接与经济挂钩。

【历史沿革】

1999 年 8 月，中共山南地委议定创办一张报纸。地委于 1999 年 11 月抽调 3 名干部组建了筹备队伍。

2000 年 1 月 1 日，第一张《山南报》正式试刊出版。

2001 年 9 月 28 日，经国家新闻出版总署批准，由中共山南地区委员会主管、主办的《山南报》正式编入全国统一刊号，全国公开发行，并由试刊时的旬刊扩为了周刊。

2006 年 1 月 1 日，《山南报》正式由周报扩为周二报。

【历届主编】

达瓦，藏文报第一任主编，毕业于山南师校，后在西藏大学藏语文专业进修，现任山南地区措美县委宣传部部长、县委常委。

索朗旦巴，藏文报第二任主编，即现藏文报主编、山南报社副社长。1994 年考入西藏大学新闻专业，为该校第一届新闻专业学生，1997 年毕业后在山南地区桑日县委宣传部编译室工作，负责信息和翻译，1998 至 1999 年在西藏电视台做记者，负责采访写作和翻译，后在山南报社工作。

【版式】

2001 至 2005 年为周报，2006 年 1 月 1 日起扩为周二报。截至 2006 年 5 月 23 日，汉文报为第 335 期，藏文报为第 329 期，藏、汉两报相差 6 期，主要是因为遇到重大节日（如西藏自治区成立 40 周年、雅砻文化节等）时汉文报有增刊而藏文报一般无增刊。

藏文报开始采用编辑画版的方式进行排版，后来直接电子排版。藏文报选稿一般篇幅较短，每版 7 篇左右（长篇理论文章除外，比如“推进社会主义新农村建设走在全区前列大讨论”等文章）。图片一般每期 2—7 幅（反映同一题材的组图除外），投稿图片较少，主要是该报记者拍摄的反映基层的图片，比如农牧民劳务输出、技能增收、安居工程建设进程、农牧区新貌等。每期文艺版基本都有图片刊登。藏文报图片篇幅几乎都大于汉文报图片。

【栏目】

版面安排方面：一、二版突出综合性新闻，重政治、科技、经济等信息；三、四版注重社会新闻，文化教育，趋向晚报风格。对此，报纸结合自身实际开设了一系列有特色的专刊专栏：“新闻视点”专刊力求从深度和广度关注身边的世事百态，了解自己身边的大事小情；“新农村”专刊力求见证建设“生产发展、生活宽裕、乡风文明、村容整洁、管理民主”的社会主义新农村的历程；“菁菁校园”使报纸走进了学校，走进了学生课堂，拉近了老师、学生与报纸的距离，在教育系统受到了关注，引起较大反响；“新闻超市”专刊试图为读者提供全面准确、好看有用的世界资讯……还有“内地人在西藏”、“打工的日子里”等栏目，采用身边人写身边事的活泼、新鲜稿件，以反映普通人的生活为主，写普通人的生活体验和感受，不求文学味有多浓，但求有浓厚的生活气息，有健康、奋进的激情，有思辨性；力求人人愿读，读则产生共鸣，深受读者喜爱。

藏文报共分四版，第一版为要闻版，一般刊登地区的大型活动、会议，与汉文报基本同步，不同的是编译时的内容增删和表达方式要针对农牧区群众的需要。第二版为综合新闻，一般刊登与农牧区发展和农牧民生产生活息息相关的新闻，比如目前的重点问题：新农村建设、安居工程、农牧民增收，宣传农牧区典型致富带头人等。第三版主要是面向基层进行政策宣传，比如，与新农村建设相关的时事新闻，自治区党委、政府、山南地委、行署出台的有关安居工程建设的新措施等。第四版为文艺、百科、校园轮换办专版，文艺版主要突出藏源文化的发展，基于“西藏旅游多寺庙”的现实情况，稿件来源一般由寺庙喇嘛提供（提前约稿）；百科版包括农业科技、生活常识、卫生保健、崇尚科学破除迷信等与农牧民生产生活相关的内容；校园版主要是响应山南地区重视农牧区教育教学的发展以及近年来“普六”、“普九”工作的实施，对农牧区适龄孩子入学率、学生的学习、食宿卫生条件、招考信息、教师家长谈教育教学等进行宣传。（遇到重大节日时，藏文报一般第三、四版为节日专版）

【稿件来源】

藏文报采稿大多为该报编辑翻译的汉文稿，一是编译稿，无论是什么类型什么体裁的稿件，都不是一句一译，而是在保持内容大致相同的前提下，从老百姓易接受的角度尽量通俗化、口语化，在遣词造句上照顾老百姓的语言习惯。直接藏文投稿占用稿量的15%，多用于第二版，一般来源于基层通讯员，县级机关、寺庙僧人投的藏文稿一般为印刷体，乡、村投稿多为手写体。文艺稿来源相对广一点，主要是教师、西藏大学生、僧人。外来投稿主要来源于青海。

【发行】

藏文报在山南地区内实行四级发行：即各地直单位、12县各县直单位、乡政府、村委会以及各学校、寺庙。发行量为6000份左右。另外，每一期都为自治区领导、机关单位、援藏省市、兄弟地市（拉萨、林芝、日喀则、那曲、昌都、阿里）机关免费寄送；经常与云南《迪庆报》藏文报互换交流经验。彩报、节日特刊另向读者、参加活动人员免费赠送1000份左右。藏文报多为单位集体订阅，个人订阅一般为乡、村通讯员。

【广告】

对广告管理采取承包经营的方式，立足专版业务，主攻企业广告，开辟个体私营企业广告，搞好专题报道，同时努力开拓外地广告业务。在广告经营中，坚持高标准，严审核，宁缺毋滥，不乱开口子，促进了广告工作的有序开展。

藏文报广告远远少于汉文报，主要原因是面向干部职工的广告多，而面向农牧区的广告较少，如果一则广告同时在藏、汉两报刊登，若主要针对干部职工，则藏文报收费低于汉文报；如果主要面向农牧区，比如司机年检公告，涉及农牧区客运、货运、拖拉机等，则藏文报收费高于汉文报。

【特色】

1. 牢牢把握舆论方向。保持清醒的政治头脑，服从和服务于大局，忠实地发挥党和人民的喉舌的作用，真实地反映党和人民的声音。

2. 突出地方特色。立足山南，服务山南，办出报纸的地方特色，让每一天的报纸、每一篇稿件都充满山南气息，饱含浓郁乡情，与读者“零距离”接触，办出权威，办出特色，办出水平，办成品牌。

3. 以服务农牧区为基本立足点。从栏目设置到传播方式，都充分考虑藏族受众自身的特殊性和信息需求。

4. 明确定位，使报纸“可读、好看、耐看、实用”。增强信息量和可读性。

【地位和影响】

西藏山南是藏民族文化的发祥地，《山南报》藏文版在深厚的藏族文化背景上，突出文化蕴涵，强化信息传播，成为中国藏族聚居区具有代表性的地方藏语平面传播媒体，在传播西藏民族文化，特别是山南雅砻文化方面贡献突出。

第五章

中国藏文报刊名录

（以藏文报刊创办时间排序）

《中国藏文报刊名录》编列说明

一、编列《中国藏文报刊名录》的意图，是要以藏文报刊名录的形式，在整体上显示出中国藏文报刊发展的具体历史轨迹，也便于研究者和关注藏文报刊的人士依例查阅稽考。

二、为清晰标示中国藏文报刊的纵向发展状况，本“名录”以藏文报刊的创刊时间（为特别强调，在藏文报刊创刊时间下画出横线，以别于汉语报刊创刊时间）为标尺进行排列。由于同名报刊的藏汉语版创刊时间不一，因此会出现藏文报刊归入年代与汉语报刊不一致的情形，务请读者和研究者特别注意。考虑到种种因素，本“名录”并未采取以藏文报刊出版地域或藏文报刊的媒介类型为标准的划分方式。

三、在对每种藏文报刊的介绍中，基本保持相同的体例。但由于一些藏文报刊资料有限，故在某些方面的辄有阙疑，有待将来补漏充实。

四、进入“名录”的主要是正式出版的藏文报刊。但为尊重历史存在，利于检索和研究，也收录了一些非正式出版的藏文报刊。特别是早期的藏文报刊，“正式”与“非正式”界限并不清晰，本着历史研究中的实际需要，依然尽力收入。

五、对每种藏文报刊的介绍，仅仅是勾画轮廓，以展示最基本的历史面貌。有些藏文报刊，限于已有文献，叙述比较简略。而对于一些影响较大，具有经典和标志意义的藏文报刊，则稍微详尽。但为有别于“中国藏文代表性报刊要览”中的个案介绍，在此并不进行细节描述和全面评价，不求面面俱到。

藏语报刊汇集

六、本“名录”的编列，主要依据各地方志书——新闻出版志、报业志、报刊志、行业志，专业研究著作，各省报刊年度核验登记表，项目调研表，各种媒介公布的公开资料，新闻出版行业会议资料，采访笔录，各种版本中国新闻事业史著述，网络资料，藏文报刊实物，各种出版物中的相关记载等。尽量收录齐全，不致有缺。但各种途径记载难免有异，时有冲突。在此情况下，则进行全面考证，取其一说。有时则各说并录，留待大家考证。

七、对一些具有复杂渊源关系的藏文报刊，一般原则是有一名则作为一刊，前后分别介绍，注明渊源关系，保持统一的历史系统。但因“名录”按时间排列，此种类型藏文报刊就被分割到不同年代和时期，给查阅带来不便。

八、因藏文报刊一般保持藏、汉双语格局，故在介绍藏文报刊时，对对应的汉语报刊也作部分说明，便于进行比较。

九、由于各方因素限制，本“名录”难称中国藏文报刊“全录”或“大全”。有不少藏文报刊未能收录其中。而对一些藏文报刊的介绍，因为依据文献较早，不能展示最新状况，十分遗憾！今后当对此保持持续关注，及时收录，及时更正，及时补充，力争成为中国藏文报刊最为全面的“家族谱系”。

1907 年（光绪三十三年）——

《西藏白话报》　官方报纸。藏文版。1907 年，驻藏大臣联豫在西藏拉萨创办。石印，旬刊。每年出版 30 本。办刊宗旨：“爱国尚武，开通民智”。约于 1911 年停刊。内容以官方文件为主，包括中央以及四川、西藏的公牍、各省官报与中外报刊文章摘要等，还有政论文、中外新闻等。所有文章皆由汉文译为藏文。报纸实物可见者仅有宣统二年（1910 年）八月下旬出版的第 21 期一份 7 页，今存西藏博物馆。其刊载内容主要有：开办警察学校；、黑龙江、江西两省灾情；四川陈老师热心办学；广东铁路局任命龙建章为审查委员；北京开办公安学校等方面的消息。该报是中国第一份藏文报纸。

1913 年——

《藏文白话报》　综合性翻译刊物。藏、汉文对照版。1913 年创办于北京，中华民国蒙藏事务局主办。月刊，年 12 册。1913 年 1 月—1914 年 12 月为石印本，1915 年 4 月起汉文为铅印，藏文依然为手写印刷。1915 年 1—3 月停刊 3 个月，4 月复刊，更名为《藏文报》。以实现民主共和、维护祖国统一、民族平等、共建中华为宗旨。徐惺初、吴燕绍、徐敬熙等先后任总编纂。栏目：图画、法令、论说、文牍、杂录、答问、小说、专件、要闻、广告等。主要收藏于中央民族大学图书馆，但在西藏档案馆也有少量收藏。

1929 年——

《蒙藏月报》　综合性刊物。汉、藏、蒙三文合璧版，其中也有汉藏合璧版。1929 年 9 月在南京绒庄街创刊。周刊。原名《蒙藏周报》，1931 年改为《蒙藏旬报》，1934 年改为《蒙藏半月刊》，1934 年 4 月改为《蒙藏月刊》。抗战期间迁至重庆，1945 年迁回南京。1948 年 11 月停刊。栏目：社论、蒙藏要闻、地方通讯、国内要闻、专载、论著、边声等。蒙藏事务委员会主办。中央民族大学图书馆收存。

《新青海》　青海省政府机关报。汉文版，部分内容有藏文版。1929 年 2 月 10 日创刊，1931 年 4 月终刊。为 1929 年 1 月青海省建省后由省政府创办的机关报，亦为青海最早出版的现代报纸。第四版为副刊“海潮”，其中有若干期曾被译为藏文。办刊宗旨：为建设新的青海，打破西宁的闭关封锁阵线，沟通文化军政交流，当好舆论喉舌，掀起前进高潮。栏目设置：中外要闻、本省新闻、副刊等。

1930 年——

《新西康月刊》　综合性月刊。汉、藏文合璧版（每期均有一篇藏文文章）。封面均有藏文刊名。1930 年 5 月创刊于南京。月刊。16 开本。铅印。南京西藏诺那呼图克图驻京办事处宣传科主办。栏目：社论、特载、论著、消息、时事要闻、文艺、藏文文章专载等。南京大学、吉林大学、中国人民大学等 7 所大学图书馆收藏。

1932 年——

《边事月刊》　综合性刊物，1932 年创刊。汉文版，但封面有藏文刊名，扉页有《总理遗嘱》蒙、藏文译文。16 开本。铅印。栏目：论著、党义、专载、军事、调查、边疆消息、河源等。原青海省南部警备司令部主办。中央民族大学图书馆独藏。

1935 年——

《西陲宣化使公署月刊》　综合性月刊。以汉文版为主，每期均有一篇藏文文章，有藏文刊名。封面有藏文名称。1935 年 5 月 7 日创刊于南京。月刊。16 开本。铅印。栏目：论著、要闻、特载、调查报告、译述、宗教、署务报告等。国民政府九世班禅西陲宣化使公署宣传处主办。中央民族大学图书馆收藏。

1936 年——

《成声周报》　综合性刊物。以汉文版为主，个别汉文文章附有藏文译文，从藏文译为汉文者，附有藏文原文。1936 年 1 月创刊。周报。油印。栏目：论文（简论）、西藏风土志、专著、电函、地方通讯、一周通讯、消息、美术等。原驻西康省定乡县（今四川甘孜自治州乡城县）国民党陆军 24 军 136 师 408 旅旅部主办。南京图书馆、四川省图书馆等 7 馆有藏。

1939 年——

《西康新闻》　综合性报纸。藏、汉文版。藏文版不定期出版，每期 8 开 2 版。汉文版为日刊。1939 年 4 月 24 日创刊。栏目：西康动员、合作旬禁、涛声、康区青年周刊、副刊等。西康省康定《西康新闻》报社主办。

1941 年——

《西康国民日报》　西康省政府机关报，也称《国民日报》。汉、藏文版。藏文版为周刊，除部分文章外，大部译自汉文版《西康国民日报》。汉文版为日报。对开 4 版。1941 年 4 月 10 日创刊。每期发行 2000 份。1945 年终刊。社址在康定子耳坡。内容：政府公报、文津、会议报告、国内外新闻、生活常识、藏区建设、藏族风俗、历史、宗教常识、社会调查等。藏文发行至靠近西康的甘肃、西藏、云南藏区。国民党西康省党部主办。

《边鸿》　藏文油印杂志。1941 年 7 月，创办于四川德格县。旬刊。每期 40 份。主要是对土司、头人、喇嘛做政治宣传，1942 年 9 月停刊。国民党喀木调查组创办。

1950 年——

《广播》　广播新闻纪录刊物。藏文油印小报。20 世纪 50 年代创刊。周二刊。内容由汉文广播新闻翻译而来。在 50 年代，青海省 20 个专区办过 14 种油印的广播小报，取名《广播》、《广播新闻》、《广播报》等，每周刻印 2 期。主要摘发中央、西北局及本省有关政策、法令、新闻、本地新闻等，免费发送到乡级单位。青海省同仁县广播站主办。

1951 年——

《青海藏文报》 中共青海省委机关报。藏文版。1951 年 1 月 16 日创刊于西宁。是新中国创刊最早的藏文省级报纸。创刊初期为旬刊，4 开 4 版，藏汉文对照，全部赠阅。1951 年 12 月 1 日改为周刊。1956 年 1 月 1 日，改为 5 日刊，对开 4 版。1957 年 1 月 2 日改为周双刊，对开 4 版。1962 年 4 月 24 日，《青海藏文报》更名为《青海藏民报》。1963 年 9 月 25 日，改为周刊。1963 年 10 月 31 日，恢复原来的藏汉文对照版式（3 个藏文版和 1 个汉文版）。1965 年 1 月 16 日重新启用《青海藏文报》报名。1969 年 1 月改为周三刊，有重大新闻时配汉文。1971 年 3 月 1 日改为藏汉文对照版，并开始订阅。1976 年由 4 开改为对开。1978 年 5 月 1 日全部改为藏文。1996 年 8 月 1 日正式启用激光照排和胶印。栏目：经济天地、党团建设、文化生活、雪莲文艺副刊等。立足青海，面向全藏区，除为青海省藏族基层干部、中小学师生和藏族农牧民群众阅读外，还在青海省外的藏区发行，在四川、西藏、甘肃等省区都有订户。邮发。发行量：1968 年 11000 份；1979 年 9271 份；1980 年 7900 份；1981 年 6800 份。国内刊号：CN 63—0001/Z。中共青海省委主办。地址：青海省西宁市长江路 5 号。

《藏民报》 综合性报纸。藏、汉文版。1951 年创刊。兰州。月刊。32 开。1954 年 7 月 16 日停刊。藏文版原为 4 开 4 版，自 1954 年 1 月改为 32 开小册子出版。大部分为汉文之译文。内容：主要宣传政策、法令，报道藏区要闻，介绍生产经验和生活常识等。西北行政委员会民族事务委员会编。

1952 年——

《人民画报》 大型综合性国家级画报。藏、汉文等多语种版。1950 年创刊。北京。16 开，月刊。藏文版 1952 年创刊。作为《人民画报》的副册，由中央人民政府政务院民族事务委员会参事室用蒙、藏、维吾尔等少数民族语言文字翻译出版，随《人民画报》发行，为藏族等少数民族读者服务。参事室为此专门组建了画刊组，由摄影家庄学本任组长。藏语副册主要报道有关少数民族方面的重大新闻，以民族团结为主要内容，稿件主要由画刊组自己拍摄，也有新华社记者的摄影作品。栏目：特别报道、人物写真、文化透视、摄影园地、九州览胜、社会广角、科技空间、环球专递、城市风采、经济视野、时尚休闲等。2001 年，《人民画报》入选由中宣部、新闻出版总署评定的“中国期刊方阵”，并获得“社会效益和经济效益双效期刊”称号；2003 年和 2005 年，《人民画报》连续两届荣获中国期刊最高奖——国家期刊奖；英文刊《中国画报》荣获第三届中国期刊奖百种重点期刊奖。国内刊号：CN 11—1426/Z；国际刊号：ISSN 0448—9373。文化部外文出版局主办。地址：北京海淀区车公庄西路 33 号。

《夏河报》（更名后为《甘南报》）　机关报。藏、汉文对照版。1951 年 10 月，甘肃省夏河县工委宣传部建议创办报纸。1952 年 2 月 22 日，夏河报社正式成立。1952 年 4 月 10 日正式创刊。4 开 4 版。周报（周四出版）。石印。初，发行 50 余份。后印行 410 份，每份定价旧人民币 400 元。全部赠阅。对象：党政机关、上层统战人士、各部落、寺院。与西藏、青海等少数民族地区交换。赠送国家民委、西北民委、中央民族学院、西北民族学院等。创刊至 1953 年 4 月 23 日共出版 55 期。每期容量约为汉字 5000 字。1952 年 11 月底改为套印（汉文铅印，藏文手写石印）。1953 年元旦起全部改为铅印。栏目：藏区介绍、科学常识、读者来信、表扬、简讯等。1953 年 5 月 1 日更名为《甘南报》。甘肃省夏河县工委宣传部主办。

《新闻简讯》　时政报刊。藏、汉文版。藏文版 1952 年 11 月初创刊于拉萨（汉文版 1952 年 10 月 1 日创刊）。藏文版为 32 开，月刊。汉文版为 4 开 4 版。油印。1953 年 10 月，藏文版改为半月刊，4 开 4 版。1954 年改为石印，先后改为 5 日刊、周二刊、双日刊。1954 年汉文版改为铅印，1955 年藏文版改为铅印。1956 年 4 月停刊。发行量最高时达一千多份。宣传对象是西藏上层人士和寺庙喇嘛。它以宣传“十七条协议”和团结、友爱、反帝、爱国为己任，对读者进行社会主义启蒙教育。为保证发行，达赖喇嘛曾亲自题写报头，并套红印有达赖喇嘛的私章。为使报纸进入寺庙，爱国诗人擦珠·阿旺洛桑等亲自送报纸到寺庙。这是新中国在西藏创办的第一份藏文报刊，是《西藏日报》藏文版的前身。西藏军区主办。

1953 年——

《康定报》（后更名为《甘孜报》）　机关报。1953 年以前创刊。5 日刊。汉、藏文合璧版。1954 年 8 月 2 日更名为《甘孜报》。中共四川省甘孜藏族自治州委员会主办。

《岷江报》（后更名为《阿坝报》）　地市机关报。1953 年 1 月 1 日创刊。汉文版。周刊。4 开 4 版。1953 年 6 月 10 日藏文版创刊。初，藏、汉文合刊。后分藏文版、汉文版出版。1954年，报社随地委由茂县迁往刷经寺。自1955年元旦起，藏文由周二改为周三刊。4开4版。1958年8月8日，社址迁往马尔康。1958年5月1日，更名为《岷山日报》，藏文版出版周期不变。1961年，恢复名称为《岷山报》，藏文版不定期出版，1966年12月停刊。1967年7月20日，报社创办《红色新闻》。1968年10月，《岷江报》复刊，取毛泽东诗词“更喜岷山千里雪，三军过后尽开颜”之句，更名为《岷山报》，为阿坝州革命委员会机关报。1971年4月1日停刊整理。1973年6月1日正式复刊，4开4版，周三刊。国内统一刊号：CN 51—0016；藏文版1975年10月复刊，刊号为：CN 51—0017。1975年10月1日，藏文版《岷山报》复刊。1981年1月1日，更名为《阿坝报》。中共四川省阿坝藏族自治州州委机关报。

《甘南报》　机关报，藏、汉文对照版。1953年5月1日由《夏河报》改名为《甘南报》。4开4版，周报。1953年7月1日改为5日刊。1955年1月1日改为藏、汉文分版出版。5日刊。藏文版为4开4版，均为藏文。仅在报头用汉文表明“甘南藏文报”以及期数、年月日和报社地址。在困难时期的1961年停刊近1年，10月11日复刊。1962年3月31日，《甘南报》藏汉文版均为周二刊（三、六出版）。1965年为鼎盛时期，通讯员达1800人，其中藏族30余人，全年来稿12317篇，发行量最高时达23068份，汉文版的邮局订阅达到2.1万份。1968年第二次复刊。1972年5月2日改为藏汉对照版，其中一、二、三版为藏文，四版为汉文版。周三（二、四、六）刊。1979年恢复藏、汉两种文版。“文革”前的藏文版实际是汉文版的译文版。1980年8月，设立藏文编辑部，自采自编，逐渐成为独立的报纸。每期容量汉字5000字，相当于汉文版的1/4。“文革”前版面设置：一版要闻、二版经济、三版政文、四版时事。1968—1972年，刊载内容基本为毛主席语录、中央报刊社论、《甘肃日报》内容。1978年后，增加地方新闻、突出民族特色。1979年9月，首开副刊“邦锦花”。刊载诗歌、散文、格言、谚语、民间故事等。率先刊载《格萨尔王传·诞生》。陆续开辟学科学、卫生常识、甘南各地、简明新闻、图片新闻、农牧天地等。仅1986年就开辟专栏271个。甘肃省甘南藏族自治州州委主办。地址：甘肃省夏河县合作镇沿河路198号。

1954 年——

《甘孜报》（原《康定报》）　机关报。藏、汉文版。1954 年 8 月创刊，原名《康定报》。藏汉文合刊，一、二、三版藏文，四版汉文。对开 4 版，5 日刊。1956 年 10 月，由藏汉文合版变为分版出版，4 开 4 版，周三刊。1958 年 5 月，更名《甘孜日报》，藏汉文版由周三刊改为周六刊。汉文版由赠阅改为订阅，藏文版除部分赠阅外，也改为订阅。1959 年后，因稿件不足停刊。1961 年恢复周三刊，恢复名称为《甘孜报》。“文革”中由于受到冲击，被迫停刊。造反派各派先后出版《红色新闻》《新甘孜报》。1963 年停刊，改为电讯版。1968 年 8 月，报社实行军管。1968 年 10 月，甘孜州革委会成立，遂成为其机关报。1974 年 2 月，《甘孜报》藏汉文版复刊。1983 年 11 月，成立藏文编辑部，藏文版一改过去由汉文版翻译的状况，逐步走上自编自采的路子，形成自己的特色。汉文发行 9000 份，藏文报近 4000 份，大部分赠阅。1955 年，《康定报》开辟文艺副刊，多载搜集的民间故事和民歌，并有少数散文记述新人新事。《甘孜报》开设副刊“短笛”、“农奴戟”（后更名为“雪花”），刊载州内文学作者的作品。1993 年实现激光照排。汉文版刊号：CN 51—0018；藏文版刊号：CN 51—0019。中共甘孜藏族自治州州委主办。地址：四川省康定县光明路 66 号。

《广播新闻》　新闻小报。藏、汉文版。1954 年创办。创刊于西宁。油印。主要收录中央人民广播电台新闻节目后记录刻印。青海人民广播电台主办。

1955 年——

《民族画报》　综合性画报。有汉、蒙古、藏、维吾尔、朝鲜、哈萨克等 6 种语版。1955 年 2 月创刊于北京。它的前身是 1951 年创办的《人民画报》副册。刊名由周恩来总理题写。初为双月刊，逢双月出版。8 开本。1957 年改为月刊。大 16 开本。栏目：文化广角、美术长廊、人物报道、经济纵横、风情大观、民族教育等。最高发行量达到 22 万册/期。发行到 50 多个国家和地区。国内刊号：CN 11—2702/ZZ。国际刊号：ISSN 1002—9141。中央人民政府民族事务委员会主办。地址：北京市东城区和平里北街 14 号。

《每周广播》　专业报纸。藏、汉文版。1955 年 10 月 1 日创刊。周报。

8开2版。公开发行。主要介绍一周文艺广播节目。发行2000份。1958年更名为《广播节目报》。周报。8开2版。发行2000份，最高5000份。“文化大革命”开始后青海省人民广播电台自办节目取消，《广播节目报》于1967年1月14日停刊。共出版145期。青海人民广播电台文艺部主办。

《拉萨周报》 综合性报纸。藏、汉文版。1955年前创办。驻藏部队主办。周报。免费赠阅。藏文版为汉文版的翻译版。1956年初停刊。

1956年——

《西藏日报》 中共西藏自治区委员会、政府机关报。1956年4月22日，该报藏汉文版与西藏自治区筹委会同年同月同日诞生。它是西藏第一张正式的省级日报，是世界上最大的藏文报纸，也是西藏第一份当代报纸，标志着西藏当代报业的诞生，也是西藏当代新闻传播事业的开端。达赖喇嘛题写藏语版刊名。1957年8月，根据中共中央“六年不改，适当收缩”的治藏方针，包括总编辑庄坤、副总编辑严蒙在内的1/3人员精减，返回内地。1959年元旦，鉴于西藏政治斗争形势严峻，西藏工委遂决定取消《西藏日报》报头下刊挂的“西藏自治区筹委会机关报”字样。原四方面副总编辑中，除西藏工委派出的正副编辑予以保留外，其余各方自然免职。在达赖喇嘛叛逃国外后，《西藏日报》藏文版换下了由其题写的藏文报头。《西藏日报》由一张具有统一战线性质的省级报纸，完全成为中共西藏工委的机关报。1961年5月，新华社西藏分社与《西藏日报》合署编委会成立。1959年3月到1961年3月，报社进入全面恢复阶段；1961年5月到1964年元月，报社进入发展阶段；1964年元旦到1966年5月，报社进入兴旺阶段。1965年8月，中共中央主席毛泽东为《西藏日报》题写刊名。同年9月1日，《西藏日报》藏汉文均使用毛泽东主席题写的刊名。1980—1982年，根据中央决定，报社大批汉族干部内调。1989年2月实行藏汉文胶版印刷。1994年4月，《西藏日报》藏汉文版在全国省级报纸中最后一家实现激光照排。目前，报纸发行到四川、青海、甘肃等地所有藏区，是国内外最具权威性、发行量最大、影响面最广、读者人数最多的藏文报纸。藏文报的最高日发行纪录是1976年的24973份。现在每周的藏文报已增加到36个版面，日发行量1.6万份。国内刊号：CN 54—0001/Z。

《卫生与健康》 卫生防疫专业刊物。汉文版。1956年创办《卫生宣传》。32开。每期发行5000册。双月刊。1968年停刊。1971年6月复刊，4

开4版小报。每年出版10期。发行1000份。1978年6月停刊。1981年8月复刊，更名为《卫生与健康》。月刊。32开。每期发行5000—10000册。牧区专辑为汉藏文对照版。对象：农牧民、中小学生、城镇居民。内容：卫生政策、科学知识等。青海省卫生防疫站宣传教育科与青海省爱卫会联合主办。

《青海湖》　综合性文艺刊物。藏、汉文版。1956年创刊。16开本，月刊。每期发行7000册。1965年、1966年改为32开本。1966年辍刊。汉文版1980年复刊。栏目：高原风貌、高原新花、本刊作品评析、艺术辩证法探微、争鸣篇等。青海省文联主办。地址：西宁市黄河路12号。

1957年——

《青海教育》　专业刊物。藏、汉文版。1956年试刊，1957年7月正式创刊，1960年停刊，1979年复刊。大16开。1985年藏文版改为双月刊，汉文版改为月刊。国内刊号：CN 63—1007/G4。青海省教育厅主办。地址：西宁市五四西路35号。

1975年——

《青海民族学院学报》　综合性学术理论刊物。藏、汉文版。隔期有一篇或两篇藏文论文，无专门藏文版。1975年1月15日创刊。16开。季刊。青海民族学院主办。地址：西宁市八一中路3号。

1977年——

《阿坝科技》　科普刊物。藏、汉文版。1977年创刊。后更名为《阿坝科普》。16开，季刊。栏目：农业、牧业、气象、地质、情报等。并以专刊形式出版发行，如《藏兽医实用技术专刊》。四川阿坝州科技情报研究所主办。四川阿坝藏族羌族自治州科学技术委员会和编译局联合出版。地址：四川省马尔康县阿坝州科委。

1979年——

《青海省人民代表大会汇刊》　省级人民代表大会机关刊物。藏（有时出藏文版）、汉文版。1979年8月创刊。不定期。每期印1150份。免费发放。青海省人民代表大会常委会主办。

《青海省人民代表大会公报》 省级人民代表大会机关刊物。汉、藏文版。1979 年 8 月创刊。每期印 1150 份。自 1994 年起减为 750 份。免费发放。青海省人民代表大会常委会主办。

1980 年——

《西藏科技报》 科普报。汉、藏文版。1980 年 8 月在拉萨市创刊（汉文版 1979 年 9 月创刊）。4 开 4 版，月报。后改为半月刊、周报、周二报。内容：西藏地质地貌、物候气象、动物植物、矿产资源、科考探险、历史文化、藏医藏药、高原旅游、风土人情等。发行量：1989—1991 年 9 万份，其中藏文报 3 万余份。1999 年发行 3 万份，其中藏文报 1.49 万份。发行到西藏、四川、青海、内蒙古、云南等藏区。年发行量曾达 15000 份。西藏唯一综合类科技报纸。读者对象：农牧民、基层科技工作者、中小学生、寺庙僧尼等。首任总编：任君璧。国内统一刊号：CN 54—0007。西藏自治区科委、西藏科学技术协会主办。地址：拉萨市北京路 230 号。

《西藏文艺》 文学刊物。汉、藏文版。汉文版 1976 年筹建，1977 年创刊，16 开。季刊—双月刊（1982 年）。1984 年改为《西藏文学》，月刊。藏文版 1980 年试刊，1982 年正式创刊。季刊。1982 年改为双月刊。专业范围：文学创作、翻译和理论研究。栏目：小说、诗歌、散文、理论、报告文学、翻译、美术、摄影及综合特刊。对象：西藏、青海、甘肃、云南、四川五省区藏族读者。年发行 8000 册。经费：财政补贴。首任主编：大丹增。西藏文联主办。地址：拉萨市北京西路（原建设路）170 号。

《西藏民兵》 综合性刊物。藏、汉文版。1980 年创刊。16 开本。月刊。主要刊登中央政策、交流民兵工作经验、指导民兵建设等。西藏军区政治部主办。

《雪莲》 文学刊物。汉文版。内容中有藏文译文。1980 年 4 月 16 日创刊，1985 年 3 月 6 日终刊。16 开。季刊。主要栏目：小说、散文、民间文学、评论等。发行：15000 册/期。青海省委宣传部主办。地址：西宁市西大街 64 号。

《雪域文化》 文艺刊物。藏文版。1980 年创办。初名《西藏群众文艺》。不定期。1983 年 11 月 18 日经西藏自治区党委宣传部批准，自治区新闻出版局备案，正式公开发行。16 开。季刊。1988 年更名为《雪域文化》。主要栏目：文艺园地（小说、诗歌、散文、报告文学、嘎协、谜语等）、群文天地、藏医学、高原人物、知识论坛、文学评论、民间文学、高原漫谈、古迹寻踪、文化旅游等。印数：2500 册/期。发行范围：全国。对象：中等以上文化读者。定价：1983—1989 年 0.70 元，1991 年 0.80 元，1992—1993 年 1.00 元，1994—1997 年 2.00 元，1998 年 2.50 元。经费来源：国家财政补贴、拨款、单位“以文补文”收入。首任主编：索朗旺堆。国内刊号：CN 54—1003/G—Z；国际刊号：ISSN 1003—7942。西藏自治区文化厅、群众艺术馆主办。地址：西藏拉萨市朵森格路 2 号。

《贡嘎山》　文学刊物。藏、汉文版。1980 年创刊。16 开，双月刊。第二、五期为藏文版，第一、三、四、六期为汉文版。是由四川省甘孜藏族自治州文联主办，面向全国公开发行的文学刊物，以藏、汉两种文字出版。创办初期汉文版为季刊，藏文版为半年刊。1994 年汉文版改为双月刊。藏文版改为季刊，现为半年刊。《贡嘎山》汉文版现设有小说、散文、诗歌、随笔、游记、评论、杂文等各种体裁的文学作品栏目。藏文版设有小说、散文、诗歌、民俗、文论、名作简介等栏目。该刊是在整个藏区有较大影响的文学刊物之一。国内刊号：CN 51—1386/Ⅱ。国际刊号：ISSN 1006—0626。四川省甘孜藏族自治州文联主办。地址：四川省甘孜藏族自治州康定县北三巷 21 号。

1981 年——

《章恰尔》　文学刊物。藏文版（藏语意为“甘露”）。1981 年创刊。16 开，季刊。我国发行量最大的藏文文学期刊，是当代中国藏族文学创作的主要窗口和园地。主要栏目：小说、诗歌、散文、评论、名作欣赏、选刊拔萃、文学讲坛、诗谜等。2001 年经新闻出版总署评定，进入“中国期刊方阵”，并获“双效期刊”；2003 年和 2005 年先后两次在全国 9000 多家期刊中脱颖而出，荣获第二、第三届国家期刊奖百种重点期刊，成为全国藏文期刊中唯一获此殊荣的期刊。2006 年第一期《章恰尔》恰为该刊创刊 100 期，藉此进行了增页扩版，使之步入大型文学期刊行列。2001 年，出版的《章恰尔 20 年精品丛书》。共分 8 卷，包括《小说卷》（上、下册）、《诗歌卷》（上、下册）、《理论评论卷》《散文卷》《翻译小说卷》《名作欣赏卷》。《丛书》所选均是 20 年来共 81 期《章恰尔》期刊发表的 5000 多篇（首）作品中的上乘之作，体现了《章恰尔》20 年的最高成就。发行范围：覆盖中国整个藏族地区，远销到海外十多个国家。国内刊号：CN 63—1009/I；国际刊号：ISSN 1005—5606。定价：3.5 元/期。主办单位：青海民族出版社。地址：青海省西宁市同仁路 10 号。

《知识火花》 综合性刊物。藏文版。1981 年 2 月创刊。32 开。不定期。1996 年终刊。主要栏目：革命史、革命传统、科技知识、伟大祖国、艺术、世界要闻、宗教、你知道吗、民族介绍等。北京民族出版社主办。地址：北京市东城区和平里北街 14 号民族出版社藏编室。

《健康向导》 医药卫生专业刊物。汉、藏文对照版。1981 年 10 月创刊。1988 年停刊。16 开本，不定期。内部发行。对象：乡卫生院、村卫生室、群众。主要内容：常见病和地方病防治、家庭常用药品使用、药品管理、老年保健、饮食卫生等。青海省医药科普委员会主办。地址：西宁市青海省卫生厅《青海医药杂志》社。

《群文天地》 通俗文艺刊物。藏、汉文版。1981 年正式创刊。它的前身为《青海群众艺术》(汉文版。1857 年创刊)。1985 年公开面向全国发行。1993 年办理国际刊号，正式向国际发行。季刊。16 开本。全国创刊最早、影响较大的藏文通俗文艺刊物。内容由创刊初期的以刊登民间创作为主的刊物，发展为设有多种栏目的综合性文艺刊物。向省内广大藏区和北京等科研单位发行外，还引起了国外一些藏学研究机构的关注。美国印第安纳大学、哥伦比亚大学、意大利那不勒斯东方大学，以及英国、法国、印度、瑞士、挪威、加拿大、日本、丹麦、奥地利、芬兰等国的专家学者来人来函或通过中国出版对外贸易总公司长年订阅，作为其研究藏族文化的资料，在国际藏学界赢得了较好的声誉。国内刊号：CN 63—1027/G—Z；国际刊号：ISSN 1007—0699。地址：青海省西宁市东城区为民巷 17 号。青海省文化厅主办。

《阿坝报》 四川省阿坝藏族自治州机关报。藏、汉文版。1981 年 1 月 1 日创刊，原名《岷山报》（1953 年 1 月创刊）。1983 年 6 月，汉文版日发行 7500 份，藏文 1000 份。最高发行量曾达到 10000 份。1993 年，《阿坝报》藏文版改为周三刊，4 开 4 版。2002 年 8 月，藏文编辑部告别了纸和笔，实现了编采程序微机化。创刊初期社长为张源（茂县地委宣传部长），总编辑为曹逐非。2005 年 1 月 8 日《阿坝日报》（藏文版）正式改为对开大报彩色版，是国藏区唯一的一张对开彩色大报。栏目：牧业专版、林业专版、雪山草地、教育战线、党团生活、雪山子弟兵、兄弟民族、今日话题、法律知识、科技动态等。国内统一刊号：CN 51—0016/Z。地址：四川省阿坝州马尔康达尔玛街 57 号。

《白鹿唇》　文艺丛刊。藏、汉文合刊。1981年8月创办。16开。季刊。栏目：诗歌、民间文学、译文等。除刊登文学作品外，还刊载藏族民俗、人物、历史知识、传统文化、宗教等内容。1987年停办。出版14期。发表诗歌、散文、小说等文学作品350多万字，涉及作者120余名，影响极大。地址：青海省玛沁县果洛州文联。青海果洛藏族自治州文联主办。

1982年——

《西藏研究》　综合性大型藏学学术刊物。藏、汉、英文版。汉文版1981年12月创刊，1982年元月1日正式发行。藏文版1982年创刊。英文版1989年创刊。均为大16开，季刊。主要栏目：经济、政治、历史、宗教、语言文字、文物考古、藏医藏历、名人介绍、争鸣园地、国外藏学等30余个。对象：藏学研究者、民族工作者和民族院校师生。印数：3000册/期。订户：1500—1800册/年。赠阅：500份/期。零售：200份/期。获奖："全国优秀社科学术理论期刊提名奖（1995年）"、"全国中文民族类核心期刊"（1996年）、"全国百种重点期刊（1998年）"。出版累计：1981—1999年6月，藏文版70期，汉文71期。有合订本。发行范围：西藏自治区、国内外。发行量：700册/期。读者对象：藏学研究者、民族工作者、大专院校师生、藏学爱好者等。国内统一刊号：CN 54—1004/C—Z；国际刊号：ISSN 1002—946X。首任主编：赤烈道吉。西藏社会科学院主办。地址：西藏拉萨市色拉路22号西藏自治区社会科学院内。

《旭日》（《知识集锦》）　藏文版，原名《旭日》，1982年创刊于拉萨。1985年9月更名为《知识集锦》。1990年停刊。16—32开本，季刊—双月刊。主要栏目：时事新闻、政策顾问、农牧科技、法律常识、致富与信息、文化生活、少儿园地等。截至1989年12月，共出版25期。印数：1270册/期。定价：0.25元。发行范围：西北五省。1985年9月12日，西藏自治区党委宣传部批示停办。西藏人民出版社藏文编辑部第三编辑室。

《西藏歌舞》　音乐舞蹈刊物。藏、汉文版。1982年11月创刊。1986年终刊。16开。季刊。为西藏第一份音乐舞蹈刊物。栏目：珠穆朗玛之歌、高原小百灵、边防战士的旋律、历史歌舞曲、银屏歌声、西藏古典歌曲、在歌舞的海洋里、作品短评、雪山词林、西藏歌舞人物志、民歌等。西藏自治区文学艺术工作者联合会主办。

《达赛尔》　文学刊物。藏文版（"达赛尔"为安多藏语音，拉萨音则为“达色”，月光之意）。1982年7月创刊。16开本。初为不定期，1983年为季刊，并设专职编辑。1984年第三期改译为《月光》。1986年第三期恢复为《达赛尔》，常年作者400余人。在西北五省较有声誉者约45人。内容以文学作品为主，兼载法律、医学、语言常识等内容。栏目：小说、诗歌、散文、古典名著译文、诗词例话、民间文学、常识、美术之窗等。甘南藏族自治州文联主办。地址：甘肃省夏河县合作镇。

《攀登》　政治理论刊物。藏、汉文版。1982年4月创刊。季刊。16开本。汉文版双月刊，藏文版季刊。初为内部发行，后公开发行。主要栏目：理论学习、教育研究、争鸣、民族语文与文化、古迹整理等。是向国内外公开发行的社会科学综合性理论刊物，是全国唯一一家以藏文为媒介研究，宣传马列主义、毛泽东思想和邓小平理论，全面探讨藏族社会、经济、文化等领域历史和现实问题的重要论坛，是贯彻执行中国共产党的民族宗教政策，维护民族团结和祖国统一的阵地。国内刊号：CN 63—1015/ C—Z。国际刊号：ISSN 1005—2089。青海省委党校、青海省行政学院、青海省社会主义学院主办。地址：西宁市黄河路2号。

1983年——

《青海法制报》　法制教育专业报纸。藏、汉文版。汉文版于1981年6月26日创刊。藏文版1983年1月15日创办。4开4版，周刊。初每期发行2800份，1985年后增至10000份。国内最早的藏文法制教育专业报纸。办报宗旨：立足青海实际，面向全省6个藏族自治州，积极宣传社会主义民主与法制建设成就，向全省广大州区普及法律知识，促进少数民族地区的民族团结和社会稳定。对象：青海、甘肃、四川、西藏等省区藏族干部和群众。栏目：新闻、法律论坛、法律知识、普法园地、法律顾问、婚姻家庭等。版面：一版——新闻；二版——综合；三版——法律知识；四版——文艺。国内统一刊号：CN 63—0009。原由青海省政法委主办。现为《青海日报》子报。地址：青海省西宁市西关大街79号。

《西藏群众文艺》（后更名为《雪域文化》）　普及性文艺刊物。藏、汉文版。1980年试刊，1983年11月18日创刊。16开，季刊。年发行5000册。1989年汉文版改为《雪域文化》，1994年停刊，藏文版继续出刊。办刊宗旨：繁荣本地区业余文艺创作，培养以藏族为主体的各族文艺创作队伍，普及文化艺术，宣传和介绍藏民族优秀文化。主要栏目：民族艺苑、歌曲、曲艺、故事、谚语、影视之窗、少儿文艺、小说、诗歌、散文、评论、美术等。读者对象：具有中等文化程度以上的各族读者。刊登反映西藏当代生活的文学作品，介绍西藏民间艺术，发表文艺评论，兼载青海、四川藏区的藏族民间文学作品。西藏群众艺术馆主办。地址：拉萨青年南路2号。

《邦锦梅朵》（藏语意为“装饰雪山草地之花”。名称多次演变：1989——邦锦梅朵；1991——邦锦美朵；1992年第1期——帮锦梅朵；1992年第2期——邦锦花；1993年夏——邦锦梅朵；1995年2月后统一译为“邦锦梅朵”）：西藏民间文学报纸。藏、汉文版（1993年改为《西藏民俗》）。民间文学报纸。1983年10月15日创刊。4开4版。月报。栏目：神话故事、传统生活故事、歌谣、谚语、格言、寓言、民风民俗、名胜古迹、新民歌、新编通俗故事、民间文学评论等。1988年改为16开杂志发行。季刊。1990年公开发行。首任主编：廖东凡、才旦多吉。印数：3000册/期。定价：2.50元。部分地区（如阿里、昌都、青海等地）免费赠送。经费：财政拨款。对象：西藏农牧民和西藏区内外民间文学爱好者，社会科学、文艺研究者。为西藏自治区抢救、搜集、整理、出版民间文学艺术的唯一藏文刊物，深受广大读者的欢迎。截至2004年，《邦锦梅朵》共出版发行117期，同时出版发行了近20本民间歌谣、故事、曲艺等单行本。国内统一刊号：CN 54—1010/J。西藏文联、西藏民间文艺家协会主办。地址：拉萨市北京西路170号。

《西藏纪检监察》　综合性刊物。藏、汉文版。1983年8月创刊，时名《纪检通讯》。1991年更名为《西藏纪检》。1993年更名为《西藏纪检监察》。16开，月刊。主要栏目：卷首语、评论、书记论坛、文件选登、工作指导、工作探讨、大要案传真、热点透视、信息报道、杂谈、警钟长鸣、每月文摘、忏悔录、理论探讨、文苑等20多个。藏、汉文版刊号：CN54—0028/D，CN54—0027/D。中共西藏自治区纪委和西藏自治区监察厅主办。地址：拉萨市宇拓路71号。

《民族》　综合性刊物。藏、汉文版。1983年创刊于成都。藏文版为季刊，汉文版为月刊。大16开。原名《四川民族工作》《四川民族》。1987年改为《民族》，出版汉、藏、彝文版。办刊宗旨：宣传民族理论和中国共产党的民族政策，交流民族工作经验，报道民族地区经济文化和社会发展情况，介绍民族地区的历史、文化、风俗等。旨在立足四川，面向国内外，宣传民族地区，宣传民族工作。主要栏目：重要新闻、论坛、历史、医学大观、通讯、散文等。主要为赠阅。国内统一刊号：CN 54—1008/C。中共四川省民族工作委员会、四川省民族事务委员会主办。地址：四川省成都市文殊院街18号。

《西藏佛教》　学术性刊物。藏、汉文版。自1983年起，出版不定期藏文刊物。1986年正式创刊（汉文版）。藏文版1987年创办。半年刊—季刊。经费：财政拨款。主要栏目：特别栏目、佛语特摘、法界名人、净地简志、佛像佛经佛塔、宗教艺术、佛教常识、宗教名词、宗教节日、朝圣指南、佛协活动简报等。全国人大常委会副委员长、中国佛教协会名誉会长班禅额尔德尼·确吉坚赞，中国佛教协会会长赵朴初居士为该刊创刊分别题词。读者对象：宗教研究人员及信教群众。发行数量：1500册/期。国内统一刊号：CN54—1013/Z；国际刊号：ISSN1002—9362。中国佛教协会西藏分会（西藏民宗委）主办。地址：拉萨娘热路19号西藏佛协。

1984年——

《雪原文史》　历史专业刊物。藏、汉文版。1984年创刊于四川甘孜马尔康。16开，季刊，内部发行。主要刊登本州历史、文化、文学、宗教等方面的论文和调查资料。地址：四川省阿坝州马尔康县《雪原文史》编辑部。

《西北民族大学学报》　学术理论刊物。设哲学社会科学版、自然科学版、藏文社会科学版、蒙文社会科学版。国内高校中唯一同时编辑出版四种语言文字版本的学报。汉文版1979年创刊。藏文版1984年创刊。原名《西北民族学院学报》。半年刊。每年4、10月出版。该刊以辩证唯物主义和历史唯物主义为指导，宣传党的民族政策，刊发以民族语言学、文学、民族宗教、历史、古藏文、民俗学为主要内容的学术讨论、交流教育与科研成果，为教学与研究服务，突出藏民族文化研究的特色。藏文版在1995年获甘肃省编校质量达标奖；1999年评为首届全国优秀社科学报；2002年获第二届全国优秀社科学报。2006年获第三届全国优秀社科学报、甘肃省高校优秀期刊。主要栏目：藏族语言文字研究、藏族文学与诗歌研究、藏族历史、社会研究、藏传佛教研究、藏族民俗学研究、美学、翻译、古籍文献研究等。2003年4月“西北民族学院”更名为“西北民族大学”，2004年6月该刊更名为《西北民族大学学报》。藏文哲社版刊号：CN 62—1186/C。甘肃省西北民院主办。地址：甘肃省兰州市西北新村一号。

《山南文艺》　文学艺术综合刊物。藏、汉文版。汉文版1979年创刊。

藏文版 1984 年创刊。16 开，不定期—季刊。1984—1987 年内部出版发行。1988 年全国公开出版发行。主要栏目：小说、诗歌、散文、纪实文学、报告文学、幽默园地、未来主人（学生作品选）、论坛、名胜古迹、民间文学、美术、摄影等。发行范围：西藏山南地区各县以及西藏、青海、甘肃、北京、全国各大民族院校及法国、比利时等国。发行量：1500 册/期。读者对象：山南农牧民、学校职工、学生、寺庙僧尼、部队指战员、地方干部职工、兼顾区内外读者。经费：山南地区财政年度全额拨款。首任主编：王希华。国际标准刊号：ISSN1004—1753 。国内统一刊号：CN54—1009/I。西藏山南地区文化局、地区文联主办。地址：山南乃东县泽当镇格桑路 17 号。

《拉萨河》 文学刊物。藏、汉文版。汉文版 1983 年 5 月创刊。季刊。16 开。曾停刊，1994 年成立拉萨市文联后复刊。藏文版 1984 年 5 月创办，季刊。16 开。办刊宗旨：反映西藏社会生活，刊载边防部队战士文艺作品，培养文学新人，扶植少数民族作者。栏目：小说、诗歌、历史知识、民间故事、文学评论、民间歌谣、笑林、歌曲新天地、摄影、美术等。拉萨市文化局主办。

《西藏教育》 教育教学专业刊物。藏、汉文版。1984 年 3 月创刊。首任编辑委员会主任他新（教育厅长），副主任刘瑞（副厅长）、彭存宜，不定期内部发行。1988 年改为季刊，公开发行，并编辑增刊。1989 年，汉文版改为双月刊。专业范围：基础教育，兼顾大中专和职业教育。藏文版主要栏目：教育政策、思想政治教育、领导讲话、德育教育、中小学教育、师范教育、职业教育、高等教育、成人教育、素质教育、教材教法、教学参考、内地办学、学校管理、班主任工作、教育行政管理、写作教学、藏语文教学、双语教学、教学改革、数理化教学、学生习作、教育通讯、报道等。至 2000 年，出版汉文版 91 期，680 万字，时任主编张应吉，副主编孙泽荣、马光耀；藏文版 59 期，590 万字，时任主编强俄巴·多吉欧珠，副主编顿珠多吉。16 开，双月刊（汉），季刊（藏）。发行范围：西藏行政机关、中小学，内地西藏班，青海、四川藏文刊物编辑部，国家教育部各司局等。对象：学校师生、教研人员、教育行政人员等。定价：1985—1987 年无定价；1988—1989 年 0. 30 元；1990—1991 年 0. 50 元；1992 年 0. 80 元；1993—1999 年 1. 50 元。经费来源：教育事业拨款。西藏教育厅民族教育研究所主办。拉萨市江苏路 14 号。

《青海藏语工作》 综合性理论学术刊物。藏文版。1984 年创刊。原名

《民族语文工作》。16开。半年刊。停刊数年后又复刊。2001年更名为《青海藏语工作》。办刊宗旨：宣传党和政府的方针政策，进行藏汉双语教学及藏语文理论研究，指导藏语文工作。栏目：藏语文教学、理论研究、传统文化研究、翻译工作等。青海省语言文字工作委员会、青海省民族事务委员会主办。地址：西宁西关大街2号青海省民委。

《青海科技报》　科普报。藏、汉文版。汉文报1979年5月18日创刊。周刊。4开4版。1990年公开发行。发行量：1990年32000份；1982年以来达50000份。藏文版1984年7月1日创刊于西宁。全国人大常委会副委员长班禅额尔德尼·却吉坚赞题写刊名。4开4版。周刊。办刊宗旨：引进和传播国内外适宜于青海地区的各种新科技、新产品、新种畜、新粮种，介绍农牧业和小企业的实用技术，反映本省科技动态，普及卫生常识。栏目：科技新闻、动态、农牧业研究、生活小常识等。特色栏目有：青海高原、高原与健康、高原畜牧业、科学致富、科技市场、中学生园地等。版面：第一版——综合科技信息；第二版——农牧业生产技术；第三版——青少年学习园地；第四版——知识副刊等。国内统一刊号：CN 63—0013。青海省科学技术学会主办。地址：西宁市新宁路5号附2号青海科技协会。

《西藏画刊》　美术摄影刊物。藏、汉对照版。1984年5月14日创刊。16开本，季刊。办刊宗旨：刊登西藏和国内外优秀美术、摄影作品，介绍各画派代表人物，宣传藏族传统艺术，培养藏族传统艺术人才。主要栏目：摄影、美术、高原画廊等。至1986年12月共出版12期，1000份/期。定价：0.15元。西藏人民出版社主办。

1985年——

《西藏法制报》　政法机关报。藏、汉文版。1985年2月18日创刊。内部发行。4开4版。半月刊。后改为周报。1986年汉文版停办。1989年复刊。1991年正式创刊。国内统一刊号：CN 54—0014。1988年1月藏文版复刊。国内统一刊号：CN 54—0009。4开4版，半月刊—周刊。版次：法制新闻、法制综合新闻、法学理论、法制副刊等。固定栏目：法案大观、案例分析、律师信箱、法言法语等。首任社长：平措多吉（西藏司法厅副厅长）。首任总编：陈大荣（西藏司法厅法宣处处长）。西藏司法厅主办。后改为西藏政法委主办。

《甘南群众艺术》　综合性文学艺术刊物。藏文版。1985年创刊。16

开。不定期。藏文封面只有“群众艺术”4 字，译文加“甘南”2 字。全名为《甘南藏族自治州群众艺术》。版刊宗旨：繁荣丰富群众艺术生活，抢救民间文学艺术，加强民族团结，维护祖国统一，培养本地藏文作者。主要栏目：民间文学、传说、小说、诗歌、美术等。甘南藏族自治州群众艺术馆主办。地址：甘肃省夏河县合作镇。

《阿坝史志》　地方史刊物。藏、汉文版。1985 年创刊。16 开。不定期。1988 年改为半年刊。办刊宗旨：征集本州各类史料。主要栏目：资料选登、史志论坛、地名纵横、文化遗产等。四川省阿坝藏族自治州地方志办公室主办。

《西藏青年报》　共青团西藏自治区委员会机关报。藏、汉文版。1985 年 1 月 15 日试刊。1989 年正式出版发行。1994 年 10 月汉文版驻四川记者站成立，成为西藏第一家立足西藏、走出西藏、面向全国的综合性报纸。初为 4 开 4 版，旬刊。后改为 4 开 8 版，周刊。藏文版为 4 开 4 版，周刊。半月刊—周刊（1988 年 5 月 1 日）。办报宗旨：立足西藏，面向全国，成为党的喉舌、青年益友，为稳定局势服务，为西藏的经济建设服务。栏目：中学生园地、农村科技、文学天地、新闻大观等。读者对象：藏区及农牧区青年和群众。发行范围：全国。发行量：5600 份/期。国内统一刊号：CN 54—0005/Z。共青团西藏自治区委员会主办。地址：西藏拉萨市江苏路 16 号。

《青海健康报》　医疗、保健专业刊物。藏、汉文版。1985 年 1 月 1 日创刊。4 开 4 版，半月刊。内部发行。办刊宗旨：宣传国家医药卫生政策，反映青海医药卫生改革、管理和业务建设动态，颂扬先进人物和事迹，普及医学科普知识。每期印刷 5000 份。青海省卫生厅、青海省计划生育委员会主办。

《羌塘》　综合性刊物。藏、汉文版。1985 年 8 月创刊。16 开，年刊。汉文每期 200 页，藏文 300 页。办刊宗旨：反映西藏那曲地区政治、社会、经济、文化、教育等方面的变化，为那曲经济建设服务。主要栏目：文化教育、医疗卫生、邮电交通、那曲史话、民间文学、小说、诗歌、评论、美术作品、歌曲等。西藏自治区那曲文化局、广播电视局主办。

《拉萨晚报》　地市机关报。藏、汉文版。1985 年 7 月 1 日创刊，拉萨。4 开 4 版，周刊。1990 年改为周三刊。办报宗旨：全心全意为社会主义服务，为人民服务。透视社会生活，传播大众信息，聚焦每日新闻，拓展市场空间。藏文版改为周四刊，4 开 4 版。藏文版有四版：第一版——要闻；第二版——社会新闻；第三版——科技、卫生、名胜古迹；第四版——散文、诗歌、国际新闻。1993 年 10 月实现激光照排。国内唯一的藏文晚报。首任总编辑王承义。读者对象：城市居民、机关干部。发行范围：西藏农牧区和四川、云南、青海、甘肃等藏族聚居区。主要经费来源：事业性质差额拨款。发行量：4000 份/期。国内统一刊号：CN 54—0003/N。中共拉萨市委主办。拉萨市江苏路 19 号。

《珠穆朗玛》　文学刊物。藏、汉文版。1985 年 9 月创刊。第一期分藏、汉文版，第二、三期为藏文版。年刊。16 开。1987 年 1 月终刊。以刊登本地区文学作品为主。栏目：作品与作者、诗歌、嘎协、小说、评论、知识、民间故事、民间诗歌等。西藏自治区日喀则群众艺术馆主办。

《青海党的生活》　通俗性党员教育刊物。藏、汉文版。藏文版 1985 年创刊（汉文版 1983 年 6 月 29 日创刊。32 开，月刊。1984 年 1 月公开发行）。双月刊。16 开。办刊宗旨：宣传马克思主义民族观、宗教观，加强民族团结，维护祖国统一。主要栏目：党员教育、组织建设、各条战线优秀党员、开拓建设青海、党课教材、可爱的青海、相信科学破除迷信、红柳等。时任中共中央总书记胡耀邦题写刊名。发行范围：西藏、四川、云南、甘肃藏区。农牧区赠阅。中共青海省委主办。地址：西宁市青海省委宣传部（汉文版）、青海省委党校（藏文版）。

1986 **年**——

《甘南之声》　综合性报纸。藏、汉文版。1986 年创刊于甘肃夏河县。4 开 4 版，不定期—旬刊—周刊。主要刊载本州新闻、自办节目、广电文艺节目、评论文章等。1989 年，由报纸改为同名广播电视业务刊物。藏、汉文合刊。16 开本。不定期出版。主要刊登本州广播、电视事业发展方面的文章。甘肃省甘南人民广播电台总编室（甘南藏族自治州广播电视局）主办。

《艺研动态》（后改名为《西藏艺术研究》）：以文化艺术为主的综合性学术刊物。藏、汉文版。1986 年创刊。汉文版 16 开，季刊。藏文版为半年刊。1987 年更名为《西藏艺术研究》。西藏文化厅西藏民族艺术研究所主办。

1987 **年**——

《藏学研究通讯》　机关内部刊物。藏、汉文版。1987 年 5 月 20 日创刊。16 开，不定期。藏文版出版若干期后即停刊。栏目：科研动态、学术信息、藏学理论、书评、资料等。中国藏学研究中心科研处主办。地址：北京市北四环东路 131 号中国藏学研究中心科研处。

《草地》（原《新草地》）　文学刊物。藏、汉文版。1980 年 6 月，《新草地》编辑部成立。初为季刊，内部发行。16 开，季刊。1982 年改为双月刊。1983 年成立阿坝州文联后成为其机关刊物。1986 年全国公开发行。藏文版 1987 年创办，并更名为《草地》。1980—1989 年为阿坝州文学创作的高峰时期：《草地》共出版 54 期，发表小说 465 篇，诗歌 1161 首，散文 327 篇，评论 48 篇，电影、电视、舞蹈剧本 5 部，报告文学等 25 篇，美术作品 226 件。1983 年编辑散文小说集《雪莲花香》。涌现出了张世俊、泽旺、雀丹、苍林、杨胤锐、达尔基、索朗仁称、朱大录、范远泰、周辉枝、叶星光等较有影响的作家。四川民族出版社出版。四川省阿坝州文化局主办。地址：四川省马尔康县阿坝州文化局。

《雪域藏医药》（《藏医药杂志》）　藏医学术刊物。藏文版，1987 年创办于拉萨。16 开本。不定期—半年刊。主要刊登藏医理论、藏医药研究等方面论文。西藏卫生厅、西藏藏医院主办。

《日喀则报》　地市机关报。综合性地方报纸。藏、汉文版。1987 年 10 月 1 日创刊。4 开 4 版。出版周期屡经变化：月刊（1988 年）—半月刊（1990 年）—周报（1991 年 1 月）。1988 年 2 月 2 日，全国人大常委会副委员长，第十世班禅额尔德尼·却吉坚赞为藏文报题写报头。1988 年 7 月 1 日，《日喀则报》正式公开发行。主要栏目有：展佛台下、后藏漫话、一句话新闻、军营内外、经济漫谈、读者来信、信息荟萃、理论与学习、科普知识、业务研究、调查报告、地方掌故、后藏史话、文艺副刊、珠峰等。后增加栏目：后藏短波、高原风景线、藏边拾萃、珠峰随笔等。创办之初藏汉文版发行量共 1 万份。1988 年公开发行。发行范围：日喀则地区 19 个县市口岸、西藏 7 地市、西藏以外 21 个省市自治区直辖市的 140 多个大中城市和地区。与 300 多家地市报、少数民族州盟地市交换。藏文报定价：0.10 元/份。经费：全额拨款。首任总编辑：张其贵（中共日喀则地委宣传部副部长）。1996 年以前为地委宣传部所属科级单位。1996 年机构改革后，成为独立区级事业单位，机构：编委会、党总支、总编办、藏编部、汉编部等。中共日喀则地委宣传部主办。地址：日喀则市北京北路 2 号。

1988 年——

《西藏艺术研究》 综合学术刊物。全国唯一以藏民族文化艺术为研究对象的专业理论刊物。藏、汉文版。藏文版 1988 年 9 月 8 日创刊（汉文版 1986 年创刊）。16 开。半年刊。140 页。1989 年 8 月公开发行。栏目：音乐舞蹈、戏剧研究、文艺论坛、绘画艺术、藏学知识、文学论坛、艺术人物、资料介绍等。读者对象：藏学研究者、艺术创作者、技术教育工作者、高校学生等。发行量：1500 册/期。定价：4 元。经费：财政拨款。首任主编：洛桑多吉。国内统一刊号：CN 54—1015/J—Z；国际刊号：ISSN1004—9088。西藏文化厅（西藏民族艺术研究所）主办。地址：西藏自治区拉萨市北京中路 7 号。

《中国藏学》 学术刊物。藏、汉文版。1988 年 2 月 15 日创刊。16 开本。季刊。专业学术性刊物。以藏族的社会历史文化和藏族地区的现实研究为主要内容，发表学术论文，并适当刊登其他文章及反映藏族藏区历史、文化、民俗、山川风貌的图片。主要栏目：藏族社会历史、哲学宗教、传统科技、语言文学、文化艺术、民族教育、文献档案目录等。固定栏目：动态与信息、新书简介、新书浏览、最新相关资料要目索引等。国内刊号：CN 11—1726/C。国际刊号：ISSN 1002—9060。定价：5 元/期。中国藏学中心主办。地址：北京朝阳北四环东路 131 号。

《求是文选》 政治理论刊物。藏文版。1988 年创刊。16 开，月刊。主要刊登汉文版《求是》（原《红旗》）杂志上重要文章的译文。国家民委主管，民族出版社藏文组编辑出版。地址：北京市东城区和平里北街 14 号。

1989 年——

《合作民族师专学报》 综合性学术刊物。藏、汉文版。1989 年 5 月创刊于甘肃省夏河县合作镇。16 开，季刊。注重学术性、民族性和师范性。重点探讨中学教育和民族教育，特别是藏族教育方面的课题，交流该领域的研究成果。甘南藏族自治州合作民族师范专科学校主办。地址：甘肃省夏河县合作镇人民街。

《刚坚少年报》 中小学学习报。藏、汉文版。1989 年 6 月 1 日藏文版创刊于西宁（2001 年 12 月 21 日，《刚坚少年报》汉文版正式创刊）。4 开 4 版。旬刊。每月 1 日、10 日和 20 日出版。主要刊登国内外重要新闻、中小学文理各科知识、诗歌散文、游记故事、书画作品、学生习作和小幽默等。是全国第一张，也是唯一的针对农牧区藏族少年儿童出版的藏文少年报。出版暑期、寒假合刊，便于学生在假期集中阅读。同时出版《看图作文》《藏族儿童文学概论》《优秀作文精选》等图书。2005 年，发行量达到 13000 份。募集资金给贫困学生捐赠 7580 份。2006 年在青海湖畔黑马河乡组织"城乡藏族儿童手拉手活动"。2007 年，获青海省藏文报刊编校质量第一名。主要栏目：学生信箱、雪莲、学习习作园地、知识等。国内刊号：CN 63—0011。青海民族出版社主办。地址：西宁市同仁路 10 号。

《求是》　政治性刊物。藏文版。1989 年创刊，拉萨。16 开本，双月刊。内容主要译自中央党校汉文版《求是》。中共西藏自治区党委主办。

《西藏〈党的生活〉》　党员教育刊物。藏文版，1989 年元月创刊。32 开本，季刊。1997 年 3 月公开发行。主要栏目：领导讲话、党课、好党员、先锋颂、党的基本知识、黑板报、经验介绍、法制园地、政治问答、讲科学破迷信、科普园地、副刊（雪莲花）等。对象：农牧党员、党务工作者、积极分子、基层干部。发行量：10000 册/期（1999 年）。国内统一刊号：CN 54—1026/D；国际刊号：ISSN1005—5126。西藏党委组织部主办。地址：拉萨市娘热路 5 号。

《西藏研究内部参考》　内部学术刊物。藏、汉文版。1989 年 5 月创刊。16 开本，不定期。主要刊登不适合于在公开刊物发表的文章。没有固定栏目。西藏社会科学院主办。

《雪域文化》　文学艺术理论刊物。藏、汉文版。1989 年由《西藏群众艺术》更名。16 开本，季刊。办刊宗旨：坚持四项基本原则，坚持"二为"方向和"双百"方针，立足西藏面向全国，全面介绍丰富多彩的藏族文化艺术，力求反映西藏传统文化艺术和现代文化艺术的各个方面，弘扬本民族优秀文化，崇尚科学文化，破除愚昧迷信，内容健康丰富，综合性强，体裁多样，篇幅短小，通俗易懂，为西藏文化事业的发展和社会主义精神文明建设及物质文明建设服务与贡献。主要栏目：文艺园地、群文园地、藏医学、高原人物、知识论坛、文学评论、民间文学、高原漫谈、古迹寻踪、风土人情、文化探索、文化旅游、西藏考古、文化信息等。主要读者对象：中等文化以上的广大群众。国际标准刊号：ISSN1003—7942。国内统一刊号：CN 54—1003/GZ。西藏群众艺术馆主办。地址：拉萨市朵森格路 2 号。

《日喀则地区教育通讯》　专业刊物。藏、汉文版。1989 年 5 月创刊。

内部交流。设有德育园地、师资建设、园丁颂、素质教育、教学研究等十多个栏目。至2000年，出版藏文版25期，汉文版43期。

《山南教育》　专业刊物。1989年5月创刊。藏、汉文版。季刊。内部交流。至2000年，出版44期。

《主人》　综合性刊物。藏、汉文版，1989年10月创刊，1991年11月公开发行。16开。半年刊—季刊。办刊宗旨：立足工会、面向社会；多角度、多层次、多方位地展现西藏工运事业的风貌；反映新时期西藏职工的工作，学习与生活情况，宣传改革开放以来各条战线涌现出的先进人物与先进事迹；兼发西藏民俗、风情、地理、经济等方面的文章，沟通区内外的文化交流。主要栏目：工会工作、企业管理、开拓者、高原旅游、雪莲艺苑、青工之友、职工之声、高原文化、西藏医学、圣地解说、名人简介、争鸣与探讨、杂谈等。印数：3000册/期。发行范围：西藏职工，全国。首任社长：阿旺。首任总编：加罗·次仁顿珠。经费：每年财政拨款5万元。西藏自治区总工会、援藏发展基金会联合主办。地址：拉萨市金珠东路14号。

1990年——

《岗尖梅朵》　文学刊物。藏文版（“岗尖梅朵”藏文意为“雪域之花”）。1990年创刊。16开，季刊。栏目：小说、诗歌、散文、民间文学、评论、美术等。1998年改为诗刊。主要栏目：新诗阵地、格律诗、闪电花环、散文诗专页、长诗推荐、女性天空、译林、校园晨曲、好诗共享、诗歌探索、摄影美术等。国内统一刊号：CN 63—1010/I—Z；国际标准刊号：ISSN1007—354X。青海省海西洲文联主办。地址：青海省德令哈市海西洲文联院内。

《藏语文工作》　理论学术刊物。藏、汉文合刊。总第2期曾以藏文、汉文对照本出版。第3期为汉文版。有时出版藏、汉文版。1990年创刊。16开本。年刊—季刊。西藏藏语文工作指导委员会主办。地址：西藏自治区教育厅。

《雅砻医学》　藏医学专业刊物。藏文版。1990年创刊。16开，年刊。办刊宗旨：讨论和研究藏医学。主要栏目：特稿、理论、历史、管理学、论坛、新药配方、临床医学、译文、百花园等。西藏自治区山南地区藏医医院主办。地址：山南泽当镇格桑路3号。

《拉萨教育》　专业刊物。1990年创刊。不定期内部出版。至1999年出版汉文版30期，其中增刊2期，藏文版2期。拉萨市教体局主办。

《西藏广播影视报》　专业报纸。藏、汉文版。创刊时名称为《西藏广播电视报》。拉萨。内部发行。周报。4开8版。1989年，汉文版扩为4开16版。藏文版于1990年2月25创刊（1989年8月25日汉文版创刊）。全国人大副委员长阿沛·阿旺晋美题写报头。1995年以后间断性出版。1990年6月27日，获国家统一刊号。藏文版：CN 54—0012，汉文版：CN 54—0013。1990年10月26日藏汉文版正式公开发行。藏文版创刊编辑有赵士奇、次仁平措、拉姆次仁等。至2000年底，汉文版出版591期，藏文出版341期。名称更迭：1989年《西藏广播影视报》《西藏电视报》——1995年《西藏广播影视报》。西藏广播电视厅主办。地址：拉萨市北京中路180号。

《青海师范大学民族师范学院学报》　藏文版。1990年创刊。学术期刊。半年刊。16开本。青海师范大学民族师范学院主办。地址：青海省西宁市西川南路44号。

1991年——

《西藏大学学报》：学术刊物。藏、汉文版。1986年7月正式创刊，藏汉文兼刊。藏文版1991年创办（汉文版1986年7月创办）。每年第三期为藏文版，年刊。后改为半年刊。2007年1月，经西藏自治区新闻出版局批准，藏语版改为季刊。突出藏学研究、高原生态、社会经济、西部论坛、理工园地等。16开。80页。每期印数1000册。定价4元。1993年公开出版发行。主要栏目：藏学研究、西藏经济、理论探索、西藏高教、文艺理论、法学院地、教学研究等。国内统一刊号（藏文版）：CN 54—1035/C；国际刊号：ISSN1005—5746。国内统一刊号（汉文版）：CN 54—1034/C；国际刊号：ISSN1005—5738。西藏大学主办。地址：西藏自治区拉萨市江苏路5号。

《青海民族师范专科学校学报》　综合性教育理论刊物。汉、藏文合刊。1991年创办。16开，不定期—半年刊。办刊宗旨：研究民族教育教学理论和实践问题，刊载藏文典籍译文、注疏、论文等。主要栏目：理论研究、名著译文选、教学研究、藏语文及教学、双语教学研究等。青海民族师范专科学校主办。地址：青海省海南州共和县恰卜恰镇绿洲北路33号。

《阿坝译林》　翻译专业刊物。藏文版。1991年4月25日创刊。16开本。不定期。刊载汉译藏方面的学术论文和翻译技巧的文章。四川阿坝州编译局主办，藏语文翻译协会协办。地址：四川阿坝州编译局。

《藏语文研究》 专业刊物。藏、汉文合璧。1991年创刊。16开。年刊。1992年第2期封底有“西南民族学院学报”字样。办刊宗旨：促进藏语文的发展和研究。栏目：研究与探索、翻译论坛、修辞学习、争鸣园地、双语教学与研究、调查报告知识讲座、工作动态、书刊评介等。四川省少数民族语言文字工作委员会、西南民族学院、中国藏学研究中心社会文化所、四川省民族语言学会、四川省对国外藏胞工作办公室合办。地址：四川省成都市西南民族学院。

《那曲教育》 专业刊物。1991年创刊。藏、汉文版。年刊。内部交流。设有教育政策、研究与探讨、教育管理、教法点滴、典型事迹等栏目。至1999年12月，出版汉文版8期、藏文版7期。

《人民西藏》 综合性法制刊物。藏、汉文版。1985年3月5日创办，时名《人大工作通讯》。汉语版。有藏文题名（阿沛·阿旺晋美）。不定期。1991年更名为《西藏人大工作》。月刊。以藏、汉两种文字出版。1995年8月3日被批准公开出版发行。分出藏、汉双语版。16开本，双月刊。办刊宗旨：加强社会主义法制建设，推动西藏人大理论研究，与全国其他省区人大进行交流，指导基层人大工作。主要栏目：特稿、人大工作、人大论坛、经验介绍、代表风采、人大制度理论研究、民主法制园地、雪域风流等。对象：国家工作人员、人民代表、人大工作者、法学工作者等。经费：财政拨款。发行量：1000—1500份/期。国内统一刊号：CN 54—1044/D（汉文版）；CN 54—1045/D（藏文版）。西藏自治区人大常委会办公厅主办。地址：拉萨市民族路12号。

1992年——

《中国西藏》 综合性刊物。汉、藏、英文版。汉文版1989年春在北京创办，16开，季刊。1990年出版汉、英两种文版，1992年出版藏文版刊，1993年正式成立中国西藏杂志社，1994年汉、英两种文版改为双月刊，1996年改为大16开国际流行本。藏文版不变。办刊宗旨：报道西藏的经济、文化建设成就和社会发展，介绍西藏民族、宗教、文化艺术、旅游景点与民族风情。栏目：本刊论坛、人物专访、独家文章、经济与社会、宗教与文化、藏族史学、古今人物、藏区要闻、新书博览、读者信箱等。藏文版以刊登藏文来稿为主，展示西藏社会经济发展的新气象、新面貌、新时尚、新追求，介绍当代藏族杰出人物，研究藏族传统文化。《中国西藏》杂志创办至今，已成为海内外读者和广大西藏群众喜爱的读物。发行到全世界110多个国家和地区。1990年获新闻出版署颁发的优秀期刊二等奖，1995年获全国社会科学优秀期刊称号。国内刊号：CN 11—2576/D。国际刊号：ISSN 1002—9133。中共中央统战部主办。地址：北京府右街135号中央统战部院内。

《西藏民族宗教》　宗教理论刊物。藏、汉文版。1992年3月25日创刊。1995年底停刊。藏、汉文版分别出版共4、16期。16开。藏、汉文版分别为半年刊和季刊。目录和正文共44页。主要栏目：特稿、理论与实践、团结进步、沧桑变化、佛教之窗、历史长廊、古今人物、民族风情、古刹掠影、高原各地、短波、资料选登等十多个。藏文版西藏区内发行。汉文版全国发行。藏文题名：全国人大常委会副委员长阿沛·阿旺晋美。时任自治区党委书记的胡锦涛致发刊词。赵朴初题写刊名。西藏民族宗教事务委员会主办。地址：拉萨市林廓北路22号。

《日月山》　文学刊物。藏文版。1992年创刊。16开。半年刊。内容：刊登本地及毗邻藏区各类文学作品、民间文学、文学评论、世界名著选译、美术、摄影、中学生作品等。栏目：小说、格律诗、自由诗、散文、新苗园地、景点介绍、姓氏释义、民族语文、史学论坛、格萨尔研究、人物传记、寺志、美术摄影等。藏文题名：全国人大常委会副委员长阿沛·阿旺晋美。青海省新闻出版局准印字第115号。青海海南藏族自治州共和县藏语文工作委员会主办。地址：青海省海南藏族自治州共和县恰卜镇人民街1号。

1993年——

《西藏科技信息报》　科普性报纸。藏汉文版。1993年2月（藏文版）、3月（汉文版）创刊。4开4版。月刊。定价：汉文版0.30元，藏文报无定价。对象：科技工作者、厂矿企业、农牧民。主要栏目：政策信息、经济信息、经营之道、信息窗、新产品、新技术、引进推广、实用技术等。发行：汉、藏文版各1000份/期。全部赠送到西藏自治区区直有关部门、各地市县农牧区。1997年1月因经费问题停刊（共出版藏文版46期，汉文版47期）。藏文版刊号：CN 54—0016。汉文版刊号：CN 54—0017。西藏自治区科委主管，自治区科技信息研究所主办。

《昌都报》　地市机关报。藏、汉文版，1993年7月15日试刊。1995

年7月13日，经国家新闻出版署批准向全国发行。周报。4开4版。分藏、汉两种版。全国人大常委会副委员长帕巴拉·格列朗杰、西藏自治区党委常委、宣传部长陈汉昌分别为《昌都报》题写了藏、汉文报头。汉文版为周刊，藏文为月报。办报宗旨：坚持以邓小平建设有中国特色社会主义理论为指导，宣传马列主义、毛泽东思想，宣传党和政府的方针、政策，传播信息和科学技术、文化知识，为人民提供健康的娱乐，反映人民群众的意见和建议，发挥新闻舆论监督作用。主要栏目：要闻、本埠新闻、理论园地、文艺副刊等。发行范围：（汉文）机关、企事业单位、县区乡镇、西藏驻外地大专院校；（藏文）地区11县、181个区、乡、镇，1622个自然村。《昌都报》藏、汉文版每期发行3000份。藏文版《昌都报》已发行至昌都11个县、乡、村。1997年7月，举办《昌都报》首届好新闻的评奖活动。机构：办公室、汉编部、藏编部、记者部、采通部。首任总编辑：曹文君。经费：全额财政拨款。藏文报刊号：CN 54—0019/Z；汉文报刊号：CN 54—0019。西藏昌都地委宣传部主办。地址：西藏昌都镇西路24号。

《安多研究》　综合藏学学术刊物。藏、汉文版。1993年创刊。16开。季刊。办刊宗旨：坚持四项基本原则，维护祖国统一和民族团结，活跃学术气氛，弘扬民族文化，突出学科特点。立足安多，刊登关于藏族社会历史、民族教育、经济贸易、宗教哲学、文学艺术、天文历算、藏医藏药等方面的学术论文，兼载其他藏区稿件。甘肃省藏学研究所主办。地址：甘肃省甘南藏族自治州拉卜楞。

1994年——

《半月谈》　时事政治翻译刊物。藏文版。1994年11月试刊。1995年1月正式创刊。大32开，国际型。半月刊。80页。内容除精选汉文版《半月谈》内容外，还报道西藏重大新闻、事件。固定栏目：权威人士论坛、半月评论、信息广场、百事咨询、读者之页、国内外半月大事、国际时事、西藏时事、经济纵横、政治观察、小测验等。非固定栏目：谈天说地、科教、本刊特稿、新闻人物、女企业家成功之路、“两会”特辑、港澳台、百姓身边的共产党员、自考之窗等。发行：向西藏乡一级基层组织免费赠送2份。3720册/期。对象：农牧区基层干部。首任主编：扎西卓玛。国内统一刊号：CN 54—1043/D。新华社、《半月谈》杂志社委托西藏人民出版社主办。地址：西藏拉萨市林廓北路20号西藏人民出版社。

《红原报》　综合小报。藏、汉文版。1994年7月创刊。4开4版，不定期。内部发行。主要刊登州县新闻、工作报告、历史人物、县史、文学作品等。四川阿坝藏族自治州红原县县委、县政府主办。地址：阿坝州红原县委。

《拉萨教育》　专业刊物。藏、汉文版。1994年创刊。16开，季刊。办刊宗旨：宣传党的教育方针政策，研究拉萨地区的学校教育和社会教育，介绍教学经验，探讨教学理论。主要栏目：政策传真、访谈录、视点、教育论坛、德育之窗、他山之石、教学研究等。内部发行号：01—045。拉萨市教体委主办。

1995年——

《迪庆报》　机关报。藏、汉文版。藏文版1995年3月创刊。月报。每期印数约3000份。1997年正式发行，并改为周二刊。1999年改为周三刊。汉文版1989年3月创刊。月报—周刊—周五报。4开4版。印数约9000份。办刊宗旨：宣传党的方针政策，普及法律知识，报道本州各地经济建设情况，介绍藏族传统文化。栏目：本地经济、工农业生产、金融财政、州内科技、文化、军事、理论、民俗、要闻等。办有副刊“岗拉梅朵”、“太子神韵”、“奶子河彰显”等。国内统一刊号：CN 53—0042。中共云南省迪庆州委主办。地址：云南省迪庆州中甸县城江克路。

《藏医药研究》　学术刊物。藏文版。1995年1月创刊。16开本，不定期。主要以刊登研究藏医药、藏医历史、藏医与藏历等藏文论文和文章为主。栏目：理论探讨、藏医藏历、藏医人物述林、天地人、藏医论坛、机构园地、展望与合作、临床研究、医德修养、美术摄影等。地址：甘肃省夏河县合作镇。

《根梗琼波》　文学刊物。藏文版（藏文意为“大红花”，即藏红花）。1995年创刊。16开，年刊。栏目：小说、散文、诗歌、论文等。四川省阿坝州藏语文翻译学会主办。地址：四川马尔康县阿坝州翻译局。

1996年——

《雪山之声》　综合性学术刊物。藏文版。1996年在四川康定县创刊。16开本。不定期。内部发行。主要刊登本校师生有关历史、文学、宗教、教学等方面的论文和作品。主要栏目：论文、诗歌、散文、小说、美术摄影等。四川省藏文专科学校主办。地址：四川省康定县姑咱镇四川省藏文专科学校。

《藏医药杂志》　学术刊物。藏、汉文版。1996年创刊于甘肃。16开。季刊。以刊登藏医药方面的论文、文章为主。地址：甘肃省甘南州合作镇。

《藏医药教育与研究》　专业刊物。藏语版。内部刊物。1996年8月创刊。西藏藏医学院主办。办刊宗旨是：加强藏医药高等教育的研究与改革，探索一条符合西藏实际并且具有鲜明特色的藏医药高级专业技术人才的培养途径；不断提高教学与学术理论研究水平和应用科技的研究与开发的能力，加快教育研究与科技研究成果的转化，提高社会效益与经济效益；扩大交流与合作，吸收和利用现代科学技术为教学服务，为科学技术研究服务，为藏医药医疗保健和制药生产服务，为西藏社会稳定、进步和经济发展服务。至2000年该刊共出版发行6期。

1997年——

《致富之友》　农村综合性杂志。藏文版。1997年创刊。32开本。栏目：本刊评论、致富带头人、致富信息、减负专栏、务工指南、法律常识、它山之石、种养殖天地、农机天地、卫生与健康等。内部资料准印号：01—004。西藏日报藏文编辑部主办。地址：西藏自治区拉萨市朵森格路36号西藏日报社。

《高原之舟》　文学刊物。藏文版。1997年创办。16开，半年刊。办刊宗旨：培养本地区文学创作者，发掘民间文学，丰富农牧民文化生活，宣传党的方针政策。内容：主要刊登本地作者藏文论文和作品。栏目：小说、散文、诗歌、翻译、中学生作品、美术等。青海黄南藏族自治州同德县教育局主办。

《青海畜牧业》　藏文版。1997年创刊。大16开本。季刊。主要内容：国家畜牧业方针政策、全国畜牧业动态、青海畜牧业研究、畜牧业养殖知识、畜牧业医疗知识等。赠阅。国内刊号：CN 63—1062/S；国际刊号：ISSN1672—3201。印刷：青海民族印刷厂。青海省农牧厅主办。地址：青海省西宁市胜利路69号青海省牧业科技推广站。

1998年——

《西藏社会科学信息文摘》　综合刊物。藏、汉文版。1984年创办不定期汉文版《信息与资料》。16 开。1998 年更名为《西藏社会科学信息文摘》，藏、汉文版。16 开本。不定期—季刊。主要刊登藏学领域各学科的研究信息、重要论著的文摘等。西藏社会科学院主办。

1999 年——

《西藏政协》　综合性刊物。藏、汉文版。1999 年创刊。16 开。双月刊—季刊。内容：主要刊登中国人民政治协商会议和西藏政协的工作报告、政治决议、政协各届领导人简介、政协委员的建议、提案、政协机关新闻、西藏文史资料等。栏目：工作报告、群贤毕至、委员发言、古今人物、记者视点、提案工作、新闻之窗、西土取经、文史天地、风情雪域等。内部发行号：01— 086。西藏政协办公厅主办。地址：拉萨市林廓北路 29 号。

《金沙江》　综合性刊物。藏文版。1999 年创刊。16 开。年刊。内容：主要刊登翻译理论、藏族历史、名人传记、科研论文以及文学作品等。青海省玉树藏族自治州治多县藏文室主办。

《阿坝藏学》　学术刊物。藏、汉文版。1999 年在四川省马尔康县创刊。16 开。半年刊。内部发行。以宣传党的民族政策、方针、法规及藏族文化研究为宗旨，其内容囊括了藏民族的政治经济、历史宗教、语言文字、民风民俗等人文和社会科学的内容，同时还包括藏医藏药、天文历算、科技工艺等自然科学的部分内容。栏目：藏医、历史、语言、教育、格萨尔、旅游、人物、古迹目录等。四川省阿坝藏族自治州编译局藏研室主办。地址：四川省阿坝藏族自治州编译局。

《黄南藏文报》　地市机关报。藏文版。半月刊。4 开 4 版。1959 年 3 月 1 日，黄南州委曾创刊《黄南报》，但因故未能继续出版，被迫停刊。1992 年 6 月 22 日，黄南州委的机关报《黄南报》复刊。1999 年 1 月 10 日，经国家新闻出版署批准，正式公开发行。是青海省继《海东报》之后正式公开发行的地方党委机关报之一。办刊宗旨：宣传黄南州委的方针政策，积极传播省内外兄弟地区在改革开放中的重要信息及先进经验，反映黄南州各条战线上出现的新气象、新成就、新经验、新问题。第一版为要闻版，第二版为经济版，第三版为政教版，第四版为文艺副刊，刊名为《隆务河》。1999 年 12 月《黄南藏文报》作为青海省六州第一个藏文报问世，并获国家新闻出版署和省新闻出版局正式批准，2001 年 7 月 7 日公开发行。藏汉语版发行量 3000 多份/期。国内刊号：CN 63—0017。中共青海省黄南州委主办。地址：青海省黄南州委办公楼。

2000年——

《山南报》　地市机关报。藏、汉文版。2000年1月1日创刊于西藏山南泽当镇。2001年至2005年为周报，2001年9月28日，经国家新闻出版总署批准，由中共山南地区委员会主管、主办的这张《山南报》正式编入全国统一刊号，全国公开发行，并由试刊时的旬刊扩为了周刊。2006年1月1日起扩为周二报。截至2006年5月23日，汉文报为第335期，藏文报为第329期，藏汉两报相差6期，主要是因为遇到重大节日（如西藏自治区成立40周年、雅砻文化节等）时汉文报有增刊（藏文报一般无增刊）。办报方针：党报性质、晚报风格、山南特色、打造一流。办报思路：充分发挥地域亲和力，牢牢占领本地区的读者市场。以不甘人后、敢创一流，只争朝夕、奋发进取的开拓精神和面向山南、走向全国的办报目标，打造《山南报》的特色品牌，创办西藏一流的地市党委机关报，最大限度地服务读者、满足读者。实行“采编统分结合，坚持三审终审”的采编体制，使报纸的质量逐步提高，信息量增加，可读性增强。

《藏区教育论坛》　教育学术理论刊物。藏、汉文版。2000年1月在马尔康创刊。大16开。不定期。办刊宗旨：总结和研究藏区教育实践，构建藏区教育理论体系。栏目：评论、藏区区域教育研究、藏区中等和高等教育研究、藏文学科建设研究、人物篇、教育家简介、学术动态、图片报道等。四川省阿坝州马尔康县马尔康民族师范学校主办。地址：四川省马尔康县马尔康民族师范学校。

《东日》　综合性刊物。藏文版（藏文意为“白螺山”）。2000年创刊。16开。不定期。主要刊登涉及甘孜、阿坝等藏区的文章。栏目：论文、风情录、知识窗、美术天地等。四川民族出版社藏文室主办。地址：四川省成都市盐道街3号。

《雪域佛教报》　藏传佛教寺院报纸。藏文版。2000年创刊于甘肃省甘南拉卜楞寺。4开4版。不定期。办刊宗旨：向僧众宣传党的宗教政策、研讨佛学理论。栏目：回忆、评论、诗歌、新闻等。甘肃省拉卜楞寺主办。

《世纪新声》　藏传佛教刊物。藏文版。2000年1月创刊。16开本，年刊。办刊宗旨：弘扬藏传佛教的思想内涵和佛法理论，进而促进藏民族文化的传播和发展。主要刊登藏传佛教历史、教义、人物等方面的文章。栏目：

佛语及圣地篇、雪域佛法前弘篇、雪域佛法后弘篇、雪域佛法复兴篇等。甘肃省甘南拉卜楞寺主办。地址：甘肃省甘南州拉卜楞寺。

《新闻工作者知识》　新闻业务刊物。藏文版。2000 年创刊于拉萨。32 开。封面全称为《新闻工作者知识》，习惯称《知识》。是报社记者、编辑人员、通讯员等学习新闻业务的专业刊物。主要栏目：研讨、理论、通讯园地、雪域论坛、读者论坛等。《西藏日报》社藏编部主办。地址：西藏拉萨市朵森格路。

2001 年——

《林芝教育》　专业刊物。2001 年创刊。藏、汉文版。半月刊。16 开本。内部交流。主要报道本区中小学教育的信息，反映中小学教育改革、教学实验等方面内容。设有教育理论研究、教育管理、素质教育研究与实施、德育建设、教材教法研究、教学经验、师资建设、班主任工作、教育通讯、职业教育、农村教育综合改革等栏目。内部刊号：01—093。西藏林芝教委主办。地址：西藏林芝八一镇。

《佳仁》　综合性刊物。藏文版（刊名意译为“黎明”或“曙光”）。2001 年 3 月创办。16 开本。不定期。内容：宣传国家民族政策和宗教政策。刊载本地历史、文化、宗教、民俗文章。栏目：散文、诗歌、名胜古迹、幽默、争鸣天地、佳作赏析、新闻视窗等。青海省玉树州主办。地址：青海省玉树县。

《三江》　综合性刊物。藏文版（刊名为藏文“藏松”，意即三江：金沙江、澜沧江、怒江）。2001 年创办。16 开。不定期。内容：刊登本地作者文学作品、评论、论文等。青海省玉树州人民政府主办。

2002 年——

《布达拉》　综合性刊物。藏、汉文版。2002 年创办。16 开。汉文版为月刊，藏文版为半年刊。办刊宗旨：向国内外读者介绍传统西藏文化和当今的社会生活。栏目：专题报道、社会生活、文化广场、旅游天地、经济大观、专栏等。今日中国杂志社主办。地址：北京西城区百万庄街 24 号。

2003 年——

《海南藏文报》　地市党报。2003 年 6 月试刊。2003 年 7 月创刊。2005

年9月28日，海南报社成立暨《海南报》公开发行仪式在恰卜恰镇举行。藏汉双语。4开4版。藏文版为月刊，汉文版为旬刊。2006年起面向全国征订发行。邮发。国内刊号：CN 63—0021/Z。海南藏族自治州委宣传部主办。地址：海南州共和县恰卜恰镇少年宫二楼。

《青海民族学院学报》 学术期刊。藏文版。2003年6月由国家新闻出版总署批准创办，当年10月份创刊号正式问世。半年刊。办刊宗旨：坚持党的路线、方针、政策，贯彻“百花齐放、百家争鸣”的方针，突出文化人类学与民族学的特色。注重青藏高原各民族的历史、文化、经济、宗教等的研究。主要栏目：文学评析、学术争鸣、翻译论坛、语言研究、民俗探微等。现任主编桑杰系青海民族学院藏学系教授、国家级专家，曾任《章恰尔》主编。国内统一刊号：CN 63—1063/G；国际标准刊号：ISSN1672—6863。青海民族学院主办。地址：青海省西宁市八一中路3号。

《读者之友》 文摘刊物。藏文版。2003年创刊。不定期。16开本。国内唯一的藏语文摘刊物。融知识性、思想性、娱乐性为一体，以书籍形式出版。主要栏目：时事政治、文化教育、思想品德、爱国教育、科技动态、经济理论、民族风情、人文景观、名胜古迹、环境保护、高原生态、童话世界、医药卫生、天文历算、格言典故、名作赏析、诗歌散文、说文解字、学生习作、书画作品、体育竞技、西部开发、农牧生活、幽默漫画、美术摄影、数理化题解等。书号：ISBN7—5420—1113—8/Z·33（民文）。主编：索南才让。主办：青海民族出版社。地址：青海省西宁市同仁路10号。

《林芝报》 2003年1月1日创刊。藏文版。4开4版刊期。周一刊。中共林芝地委机关报。国内统一刊号：CN 54—0019/Z。地址：西藏林芝八一镇双拥路21号。

2004年——

《那曲报》 地市机关报。藏、汉文版。2004年9月1日正式创办。它的创刊发行结束了西藏那曲无地区报的历史，至此，西藏自治区全区7地（市）都有了自己的党报。该报主要是宣传党的理论、路线、方针、政策，宣传那曲，及时准确地反映那曲在社会主义现代化建设中所取得巨大成就和进步。中共西藏自治区那曲地委主管、那曲地委宣传部主办。

《西藏政报》 机关报。藏、汉文版。2004年创刊。主要栏目：国务院令、自治区政府文件、自治区政府办公厅文件、领导讲话等。发行范围：西藏自治区。发行量：4500册/期。读者对象：农牧区群众。西藏自治区人民政府办公厅政策研究室主办。国内统一刊号：CN 54—1050/D—Z。

2007年——

《中国藏医药》：藏医药学术期刊。藏文版。2007年4月7日创刊于青海省西宁市。季刊。大16开本。全国首创的藏医药学术刊物。旨在加强国内外藏医药交流，提高藏医药学术整体水平，促进藏医药学术繁荣与进步，继承弘扬藏医药优秀文化，促进国内外藏医药交流。开设有藏医历史、藏医与历算、基础理论研究、临床研究、藏药研究、展望与思考、机构和名医等重点栏目，读者对象面向藏医医疗单位、科研院所、教育机构、藏药企业、国内外的学术机构及广大社会群体。主编：多杰。新编国内统一连续出版物号：CN—1066/R。青海金诃藏医药集团公司主管，青海省藏医院和青海省藏医药研究所主办。地址：青海省西宁市南山东路97号。

附　　录

一　大事记

【编列说明】

1. 为展示中国藏文报刊发展的历史轨迹，便于查阅稽考，特编列“大事记”。

2. “大事记”主要编入与藏文报刊创办、发展相关的重要事件和历史事实，主要包括：

（1）作为重要历史背景而发生的事实；

（2）涉及藏文报刊的重要法规；

（3）有关藏文报刊的会议、决定、制度、机构等；

（4）关于藏文报刊发展的重大发现、发明等；

（5）具有标志意义的藏文报刊的创办；

（6）藏族自治地方的成立；

（7）藏语法规和信息化建设。

3. 相关事件以时间顺序排列，便利查证。

4. 事件的叙述力求简洁，主要包含时间、事件、地点等最主要元素。

5. “大事记”收入事件始于藏文创制的 7 世纪，止于 2007 年。

6. 事件叙述采用公元纪年。在说明 1949 年以前发生的事件时，相应注明传统纪年方式。

7. 因学识、文献所限，许多重要事件未能列入，惟期待后来填补缺陷。

633 年

松赞干布平定反叛的苏毗等部，定都逻娑，建立吐蕃王朝。派屯米·桑布扎等人去西域、印度学习文字学。屯米·桑布扎返吐蕃后费时数年，创制了统一的藏文字。

13 世纪

西藏开始纳入元朝中央政府管辖。

1907 年

驻藏大臣联豫于西藏拉萨创办藏文版官方报纸《西藏白话报》，它是西藏地区最早的报纸，也是中国最早的藏文报纸。

1912 年

1 月 1 日，孙中山在就任中华民国临时大总统的《孙总统宣言书》中，宣布“合汉、满、蒙、回、藏诸地为一国，则合汉、满、蒙、回、藏诸族为一人，是曰民族之统一”。

3 月 11 日，《中华民国临时约法》颁布：“中华民国领土，为二十二行省，内外蒙古、西藏、青海”；“中华民国人民，一律平等，无种族、阶级、宗教区别”。

1913 年

中华民国蒙藏事务局主办的藏、汉文对照版《藏文白话报》创办于北京。它是中央行政机构创办的第一份藏文报刊，也是中国早期最具影响力的官方藏文报刊。

1914 年

（中华民国三年）5 月 1 日，《中华民国约法》颁布：“中华民国人民，无种族、阶级、宗教之区别，法律上均为平等。”

1923 年

（中华民国十二年）10 月 10 日，《中华民国宪法》颁布：“中华民国人民与法律尚无种族、阶级、宗教之别，均为平等。”

1929 年

2 月 10 日，青海省政府机关报《新青海》创刊。汉文版，部分内容为藏文版。

9 月，《蒙藏月报》在南京创刊。汉、藏、蒙三文合璧版综合性刊物。中华民国蒙藏事务委员会主办。

1935 年

5 月 7 日，国民政府九世班禅西陲宣化使公署宣传处主办的《西陲宣化使公署月刊》创刊于南京。以汉文版为主，每期均有一篇藏文文章。

1941 年

4 月 10 日，西康省政府机关报汉、藏文版《西康国民日报》创刊。藏文版为周刊。

1949 年

9 月 29 日通过的具有临时宪法地位的《中国人民政治协商会议共同纲领》规定："中华人民共和国境内各民族一律平等"；"各少数民族均有发展其语言文字、保持或改革其风俗习惯及宗教信仰的自由"。

当年，新中国最早的藏族自治区域——青海省玉树藏族自治区成立。1955 年，改称"玉树藏族自治州"。

1950 年

5 月 6 日，甘肃省天祝藏族自治县成立。这是新中国最早成立的藏族自治县。

1951 年

1 月 16 日，中共青海省委机关报《青海藏文报》于西宁创刊，为新中国创办最早的藏文机关报。

4 月，云南省德钦藏族自治区成立。1957 年 9 月，改称迪庆藏族自治州。

5 月 23 日，中央人民政府与西藏地方政府签订《关于和平解放西藏办法的协议》。规定："依据西藏的实际情况，逐步发展民族的语言、文字和学校教育。"

当年，中华人民共和国政务院《中央人民政府政务院关于民族事务的几项规定》指出："帮助尚无文字的民族创造文字，帮助文字不完备的民族逐步充实其文字。"

1952 年

4 月 22 日，新中国最早的地市级藏文机关报——《夏河报》（1953 年 5 月 1 日更名为《甘南报》）在甘肃省夏河县创刊。

8 月 9 日，由中央人民政府公布施行的《中华人民共和国民族区域自治实施纲要》规定："各民族自治机关得采用各民族自己的语言文字，以发展各民族的文化教育事业"。

9 月 26 日，青海省都兰蒙藏哈萨克族自治区成立。1954 年 1 月 25 日，更名为海西蒙藏哈萨克族自治区。1955 年 12 月 12 日，再次更名为海西蒙藏哈萨克族自治州。1985 年 4 月 24 日，定名为海西蒙古族藏族自治州。

当年，藏文版《人民画报》创刊于北京。全部翻译汉文版内容。此为新中国最早的藏语画刊。

11 月，藏文版《新闻简讯》在拉萨创刊。西藏军区成立编审委员会负责藏文版《新闻简讯》的译审工作。它是藏文版《西藏日报》的前身。

11 月 8 日，新中国最早的地方性民族语言条例——《西康省藏族自治区关于发展民族语言文字的实施办法》颁布。

1953 年

1 月 1 日，四川省藏族自治区成立。1955 年，更名为"阿坝藏族自治州"。1987 年，改称"阿坝藏族羌族自治州"。

2 月，四川省木里藏族自治区成立。1955 年 5 月，改称木里藏族自治县。

6 月 10 日，藏文版《岷江报》创刊。1981 年 1 月 1 日，更名为《阿坝报》。它是目前全国唯一的对开彩色藏文报纸。

9 月 30 日，青海省黄南藏族自治区成立。1955 年 7 月 28 日，改称"黄南藏族自治州"。

10 月，甘肃省甘南藏族自治区成立。1955 年 7 月 1 日，改称"甘南藏族自治州"。

12 月 15 日，青海省海南藏族自治区成立。1955 年 7 月 28 日，改称"海南藏族自治州"。

12月31日，青海省海北藏族自治区成立。1955年，改称“海北藏族自治州”。

当年下半年，藏文版《新闻简讯》改为四开半月刊。

1954年

1月1日，青海省果洛藏族自治区成立；1955年，改称“果洛藏族自治州”。

8月2日，藏汉文版《甘孜报》创刊。中共四川省甘孜藏族自治州委员会主办。它的前身是《康定报》。

9月20日，中华人民共和国第一届全国代表大会第一次会议通过《中华人民共和国宪法》。其中第三条规定：“中华人民共和国是统一的多民族的国家。各民族一律平等。各民族都有使用和发展自己的语言文字的自由，都有保持或者改革自己的风俗习惯的自由。……各少数民族聚居的地方实行区域自治。各民族自治地方都是中华人民共和国不可分离的部分。”

1955年

当年上半年，藏文版《新闻简讯》改为铅印，为正式创办《西藏日报》藏文版打下基础。

当年，四川省甘孜藏族自治州成立。

3月16日，藏文版《民族画报》创刊。中央人民政府民族事务委员会主办。

10月，中央人民政府驻西藏代表张经武，向西藏传达毛泽东主席对创办《西藏日报》的指示：“在少数民族地区办报，首先应办少数民族文字的报。”毛主席还指示：“西藏与青海不同，不要藏汉两文合版，要办藏文报。”

1956年

4月22日，《西藏日报》正式创刊，出版藏、汉文两种版本，均为对开4版日刊，藏文报报头由达赖喇嘛·丹增加措题写。它是新中国第一份省级藏文日报，也是世界上最大的藏文日报。

1957年

12月1日，《西藏日报》副总编辑、西藏著名爱国诗人擦珠·阿旺洛桑先生逝世。

1961 年

4 月 21 日，《中共中央关于西藏工作方针的指示》中对在藏干部明确要求："凡是适宜留藏工作的要留下来长期工作，培养提高，并且坚决组织他们学习藏语藏文，五十岁以下的干部一定要学会使用（也要帮助藏族干部学好汉语文），为长期建设西藏努力奋斗。"

1965 年

8 月 26 日，中共中央主席毛泽东亲笔为《西藏日报》题写报头，《西藏日报》藏汉文版于 9 月 1 日同时刊用毛主席题写的报头，并发表《致读者》一文。

9 月 1 日，西藏第一届人民代表大会通过的《西藏自治区各级人民代表大会和各级人民委员会组织条例》第 55 条规定："自治区各级人民委员会和所属各级工作部门，在执行公务的时候，使用藏、汉语言文字。"

9 月 9 日，西藏自治区成立。

1979 年

10 月，西藏日报社藏文翻译王世镇改制藏文打字机成功，获西藏自治区科委表彰。

1980 年

当年，藏族民族文化期刊《雪域文化》在西藏自治区拉萨市创刊。该刊由西藏自治区文化厅、西藏自治区群众艺术馆主办。

4 月，中共中央发出《批转〈西藏自治区党委关于汉族干部、职工学习藏语文的意见〉的通知》。

8 月，全国首家藏文科技类专业报纸《西藏科技报》在西藏自治区拉萨市创刊。该刊由西藏自治区科委、西藏自治区科学技术协会主办。

11 月，国家民委和国家出版局在北京召开全国少数民族民族图书出版工作座谈会，会后批转了《国家民委、国家出版局关于大力加强少数民族文字图书出版工作的报告》，要求对民族出版工作加强领导，"根据实际需要和可能的条件，给予积极支持和帮助"。

1981 年

被誉为"藏文版《人民文学》"的藏文文学期刊《章恰尔》在青海省西宁市创办。该刊由青海民族出版社主办。

1982 年

当年，中共中央和国务院在《关于加强出版工作的决定》中指出："要认真重视和扶植少数民族地区出版工作和少数民族文字的出版工作，推动他们为本民族经济文化的发展和全国出版工作的繁荣做出贡献。要切实考虑他们的特殊困难，在人力、物力、财力方面，给予更多的帮助。对少数民族文字编译人员、印刷技术人员的培养，有关部门应重视安排。"

4 月，新中国最早的藏文理论学术期刊《攀登》在青海省西宁市创刊。该刊由青海省委党校、青海省行政学院和青海省社会主义学院主办。

1983 年

当年，新中国最早的藏文佛教学术刊物《西藏佛教》在西藏自治区拉萨市创刊。该刊由中国佛教协会西藏分会主办。

1 月 5 日，新中国最早的藏文法制教育专业报纸《青海法制报》在青海省西宁市创刊。该刊由青海省司法局主办。现为青海日报社主办。

10 月 15 日，藏文民间文学期刊《邦锦梅朵》在西藏自治区拉萨市创刊。该刊由西藏文联、西藏民间文艺家协会主办。

1984 年

5 月 31 日，全国人大六届二次会议通过《中华人民共和国区域自治法》，其中第十条规定："民族自治地方的自治机关保障本地方各民族都有使用和发展自己的语言文字的自由。"第三十八条规定："民族自治地方的自治机关自主地发展具有民族形式和民族特点的文学、艺术、新闻、出版、广播、电影、电视等民族文化事业，加大对文化事业的投入，加强文化设施建设，加快各项文化事业的发展。"

当年，西北民族学院组建了联合攻关小组，进行计算机藏文系统的研制与开发。

1985 年

1 月 15 日，《西藏青年报》（藏、汉文版）始刊。

2 月 13 日，《西藏法制报》（藏、汉文版）创刊，内部发行。

3 月，根据中发〔1984〕6 号文件精神，西藏自治区在原有自治区党委、人大、政府、政协编译处和各地市编译科的基础上，成立了正厅级建制的自治区编译局，将各地市编译科升格为正处级建制，并相继成立了各县翻译科和自治区有关厅局的编译处，配备了相应的人员编制。目前全区共有 85 个翻译单位。

7 月 1 日，《拉萨晚报》（藏、汉文版）创刊。

1986 年

中宣部、国家民委联合召开全国少数民族文字报纸经验交流会，并联合发布会议纪要，提出了扶植少数民族文字报纸的意见。这是唯一的关于少数民族文字报纸的文件。

1987 年

7 月 9 日，西藏自治区人大常委会颁布《西藏自治区学习、使用和发展藏语文的若干规定（试行）》，共 16 条。

10 月 1 日，《日喀则报》创刊。

1988 年

当年，西藏自治区第四届人民代表大会第五次会议通过《西藏自治区学习、使用和发展藏语文的若干规定（试行）的实施细则》。

2 月 10 日，西藏自治区藏语文工作指导委员会成立。现更名为“西藏自治区藏语文工作委员会”，委员会主任历来由自治区主席担任，副主任由自治区党委、政府领导人担任，下设正厅级办公室。其后各地市和部分县成立了藏语文工作领导机构。

10 月 29 日，西藏自治区人民政府颁布了《西藏自治区学习、使用和发展藏语文的若干规定的实施细则（试行）》，共 13 章 61 条。

12 月 25 日，西藏日报社实现胶印，试印藏文报。

1989 年

2 月，《西藏日报》藏汉文版开始实行胶印，从此告别了铅与火的时代。

6 月 1 日，中国第一份也是唯一的藏文少年儿童报纸《刚坚少年报》在青海省西宁市创刊。该刊由青海民族出版社主办。

7 月 16 日，云南省迪庆藏族自治州第七届人民代表大会第四次会议通过《迪庆藏族自治州自治条例》。1989 年 10 月 21 日云南省第七届人民代表大会常务委员会第八次会议批准。在第六章“自治州的教育科学文化卫生体育事业”中，涉及民族语言和新闻媒体方面的内容。

10 月，全国唯一的藏语工会期刊《主人》在西藏自治区拉萨市创刊。该刊由西藏自治区工会主办。

11 月，云南藏区唯一的藏文报纸《迪庆报》创刊。

1990 年

3 月 18 日，四川省木里藏族自治县第七届人民代表大会第一次会议通过《木里藏族自治县自治条例》。1992 年 3 月 13 日，四川省第七届人民代表大会常务委员会第二十八次会议批准实施。其中第六条规定：自治县的自治机关保障本县内各民族都有使用和发展自己的语言文字的自由。

5—6 月，《西藏日报》藏文版在西南六报经营管理竞赛中获印刷质量第一名，7 月份获第二名。

6 月 28 日，青海省第七届人民代表大会常务委员会第十五次会议批准《海南藏族自治州藏语文工作条例》。

7 月 25 日，《西藏日报》藏文编辑部开展有奖读报竞赛活动。

1991 年

3 月 4 日，青海省第七届人民代表大会常务委员会第十九次会议批准《海西蒙古族藏族自治州蒙古族藏族语文工作条例》。

1993 年

当年，国家技术监督局、电子工业部、西藏自治区有关部门正式承担了起草“信息交换用藏文编码国际标准”的工作。

当年，西藏自治区翻译工作者协会成立。

4月21日，青海省果洛藏族自治州第九届人民代表大会第4次会议通过《果洛藏族自治州藏语文工作条例》。1993年7月17日，青海省第八届人民代表大会常务委员会第四次会议批准实施。

5月30日，青海省黄南藏族自治州第十届人民代表大会第三次会议通过《黄南藏族自治州藏语文工作条例》。1993年9月18日，青海省第八届人民代表大会常务委员会第五次会议批准。1994年1月1日起施行。

7月，西藏日报社成立由5人组成的藏语文指导小组。

1994年

年初，国家技术监督局、国家民族事务委员会和电子工业部共同磋商，西藏藏语委、西藏大学、全国信息标准化委员会及兄弟省市的专家，共同完成了第一个藏文编码字符集国际标准提案。

3月21日，青海省海北藏族自治州第九届人民代表大会第五次会议通过《海北藏族自治州藏语文工作条例》。1995年3月30日，青海省第八届人民代表大会常务委员会第十七次会议批准。1995年10月1日起施行。

4月，《西藏日报》社激光照排系统投入使用，彻底结束了我国省级报纸用铅字印刷的时代。

5月13日，青海省玉树藏族自治州第八届人民代表大会第五次会议通过《玉树藏族自治州藏语文工作条例》。1995年5月31日，青海省第八届人民代表大会常务委员会第十八次会议批准，1995年7月1日起施行。

11月，全国唯一的藏文时事政治综合期刊《半月谈》在西藏自治区拉萨市试刊。该刊由新华总社委托西藏人民出版社主办。

1995年

1月22日《半月谈》藏文版正式创刊发行，全国政协副主席阿沛·阿旺晋美为创刊题词，《西藏日报》发表评论员文章《藏族人民的良师益友》。

从当年开始，西藏自治区着手开展《藏语术语标准化工作的一般原则与方法》的研究制定工作，确定理论原则。审定统一了3000余条有关市场经济和中小学爱国主义教育等方面的藏文术语，并以活页形式下发区内各地市编译机构和区直新闻等有关单位，发送到五省区民语委、院校和内地有关部门，且刊登于《藏语文工作》上，以便达到藏文新词术语在使用上的统一；与中国标准化研究院合作，审定了近6万条科技术语；为适应藏文软件开发工作的需要，翻译审定了8000多条计算机界面术语。

5月，“藏文信息处理国际编码研讨会”在拉萨召开，中央及地方的代表和藏学专家、计算机编码专家、梵文学者22人，对UNICODE的藏文编码提案进行了广泛而深入的分析研究，最终形成较为完善的藏文编码国际标准提案。

6月1日，甘肃省甘南藏族自治州第十一届人民代表大会第三次会议通过《甘肃省甘南藏族自治州藏语言文字工作条例》。1996年6月1日，甘肃省第八届人民代表大会常务委员会第二十一次会议批准实施。

1996年

1月，中宣部、国家民委、新闻出版署联合召开全国民族出版工作会议。会议出台相关特殊政策，包括免收民族文字图书条码费、书号使用不限、设立扶植民族图书出版基金等。

7月31日，22种藏文印刷字体通过审定。

1997年

当年，西藏日报社藏文编辑部创办藏文版杂志《致富之友》。

6月30日至7月4日，第33届WG2会议及SC2全会在希腊举行。两项会议在决议中分别宣布：藏文已经通过了最后一级的投票表决，正式形成藏文国际标准，其文本将由SC2秘书处提交ITTF（负责出版发行国际标准的机构）在适当时候进行打印出版。中国的第一个成为国际标准的少数民族文字编码从此诞生。西藏自治区从1993年开始研制藏文编码国际标准和国家标准，于1997年获得顺利通过，使藏文在我国少数民族文字中成为第一个具有国际标准、获得全球信息高速公路通行证的文字。同时国家正式公布《信息技术信息交换用藏文编码字符集——基本集》和《藏文编码字符集点阵字型第一部分——白体》两项国家标准。

11月21日，甘孜藏族自治州第七届人民代表大会第五次会议通过《甘孜藏族自治州藏族语言文字使用条例》。1998年4月6日，四川省第九届人民代表大会常务委员会第二次会议批准实施。

1998年

7月20—27日，全国首届五省区藏文报协作会议在拉萨市西藏日报社召开。青海日报、青海科技报、青海法制报、甘孜报、阿坝报、甘南报、西藏日报、日喀则报、拉萨晚报、西藏青年报、西藏科技报等 11 家藏语报刊的 29 名民族新闻工作者参加了会议。西藏自治区党委副书记巴桑、西藏自治区人民政府副主席群培出席开幕式。西藏自治区党委宣传部常务副部长苟天林讲话。会议进行了好新闻作品评奖，审定了新闻新术语，并确定各藏语报刊在今后每季度将积累的新词术语汇寄到《西藏日报》，审定后统一使用。

1999 年

3 月 26 日，甘肃省第九届人大常委会第九次会议批准《甘肃省天祝藏族自治县藏语言文字工作条例》。

8 月 30 日—9 月 5 日，全国五省区第二届藏文报业务协作会议在四川省康定举行。会议由《甘孜报》主办。青海日报、青海科技报、青海法制报、甘孜报、阿坝报、甘南报、西藏日报、日喀则报、拉萨晚报、西藏青年报、西藏科技报等 11 家藏语报刊的近 30 名民族新闻工作者参加了会议。从提交的近 2000 个新闻翻译词汇中统一了近 80 条翻译新词汇。进行了好新闻评奖。确定会议名称更改为“全国藏文报刊协作会议”。常设机构在西藏日报社。推选西藏日报副总编辑旺久、青海日报副总编辑戈明为筹委会主任。开展藏语报刊间的广告协作工作。

2000 年

7 月 31 日—8 月 6 日，第三届全国藏文报协作会议在青海省西宁市举行。会议由《青海日报》主办。青海日报、青海科技报、青海法制报、甘孜报、阿坝报、甘南报、西藏日报、日喀则报、拉萨晚报、西藏青年报、西藏科技报、迪庆报等 12 家藏语报刊的近 30 名民族新闻工作者参加了会议。统一了新闻翻译词汇，进行了好新闻评奖。

8 月 4 日《西藏日报》刊登国务院新闻办公室文章《西藏藏语文的学习、使用和发展》。

2001 年

4 月 19 日《西藏日报》藏文报有奖读报活动揭晓。

9 月，第四届全国藏文报协作会议在日喀则闭幕，全国藏文报协作会领导小组负责人、西藏日报社副总编扎西降村及来自五省区 13 家报社的 30 多位代表出席了会议。

11 月 16 日，拉萨市人民政府以政府令的形式，发布了《拉萨市社会用字管理办法》（试行）。

12 月 31 日，《出版管理条例》颁布。其中第五十条规定：“国家对教科书的出版发行，予以保障。国家扶持少数民族语言文字出版物和盲文出版物的出版发行。国家对在少数民族地区、边疆地区、经济不发达地区和在农村发行出版物，实行优惠政策。”

2002 年

5 月 22 日，西藏自治区七届人大五次会议修订颁布了《西藏自治区学习、使用和发展藏语文的规定》，共 19 条。

8 月 19—23 日，全国第五届藏文报协作会议在甘南藏族自治区首府合作市举行。甘南报社主办。青海日报、青海科技报、青海法制报、甘孜报、阿坝报、甘南报、西藏日报、日喀则报、迪庆报、刚坚少年报等 10 家藏语报刊的民族新闻工作者参加了会议。会议对拟审定 40 条新词术语，评选了好新闻、好译文。

10 月 2 日《西藏日报》开通“中国西藏新闻网”。

2003 年

当年，西藏自治区与中国科学院软件研究所签订了合作开发《基于 Linux 的跨平台藏文信息处理系统》协议。

9 月 16—20 日，全国第六届藏文报协作会议在阿坝藏族羌族自治州首府马尔康举行。阿坝报社主办。西藏日报、青海日报、日喀则报、甘孜报、迪庆报、青海法制报、刚坚少年报、甘南报、阿坝报等 10 家藏语报刊的民族新闻工作者参加了会议。会议对拟审定 30 余条新词术语，评选了好新闻、好译文。

2004 年

当年，西藏自治区人民政府与国家信息产业部签订了《关于藏文软件开发和推广应用的合作协议》。

8 月，中国第一个藏族语言文字的新闻采编网络——《青海藏文报》新闻采编网络建成投入使用，这也是中国第一个少数民族语言文字的新闻采编网络。

8月11日，甘南日报社藏文版优秀通讯员表彰暨藏文文学研讨会举行。该州藏族文学界知名人士和来自州上及基层获奖通讯员、文学爱好者、本报编辑70多人参加了会议。

9月，“中国西藏信息中心”成功地推出了藏文新闻发布系统。

10月11—15日，全国第七届藏文报协作会议在云南迪庆藏族自治州府香格里拉县城举行。迪庆报主办。西藏日报、青海日报、阿坝日报、甘孜日报、甘南报、刚坚少年报、日喀则报、昌都报、黄南报、海南报、玉树三江源报、青海法制报、青海科技报、迪庆日报等14家藏语报刊的30多位民族新闻工作者参加了会议。会议对拟审定108条新词术语，评选了好新闻、好译文。

2005年

3月，在北京召开的国家科学技术奖励大会上，青海省青海师范大学物理系教授赵晨星（德熙嘉措）主持的藏文计算机键盘和输入编码方法研究课题，荣获2004年度国家科学技术进步二等奖。

4月28日，西南民族大学和四川艺术学校、甘孜州行政学院共同开发研究的土弥藏文信息处理系统计算机输入法获得国家权威部门的鉴定。该技术填补了中国藏文网络开发领域的空白。

5月31日，《国务院实施〈中华人民共和国区域自治法〉若干规定》颁布。其中第二十二条规定：“国家保障各民族使用和发展本民族语言文字的自由，扶持少数民族语言文字的规范化、标准化和信息处理工作”。第二十四条规定：“国家支持少数民族新闻出版事业发展，做好少数民族语言广播、电影、电视节目的译制、制作和播映，扶持少数民族语言文字出版物的翻译、出版。”

9月24日，为期6天的第八届全国五省区藏文报刊协作会在四川甘孜丹巴县落下帷幕。这次会议对由16家藏文报刊社推荐的84篇新闻、论文、译文、副刊作品进行了评选。经初评、复评、定评，评出好新闻52件、好译文18件、优秀论文12件；专家们对各报刊送交的900多条翻译新词术语进行认真推敲后统一了80多条新词术语。

12月1日，《报纸出版管理条例》颁布。其中第三十二条规定：“出版报纸地方版、少数民族文字版、外文版等不同版本（文种）的报纸，须按创办新报纸办理审批手续。”

12 月 1 日,《期刊出版管理规定》颁布。

2006 年

8 月 13—19 日,第九届全国藏文报刊业务协作会议在西宁开幕。中国民族语文翻译局、民族画报、中国西藏、西藏日报、青海日报、阿坝日报、甘孜日报、甘南日报、迪庆日报、刚坚少年报、中国藏族网通、人民网、西藏科技报、果洛报、民族、(青海)党的生活、藏族教育、岗尖梅朵、青海法制报等 19 家单位和媒体的 40 多名代表参加了会议,青海省委宣传部副部长王向明出席会议。会议审定了 57 条新词术语,评选了优秀稿件。

12 月 30 日,阿坝藏族羌族自治州九届州人民政府第 51 次常务会议通过《阿坝藏族羌族自治州藏文社会用字管理办法》。

12 月 30 日,阿坝州人民政府第 51 次常务会议通过《阿坝藏族羌族自治州藏文社会用字管理办法》。2007 年 1 月 15 日颁布施行。

2007 年

9 月 18 日,第十届全国藏文传媒协作会在北京举行。会议由中国西藏杂志社和中央民族翻译中心共同承办。来自西藏、青海、四川、甘肃、云南等省区以及北京地区的相关藏文报刊、网站及相关管理、研究机构等 30 多家单位主要负责人参加了本次会议,以共同探讨藏文报刊、网站的发展。这对提高我国藏文报刊语言文字的规范化、标准化和信息化,促进藏区经济文化发展和社会稳定具有重要的意义。中央统战部常务副部长朱维群出席。

二　文献选录（部分）

【编选说明】

1. 编选此“附录”，意在将进行本课题研究中收集到的文献资料汇集起来，供后续研究者参考，同时也有保存文献的意图。

2. 附录的编列，按照时间排序，便于查阅。

3. 附录的内容，基本包括如下类型。

（1）著名藏文报刊的发刊词；

（2）具有文献价值，有关藏文报刊创办的函件、指示等；

（3）在中华人民共和国成立后建立的藏族自治地区（包括西康省）制定的“藏语言文字工作条例”或“学习、使用和发展藏语言文字规定”等。含西康省藏族自治区、阿坝藏族羌族自治州、甘南藏族自治州、天祝藏族自治县、甘孜藏族自治州、果洛藏族自治州、海北藏族自治州、海南藏族自治州、海西蒙古族藏族自治州、黄南藏族自治州、玉树藏族自治州、西藏自治区等12个藏族自治地方。相关内容全文予以转录；

（4）未见制定“藏语言文字工作条例”或“学习、使用和发展藏语言文字规定”的藏族自治地方，则摘引本州、县制定的“自治条例”中有关藏语使用的规定，余不转录。云南省迪庆藏族自治州和四川省木里自治县正属此例。

4. 摘录、转录的文献，均注明出处，以资查证。

5. 为尊重历史，所引文献原文照录。

6. 限于阅读视野，附录所收文献尚有很多空缺，期待今后发掘、补充。

7. 因本课题以汉语言撰述，所引文献均出自汉语载体，故此说明。

驻藏大臣联豫为创办《西藏白话报》给光绪皇帝的奏章

（1907）

光绪三十三年（1907年）四月初五日，联豫在为办报给光绪皇帝的奏折中．详细地说明了他的办报思路：

再，奴才详察藏中人痼弊已深，欲事开通，难事速效。因思渐开民智，莫善于办白话报。与其开导以唇舌，实难家喻而户晓，不如启发以俗话，自可默化于无形。

奴才现已于藏中开设白话报馆一所，参仿四川旬报及各省官报办理，以爱国尚武开通民智为宗旨，通篇全译唐古忒文字（注：藏文），取其便于蕃民阅览。商之该商上噶勒丹池巴（注：指代理商上事务罗布坚赞）等，亦踊跃赞成，并将前藏僧俗各官花名开单关阅，请先派销约计三百余份，其自来购阅者，尚不在内。

适查办大臣张荫棠带来石印机器一付，旋将第一期本报，由奴才捐廉印刷发送，探悉蕃情，均甚乐观。现已专差赴嘎里嘎达添购机器，不日可到。其中如有不甚恰当之处，力事改良，以期用笔代话，开化迷信。将来文明渐进，购阅自多，庶咸知外国情形，举行一切新政，似尚不无裨益。

［吴丰培：《联豫驻藏奏稿》，西藏人民出版社 1979 年版］

《藏文白话报》发刊词

(1913)

蒙回藏之于汉满，同为炎黄子孙，同为优秀贵族。而其历史上伟大人物，若蒙之成吉思汗，回之摩罕默德，藏之特勒德苏隆赞，并能称雄国外，震烁寰球，至于汉满之伟人辈出，无庸赘述。合而观之，宜若可以鞭笞六合、囊括九州者矣。曾几何时，锦绣山河，日销月烁，沉郁顿挫，以迄于今。揆其由来，实由数千年墨守君主专制之政体。故譬如甲族称帝，不利乙族；乙族称帝，不利丙族；且甲族称帝利于甲族之帝，并利于甲族之人民；乙族称帝利于乙族之帝，并利于乙族之人民；于是甲族与乙族，争乙族与丙族，争甲族，又与甲族争乙族，又与乙族争。尔虞我诈，抢夺扰攘，迄无宁日。其结局无论孰优、孰劣、孰胜、孰败，约而言之，自相残贼而已。一室之中，昆第仇视子孙，又互相仇视，族弱家亡可翘足。待国事亦然。对内之竞争力日强，对外之竞争力日弱，亦非人类不能合群也。专制国体，君主有责，人民无责，欲合群而无由也。今幸共和国体，告成万众一心，扫除数千年君主专制余毒，以建此灿烂庄严之中华民国。蒙、回、藏，不能离中华民国，别自成其为蒙、回、藏；中华民国不能离蒙、回、藏，别自成其为中华民国。况蒙、回、藏享权利与汉、满平等，合于选举及被选举资格，人人有选举为大总统之权，人人有被选举为大总统之权，无边陲歧视，无种族谬说。卫蒙、回、藏即以卫中华民国，卫中华民国即以卫蒙、回、藏。自今以往，我四万万同胞，一德一心，尊重国权，崇尚人道，新邦缔造，正中华民国英雄立功之秋也。本报发刊其用意以中华民国优待蒙、回、藏，与已前君主专制时代不同；蒙、藏事务局优待蒙、回、藏，与已前理藩部时代不同。取其施行政令公布周知，免致传闻失实，且冀蒙、回、藏同胞，以中华民国为前提，合力并进，岂不懿欤！

［徐丽华：《藏文白话报述要》，载《中国藏学》1999 年第 2 期］

《青海藏文报》创刊词

——《提高藏蒙人民的政治文化为建设新青海而奋斗——本报创刊献辞》

（1951. 1. 16）

《青海藏文报》今天不但和青海的藏族人民见面了，而且也和青海的蒙古族人民见面了，因为青海的许多蒙民也通藏文，这是青海省数十万藏族人民的一件喜讯……《青海藏文报》将根据中国人民政治协商会议共同纲领的总政策，在中共青海省委、省人民政府的领导下，结合兄弟民族当前工作，向本省数十万藏、蒙各族人民报道时事，发扬国际主义与爱国主义精神，传达各项政策，尤其是民族政策，真实地反映藏、蒙人民生活、劳动建设等，以便交流经验，指导工作。为进一步的加强各民族亲密团结，肃清土匪、特务，发展生产，提高藏、蒙人民的政治水平和文化事业，鼓舞藏、蒙人民更好地在共产党和人民政府领导下为建设新青海而奋斗……本报和新中国其他各种文字的报纸一样，都是人民的报纸，其不同之处是本报用藏文为藏、蒙人民服务。因此，藏、蒙各族人民都有权利在本报发表意见，通过它来推动藏、蒙人民的建设事业。

［青海地方志编辑委员会：《青海报业志》，青海民族出版社 1999 年版］

中央关于西藏日报的两次指示

1. 中央对西藏日报工作的指示（1955. 3. 4）

西藏工委：

八日电悉。同意你们创办西藏日报的意见，并基本同意所提编辑方针和出版计划。编辑方针中所提“按照当地的特点进行关于党在过渡时期总路线的宣传”，应改为“按照当地特点进行关于中华人民共和国宪法的宣传”。此外，所提在西藏日报上进行批评和自我批评一节，根据西藏目前情况，不宜强调，只能在有利于爱国团结的条件下适当地运用。关于对报社的领导，应按照中央关于改进报纸工作决议的规定，即由工委书记之一直接领导，并委托宣传部协助管理日常业务。同时，不采取社长制，而采取总编制，设总编辑和副总编辑。所需干部由中央宣传部负责配备，需于何时到藏，可告中央宣传部。工委亦应尽可能从当地选拔报纸工作人员。又鉴于西藏地域辽阔，交通不便，西藏日报创刊后，各分区油印报是否都停刊或改出收音小报，请你们再加考虑后再作决定。

2. 张经武来电谈毛主席对创办西藏日报的指示（1955. 10. 25）

我曾请示主席为西藏日报报头题字，主席指示：“在少数民族地区办报，首先应办少数民族文字报纸。为什么要用汉文报头？你们还有大民族主义思想。”我说是办藏汉两文合版的报。主席说：“西藏与青海不同，不要藏汉两文合版，要办藏文报。报纸用什么名字和怎样办好，应同西藏地方商量，由他们决定，我们不要包办。”并指示，报纸名字不一定要用“西藏”二字，如北京的报纸有《人民日报》、《光明日报》，中国报纸并未用“中国”二字（主席的意思是不用西藏地名可用藏文取名）。主席问到西藏有多少人能看懂报纸，报纸要发行多少，要多少时间才能发到各地（意指不一定出日报）。又问在藏区汉人看什么报？我答过去拉萨办有汉文的新闻简讯。主席说，这样就可以了。

关于西藏出版报纸的问题，我的意见可等国华同志返回西藏之后，根据主席指示并与西藏地方商定后再报中央审核。

［西藏日报社编：《西藏日报创刊三十周年纪念》，内部资料，1986 年］

《西藏日报》创刊号发刊词

（1956. 4. 22）

西藏日报的筹备工作，在达赖喇嘛、班禅额尔德尼和中共西藏工委的亲切关怀下，在各阶层僧俗人民的热情赞助和各界人士的共同商讨下，已经顺利完成了。今天西藏日报与西藏自治区筹备委员会成立的同时正式创刊，和大家见面了。

西藏日报的出版，是西藏人民政治生活中的一件大事情，是随着西藏自治区筹委会成立的又一件大喜事。它是西藏自治区筹委会的机关报，是西藏人民自己的报纸。它将在西藏自治区筹备委员会、达赖喇嘛、班禅额尔德尼和中共西藏工委的领导下，完成以下任务：宣传中国共产党、中央人民政府和毛泽东主席的民族平等政策、宗教信仰自由政策和民族区域自治政策，更进一步的加强祖国各民族之间的团结和西藏内部的团结；宣传马列主义和爱国思想，教育干部和各阶层人民，提高政治觉悟；阐明西藏自治区筹备委员会各项工作的方针、政策和措施，指导西藏各项工作的开展和进行；反映西藏政治、经济、文化的发展情况，反映西藏人民的生产建设和生活情况；交流与传播各种工作经验和生产经验；介绍祖国社会主义建设的各项伟大成就和世界和平民主运动的发展情况；介绍西藏的历史、文化和艺术，介绍现代的科学知识和理论。

西藏日报出版之后，我们将按照理论联系实际、联系群众的方针，采用西藏人民喜闻乐见的民族形式，使它能够真正成为西藏各阶层广大人民的好朋友。为此，希望广大读者经常地不断的给予深切的关怀和爱护，经常的及时的提出批评和改进意见，使它能够随着西藏的政治、经济和文化的日益发展，担负起它应有的光荣和任务。

[西藏日报社编：《西藏日报创刊三十周年纪念》，内部资料，1986 年]

《西藏青年报》发刊词——《诞生》

(1985. 1. 25)

在母体内孕育了很久的一个新的生命终于降临到人间，呵，诞生了，多么不容易！无数个新生命的诞生，使大自然充满无限的活力；这个新生命的出现，正宣告社会又增添了一个崭新的细胞。

婴儿坠地发出第一声呼叫，她向众多的兄弟姐妹致意："我已经来到这个世界。"

每个人都以这生命的诞生为起点。有的出生早，已长大成人，年富力强，为着理想的目标不断进取；有的已到老年，有着丰富的阅历，为了历史的荣誉在社会的各个领域勤奋地耕耘，无私地创造；有的风华正茂，生机勃勃，在母亲的爱抚下那么温暖，那么自豪，这一代人在第三次浪潮的呼唤中成长，印着鲜明的时代痕迹，和着母亲脉搏跳动的音；接受着新的技术革命潮流的洗礼；更有那新的生命今天刚刚诞生，迎接新的历史使命的考验。她在数十个兄弟中排行最小，而在众姐妹中，她的诞生地所处的地理位置最高。

她刚刚诞生——《西藏青年报》。

这个美而不娇的小小生命是一朵开在雪线之上的雪莲。她根植于丰厚的沃土，俯瞰着无垠的旷野。她有着发育、伸展、追求的使命感。她以酥油为乳汁，以糌粑为食粮。她年纪幼小，人们为她祝福；她步履蹒跚，兄弟姐妹给她支援，期待她在阳光、白雪、飓风、沙石、晨雾的亲吻下自由地成长，自由地开放。

这是心愿，也是天职。当她迈着健壮、旷达、灵活、自由的步伐走来时：让我们真诚地爱她，热烈地拥抱她。

［《西藏青年报》试刊第一期，1985 年 1 月 25 日］

当好党和政府的喉舌——《拉萨晚报》代发刊词

(1985. 7. 1)

《拉萨晚报》是拉萨市委机关报，也是我们西藏第一家晚报，可喜可贺。希望晚报坚持四项基本原则，宣传党的路线、方针和政策，当好党和政府的喉舌，成为党和政府指导工作，交流经验，动员和鼓舞拉萨各族人民团结一致，为尽快把拉萨建设成为民族团结、文明整洁、繁荣富裕和具有历史名城特色的现代化城市，为建设团结、富裕、文明的社会主义新西藏而奋斗的重要宣传工具。要坚持为社会主义经济建设服务，为全市居民和农牧民服务，以新闻为主，在注意思想性、指导性的同时，也要注意知识性、趣味性，力争办得生动活泼，丰富多彩，努力在全市人民中形成适应现代化生产力发展和社会进步要求的文明的、健康的、科学的生活方式，振奋积极向上的进取的精神状态，促进自治区首府——拉萨市两个文明建设的发展，促进社会风气的好转。

要加强领导，充实编辑人员，做好思想工作，改善办报条件，保证报纸质量。既要首先注意报纸的社会效果，又要不断改进经营管理，努力减少亏损，逐步做到保本经营。

［《拉萨晚报》1985 年 7 月 1 日试刊号第一版］

《日喀则报》创刊号发刊词

(1987.10.1)

在当前必须加强改革的舆论宣传，四项基本原则和改革、开放、搞活方针两个基本点真正“深入人脑”的中央指示精神要求下，由日喀则地委宣传部编辑出版的《日喀则报》创刊了。

列宁同志说，报纸是党的建设的工具。斯大林同志说，报刊是党每日每时用自己所需要的语言，向工人阶级和农民讲话的最有力的武器。《日喀则报》遵循革命领袖的教导，在日喀则地委的领导下，在政治上、思想上与中央始终保持一致，坚定不移地坚持四项基本原则，坚定不移地坚持改革、开放、搞活的方针；认真准确地宣传马列主义毛泽东思想，宣传党的路线、方针、政策，宣传国家和地方政府的法令法规；以日喀则地区为重点，真实介绍在社会主义精神文明和物质文明建设中的成就，介绍在经济体制改革和政治体制改革中的经验，介绍国内外先进的生产管理科学技术知识，挖掘继承当地的优秀文化遗产，着力迅速地传递经济信息，提供咨询服务。同时，旗帜鲜明地坚决捍卫党和人民的利益，勇于同一切反对党的领导、反对社会主义，搞资产阶级自由化、破坏民族团结、统战、宗教政策的坏人坏事作斗争，同一切不正之风作斗争。努力讴歌社会主义、共产主义新人新事，揭露鞭挞违反党纪国法的罪恶行径。加强人们的社会联系和思想文化交流，促进党风和社会风气的根本好转，推动两个文明建设，加速改革的深入发展，为建设团结、富裕、文明的日喀则，建设具有中国特色的社会主义服务。

《日喀则报》创刊得到有关方面的鼎力相助，我们在此表示衷心感谢！我们衷心希望并热忱欢迎有关各方和广大读者，用你们的智慧和力量，热情帮助我报健康顺利地办下去。请经常向本报编辑部投送短小精悍、形式多样的稿件，并请反映你们的意见和要求或建议，以期不断改进我们的工作，使《日喀则报》真正办成受欢迎的地方机关报。

[《后藏报业——纪念日喀则报创刊十周年》(1987—1997)，日喀则报社编委会，藏新出准(97)字第(014)号，1997年]

西康省藏族自治区关于发展民族语言文字的实施办法

（1952.11.8）

依据中国人民政治协商会议共同纲领第六章第五十三条及中华人民共和国民族区域自治实施纲要第四章第十五条之规定，制定西康省藏族自治区（以下简称本区）关于发展民族语言文字实施办法如下：

一、本区各级人民政府行使公文，以藏文为主。

二、自治区人民政府行使公文，对上对下兼用汉文；对彝族地区得兼用彝文，不用藏文。

三、本区各县人民政府上行公文，得兼用汉文，下行公文，单用藏文；在有彝族和汉族的县、区、乡得兼用彝文、汉文。

四、本区各级人民政府的文告、标语及宣传品等，得藏文及汉文兼用；在彝族地区得兼用彝文，不用藏文。

五、在各种会议上，各民族代表得使用本民族语言、文字；会议中的主要报告、文件，应以藏文为主。在彝族地区兼用彝文。汉族地区兼用汉文。如因实际困难，得配备翻译人员，作口头翻译。

六、初等学校教材，以藏文为主，中等技术学校、民族学校及师范学校应以藏文为必修科。彝族地区学校教材以彝文为主。

七、在本区工作的汉族干部，必须努力学会藏族语文；在彝族地区工作之汉族干部亦应必须努力学会彝族语文。对精通藏、彝族语文的汉族干部，给予奖励。

八、藏、彝族干部，必须努力学会通用的本民族语言，而在自愿原则下学会汉族语文者，给予奖励。

九、各级机关，须设立业余的藏族语文学习班。在彝族地区，应设立彝族语文学习班，并聘请专任藏、彝族语文教师。民族干部要求学习汉语时，得设立汉族语文学习班。

［甘孜州志编纂委员会：《甘孜州志》（下），四川人民出版社 1997 年版］

西藏自治区学习、使用和发展藏语文的若干规定（试行）

（1987年7月9日西藏自治区第四届人民代表大会第五次会议通过）

第一条 藏语文是我区通用的语言文字。为保障藏语文的学习、使用和发展，根据《中华人民共和国宪法》和《中华人民共和国民族区域自治法》的有关规定，结合我区使用语言文字的历史和现实状况，特制定本规定。

第二条 自治区坚持语言平等的原则，认真贯彻执行民族语文政策，各级国家机关在执行职务的各项活动中，实行以藏语文为主、藏汉语文并用的方针，鼓励各民族公民互相学习语言文字，对学习成绩优异者予以奖励。

第三条 自治区各级各类学校的藏族学生，必须把藏语文列为主课，其他课程原则上以使用藏语文教学为主；积极创造条件，在招生考试时，做到以藏语文授课的课程用藏语文答卷。

藏族小学生全部使用藏语文教学。在不影响藏语文教学的前提下，从高年级开始增设汉语文课。

中学、中专和大专院校的藏族学生的语文课，以藏语文为主，同时学习汉语文，学习全国通用的汉语普通话；其他课程要积极创造条件，尽快实行用藏语文教学；有条件的中学还应增设外语课。

汉族学生以学习汉语文为主，各种课程用汉语文教学，到适当年级增设藏语文必修课；还应增设外语课。

第四条 自治区采取实际有效的措施，在广大藏族公民中积极扫除藏文文盲。

第五条 自治区积极编译出版藏文的各科（包括数学、物理、化学）教材和教学参考资料。

第六条 自治区要大力培养用藏语文授课的各级各类学校的教师。对从社会上招聘的藏语文教师，聘任相应的专业职务。

第七条 自治区内的藏族干部、职工必须学好藏文，提倡学习汉语文；鼓励汉族干部、职工学习藏语文。

现有的藏族干部年龄在四十五岁以下，职工年龄在四十岁以下不会藏文的，必须补学藏文，并在三年内达到能基本使用藏文，经统一考试合格的发给合格证明，并予以公开表扬；学习成绩优异的作为晋级的重要条件之一。

驻藏人民解放军和人民武装警察部队，要按本规定的精神，提倡学习藏语文，密切同广大藏族群众的联系，增强民族团结。

第八条 自治区各级国家机关、企事业单位招收藏族干部、职工，要把藏文文化程度作为必要条件。藏族干部、职工的考评、晋级，要把藏文文化程度作为一项重要内容。招工、招干、晋级、晋职时，在同等条件下，对能熟练使用藏汉两种语言文字的藏族、汉族及其他民族的公民优先招收或晋职、晋级。

第九条 自治区各级国家机关下发的行使职务的公文，如果没有藏文，下级机关可以拒绝接受。自治区各职能部门和各人民团体执行职务中使用藏文确有困难的，要积极创造条件，自本决定公布之日起两年内做到以藏文为主行文；县以下基层政权机关上报的公文可以只用藏文；自治区一切企事业单位也要积极创造条件，逐步做到在业务活动中以使用藏文为主。区内的邮电、银行、商店等直接为群众服务的部门的业务活动，以使用藏语文为主，同时使用汉语文。

第十条 自治区内各级国家机关、人民团体、企事业单位在召开各种会议时，应当以使用藏语文为主，同时使用汉语文。

第十一条 自治区各级国家机关、人民团体、企事业单位及驻区外常设机构的公章、证件、牌匾和区内的街道、商店及其他服务部门的名称，必须使用藏汉两种文字。

本区生产的商品名称、商标，以及商店的商品价格、标签等一律使用藏汉两种文字。

第十二条 自治区各级人民法院和人民检察院必须保障藏族公民用本民族语言文字进行诉讼的权利。对藏族诉讼参与人，要使用藏语文检察和审理案件，法律文书要使用藏文。

第十三条 自治区努力发展藏语文的新闻、出版、广播、电影、电视事业，积极出版藏文少年儿童读物，以及藏文通俗读物和科普读物。鼓励区内的科研机构、学术、文艺团体和艺术学校用藏语文从事科学研究、文艺创作和演出。

自治区采取实际措施大力培养用藏文写作的编辑、记者、作家、秘书和翻译等人才。

第十四条 自治区各级国家机关、人民团体、企事业单位，根据需要设置翻译机构或翻译人员。

第十五条 自治区设立藏语文工作领导机构，加强对藏语文学习、使用、发展的领导和监督检查；加强对藏语文的科学研究，遵循它的发展规律，对藏语文的学习、使用和发展给予科学指导；统一新产生的名词术语的拼写规则，使之规范化。

第十六条　对认真贯彻执行本规定取得优异成绩的部门负责人，给予表扬和奖励；对不认真贯彻执行本规定，甚至玩忽职守的给予批评乃至必要的行政处分。

[中华人民共和国民族事务委员会网站]

迪庆藏族自治州自治条例

[节选]

（1989年7月16日迪庆藏族自治州第七届人民代表大会第四次会议通过。1989年10月21日云南省第七届人民代表大会常务委员会第八次会议批准）

……

第八条　自治州的自治机关保障各民族公民在法律面前一律平等。各民族公民都享有宪法和法律规定的权利，同时必须履行宪法和法律规定的义务。

自治机关保障各民族都有使用和发展自己的语言文字的自由，都有保持或者改革自己的风俗习惯的自由。

……

第十七条　自治州的自治机关在履行职务时主要使用藏、汉两种语言文字。

……

第十九条　自治州的中级人民法院和人民检察院使用藏语或者汉语检察和审理案件。保障各民族公民有使用本民族的语言文字进行诉讼的权利，对不通晓藏语言文字和汉语言文字的诉讼参与人，应当为他们翻译。

制作法律文书，根据需要同时或者分别使用藏文或者汉文。

……

自治机关在招收少数民族学生为主的学校，推行双语或双文教学，并积极推广普通话。

第五十条　自治州的自治机关继承和发扬民族文化的优良传统。自主地管理和发展具有民族特色的文学、艺术、图书、档案、文物、新闻、出版、电影、电视、广播等文化事业，开展各民族间的文化交流活动。

……

自治机关鼓励国家机关工作人员学习少数民族语言文字，对懂得两种以上语言文字的给予表彰和奖励。

[中华人民共和国民族事务委员会网站]

海南藏族自治州藏语文工作条例

（1990年6月28日青海省第七届人民代表大会常务委员会第十五次会议批准）

第一章　总则

第一条　为了保障和促进藏语言文字的学习使用和发展，根据《中华人民共和国宪法》、《中华人民共和国民族区域自治法》和《海南藏族自治州自治条例》的有关规定制定本条例。

第二条　自治州的自治机关在政治和社会活动中，认真贯彻执行党和国家的有关法律规定和民族语文政策，坚持各民族语言文字平等的原则。充分保障各民族都有使用和发展自己的语言文字的自由，使民族语言文字为巩固和发展平等、团结、互助的社会主义民族关系，促进社会主义物质文明和精神文明建设服务。

第三条　藏语文是自治州实行区域自治的民族行使自治权利的主要语言文字，也是自治州通用的主要语言文字之一。自治州自治机关加强对藏语文工作的领导，保障藏族公民有使用和发展自己的语言文字的自由。

第四条　自治州坚持藏语文工作普及与提高相结合的原则，继承和发展藏族优秀的历史文化遗产，提高藏族人民的科学文化素质，发挥藏语文在自治州经济文化建设中的作用。

第五条　自治州自治机关在执行职务的时候，通用藏、汉两种语言文字（以下简称两种语言文字）。

第六条　自治州自治机关教育和鼓励各民族的干部职工互相学习语言文字。藏族干部职工在学习、使用本民族语言文字的同时，要学习全国通用的普通话和汉文；提倡汉族和其他少数民族干部职工在学习使用本民族语言文字的同时，学习藏语言文字。

第二章　藏语文工作管理机构

第七条　自治州、县人民政府设立藏语文工作委员会，管理藏语文工作。

自治州藏语文工作委员会的职责是：

（1）宣传、贯彻执行党和国家的民族语文政策，检查督促法律、法规中有关民族语言文字的条款和本条例的实施；

（2）根据有关法规、政策和本条例，制定藏语文工作的实施规划和具体措施；

（3）检查督促藏语文的学习使用和翻译工作；

（4）组织和管理藏语文的规范化及其推广工作；

（5）组织藏语文专业人才的培训和学术交流；

（6）协调藏语文工作各部门之间的业务关系。

第三章　藏语文的学习和使用

第八条　自治州自治机关在政治、经济、文化、教育、科学、卫生、体育等领域里加强藏语文的学习和使用工作。

第九条　自治州地方国家机关下发的主要文件和布告，用两种文字同时并发，学习材料和宣传品可同时或分别使用两种文字。

第十条　自治州内的地方国家机关等单位的公章、牌匾、奖状、证件、文件头、信封、标语、公告、广告均使用两种文字。

城镇公共场所公用设施的名称、界牌、路标、交通标记和汽车门徽等凡需要使用文字的，都要同时使用两种文字。

第十一条　自治州内工业产品的商标、说明书、服务行业的经营项目、品名、价格表、票据等均使用两种文字。

第十二条　自治州的自治机关召开大型会议，应当同时使用两种语言文字，州内国家机关和企业事业单位召开的工作会议根据实际需要分别使用两种语言文字。

第十三条　自治州的藏族公民可用藏文填写各种申请书、志愿书、登记表以及撰写其他各类文书。

第十四条　自治州地方国家机关和企业事业单位，在招生、招工、招干时，应使用两种语言文字。应考者根据本人意愿任选其中的一种语言文字。在技术考核、评定职称时，应考者可使用本民族语言文字。

第十五条　自治州国家机关和企业事业单位对掌握和使用两种以上语言文字的工作人员，给予表彰和奖励，在进行晋级、晋职等工作时优惠对待。

第十六条　自治州各级人民法院和人民检察院在审判和检察活动中，同时或分别使用两种语言文字，对不通晓藏语文或汉语文的诉讼参与人，要为他们翻译，保障各民族公民有使用本民族语言文字进行诉讼的权利。

自治州各级人民法院的布告、公告等应使用两种文字；各级人民法院、人民检察院制发法律文书，根据实际需要分别使用两种文字。

第十七条　自治州国家机关和企业事业单位，在受理和接待各民族公民来信来访时，应使用来信来访者所使用的语言文字。

第十八条　自治州加强两种语言文字教学，藏族中、小学教学应以藏语言文字为主，也要开设汉语文课，使学生掌握两种语言文字。藏族学生较多的普通中、小学，根据实际情况，开设藏语文课。

第十九条　自治州各级党校、干部学校、教师进修学校、卫生学校、职业中学和职业班，根据实际需要，开设藏语文课。

第二十条　自治州自治机关办好藏语广播、电视，逐步增加自办藏语节目。

自治机关加强对电影、电视片的藏语译制和配音解说工作。

自治机关应做好藏文图书、报刊和其他文字材料的发行工作，逐步增加、扩大藏族文字图书的种类和范围，努力提高发行质量。

第二十一条　自治州自治机关鼓励藏族科技人员、文艺工作者使用本民族的语言文字从事科学研究和发明创造，撰写论文和著作，进行文艺创作和演出。

第四章　藏语文的翻译工作

第二十二条　自治州自治机关加强对藏语文的翻译工作。自治州人民政府藏语文工作委员会设翻译机构，配备专职翻译人员，指导全州地方国家机关的翻译工作。

第二十三条　翻译机构承担上级机关和同级机关的主要公文、材料和有关资料的翻译任务，搞好译文的规范化工作。

翻译机构应积极翻译本州和全国的先进科学技术、经济、政治、文化等方面的资料，加强信息交流。

第二十四条　自治州地方国家机关和企业事业单位的公章、牌匾、商品名称等的文字翻译由州、县翻译机构负责审核。

第五章　藏语文科学研究

第二十五条　自治州自治机关加强对藏语文研究工作的领导，贯彻“百花齐放、百家争鸣”的方针，坚持理论联系实际的原则，解决藏语文发展过程中出现的问题，推动藏语文工作的健康发展。

第二十六条　自治州人民政府藏语文工作委员会领导藏语文的科学研究工作，提出科研规划，审定科研课题，奖励推广科研成果。

藏语文的科学研究，应着重于藏语文文字的基础研究，搜集、整理民族优秀文化遗产，现代藏语新名词术语、科学技术语的应用研究和规范化研究等。

第六章　藏语文工作队伍的建设和管理

第二十七条　自治州自治机关加强藏语文工作队伍的建设，采取多种形式，积极培养有社会主义觉悟，有独立工作能力的藏语文工作者。

自治机关有计划地选送藏语文工作者到省内外高等院校和研究部门进行深造，不断更新知识，提高业务素质。

自治州地方国家机关根据实际需要配备藏汉文文秘人员。

第二十八条　自治州自治机关加强对藏语文工作者的管理，定期进行业务考核等工作，充分调动他们的积极性。

藏语言文字的翻译工作者属于专业技术人员的，按国家规定评定职称，享受专业技术人员待遇。

第七章　附则

第二十九条　自治州人民政府负责本条例的贯彻执行。

第三十条　本条例由自治州人民代表大会常务委员会解释。

第三十一条　本条例自批准之日起施行。

[中华人民共和国民族事务委员会网站]

海西蒙古族藏族自治州蒙古族藏族语文工作条例

（1991 年 3 月 4 日青海省第七届人民代表大会常务委员会第十九次会议批准）

第一章　总则

第一条　根据《中华人民共和国宪法》《中华人民共和国民族区域自治法》和《海西蒙古族藏族自治州自治条例》的有关规定，结合自治州蒙古、藏语文工作实际，制定本条例。

第二条　自治州自治机关坚持各民族语言文字平等原则，保障实行区域自治的民族使用和发展自己的语言文字的自由。

第三条　自治州自治机关在执行职务的时候，以实行区域自治的民族的语言文字为主，通用蒙古、藏、汉三种语言文字；各县市乡镇视不同对象，同时或者分别使用蒙古、藏、汉三种语言文字。

第二章　蒙古族藏族语文工作管理机构

第四条　自治州人民政府设立蒙古族藏族语文工作委员会，管理全州蒙古族藏族语言文字工作。县、市人民政府设蒙古族、或者藏族、或者蒙古族藏族语文工作办公室。

委员会和办公室的职责是：

1. 宣传、贯彻执行党和国家的民族语文政策，检查督促法律、法规中有关民族语言文字的规定和本条例的实施。

2. 根据有关法律、政策和本条例，制定使用和发展蒙古族藏族语文工作的实施方案和具体措施。

3. 检查督促本州各级国家机关、社会团体和企事业单位对蒙古族藏族语言文字的学习和使用情况。

4. 协调有关蒙古族藏族语文工作部门之间的业务关系。

5. 组织和管理蒙古族藏族语文的研究、推广工作和学术交流，组织蒙古族藏族语文专业人员的培训工作。

6. 负责蒙古族藏族语言文字的翻译工作，审核公章、牌匾、商品名称等的译文。

第三章　蒙古族藏族语言文字的学习和使用

第五条　自治州自治机关在政治、经济、教育、科学文化、卫生、新闻等领域中，加强蒙古族藏族语言文字的使用工作。

第六条　自治州自治机关下发的重要文件，根据受文对象同时或者分别使用蒙古、藏、汉三种文字；州内各级机关、社会团体和企事业单位的公章、门牌、证件、门徽、标语、会标、商标、宣传栏以及州境内的车站、机场、主要街道的名称标志，可视不同地区，分别使用蒙古、藏、汉三种文字。

第七条　自治州自治机关有计划、有步骤地组织蒙古族藏族国家机关工作人员特别是领导干部提高使用本民族语言文字的能力。

州内各级党政机关的副县级以上汉族干部，应当在任职的二、三年内，基本学会同蒙古族或者藏族群众的普通会话。

第八条　自治州自治机关教育和鼓励各民族干部职工互相学习语言文字。蒙古族、藏族的干部职工在学习使用本民族语言文字的同时，要学习使用全国通用的普通话和汉文。汉族和其他少数民族的干部职工，也要学习和使用蒙古族或者藏族的语言文字。

第九条 自治州自治机关和州境内的企事业单位在招工、招干、招生、技术考核、晋级、职称评定时，应该根据应考者的情况，分别使用蒙古、藏、汉三种语言文字进行，应考者可以任选其中的一种语言文字。

第十条 自治州自治机关在蒙古族藏族的基础教育、职业技术教育和成人教育中，重视使用蒙古族藏族语言文字的教学工作。

州内的民族师范和其他中等专业学校的蒙古族、藏族班分别使用本民族文字的教材，用本民族语言文字授课，也可以使用汉语文授课；蒙古族藏族的中小学教学，用蒙古族藏族语言文字授课，同时加设汉语文课。

第十一条 自治州发展蒙古族藏族语言文字的函授、广播、电视教育。

自治州充实民族学校的蒙古族藏族图书的储藏种类和范围。

第十二条 自治州自治机关重视办好蒙古文藏文报刊的出版工作和图书发行工作，发展蒙古族藏族语种的广播、电视事业，重视蒙古族藏族语文电影、电视片的引进和译制工作。

第十三条 自治州自治机关鼓励蒙古族藏族科技人员，使用本民族语文从事应用科学和基础科学的研究，撰写科研论文。

自治州民族歌舞团的演出，坚持以蒙古族藏族语言为主。

第十四条 州内同少数民族群众接触较多的国家机关和服务行业，必须配备在一定业务范围内能够掌握蒙古、藏、汉三种用语或者两种用语的工作人员。

第十五条 自治州的各级国家机关在接待蒙古族藏族公民来信来访时，应当使用来信来访者通晓的语言文字。

第十六条 自治州的各级人民法院和人民检察院，在检察和审理案件时，应当使用诉讼参与人通晓的语言文字。法律文书应当根据实际需要，使用州内通用的一种或者两种文字。

第四章 蒙古族藏族语文工作队伍的建设和管理

第十七条 自治州自治机关有计划地选送蒙古族藏族语文工作者到州外高等院校和研究部门进修深造，更新、提高他们的知识和业务素质。

自治州自治机关加强对蒙古族藏族语文业余创作者等文化人才的培训。

第十八条 自治州自治机关按照国家规定对蒙古族藏族语文工作者，进行业务考核、晋级和职称评定等工作，充分调动他们的积极性。

第十九条 自治州自治机关加强蒙古族藏族语文翻译工作，重视培养专职翻译人员。

少数民族职工较多的中小型企业、县一级的事业单位和少数民族聚居的乡，根据需要配备专职或者兼职的翻译人员。

第二十条　自治州的各级人民政府应当保证开展蒙古族藏族语言文字工作的所需经费，积极支持蒙古族藏族语言文字的使用和发展。

第五章　奖励和处罚

第二十一条　自治州自治机关对模范地执行本条例的单位和个人，予以奖励；对违反本条例的单位和个人，视其情节，分别给予批评教育或者处罚。

第二十二条　自治州自治机关对使用蒙古族藏族语言文字从事社交活动，尤其是在联系群众方面，取得显著成绩者给予奖励。

第二十三条　自治州自治机关对使用蒙古族藏族语言文字从事教学、科研有突出贡献者和从事著作、翻译取得显著成绩者以及学习蒙古族藏族语言文字成绩突出的汉族和其他民族的干部职工予以奖励。

第六章　附则

第二十四条　本条例经自治州人民代表大会通过，报青海省人民代表大会常务委员会批准后施行。

第二十五条　本条例的具体实施办法，由自治州人民政府规定。

第二十六条　本条例由自治州人大常委会负责解释。

[中华人民共和国民族事务委员会网站]

木里藏族自治县自治条例

[节选]

（1990 年 3 月 18 日木里藏族自治县第七届人民代表大会第一次会议通过，1992 年 3 月 13 日四川省第七届人民代表大会常务委员会第二十八次会议批准）

……

第六条　自治县的自治机关保障本县内各民族都有使用和发展自己的语言文字的自由，都有保持或者改革自己的风俗习惯的自由。

……

第十六条　自治县的自治机关在执行职务的时候，使用藏、汉两种语言文字；根据实际情况，也可以使用其中的一种。

自治县的国家机关、企业、事业单位的公章、牌匾使用藏、汉两种文字。民族乡可使用当地通用的一种或两种文字。

……

第二十一条　自治县人民法院和人民检察院应当用当地通用的语言检察和审理案件。保障各族公民都有使用本民族语言文字进行诉讼的权利。对于不通晓当地通用的语言文字的诉讼参与人，应当为他们翻译。法律文书，应当根据实际需要，使用当地通用的一种或者几种文字。

……

自治县采取有效措施，因地制宜地用汉文或少数民族文字扫除文盲。

……

自治县的自治机关重视少数民族语文教师的培养和配备。在藏族学生占多数的民族中学、少数民族重点班和藏族聚居乡的小学，除按统一教材施教外，要开设藏族语文课程，力求学生学会使用藏、汉两种语言文字。在其他少数民族学生占多数的学校（班），开设其他少数民族语文课程。

……

第五十四条　自治县建立民族研究机构，积极开展民族理论和民族语言、文字、历史、文化、艺术、教育等方面的研究工作。

自治县设立藏语文编译机构，积极编译必要的藏语文补充教材。

第五十五条　自治县继承和发扬各民族的优秀文化传统，积极发展具有民族特点和民族风格的文学、艺术、音乐、舞蹈和戏曲；发展广播、电视、电影事业，开展群众性文化娱乐活动；重视民族文物、历史文物的发掘、搜集、整理和研究，广泛开展各民族之间的文化交流和协作，繁荣民族文化。

……

第六十七条　自治县的自治机关鼓励各民族干部互相学习语言文字，汉族干部要积极学习少数民族语言文字，少数民族干部在学习、使用本民族语言文字的同时，也要学习全国通用的普通话和汉文。

自治县的国家工作人员，能够熟练使用两种以上当地通用的语言文字的，应当予以表彰和奖励。

[中华人民共和国民族事务委员会网站]

果洛藏族自治州藏语文工作条例

（1993 年 4 月 21 日果洛藏族自治州第九届人民代表大会第 4 次会议通过，1993 年 7 月 17 日青海省第八届人民代表大会常务委员会第四次会议批准）

第一条　根据《中华人民共和国宪法》《中华人民共和国民族区域自治法》和《果洛藏族自治州自治条例》的有关规定，结合自治州的实际，制定本条例。

第二条　自治州自治机关坚持各民族语言文字平等的原则，依法保障各民族都有使用和发展自己的语言文字的自由，积极开展民族语文工作，促进各民族平等、团结、进步和共同繁荣。

第三条　自治州自治机关贯彻执行党和国家的民族语文政策和有关法律规定，遵循藏语文发展规律，继承和发扬藏族优秀文化遗产，开展对藏语文的科学研究，为自治州的物质文明和精神文明建设服务。

第四条　藏语文是自治州实行区域自治的民族行使自治权利的主要语文工具。自治机关在执行职务的时候，通用藏汉两种语言文字。

第五条　自治州自治机关教育和鼓励各民族干部职工互相学习语言文字。藏族干部职工在学习使用藏语文的同时，也要学习全国通用的普通话和汉文；提倡和鼓励汉族和其他少数民族干部职工学习藏语文。

第六条　自治州自治机关加强对藏语文工作的领导。自治州人民政府设藏语文工作委员会，管理全州藏语文工作。其职责是：

1. 宣传、贯彻、执行党的民族语文政策，检查督促国家法律、法规、自治条例中有关民族语言文字的规定以及本条例的实施；

2. 依据有关法律、政策和本条例，制定自治州藏语文工作的实施规划和具体措施；

3. 检查督促藏语文的学习和使用；

4. 管理藏语文规范化、标准化及其推广工作；

5. 检查督促藏语文教学、科研、编译、出版、新闻、广播、影视、古籍整理等工作；

6. 组织和管理藏语文专业人才的培训和业务考核工作；

7. 组织和管理藏语文的学术研究和协作交流；

8. 承担上级机关和同级机关的主要公文、会议材料和有关资料的翻译任务，指导全州地方国家机关的翻译工作；

9. 审定自治州重要地名、机关名称和产品名称等的标准译文；

10. 奖励和推广藏语文科研成果；

11. 指导和协调藏语文工作各部门之间的业务和关系。

第七条　自治州所辖县人民政府设藏语文工作机构，配备专职工作人员，管理全县藏语文工作。

第八条　自治州自治机关重视藏语文的普及和提高。在政治、经济、文化、教育、科技、卫生、体育、司法、新闻、出版、影视等领域里加强藏语文的学习和使用。

第九条　自治州地方国家机关下发的文件、布告等主要公文和学习宣传材料，应同时或分别使用藏汉两种文字。

第十条　自治州地方国家机关和州内学校、社会团体、企事业单位的文件头、公章、牌匾、证件、会标、公告、广告以及印有单位名称的信封、信笺等都应同时使用藏汉两种文字。

第十一条　自治州内城镇公共场所公用设施的名称、界牌、路标、交通标记、车辆门徽等凡需要使用文字标记的，均使用藏汉两种文字。

第十二条　自治州生产的商品的名称、商标，服务行业的经营项目、牌价、票据等均使用藏汉两种文字。

第十三条　自治州自治机关制定或者公布的选举文件、选民名单、选民证、代表候选人名单、代表当选证书和选举委员会的印章等，都应同时使用藏汉两种文字。

第十四条　自治州各级人民法院和人民检察院在审判和检察活动中，应同时或分别使用藏汉两种语言文字，对不通晓汉语或藏语的诉讼参与人，应为他们提供翻译，保障各民族公民使用本民族语言文字进行诉讼的权利。

自治州各级人民法院的布告、公告，应当使用藏汉两种文字；自治州各级人民法院、人民检察院等机关制发的法律文书，应根据需要同时或者分别使用藏汉两种文字。

第十五条　自治州地方国家机关召开的大型会议，应同时使用藏汉两种语言文字。州内企事业单位召开的工作会议，可根据需要同时或者分别使用藏汉两种语言文字。

第十六条　自治州地方国家机关和州内学校、企事业单位在招干、招生、招工时，应使用藏汉两种语言文字，应考者可根据本人意愿任选其中一种语言文字答卷。在技术考核、评定职称时，应考者兼通藏汉两种文字的，可免考外文。

第十七条　自治州地方国家机关和州内企事业单位在接待和受理各民族公民来访来信时，应使用来访来信者所使用的语言文字。

第十八条　自治州自治机关提倡和鼓励科技人员和文艺工作者，在从事科学研究、撰写论文、进行文艺创作和演出时，使用藏语文。

第十九条　自治州内藏族公民可以用藏文书写各种申请书、志愿书、登记表、诉状以及其他各类文书。

第二十条　自治州自治机关重视藏语文的教学。自治州藏族中、小学，以藏语文教学为主，开设汉语文课；藏族学生较多的普通中、小学，也应根据需要开设藏语文课，使学生掌握藏汉两种语言文字。

第二十一条　自治州各级各类学校和职业技术学校，应根据实际需要，开设藏语文课或者用藏语文教学。

第二十二条　自治州自治机关重视藏语广播、电视工作，逐步增加藏语节目和自办藏语节目。

第二十三条　自治州邮电部门加强藏文的报刊、书信、电报、邮件的征订和投递工作。

第二十四条　自治州各级新华书店加强藏文教材、图书的征订和发行工作；各级图书馆和民族学校充实和增加藏文图书资料的储藏种类和范围。

第二十五条　自治州自治机关重视翻译人才的培养，自治州民族师范学校坚持办好藏汉翻译专业班，培养藏汉文兼通的专业人才。

第二十六条　自治州自治机关加强对藏语文科学研究工作的领导。藏语文应着重于藏族语言文字的基础和现代藏语新名词、新术语和科学技术用语的科学研究，搜集、整理和研究藏文文物、古籍和其他历史文化遗产。

第二十七条　自治州自治机关公布的本州藏语文科研成果和标准名词、名称等，各级政府、人民团体、学校、企事业单位都应遵照使用。

第二十八条　自治州自治机关加强藏语文工作队伍的建设，积极开展州内外藏语文工作者和工作部门的协作和学术交流，聘请外地专家学者来州任教讲学，选送藏语文专业人员到高等院校和研究部门进修，培养有社会主义觉悟、有专业知识、有独立工作能力的藏语文工作者。

第二十九条　自治州自治机关加强对藏语文工作者的管理，有计划地进行业务考核、晋级和职称评定等工作。

第三十条　自治州自治机关对模范地执行本条例的单位和个人，予以奖励；对违反本条例的单位和个人，视其情节，分别给予批评教育或行政处罚。奖励和处罚的实施办法，由自治州人民政府制定。

第三十一条　本条例由自治州人民代表大会常务委员会负责解释。

第三十二条　本条例经自治州人民代表大会通过，报青海省人民代表大会常务委员会审议批准后颁布施行。

［中华人民共和国民族事务委员会网站］

黄南藏族自治州藏语文工作条例

（1993 年 5 月 30 日黄南藏族自治州第十届人民代表大会第三次会议通过；1993 年 9 月 18 日青海省第八届人民代表大会常务委员会第五次会议批准。1994 年 1 月 1 日起施行）

第一条　为了保障和促进藏语言文字的学习、使用和发展，根据《中华人民共和国宪法》、《中华人民共和国民族区域自治法》和《黄南藏族自治州自治例》的有关规定，结合本州实际，制定本条例。

第二条　自治州自治机关贯彻执行党和国家的民族语文政策和有关法律、法规的规定，坚持各民族语言文字平等的原则，保障各民族都有使用和发展自己的语言文字的自由，使民族语言文字为巩固和发展平等、团结、互助的社会主义民族关系，推进社会主义物质文明和精神文明建设服务。

第三条　藏语文是自治州实行区域自治的民族行使权利的主要语言文字之一。自治州自治机关执行职务的时候，通用藏汉两种语言文字。

第四条　自治州对藏语文工作坚持普及与提高相结合的原则，继承和发扬藏族优秀的历史文化遗产，促进藏语文的发展，发挥藏语文在自治州改革开放和经济建设中的作用。

第五条　自治州自治机关教育和鼓励各民族的干部职工互相学习语言文字。藏族干部职工在学习、使用本民族语言文字的同时，要学习全国通用的普通话和汉文。提倡汉族和其他少数民族干部职工学习藏语言文字。

第六条　自治州人民政府设立藏语文工作委员会，管理全州藏语文工作。

自治州藏语文工作委员会的职责是：

（一）宣传、贯彻党和国家的民族语文政策，检查督促本条例的实施；

（二）根据有关法律、法规、政策和本条例，制定使用和发展藏语文工作的实施规划和措施；

（三）指导藏语文的学习和使用；

（四）组织藏语文的研究、推广、学术交流和规范化及专业人员的培训工作；

（五）承担上级机关和同级机关的主要公文、会议材料和有关资料的翻译；

（六）负责审核自治州地方国家机关和企事业单位的公章、牌匾、商品名称等的文字翻译；

（七）搜集、整理藏语文古籍文献；

（八）指导和协调有关藏语文工作部门之间的业务和关系。

第七条　自治州下属的同仁、尖扎、泽库县人民政府设立藏语文工作办公室。

第八条　自治州自治机关在政治、经济、文化、教育、科学、卫生、新闻、影视、体育等领域中，加强藏语文的使用工作。

第九条　自治州地方国家机关下发的文件和布告，用藏、汉两种文字并发；下发的重要宣传材料和宣传品，同时或分别使用藏、汉两种文字。

第十条　自治州地方国家机关和企事业单位的公章、牌匾、证件、标语、会标、公文头、信封、广告等使用藏、汉两种文字。

自治州内县城、乡镇的主要街道名称、路标、界牌、公用设施、交通标记和汽车门徽等需要书写文字的，使用藏、汉两种文字。

第十一条　自治州内服务行业的经营项目、产品名称、价格表、票据等，使用藏、汉两种文字。

第十二条　自治州自治机关召开大型会议，同时使用藏、汉两种语言文字，自治州内的国家机关和企事业单位召开的会议，根据需要同时或者分别使用藏、汉两种语言文字。

第十三条　自治州内的藏族公民和使用藏文的其他民族公民，可使用藏文填写各种申请书、志愿书、登记表及书写各类文书。

［中华人民共和国民族事务委员会网站］

玉树藏族自治州藏语文工作条例

（1994年5月13日青海省玉树藏族自治州第八届人民代表大会第五次会议通过；1995年5月31日青海省第八届人民代表大会常务委员会第十八次会议批准。1995年7月1日起施行）

第一条　为了保障和促进藏语言文字的学习、使用和发展，根据《中华人民共和国宪法》、《中华人民共和国民族区域自治法》和《玉树藏族自治州自治条例》的有关规定，结合自治州实际，制定本条例。

第二条　自治州自治机关贯彻执行国家的民族语文政策的有关法律、法规，坚持各民族语言文字平等的原则，保障各民族都有使用和发展自己的语言文字的自由，使民族语言文字为巩固和发展平等、团结、互助的社会主义民族关系，推进社会主义物质文明和精神文明建设服务。

第三条　藏语文是自治州实行区域自治的民族行使权利的主要语言文字之一。自治州自治机关执行职务的时候，通用藏汉两种语言文字。

第四条　自治州自治机关坚持藏语文工作普及与提高相结合的原则，加强基础工作，拓宽使用范围，促进藏语文的学习和使用。

第五条　自治州自治机关教育和鼓励各民族干部职工互相学习语言文字。藏族干部职工在学习、使用本民族语言文字的同时，要学习全国通用的普通话和汉文。汉族和其他少数民族干部职工也要学习藏语言文字。

第六条　自治州藏语文工作委员会及其办公室，管理全州藏语文工作。其职责是：

（一）宣传、贯彻、执行国家的民族语文政策和有关法律、法规，检查督促本条例的实施；

（二）依据有关法律、法规、政策和本条例，制定藏语文工作的实施规划和措施；

（三）检查和指导藏语文教学、科研、编译、新闻、广播、出版、古籍整理等工作；

（四）组织藏语文的学术研究、协作交流、业务考核和专业人员的培训工作；

（五）管理藏语文规范化、标准化及其推广工作；

（六）承担上级机关和同级机关的主要公文、会议材料和有关资料的翻译，指导全州地方国家机关的翻译工作；

（七）审定自治州重要地名、机关名称、公章、牌匾和产品名称等的标准译文；

（八）检查和指导全州藏语文的学习和使用，协调有关藏语文工作各部门之间的业务关系。

第七条　自治州所辖县设立藏语文工作机构，管理全县藏语文工作。

第八条　自治州自治机关在政治、经济、司法、文化、教育、科技、卫生、体育、广播、影视、出版等领域中，加强藏语文的学习和使用。

第九条　自治州制定、发布的单行法规和地方国家机关下发的文件和布告、公告等主要公文，使用藏汉两种文字；下发农村牧区的宣传材料以藏文为主。

第十条　自治州地方国家机关和企业事业单位的公章、牌匾、证件、公文头、会标、信封、广告等，同时使用藏汉两种文字。

第十一条　自治州内县城、乡镇的主要街道名称、门牌、路标、界碑、公用设施和汽车门徽等，同时用藏汉两种文字标明。

第十二条　自治州内服务行业的经营项目、商品名称、价格表、发票、收据等，可用藏汉两种文字书写。

第十三条　自治州自治机关召开的大型会议，必须同时使用藏汉两种语言文字；自治州内的工作部门和企业事业单位召开的会议，根据需要，同时或者分别使用藏汉两种语言文字。

第十四条　自治州各级地方国家机关、学校、企业事业单位在招聘人员时，根据行业和专业的实际需要加试藏文；在技术考核、评定中级职称时，应考者兼通藏汉两种文字的，可以免考外文。

第十五条　自治州内的藏族公民可以用藏文书写各类文书。

第十六条　自治州地方国家机关和企业事业单位在受理和接待各民族公民来信来访时，使用来信来访者所通晓的语言文字。

第十七条　自治州各级人民法院和人民检察院在审理、检察案件时，同时或者分别使用藏汉两种语言文字。对于不通晓汉语文或者藏语文的诉讼参与人，应当为他们提供翻译。

自治州各级人民法院和人民检察院的起诉书、判决书、布告和其他法律文书，根据需要，同时或者分别使用藏汉两种文字。

第十八条　自治州内的民族中、小学以藏语文教学为主，在适当年级加设汉语文课；普通中、小学以汉语文教学为主，根据实际情况，在适当年级加设藏语文课。

第十九条　自治州民族师范学校加强藏汉两种语言文字教学，培养兼通藏汉两种语言文字的师资。其他专业学校或专业班、职业学校或职业班，根据专业需要，可以用藏语文教学或者加设藏语文课。

第二十条　自治州自治机关重视中青年干部职工的藏语文培训工作，加强农牧民群众的藏文扫盲工作。

第二十一条　自治州自治机关办好藏语广播电视，逐步增加自办节目。自治机关积极创造条件，创办藏文报刊。

自治州内的书店和邮电部门要做好藏文图书、报刊等的发行、投递工作，逐步扩大藏文图书的种类和范围。

第二十二条　自治州自治机关鼓励和支持科技人员、文艺工作者使用藏语文从事科研、撰写论文和著作，进行文艺创作和演出。

第二十三条　自治州自治机关加强藏语文工作队伍的建设，通过多种形式，有计划地选送藏语文工作者到州外高等院校和研究部门深造，更新专业知识，提高业务素质。

自治机关加强藏语文翻译工作，搞好译文的标准化、规范化。藏语文翻译工作者按国家规定评定职称，享受专业技术人员待遇。

第二十四条　自治州内的各级工作部门配备兼通藏汉两种语言文字的工作人员；服务行业应当有懂藏汉两种语言文字的人员。

第二十五条　自治州自治机关加强对藏语文科学研究工作的领导。藏语文的科学研究应侧重于藏语文的基础研究和现代藏语新名词、新术语、科学技术用语的应用和规范化、标准化的研究。

第二十六条　自治州自治机关重视搜集、整理、编纂和翻译藏族优秀传统文化遗产，保护藏文古籍文献。

第二十七条　自治州自治机关对熟练使用藏汉两种语言文字的工作人员给予表彰；对从事藏语文教学、科研和翻译等工作，并取得显著成绩的人员给予奖励。

第二十八条　本条例的具体实施办法由自治州人民政府制定。

第二十九条　本条例由自治州人民代表大会常务委员会负责解释。

第三十条　本条例自 1995 年 7 月 1 日起公布施行。

[中华人民共和国民族事务委员会网站]

海北藏族自治州藏语文工作条例

（1994年3月21日青海省海北藏族自治州第九届人民代表大会第五次会议通过；1995年3月30日青海省第八届人民代表大会常务委员会第十七次会议批准。1995年10月1日起施行）

第一条　为了保障和促进藏语文的学习、使用和发展，根据《中华人民共和国宪法》、《中华人民共和国民族区域自治法》和《海北藏族自治州自治条例》的有关规定，结合本州实际，制定本条例。

第二条　自治州自治机关贯彻执行国家的民族语文政策和有关法律、法规，坚持各民族语言文字平等的原则，保障各民族都有使用和发展自己的语言文字的自由。

第三条　藏语文是自治州实行区域自治的民族行使权利的主要语言文字之一。自治州自治机关执行职务时，通用藏汉两种语言文字。

第四条　自治州重视和加强藏语文工作，坚持普及与提高相结合的原则，继承和发扬藏族优秀的历史文化遗产，促进藏语文的发展。

第五条　自治州自治机关教育和鼓励各民族的干部职工互相学习语言文字。藏族干部职工在学习使用本民族语言文字的同时，也要学习全国通用的普通话和汉文。提倡汉族和其他少数民族干部职工学习藏语文。

第六条　自治州人民政府设立藏语文工作办公室，其职责是：

（一）宣传、贯彻党和国家的民族语文政策，检查督促法律、法规中有关民族语言文字的规定和本条例的实施；

（二）根据有关法律、政策和本条例，制定使用和发展藏语文工作的实施规划和具体措施；

（三）检查和指导本州各级国家机关、社会团体和企业事业单位学习和使用藏语文的情况；

（四）协调藏语文工作部门之间的业务关系；

（五）组织和管理藏语文的推广、学术研究、经验交流和专业人员的培训工作；

（六）负责藏文古籍的搜集、整理等工作；

（七）承担上级机关和同级机关的主要公文、会议材料和有关资料的翻译；

（八）负责审核自治州地方国家机关和企业事业单位的公章、牌匾以及商品名称等的译文。

第七条　自治州所辖县人民政府设立藏语文或少数民族语文工作办公室。

第八条　自治州自治机关在政治、经济、教育、科学技术、文化、卫生、新闻出版、广播、电视、体育等领域中，加强藏语文的使用工作。

第九条　自治州自治机关下发的重要文件和宣传材料，根据实际情况，应同时或者分别使用藏汉两种文字。

第十条　自治州地方国家机关和企业事业单位的公章、门牌、证件、标语、会标、公文头、信封、广告等，应同时使用藏汉两种文字。

自治州内县城、乡镇的主要街道名称、路标、界牌、公用设施、交通标记和汽车门徽等需要书写文字的，应同时使用藏汉两种文字。自治州内工业产品的商标、说明书和服务行业的经营项目、产品名称、价格表、票据等，应逐步做到用藏汉两种文字书写。

第十一条　自治州自治机关有计划地组织藏族干部职工，特别是藏族领导干部学习藏语文，提高使用本民族语言文字的能力。

第十二条　自治州地方国家机关和州境内的企业事业单位在招干、招工、招生、技术考核、晋级、职称评定等时，应根据应考者的情况，可使用藏汉两种语言文字，应考者根据本人意愿选择其中的一种语言文字。

第十三条　自治州内藏族学生较多的民族中小学在加强藏语文教学的同时，加强汉语文教学；普通中小学，根据实际情况，开设藏语文课。

第十四条　自治州民族师范学校加强藏汉两种语言文字的教学，培养兼通两种语言文字的师资。

第十五条　自治州积极发展藏语文的函授、广播、电视教育。

第十六条　自治州内的书店和邮电部门，要做好藏文图书、报刊等的发行征订工作，逐步扩大藏文图书的种类和数量。

自治州重视发展藏语的广播、电视事业，加强藏语文电影、电视片的放映和播放工作。

自治州的文化部门和艺术团体应重视使用藏语文进行文艺创作和表演。

第十七条　自治州自治机关鼓励藏族科技人员使用藏语文进行科学研究，撰写科研论文。

第十八条　自治州内与藏族公民接触较多的部门和服务行业，应当有能够掌握藏汉两种用语的工作人员。

第十九条 自治州地方国家机关和企业事业单位，在受理和接待各民族公民的来信来访时，应使用来信来访者所通晓的语言文字。

第二十条 自治州各级人民法院和人民检察院在审理、检察案件中，应同时或分别使用藏汉两种语言文字。对不通晓藏语文或汉语文的诉讼参与人，应当为他们翻译。

自治州各级人民法院和人民检察院的起诉书、判决书、布告和其他法律文书，根据需要，应同时或者分别使用藏汉两种文字。

第二十一条 自治州地方国家机关有计划地选送藏语文工作者到州外高等院校进行深造，更新专业知识，提高业务素质。

第二十二条 自治州自治机关按照有关规定，做好对藏语文工作者的业务考核、晋级和职称评定等工作。

第二十三条 自治州自治机关重视培养专职翻译人员。

自治州地方国家机关重视配备藏汉文兼通的文秘人员。

自治州加强藏语文翻译技能、信息等的交流工作，搞好藏语文的规范化工作，不断提高藏语文翻译水平。

第二十四条 自治州自治机关对模范执行本条例的单位和个人，给予表彰和奖励；对违反本条例的单位和个人，视情节轻重，给予批评教育或行政处罚。

第二十五条 自治州的各级人民政府应当保证开展藏语文工作的经费，积极支持藏语文的使用和发展。

第二十六条 门源回族自治县根据实际情况，变通执行本条例。

第二十七条 本条例的具体应用问题由自治州人民政府负责解释。

第二十八条 本条例自 1995 年 10 月 1 日起施行。

[中华人民共和国民族事务委员会网站]

甘肃省甘南藏族自治州藏语言文字工作条例

（1995 年 6 月 1 日甘肃省甘南藏族自治州第十一届人民代表大会第三次会议通过，1996 年 6 月 1 日甘肃省第八届人民代表大会常务委员会第二十一次会议批准）

第一条 为了保障藏语言文字的教育、使用和发展，促进自治州的物质文明和精神文明建设，根据《中华人民共和国宪法》《中华人民共和国民族区域自治法》《甘肃省甘南藏族自治州自治条例》的有关规定，制定本条例。

第二条　自治州的自治机关依照国家的有关法律规定和民族语言文字政策，坚持各民族语言文字平等的原则，保障各民族都有使用和发展自己语言文字的自由。

第三条　藏语言文字是自治州行使自治权的主要语言工具，也是自治州通用的主要语言文字之一。自治州的自治机关保障藏族公民有使用、发展本民族语言文字的自由，发挥藏语言文字在自治州政治、经济、文化建设中的作用。

第四条　自治州的各级国家机关在执行公务时，使用藏汉两种语言文字，两种语言文字具有同等效力。

第五条　自治州的各级国家机关在开展藏语言文字工作中，要为促进各民族平等、团结、互助和共同繁荣，促进自治州的经济发展和社会进步服务。

自治机关在录用干部和晋升职务时，对具备藏、汉语言文字同等学历和水平者，平等对待，反对任何语言文字上的歧视。

自治州的自治机关提倡自治州境内各单位、各企业的职工学习和使用藏语言文字；鼓励藏族职工在学习、使用藏语言文字的同时，也要学习全国通用的普通话和汉文。

第六条　自治州的自治机关对学习、使用藏语言文字成绩显著的单位和干部职工予以表彰奖励，并将学习、使用藏语言文字作为考察干部的一项内容。

第七条　自治州人民政府和各县人民政府藏语言文字工作机构的职责是：

（一）宣传、贯彻执行国家的民族语言文字政策，检查督促法律、法规中有关民族语言文字的条款和本条例的实施；

（二）制定藏语言文字的学习、使用和发展规划、措施；

（三）承担藏语言文字的编译、研究和规范工作；

（四）对藏语言文字的学习、使用情况进行检查、监督和考核，决定奖惩，发放有关证书；

（五）组织藏语言文字专业人才的培训和学术活动；

（六）协调各藏语言文字工作部门的业务关系。

第八条　自治州自治机关为各级各类学校藏语言文字教育所作的规定，学校或分管部门不得随意变更，若需更改，须经自治州自治机关批准。

自治州内招收藏族学生为主的中、小学，要逐步实行藏、汉“双语”教学。

幼儿园、托儿所根据需要，单独编班，配备藏语文教师，进行藏、汉“双语”教育。

第九条　自治州各级人民政府根据国家有关规定，有计划地在藏族公民中开展藏文扫盲教育，逐步提高其文化素质。

自治州内的藏族领导干部要提高自己使用本民族语言文字执行职务的能力。

第十条　自治州各级国家机关发至乡、村的重要文告和宣传材料，根据实际需要使用藏文或同时使用藏汉两种文字；县、乡级的上行文书，使用藏、汉两种文字的任何一种，也可同时使用藏、汉两种文字。

第十一条　自治州国家机关召开重要会议或集会，悬挂藏、汉两种文字会标；会议用语、会议材料使用藏汉两种语言文字。

自治机关各部门和企事业单位召开的工作会议，根据实际需要使用藏汉两种语言文字。

第十二条　自治州自治机关保障藏族公民用藏语言文字进行诉讼的权利。当事人用藏语口头或文字提出起诉、申诉、上诉的，司法机关应当接受，不得拒绝。

自治州各级人民法院、人民检察院、公安机关在侦查、起诉、审判案件时，对藏族当事人使用藏语，或为他们翻译，法律文书使用藏、汉两种文字。

第十三条　藏族和其他民族公民在自治州内可用藏文填写各种申请书、志愿书、登记表以及撰写其他各类文书。

第十四条　自治州各级国家机关、企业、事业单位及省属驻本州各单位的公章、文头、标牌、奖状、标语、证件、布告、车辆的单位名称以及城镇、街道、界牌等名称，使用藏、汉两种文字。

第十五条　自治州内生产的产品名称、商标，各类商店、摊点的商品价格标签以及商品广告等，使用藏、汉两种文字。

第十六条　自治州内的邮电、银行、粮店、车站、饭馆、旅店、商店、书店、医院等服务机构的工作人员要用藏语接待藏族顾客及病员，或提供翻译服务。

第十七条　自治州内的干部、专业技术人员和工人在考核评聘专业技术职务时，可使用藏语文答题、撰写材料；在评聘初、中级专业技术职务时，经自治州人事职改部门组织统一考试或考核，藏语文水平达到规定要求的，可申请免试外语。

第十八条　自治州内的藏语文报刊、广播、电视和电影译制工作部门要担负藏语言文字规范使用的责任，对藏语言文字的发展做出贡献。

第十九条　自治州的自治机关鼓励科技人员、文艺工作者使用藏语言文字从事科学研究和发明创造，撰写论文和著作，进行文艺创作和演出。

第二十条　自治州根据条件设立藏语言文字奖励基金，对从事藏语言文字教育和研究、发展藏语言文字做出显著成绩的单位和个人予以奖励。

第二十一条　自治州内的国家机关工作人员有下列行为之一的，由藏语言文字工作机构进行调查，并建议直接责任人所在单位或上级主管部门给予批评教育或行政处分：

（一）在执行公务中，应当使用藏语言文字而没有使用，造成不良后果的；

（二）违反本条例，妨碍藏族公民使用藏语言文字的。

第二十二条　违反本条例第十四条、第十五条规定的，由自治州、县藏语言文字工作机构督促检查，限期改正。

第二十三条　自治州、县藏语言文字工作所需经费列入州、县财政预算。

第二十四条　本条例由甘南藏族自治州人民代表大会常务委员会解释。

第二十五条　本条例自公布之日起施行。

［中华人民共和国民族事务委员会网站］

甘孜藏族自治州藏族语言文字使用条例

（1997 年 11 月 21 日甘孜藏族自治州第七届人民代表大会第五次会议通过，1998 年 4 月 6 日四川省第九届人民代表大会常务委员会第二次会议批准）

第一章　总则

第一条　为了促进藏族语言文字（以下简称藏语文）的学习、使用和发展，保障各民族语言文字的平等权利，根据《中华人民共和国宪法》、《中华人民共和国民族区域自治法》及《甘孜藏族自治州自治条例》等有关规定，结合甘孜藏族自治州（以下简称自治州）的实际，制定本条例。

第二条　自治州内的任何单位和个人，应当遵守本条例。

第三条　自治州人民政府少数民族语言文字工作委员会主管全州藏语文工作。

第四条　藏语文是自治州实行区域自治的主要语言文字。学习、使用和发展藏语文是自治州的一项重要任务。自治州的各级国家机关应坚持语言文字平等原则，保障各少数民族公民在政治、经济、文化等一切社会活动中有使用和发展本民族语言文字的自由。

自治州的各级国家机关和企事业单位在政治、经济、教育、科学、文化、卫生、体育、新闻出版、广播电视等各个领域里应当加强藏语文的使用。

第五条　自治州内通用藏语文和汉语文。鼓励各民族公民互相学习语言文字。提倡藏民族在学习、使用本民族语言文字的同时，学习、使用汉语文。鼓励其他民族学习、使用藏语文。

第六条　自治州内各级国家机关开展藏语文工作，应当为促进各民族平等、团结、互助和共同繁荣，为促进自治州的经济发展和社会进步服务。

第二章　藏语文的使用

第七条　自治州内各级国家机关在执行职务时，使用藏、汉两种语言文字；根据实际情况，也可以使用其中的一种。

自治州内各级国家机关公布法规和重要文告，应当同时使用藏文和汉文。下发文件和学习宣传材料，可以同时或者分别使用藏文或汉文。

第八条　自治州内召开各种会议，根据实际需要，可以同时或分别使用藏语文和汉语文。

自治州内以藏族群众为主的各种会议，应当使用藏语文，同时做好汉语文翻译工作。

第九条　自治州和州内藏族聚居的县、乡（镇）制定或颁布的选举文件、选民名单、选民证、代表候选人名单和代表当选证书等，应当同时使用藏、汉两种文字。

第十条　自治州各级人民法院和人民检察院，根据实际需要，同时或分别使用藏、汉两种语言文字审理和检察案件、送达法律文书、发布法律文告，应为诉讼参与人提供必要的翻译。

第十一条　自治州内各级国家机关在受理和接待不通晓汉语文的藏族公

民来信来访时，应当使用藏语文。

第十二条　自治州内国家机关和企事业单位录用公务员和招工、招生考试时，应提供藏、汉语文两种试题，允许考生选择其中一种语文应试，具体办法由自治州人民政府制定。

第十三条　自治州内各级国家机关应重视开展藏语文教学。

在藏族聚居区的中、小学校，应根据语言环境、群众意愿的实际情况实行藏、汉双语教学，州属各类中等专业学校，应开设藏语文课。

第十四条　自治州各级国家机关的藏族领导干部应当提高使用藏语文执行职务的能力。自治州重视在藏族职工和成人教育中开展藏语文教育；在藏族聚居乡（镇）用藏语文开展扫盲工作，用藏语文宣传推广科普实用技术、卫生、计划生育等知识。

第十五条　自治州的各级国家机关应重视发展藏语文文化事业，加强藏文报刊、音像制品、教材、图书的编译出版发行工作，发展藏语广播、电视、电影，鼓励和提倡用藏语文进行文学艺术创作。

自治州内各级文化部门应有计划地收集、整理、出版藏族民间文学。

自治州内各新华书店和邮电部门，应做好藏语文图书、中小学教材、报刊、音像制品的征订发行工作。

第十六条　自治州各级国家机关鼓励和支持学术团体开展藏语文的研究和学术交流活动。

第十七条　自治州内各服务行业应积极创造条件逐步用藏、汉两种语言文字为群众服务。

第十八条　自治州内一切机关、团体、学校、企事业单位的公章、牌匾，公共场所的铭牌，有重要意义的碑文、标语、广告牌，汽车门徽、路标等，应当同时使用藏、汉两种文字。

自治州内生产的工农业产品商标和商品说明书，应根据实际需要，同时或分别使用藏、汉两种文字。

第三章　藏语文工作的管理

第十九条　自治州少数民族语言文字工作委员会应加强对全州藏语文工作的统一规划、检查和督促。

自治州内各县应根据实际确定负责本县藏语文工作的部门和人员。

第二十条　自治州编译局负责州内各机关、团体、企事业和服务行业的藏文社会用字的翻译、书写、术语标准化审查，负责藏文古籍和藏文文献资料的收集、整理、编辑和出版。

第二十一条　自治州的人事、教育、劳动、计划等行政管理部门，应重视藏语文专业人才的培养使用和管理，做好藏语文专业人员技术职务任职资格的评定工作，根据实际需要，扩大藏语文专业的招生和分配计划，培训在职藏语文专业人员，提高藏语文专业队伍的政治素质和业务水平。

第二十二条　自治州内的各级档案部门，应做好藏文文献的立卷归档和藏文档案材料的收集、整理、保管和利用工作。

第四章　奖励与惩处

第二十三条　对学习、使用、发展藏语文工作符合下列条件之一的，由各级人民政府给予表彰和奖励。

（一）认真执行本条例，取得显著成绩的单位；

（二）对熟练使用藏、汉两种语言文字进行工作，取得显著成绩的国家机关和企事业单位的工作人员；

（三）自治州内汉族和其他民族学习藏语文，成绩突出的。

第二十四条　对违反本条例的单位和个人，可由有关机关给予批评教育，并责令限期改正，经批评教育拒不改正者，予以行政处分或处罚。

第五章　附则

第二十五条　自治州人民政府可根据本条例制定实施细则。

第二十六条　本条例运用中的具体问题，由自治州人民政府少数民族语言文字工作委员会负责解释。

第二十七条　自治州内的民族乡，可以使用当地通用的一种或几种语言文字。

第二十八条　本条例报经四川省人民代表大会常务委员会批准，自公布之日起施行。

[中华人民共和国民族事务委员会网站]

甘肃省天祝藏族自治县藏语言文字工作条例

（1999 年 3 月 26 日，甘肃省第九届人大常委会第九次会议批准）

第一条　为了保障和促进藏语言文字的学习、使用和发展，根据《中华人民共和国宪法》《中华人民共和国民族区域自治法》和《甘肃省天祝藏族自治县自治条例》的有关规定，结合天祝藏族自治县（以下简称自治县）的实际，制定本条例。

第二条　自治县自治机关贯彻执行国家的民族语言文字政策，遵循有关法律规定，坚持各民族语言文字平等的原则，保障各民族都有使用和发展自己语言文字的自由，使民族语言文字为巩固和发展平等、团结、互助的社会主义民族关系，推进社会主义物质文明和精神文明建设服务。

第三条　藏语言文字是自治县实行区域自治的主体民族行使自治权的主要语言文字之一，自治县自治机关保障藏族公民有学习、使用和发展本民族语言文字的自由，发挥藏语言文字在自治县政治、经济、文化建设中的作用。

第四条　自治县国家机关在执行职务时，通用藏、汉两种语言文字，两种语言文字具有同等效力。

第五条　自治县鼓励和提倡各民族干部职工和群众互相学习语言文字。藏族干部职工和群众在学习、使用本民族语言文字的同时，要学习、使用全国通用的汉语文，推广普通话。鼓励汉族和其他少数民族干部职工及群众学习藏语言文字。

第六条　自治县藏语言文字工作机构的职责是：

（一）宣传、贯彻、执行国家的民族语言文字政策和有关法律、法规，检查督促本条例的实施。

（二）依据有关法律、法规、政策和本条例，制定藏语言文字工作的实施规划和措施。

（三）检查指导藏语言文字教学、科研、编译、新闻、广播、影视、出版、古籍整理等工作。

（四）组织藏语言文字的学术研究、协作交流、业务考核和专业人员的培训工作。

（五）管理藏语言文字规范化、标准化及其推广工作。

（六）检查指导全县藏语言文字的学习和使用，协调有关藏语言文字工作各部门之间的业务关系。

第七条　自治县在政治、经济、司法、文化、教育、科技、卫生、体育、广播、影视，出版等领域中，倡导学习和使用藏语言文字。

第八条　自治县国家机关和事业单位选拔、录用国家公务员和专业技术人员时，在同等条件下优先选用能够使用藏、汉两种语言文字的公民。

第九条　自治县制定颁布的单行条例和自治县国家机关下发的文件、公告等主要公文，根据实际需要单独或同时使用藏、汉两种文字。

第十条　自治县国家机关召开重要会议或集会，悬挂藏、汉两种文字会标，会议材料应当使用藏、汉两种语言文字。

第十一条　自治县国家机关、企业、事业单位的公章、牌匾、公文头、证件和界碑等，要使用藏、汉两种文字。

自治县内县城、乡镇的主要街道名称、门牌、路标、纪念碑和汽车门徽等，应当使用藏、汉两种文字。

第十二条　自治县内生产的产品名称、商标及商品广告等，根据需要使用藏、汉两种文字。

第十三条　自治县努力办好藏语广播电视节目，丰富节目内容。

自治县的书店和邮政部门做好藏文图书、报刊等的发行、投递工作，满足藏文读者的需求。

第十四条　自治县人民法院和人民检察院在审理、检察案件时，同时或者分别使用藏汉两种语言文字。对于不通晓汉语文的诉讼参与人，应当为他们提供翻译。

自治县人民法院和人民检察院的起诉书、判决书、布告和其他法律文书，根据需要，同时或者分别使用藏、汉两种文字。

自治县人民法院和人民检察院应配备兼通藏、汉两种语言文字的法官和检察官。

第十五条　自治县自治机关为各级各类学校藏语言文字教育所作的规定，学校或主管部门要认真执行，若需修改完善，须经自治县自治机关批准。

第十六条　自治县内招收少数民族学生为主的民族中、小学，实行藏、汉“双语”教学。

幼儿园、学前班根据实际情况，对自愿学习藏语言文字的各民族幼儿提供方便，进行藏、汉“双语”教育。

第十七条　自治县有计划地在藏族聚居区开展藏文或汉文扫盲教育，逐步提高其民族文化素质。

自治县内的藏族领导干部应带头学习藏语言文字，提高自己使用本民族语言文字执行职务的能力。

第十八条　自治县鼓励和支持科技人员、文艺工作者使用藏语言文字撰写科普读物和著作、进行文艺创作和演出。

自治县注意培养从事藏文工作的编辑、记者、作家、秘书和翻译人员，通过多种形式，有计划地选送藏语言文字工作者到高等院校进行深造，更新专业知识，提高业务素质。

自治县加强藏语言文字翻译工作，搞好译文的标准化、规范化，藏语言文字翻译工作者按国家规定评定职称，享受专业技术人员待遇。

第十九条　自治县从事藏语言文字专业技术工作的人员在考核评聘专业技术职务时，可用藏文答卷，撰写材料。在技术考核、评定中级职称时，经上级职称主管部门组织统一考试并被确认兼通藏、汉两种文字的，可免试外文。

第二十条　自治县根据条件设立藏语言文字奖励基金，对学习、使用藏语言文字成绩显著的单位和个人以及从事藏语言文字教育、研究和发展藏语言文字做出显著成绩的单位和个人予以表彰奖励。

第二十一条　自治县内的国家公务人员在执行公务时，违反本条例，妨碍正常开展藏语言文字工作，影响民族团结，造成不良后果的，由自治县藏语言文字工作机构进行调查，并建议直接责任人所在单位或上级主管部门给予批评教育或行政处分。

第二十二条　违反本条例第十一条规定的，由自治县藏语言文字工作机构督促检查，限期改正。

第二十三条　本条例的实施细则或具体实施办法由自治县人民政府制定。

第二十四条　本条例由天祝藏族自治县人民代表大会常务委员会负责解释。

第二十五条　本条例自公布之日起施行。

[中华人民共和国民族事务委员会网站]

西藏自治区学习、使用和发展藏语文的规定

1987 年 7 月 9 日，西藏自治区第四届人民代表大会第五次会议通过；2002 年 5 月 22 日，根据西藏自治区人民代表大会关于修改《西藏自治区学习、使用和发展藏语文的若干规定（试行）》的决定修正。西藏自治区第七届人民代表大会第五次会议决定对《西藏自治区学习、使用和发展藏语文的

若干规定（试行）》作如下修改：

1.《西藏自治区学习、使用和发展藏语文的若干规定（试行）》修改为："《西藏自治区学习、使用和发展藏语文的规定》"。

2. 第一条修改为："藏语文是自治区通用的语言文字。为了保障藏语文的学习、使用和发展，根据《中华人民共和国宪法》、《中华人民共和国民族区域自治法》、《中华人民共和国国家通用语言文字法》的有关规定，结合自治区实际，制定本规定。"

3. 第二条修改为："自治区坚持各民族语言文字平等的原则。维护语言文字法制的统一。各级人民政府应当重视和加强学习、使用和发展藏语文工作。"

4. 第三条修改为："自治区各级国家机关在执行职务时，藏语文和国家通用语言文字具有同等效力。"

5. 第四条修改为："自治区各级国家机关的重要会议、集会，同时使用藏语文和国家通用语言文字或者其中一种语言文字。自治区企事业单位的工作会议，根据需要使用通用的一种语言文字或者两种语言文字。各级国家机关的普发性文件应当同时使用藏文和国家通用文字。"

6. 第五条修改为："自治区各级司法机关在司法活动中根据需要使用当地通用的一种语言文字或者几种语言文字，保障各民族公民使用本民族语言文字进行诉讼的权利。"

7. 第六条修改为："义务教育阶段，以藏语文和国家通用语言文字作为基本的教育教学用语用字，开设藏语文、国家通用语言文字课程，适时开设外语课程。"

8. 第七条修改为："自治区应当采取措施，扫除藏族公民中的中青年的藏文文盲。"

9. 第八条修改为："自治区鼓励和提倡各民族相互学习语言文字。藏族干部职工在学习使用藏语文的同时，应当学习使用国家通用的语言文字；汉族和其他少数民族干部职工也应当学习使用藏语文。"

10. 第九条修改为："自治区积极发展藏语文的教育、新闻、出版、广播、影视等事业。重视出版藏文少儿、通俗、科普读物。鼓励和支持科研机构、科技人员、文艺工作者用藏语文进行科普宣传、文艺创作和演出。自治区采取措施培养藏文教师、编辑、记者、作家和秘书等人才，重视培养研究藏语文的专门人才。"

11. 第十条修改为："自治区各级国家机关、事业单位录用国家公务员和聘用技术人员时，对能够同时熟练使用藏语文和国家通用语言文字的，在同等条件下优先录用。”

12. 第十一条修改为：“自治区各级国家机关、人民团体、企事业单位以及驻区外常设机构的公章、证件、牌匾应当同时使用藏文和国家通用文字。城市公共场所设施、招牌、广告等用字应当同时使用藏文和国家通用文字，并应书写规范、工整，译文准确。”

13. 第十二条修改为：“自治区企业生产的在区内销售的商品包装、说明等应当同时使用藏文和国家通用文字。自治区内的各类服务行业的名称、经营项目、标价票据等同时使用藏文和国家通用文字。”

14. 第十三条修改为：“县级以上人民政府藏语文工作部门，应当加强对藏语文学习、使用的监督管理，加强对藏语文的科学研究，促进藏语文的发展。”

15. 第十四条修改为：“自治区应当采取措施培养翻译人才，重视和加强藏语文和国家通用语言文字的翻译工作。自治区人民政府藏语文工作部门统一规范并颁布藏语文名词术语，促进译文的规范化、标准化。自治区各级国家机关、人民团体、企事业单位，根据需要设置翻译机构或者配备翻译人员。”

16. 第十五条修改为：“县级以上人民政府对学习、使用和发展藏语文做出显著成绩的单位和个人，给予表彰和奖励。”

17. 第十六条修改为：“违反第十一条规定的，由县级以上人民政府藏语文工作部门责令限期改正。”

18. 增加一条，作为第十七条，内容为：“违反第十二条规定的，由工商行政管理部门责令限期改正。”

19. 增加一条，作为第十八条，内容为：“违反本规定其他条款的，由县级以上人民政府藏语文工作部门给予批评教育或者由所在单位给予行政处分。”

20. 增加一条，作为第十九条，内容为：“自治区人民政府根据本规定制定实施细则。”

本决定自公布之日起施行。

《西藏自治区学习、使用和发展藏语文的若干规定（试行）》根据本决定作相应修改并将条文顺序作相应调整，重新公布。

第一条　藏语文是自治区通用的语言文字。为了保障藏语文的学习、使用和发展，根据《中华人民共和国宪法》《中华人民共和国民族区域自治法》《中华人民共和国国家通用语言文字法》的有关规定，结合自治区实际，制定本规定。

第二条　自治区坚持各民族语言文字平等的原则。维护语言文字法制的统一。各级人民政府应当重视和加强学习、使用和发展藏语文工作。

第三条　自治区各级国家机关在执行职务时，藏语文和国家通用语言文字具有同等效力。

第四条　自治区各级国家机关的重要会议、集会，同时使用藏语文和国家通用语言文字或者其中一种语言文字。自治区企事业单位的工作会议，根据需要使用通用的一种语言文字或者两种语言文字。

各级国家机关的普发性文件应当同时使用藏文和国家通用文字。

第五条　自治区各级司法机关在司法活动中根据需要使用当地通用的一种语言文字或者几种语言文字，保障各民族公民使用本民族语言文字进行诉讼的权利。

第六条　义务教育阶段，以藏语文和国家通用语言文字作为基本的教育教学用语用字，开设藏语文、国家通用语言文字课程，适时开设外语课程。

第七条　自治区应当采取措施，扫除藏族公民中的中青年的藏文文盲。

第八条　自治区鼓励和提倡各民族相互学习语言文字。藏族干部职工在学习使用藏语文的同时，应当学习使用国家通用的语言文字；汉族和其他少数民族干部职工也应当学习使用藏语文。

第九条　自治区积极发展藏语文的教育、新闻、出版、广播、影视等事业。重视出版藏文少儿、通俗、科普读物。鼓励和支持科研机构、科技人员、文艺工作者用藏语文进行科普宣传、文艺创作和演出。自治区采取措施培养藏文教师、编辑、记者、作家和秘书等人才，重视培养研究藏语文的专门人才。

第十条　自治区各级国家机关、事业单位录用国家公务员和聘用技术人员时，对能够同时熟练使用藏语文和国家通用语言文字的，在同等条件下优先录用。

第十一条　自治区各级国家机关、人民团体、企事业单位以及驻区外常设机构的公章、证件、牌匾应当同时使用藏文和国家通用文字。城市公共场所设施、招牌、广告等用字应当同时使用藏文和国家通用文字，并应书写规范、工整，译文准确。

第十二条　自治区企业生产的在区内销售的商品包装、说明等应当同时使用藏文和国家通用文字。自治区内的各类服务行业的名称、经营项目、标价、票据等同时使用藏文和国家通用文字。

第十三条　县级以上人民政府藏语文工作部门，应当加强对藏语文学习、使用的监督管理，加强对藏语文的科学研究，促进藏语文的发展。

第十四条　自治区应当采取措施培养翻译人才，重视和加强藏语文和国家通用语言文字的翻译工作。自治区人民政府藏语文工作部门统一规范并颁布藏语文名词术语，促进译文的规范化、标准化。自治区各级国家机关、人民团体、企事业单位，根据需要设置翻译机构或者配备翻译人员。

第十五条　县级以上人民政府对学习、使用和发展藏语文做出显著成绩的单位和个人，给予表彰和奖励。

第十六条　违反第十一条规定的，由县级以上人民政府藏语文工作部门责令限期改正。

第十七条　违反第十二条规定的，由工商行政管理部门责令限期改正。

第十八条　违反本规定其他条款的，由县级以上人民政府藏语文工作部门给予批评教育或者由所在单位给予行政处分。

第十九条　自治区人民政府根据本规定制定实施细则。

[中华人民共和国民族事务委员会网站]

阿坝藏族羌族自治州藏文社会用字管理办法

（阿坝藏族羌族自治州人民政府令第25号）

《阿坝藏族羌族自治州藏文社会用字管理办法》已经2006年12月30日九届州人民政府第51次常务会议通过，现予公布，自公布之日起施行。

州　长　张东升

2007年1月15日

第一条　为加强藏文社会用字管理，促进藏文社会用字的规范化、标准化，根据《中华人民共和国民族区域自治法》和《阿坝藏族羌族自治州自治条例》的有关规定，结合本州实际，制定本办法。

第二条　本办法所称的藏文社会用字，是指面向社会公众使用的藏文字，包括：

（一）机关、人民团体、企事业单位的牌匾、公章、文件头、信封、证件、会标等藏文用字；

（二）报刊、图书、音像制品等出版物藏文用字；

（三）自然地理实体名称、行政区划名称、居民地区名称和其他具有地名意义的名称藏文用字；

（四）各类大型文化、体育、旅游、庆典等活动藏文用字；

（五）旅游景区景点标志藏文用字；

（六）特色商品名称、商标、包装、说明藏文用字；

（七）城镇个体工商户字号名称牌匾藏文用字；

（八）公益性广告、机动车辆、票据等需要社会公知并用文字表示的标志藏文用字；

（九）其他具有公共性、示意性的藏文用字。

第三条 本州行政区域内藏文社会用字的范围：

（一）机关、人民团体、企事业单位的牌匾、印章、文件头、证件、信封、公告、地名、交通路标、机动车辆，除茂县和民族乡外，并用藏、汉两种文字；

（二）马尔康、金川、小金、阿坝、若尔盖、红原、壤塘、松潘、九寨沟、黑水十县境内及汶川、理县境内藏族聚居区的公益性广告、公共场所和旅游景区景点标志、城镇个体工商户字号名称牌匾，并用藏、汉两种文字；

（三）州和马尔康、阿坝、若尔盖、红原、壤塘、松潘、黑水七县大型会议的会标，并用藏、汉两种文字；

（四）州和阿坝、若尔盖、红原、壤塘四县颁布要求全民知晓或遵照执行的法规、公告以及重要文件、宣传资料，应当同时或分别使用藏、汉两种文字；

（五）发往藏传佛教寺庙和宗教人士的有关文件，使用藏文或并用藏、汉两种文字。

第四条 藏文社会用字应符合以下规范标准：

（一）藏、汉文社会用字的翻译必须准确；

（二）机关、人民团体、企事业单位的牌匾、公章、文件头、信封、证件、会标、商品名称使用藏文时，必须使用藏文正楷印刷体，名人藏文题词除外；

（三）藏文书写、打印、刊刻、喷绘等必须规范、工整、易于辨认、不出现错别字；

（四）藏、汉文字规范大小必须一致，颜色和原材料必须统一；

（五）藏、汉两种文字书写应按下列规则排列：横写的藏文在上，汉文在下或者藏文在前，汉文在后；竖写的藏文在左，汉文在右；环形排列的，从左向右，藏文在外环、汉文在内环，或藏文在上半环、汉文在下半环；藏汉文字分别写在两块牌匾上的，藏文牌匾挂在左边，汉文牌匾挂在右边，或藏文牌匾挂在上边，汉文牌匾挂在下边；需要使用外国文字的，按藏文、汉文、外文的顺序排列。

第五条　州、县少数民族语言文字工作委员会负责管理本行政区域内藏文社会用字工作。州藏文编译局负责对全州藏文社会用字进行具体指导、监督、管理。

第六条　州、县少数民族语言文字工作委员会办公室、藏文编译、民政、工商、公安、交通、规划建设、旅游、教育、文化、新闻出版、税务、景区管理等相关部门根据各自的职责和以下分工负责藏文社会用字管理工作：

（一）机关、人民团体、企事业单位的牌匾、文件头、信封、证件、公告等藏文社会用字，由州、县少数民族语言文字工作委员会办公室负责；

（二）报刊、图书、音像制品等出版物藏文社会用字，由文化、新闻出版等部门负责；

（三）自然地理实体名称、行政区划名称、居民地区名称和其他具有地名意义的名称藏文社会用字，由民政部门负责；

（四）道路交通指示牌、车站、机场标识、机动车辆等藏文社会用字，由交通、公安部门负责；

（五）旅游景区重要景点标志、门票等藏文社会用字，由旅游部门会同景区管理、税务部门负责；

（六）城镇个体工商户字号名称牌匾、企业名称、商品名称、商标、包装、说明等藏文社会用字，由工商行政管理部门负责；

（七）机关、人民团体、企事业单位的公章、居民身份证藏文社会用字，由公安部门负责；

（八）大型会议的会标藏文社会用字，由主（承）办单位负责，州、县少数民族语言文字工作委员会办公室和藏文编译部门翻译、监制；

（九）自编藏文教材、辅助读物、扫盲课本等藏文社会用字，由教育部门负责；

（十）城镇装饰性牌匾、公益性广告、建筑物标识等藏文社会用字，由规划建设部门负责；

（十一）各类发票、收款票据藏文社会用字，由税务部门负责。

第七条 对违反本办法规定的，由藏文社会用字相关责任部门和监督管理部门督促其限期改正。

第八条 本办法由阿坝藏族羌族自治州少数民族语言文字工作委员会办公室、阿坝藏族羌族自治州藏文编译局负责解释。

第九条 本办法自公布之日起施行。

［中华人民共和国民族事务委员会网站］

三　参考文献

（以出版时间为序）

一　著作

西藏社会科学院、中国社会科学院民族研究所、中央民族学院、中国第二历史档案馆：《西藏地方是中国不可分割的一部分》（史料选辑），西藏人民出版社1986年版。

吴丰培：《联豫驻藏奏稿》，西藏人民出版社1979年版。

侯石柱：《西藏考古大纲》，西藏人民出版社1991年版。

方汉奇主编，宁树藩、陈业劭副主编：《中国新闻事业通史》（第一卷、第二卷、第三卷），中国人民大学出版社1992、1996、1999年版。

［美］梅·戈尔斯坦著，杜永彬译：《喇嘛王国的覆灭》，时事出版社1994年版。

白润生：《中国少数民族文字报刊史纲》，中央民族大学出版社1994年版。

中国社会科学院民族研究所国家民族事务委员会文化宣传司主编：《中国少数民族语言使用情况》，中国藏学出版社1994年版。

阿坝藏族自治州地方志编纂委员会：《阿坝州志》，民族出版社1994年版。

刘原、叶于顺、阿旺单增编著：《中国西藏邮政邮票史》，西藏人民出版社1995年版。

德格县志编纂委员会：《德格县志》，四川人民出版社1995年版。

四川省地方志编纂委员会：《四川省志·报业志》，四川人民出版社1996年版。

白润生：《民族报刊研究文集》，中国物价出版社1996年版。

甘孜州志编纂委员会：《甘孜州志》（下），四川人民出版社1997年版。

白润生：《中国新闻通史纲要》，新华出版社1998年版。

顾祖成：《明清治藏史要》，西藏人民出版社、齐鲁出版社1999年版。

《辉煌的二十世纪大纪录——西藏卷》编辑委员会：《辉煌的二十世纪大纪录——西藏卷》，红旗出版社1999年版。

甘南藏族自治州地方志编纂委员会：《甘南州志》（下），民族出版社

1999年版。

青海省地方志编辑委员会：《青海省志·报业志》，青海民族出版社1999年版。

果洛藏族自治州地方志编纂委员会：《果洛州志》，民族出版社2000年版。

方汉奇主编：《中国新闻编年史》（上、中、下），福建人民出版社2000年版。

四川省地方志编纂委员会：《四川省志·出版志》，四川人民出版社2001年版。

［美］沃纳·赛佛林小詹姆斯·坦卡德：《传播理论：起源、方法和应用》，华夏出版社2000年版。

尕藏才旦：《史前社会与格萨尔时代》，甘肃民族出版社2001年版。

《和平解放西藏五十周年纪念文集》，中国藏学出版社2001年版。

尹锐：《西藏记事——一个西藏老记者的自选集》，西藏人民出版社2001年版。

中共中央文献研究室、中共西藏自治区委员会、中国藏学研究中心：《毛泽东西藏工作文选》，中央文献出版社、中国藏学出版社2001年版。

《中国报刊创刊号》（第三卷），人民日报出版社2001年版。

丁淦林主编：《中国新闻事业史》，高等教育出版社2002年版。

益西拉姆：《中国西北地区少数民族大众传播与民族文化》，兰州大学出版社2002年版。

乔元忠主编：《全国支援西藏》，西藏人民出版社2002年版。

徐丽华：《藏学报刊汇志》，中国藏学出版社2003年版。

周炜：《西藏的语言与社会》，中国藏学出版社2003年版。

《见证百年西藏——西藏历史见证人访谈录》，五洲传播出版社2003年版。

西藏自治地方志编纂委员会编：《西藏自治区志·广播电影电视志》，中国藏学出版社2005年版。

西藏自治地方志编纂委员会编：《西藏自治区志·教育志》，中国藏学出版社2005年版。

周德仓：《西藏新闻传播史》，中央民族大学出版社2005年版。

张小平：《民族宣传散论》，中国藏学出版社2005年版。

中共中央文献研究室中共西藏自治区委员会编：《西藏工作文献选编》，中央文献出版社 2005 年版。

本书编委会：《前进中的西藏新闻出版事业》，西藏人民出版社 2005 年版。

二　文章

张成治：《油印小报》，载《西藏革命回忆录》（第一辑），西藏人民出版社 1981 年版。

益西加措：《元朝以前藏族的新闻与新闻传播》，载《西藏研究》1989 年第 1 期。

包寿南：《藏文文献的历史性发展及其启示》，载《西藏研究》1991 年。

余竞来：《试论西藏对外宣传工作的战略意义》，载《西藏社科论文选》，西藏人民出版社 1991 年版。

张淑云：《各民族生活和艺术的宝镜》、《民族画报》，载《中国西藏》1992 年春季号。

南卡森格：《为藏文图书出版而辛勤劳动》，载《中国西藏》1992 年秋季号。

王鉴：《毛泽东为西藏日报题词》，载《中国西藏》1994 年第 1 期。

张庆有：《试论雪域先民的信息传递》，载《西藏民俗》1998 年第 2 期。

史桂玲：《我国少数民族期刊纵览》，载《图书馆学研究》1998 年第 2 期。

西绕江措：《藏学报刊汇志》，载《中国西藏》1998 年第 4—6 期。

白凯文：《少数民族新闻研究领域中几个争论的问题》，载《中央民族大学学报》1999 年增刊。

年秋（文），许德存（译）：《试析藏族古代新闻传递方式》，载《阿坝藏学》1999 年第 1 期。

徐丽华:《藏文白话报述要》，载《中国藏学》1999 年第 2 期。

李佳俊:《西藏新闻史业的回顾和展望》，载《中国藏学》1999 年第 3 期。

周晓晴：《三四十年代西康地区期刊（藏族部分）之述略》，载《西南民族学院学报》2000 年 2 月。

国务院新闻办公室：《西藏藏语文的学习、使用和发展》，载《光明日报》2000 年 8 月 4 日。

薛文献：《西藏媒体广泛使用藏语文》，新华网，2000 年 8 月 4 日。

白润生：《中国少数民族新闻学研究的兴起与现状》，载《当代传播》2000 年第 3 期。

本报评论员：《做一个清醒的马克思主义新闻工作者》，载《西藏日报》2000 年 11 月 13 日。

李青敏：《笔走龙蛇五十载开创世纪新篇章——〈青海藏文报〉举行创刊五十周年座谈会》，载《青海日报》2001 年 1 月 17 日。

戴亚平、赵海燕：《目击西藏：藏族人自己的报纸，西藏人自己的声音》，中国新闻网，2001 年 5 月 10 日。

杨自华：《驶向信息公路——西藏开发国际标准藏文软件》，载《西藏日报》2003 年 3 月 22 日。

《〈西藏日报〉藏文报有奖读报活动揭晓》，载《西藏日报》2001 年 4 月 19 日。

周德仓：《〈藏文白话报〉的在藏发现及新闻史学价值》，载《西藏民族学院学报》2001 年第 3 期。

徐利、刘惠文：《民族新闻辨》，载《当代传播》2001 年第 6 期。

周德仓：《应正视少数民族新闻史的研究——“世界华文媒体与华夏文明传播学术研讨会”综述》，载《教学研究》2002 年第 1 期。

丁小文：《与西藏相关的网络资源概貌》，载《中国藏学》2002 年第 1 期。

周德仓：《西藏当代报业的萌芽》，载《中国藏学》2002 年第 1 期。

周德仓：《扬帆奋进踏征途——自治区新闻出版局局长旺堆次仁谈西藏新闻出版业的发展》，载《西藏日报》2002 年 10 月 10 日。

张平：《科技长河摆渡人——记〈西藏科技报〉总编辑孙俊跃》，载《西藏日报》2002 年 4 月 18 日。

周德仓：《关于西藏新闻传播史的历史分期问题》，载《中央民族大学学报》2002 年第 4 期。

边次：《藏文报今日起扩版》，载《西藏日报》2002 年 7 月 31 日。

周德仓：《漫话近代藏文报纸发展》，载《西藏日报》2002 年 6 月 13 日。

白润生：《创立和发展中国少数民族历史新闻传播学》，载《当代传播》

2003 年第 1 期。

周德仓：《西藏近现代新闻传播事业考评》，载《西藏大学学报》2003 年第 2 期。

周德仓：《近现代西藏新闻事业的发展》，载《中国西藏》（藏文版）2003 年第 2 期。

罗锐：《藏族欠发达地区信息传播现状及相关对策——对西藏贡嘎县甲竹林镇的个案研究》，载《科学·经济·社会》2003 年第 2 期。

张严：《版面改革，党报与时俱进的必然选择——兼谈西藏日报新一轮版面改革》，载《新闻战线》2003 年第 3 期。

周德仓：《西藏当代新闻传播事业的确立》，载《西藏民族学院学报》2003 年第 4 期。

刘晋：《藏文信息技术在民族语文现代化进程中的作用》，载《中国民族》2003 年第 5 期。

彭援军：《我买到了方汉奇教授珍藏的大批民国早期报纸》，载《北京日报》2003 年 5 月 9 日。

王学艳：《我国少数民族期刊的源流与发展》，载《图书情报知识》2003 年第 6 期。

周德仓：《民族区域新闻传播事业的历史性跨越和期待——关于西藏新闻传播事业的调查》，载《西藏民族学院学报》2004 年第 1 期。

白润生：《中国少数民族新闻研究的历史性机遇》，收录《新闻春秋——世界华文媒体与华夏文明传播国际学术研讨会论文集》（方汉奇主编），兰州大学出版社 2004 年版。

《西藏的民族区域自治》，中华人民共和国国务院新闻办公室 2004 年版。

周德仓：《关于西藏新闻传播史研究的基本范式》，载《西藏民族学院学报》2004 年第 3 期。

裘立华、华春雨：《实现藏文信息化将有藏文编码和字体国家标准》，新华网，2004 年 6 月 10 日。

吕雪莉：《中国第一套现代化藏文新闻采编系统投入使用》，新华网西藏频道，2004 年 8 月 27 日。

齐米：《当前少数民族文字报业发展面临的挑战及对策》，载《新闻界》2004 年第 5 期。

阴卫芝：《对少数民族自治地区报业发展的思考》，载《当代传播》2004

年第 5 期。

周德仓：《对民族新闻传播史教学意义的一些理解——以“西藏新闻传播史”、“中国藏文报刊史”教学研究为视角》，载《西藏高等教育研究》2005 年第 1 期。

泽朗：《土弥藏文信息处理系统填补我国藏文网络开发领域的空白》，载《甘孜日报》2005 年 4 月 27 日。

赵静：《藏文键盘和输入编码方法获国家科技奖》，载《青海日报》2005 年 4 月 12 日。

周德仓：《西藏古代信息传播模式要略》，载《西藏大学学报》2005 年第 2 期。

陈峻俊：《试论少数民族地区新闻报道的民族特色》，载《中山大学学报论丛》2005 年第 4 期。

周德仓：《关于 20 世纪西藏藏语大众传媒的若干基本问题》，载《西藏民族学院学报》2005 年第 4 期。

《全国新闻出版系统援藏工作会议在拉萨召开》，载《西藏商报》2005 年 9 月 14 日。

《藏文报刊读物让传统的优秀文化亮出新彩》，载《西藏日报》2005 年 11 月 7 日。

甘孜州委统战部：《我州为全州寺庙免费订阅〈甘孜藏文报〉》，载《甘孜日报》2005 年 12 月 22 日。

白润生：《兴起・发展・繁荣——中国少数民族新闻传播事业 100 年》，传媒学术网，2006 年 1 月 9 日。

王琼瑶：《青海民族出版社〈章恰尔〉喜迎创刊 100 期》，青海新闻网，2006 年 4 月 13 日。

西藏日报藏文编辑部：《展望未来把握导向，突出“三农”，为建设平安、和谐西藏营造舆论氛围》，中国西藏新闻网，2006 年 4 月 24 日。

颜园园、尕玛多：《藏族有文字历史可能早于 1300 年前》，新华网，2006 年 3 月 22 日。

《第一家用藏文出版的报纸》，载《乐清日报通讯》2006 年 4 月 5 日。

黄辉：《如何理解中国少数民族新闻传播史》，传媒学术网，2006 年 4 月 30 日。

《全面正确执行民族语言文字政策促进藏语言文字的发展》，中国西藏新闻网，2006 年 6 月 2 日。

《“金诃藏药”杯第五届章恰尔文学奖暨新人新作奖揭晓》，中国藏学网，2006 年 8 月 17 日。

国家民族事务委员会：《中国少数民族文化的保护与发展》，西藏信息中心，2006 年 9 月 22 日。

王梦敏：《〈西藏日报〉藏文报：牧民群众的“千里眼”》，中国西藏新闻网，2006 年 11 月 27 日。

纪小春：《青海新闻发展史研究的源流及特征》，载《青海师范大学学报》（哲学社会科学版）2006 年第 1 期。

周德仓：《中国藏族聚居区的抗战与新闻传播》，载《西藏大学学报》2006 年第 2 期。

刘永文：《近代传媒与中国西藏》，载《西藏大学学报》2006 年第 2 期。

周德仓：《西藏近现代新闻事业述略》，载《中国藏学》2006 年第 3 期。

周德仓：《旧中国藏文报刊大略》，载《西南民族大学学报》2006 年第 4 期。

陈峻俊：《网络对少数民族新闻传播的影响》，载《中国民族》2006 年第 4 期。

周德仓：《西藏民族区域自治背景下的藏汉双语传播》，载《西藏民族学院学报》2006 年第 4 期。

周德仓：《中国藏语报刊构架的基本分析》，载《西藏大学学报》2007 年第 1 期。

周德仓：《中国西部应成为少数民族新闻事业的研究基地》，载《西藏高等教育研究》2007 年第 1 期。

周德仓：《毛泽东与西藏当代新闻事业的创建》，载《毛泽东思想研究》2007 年第 3 期。

周德仓：《关于中国藏语报刊研究的基本问题》，载《西藏民族学院学报》2007 年第 4 期。

周德仓：《中国藏语报刊确立期（1951—1979）的历史观照》，载《西南民族大学学报》2007 年第 6 期。

周德仓：《西藏新闻传播百年：瞬间与永恒》，载《中国民族报》2007 年第 626 期。

玛格：《新一代藏文电子出版系统推出》，中国藏学网，2007 年 9 月

5 日。

马明辉：《浅析少数民族报业》，载《中国民族》2007 年第 4 期。

梁黎：《期待中的民族新闻学》，载《中国民族》2007 年第 10 期。

《我国藏区已有近百种藏文报纸、刊物及网站》，中国赣州网，2007 年 9 月 18 日。

三　内部资料

西藏自治区政协文史资料研究委员会：《西藏文史资料选辑》（创刊号、第三、五、八、十三辑），1981、1984、1985、1986、1991 年。

西藏日报社编：《西藏日报创刊三十周年纪念》（1956—1986），内部资料 1986 年版。

《西藏日报通讯——庆祝西藏日报创刊三十周年纪念活动专刊》，西藏日报社 1986 年版。

《西藏日报社组织史料》（1956—1987），西藏日报社组织史料编纂办公室 1988 年版。

《西藏新闻史料专辑》（第一辑），《当代中国的新闻事业》西藏史料编写组 1988 年版。

《新闻工作通讯》，西藏自治区新闻工作者协会新闻学会会刊，1989 年第四期，1990 年第二期，1991 年第三、四期，1992 年第二期，1993 年第一、二期，1996 年第一、二期；1997 年第一、二、三、四期。

西藏自治区新闻工作者协会新闻学会主编：《西藏四十年——西藏和平解放四十周年新闻报道汇编》，1991 年 12 月。

西藏日报社汉编部编：《西藏新闻——激光照排正式投产专刊》，内部资料 1994 年版。

西藏日报社：《高原报人——纪念西藏日报创刊四十周年》，内部资料 1996 年版。

西藏日报社汉编部编：《西藏新闻》，内部资料，1996 年第一、二、三期合刊。

日喀则报社编委会：《后藏报业——纪念日喀则报创刊十周年》（1987—1997），内部资料 1997 年版。

郝纯一：《民族画报 45 年》（1955—2000），民族画报社，内部资料 2000 年版。

《西藏外宣工作基本情况》，西藏自治区党委宣传部外宣局2001年。

《中央领导对西藏外宣工作的重要指示》，西藏自治区党委宣传部外宣局2001年。

西藏自治区地方志编纂委员会编：《西藏自治区志·新闻出版志》（复审稿），2001年11月。

《青海藏文报概述》，青海日报社2003年版。

《我国少数民族文字图书报刊事业稳步发展》，国家民委文宣司，调研报告2005年版。

报纸、期刊年度核验登记表，四川省、青海省，2006年版。

西藏日报关于贯彻落实区党委、区党委宣传部有关藏文报办报指示精神的意见：西藏日报社，2006年版。

《〈山南报〉藏文报发展概况》，山南报社2006年版。

日喀则报社编委会：《墨香名珠二十载——〈日喀则报〉创刊二十周年纪念》（1987—2007），2007年版。

四　网络

在中国西藏信息中心、中国西藏新闻网、国家民委网站、国家统战部网站、青海新闻网、四川新闻网、中国藏学网、西藏网、西藏信息港、西藏广播电视网、行政区划网等几十家相关网站查询并获得相关资料。

五　访问、查询

在拉萨、西宁、北京、成都先后访问了民族新闻界著名人士、官员、记者、编辑等，并在中国国家图书馆、中央民族大学图书馆、西藏档案馆、西藏日报资料室、西藏新闻出版局报刊处、四川新闻出版局报刊出版处、四川民族事务委员会、青海省委宣传部、青海新闻出版局、青海藏语文工作委员会等处查询，获得相关资料；在《民族画报》《中国藏学》《青海藏文报》《青海法制报》《章恰尔》《刚坚少年报》《青海科技报》《群文天地》《青海湖》《西藏日报》《西藏科技报》《西藏青年报》《拉萨晚报》《西藏法制报》《半月谈》《民族》等几十家藏语报刊社进行实地采访。

四 本课题阶段成果目录

1. 周德仓：《关于20世纪西藏藏语大众传媒的若干基本问题》，载《西藏民族学院学报》2005年第4期。《中国西藏》2005年第5期摘要刊出。

2. 周德仓：《旧中国藏文报刊大略》，载《西南民族大学学报》2006年第4期。

3. 周德仓：《中国藏语报刊构架的基本分析》，载《西藏大学学报》2007年第1期。

4. 周德仓：《关于中国藏语报刊研究的基本问题》，载《西藏民族学院学报》2007年第4期。

5. 周德仓：《中国藏语报刊确立期（1951—1979）的历史观照》，载《西南民族大学学报》2007年第6期。核心期刊。

6. 周德仓：《中国大陆藏语报刊百年回首》，载《中国藏学》2007年第4期。

7. 周德仓：《历史语境中的中国藏语报刊》，载《新闻传播与研究》2008年第2期。

8. 周德仓：《中国藏语报刊：生存与发展》，载《中国民族》2009年第1期。

相关成果目录

1. 周德仓:《民族区域新闻传播事业的历史性跨越和期待——关于西藏新闻传播事业的调查》,载《西藏民族学院学报》2004 年第 1 期。

2. 周德仓:《关于西藏新闻传播史的历史分期问题》,载《新闻春秋——世界华文媒体与华夏文明传播国际学术研讨会论文集》(主编　方汉奇　副主编　李文　王天定),兰州大学出版社 2004 年版。

3. 周德仓:《关于西藏新闻传播史研究的基本范式》,载《西藏民族学院学报》2004 年第 2 期。

4. 周德仓:《吐蕃时期的信息传播媒介》,载《西藏大学学报》2004 年第 2 期,载《中国民族报》2004 年 9 月 3 日“理论动态”[论点摘编]。

5. 周德仓:《关于加强西藏新闻高等教育的历史和现实分析》,载《西藏高等教育研究》2004 年第 1 期。

6. 周德仓:《西藏原始信息传播考》,载《新闻春秋——第三届世界华文传媒与华夏文明传播国际学术研讨会论文集》,陈培爱主编,厦门大学出版社 2004 年版。

7. 周德仓:《吐蕃时期信息传播模式简论》,载《西藏民族学院学报》2005 年第 1 期。

8. 周德仓:《西藏古代信息传播模式要略》,载《西藏大学学报》2005 年第 2 期。

9. 周德仓:《对民族新闻传播史教学意义的一些理解——以“西藏新闻传播史”、“中国藏文报刊史”教学研究为视角》,载《西藏高等教育研究》2005 年第 1 期。

10. 周德仓:《西藏民族区域自治背景下的藏汉双语传播》,载《西藏民族学院学报》2006 年第 4 期。

11. 周德仓:《中国藏族聚居区的抗战与新闻传播》,载《西藏大学学报》2006 年第 2 期。

12. 周德仓:《西藏近现代新闻事业述略》,载《中国藏学》2006 年第 3 期。

13. 周德仓:《西藏新闻传播百年:瞬间与永恒》,载《中国民族报》2007 年第 626 期。

14. 周德仓：《中国西部应成为少数民族新闻事业的研究基地》，载《西藏高等教育研究》2007 年第 1 期。

15. 周德仓：《毛泽东与西藏当代新闻事业的创建》，载《毛泽东思想研究》2007 年第 3 期。核心期刊。

16. 周德仓：《西藏新闻传播 30 年》，载《西藏民族学院学报》2008 年第 5 期。

17. 周德仓：《中国少数民族新闻事业研究之现状与期待——兼及中国西部应成为少数民族新闻事业研究基地》，载《西藏大学学报》2008 年第 3 期。

后　记

随着键盘轻快的敲击声，《中国藏文报刊发展史》书稿的最后一个字符快乐地显示在宽大的电脑屏幕上——关于国家社科基金项目研究的历史使命终于画上了一个淡淡的句号。

在诸多历史机遇的造就下，2004 年 5 月，本人申报的国家社科基金项目《中国藏文报刊发展史研究》荣幸地获得了全国哲学社会科学规划办公室的批准。对我的学术研究而言，这肯定是一个极大的荣誉。笔者供职的西藏民族学院，向来就有藏学研究的深厚传统，她文献的丰富和学术境界的高远，给予我极大的激励和启迪；与西藏自治区紧密的隶属关系，使这里的从业者到西藏亲身感受藏民族文化的魅力，变得顺理成章。在项目获得批准之际，笔者已经有进藏 4 次的“优良”记录，而最被别人羡慕的是，1994 年的第一次进藏，深情的雪域高原就给了我长达 1 年接受文化沐浴的良辰美景；活跃在校园的藏族学子，本身就是民族文化生动的符号，他们会时时激活我蕴涵于心的民族文化情愫；民族文化氛围的熏陶沐浴，加上个人的学术思考，使笔者与西藏民族文化之间心有灵犀，最终选择了“西藏新闻传播事业”作为自己的研究方向。在此之前，笔者已经完成了关于西藏新闻事业历史的著述《西藏新闻传播史》，并于 2005 年出版，2009 年获教育部高等学校哲学社会科学优秀科研成果三等奖。借用著名新闻史学家丁淦林先生的美言：它填补了中国新闻事业史研究的一项空白。与之形影相伴的，还有笔者多篇关于西藏新闻事业的论文。这些用文字描摹而成的思维成果，不仅比较成功地雕塑了我的研究方向，而且给我在学术舞台上的“演出”穿上了个性化的外衣，使我在当今学者云集的新闻传播界，尚能被辨认得出来。因此，当 2004 年获悉本项目被立项的喜讯时，笔者立即意识到：关于藏民族新闻传播事业研究的接力赛又开始了。

中国的藏文报刊，是当今至为特别的大众传播媒介形态。就整体形态而言，她肯定称不上发达，但也绝对不能说是无关紧要。藏文报刊自清朝末年的 1907 年在拉萨诞生，就在中国的历史舞台上扮演了多重的重要角色。她不仅是不可替代的信息传播平台，更是国家实施民族平等国策的独特工具。而对藏民族自身而言，藏文报刊在传承民族文化，促进民族事业进步和繁荣，构建民族地区和谐社会方面的作用，无论给予多高的评价，都不能算是过分。在信息时代，藏文报刊的传统优势受到极大挑战，其存在的必然性和发展前景亦受争议。获得解析的途径固然很多，但从历史的发展轨迹中寻求答案，将是一种合理的选择。

对藏文报刊史的研究，不能仅仅基于学术价值选择上的功利考虑。作为大众传媒，她承载着巨大的文化使命，凝聚着丰富的社会信息，藏文报刊的版面，实际上是藏民族文化和社会生活的缩影。在开始这项研究时，笔者心中怀有很高的学术抱负：

1. 填补少数民族文字报刊史研究的空白。通过全面收集整理和研究史料，完整展现藏文报刊的历史发展状况，并做出较为准确的评价，开创性地建立藏文报刊的史学体系，进一步拓展中国新闻事业史的研究领域，填补藏文报刊史研究的空白，突出中国作为多民族融合国家的新闻事业的鲜明特质和独特内涵。

2. 推动民族新闻事业发展和繁荣。受各方条件限制，民族新闻事业在总体上处于弱势，而目前有关藏文报刊的系统研究也显得十分薄弱，民族新闻事业的发展面临很多挑战。本课题对作为少数民族大众传媒——藏文报刊发展规律的探讨，将对民族传播业的生存和振兴，创建民族新闻传播事业新格局，具有直接的参考价值。

3. 反驳“藏民族文化灭绝”谬论，促进藏民族文化传承，为民族事业发展和和谐社会建设提供平台。以达赖为首的分裂势力和西方敌对力量攻击中国民族政策的一个支点，就是散布“藏民族文化灭绝论”，以此否定中国以民族平等为核心的民族自治政策。本项目研究所获得的关于藏文报刊历史和现状的成果，将会有力反击这些论断。它还会使人们认识到：藏文报刊所具有的特殊而重要的传播功能，将成为藏族聚居区推动民族事业发展，建设和谐社会，实现国家现代化和民族振兴的足具影响力的现代化平台。

4. 催生“民族新闻学”，推动民族新闻教育事业的发展。历史学、民族学和新闻学的跨学科融合，必将使以民族新闻事业为关注对象的“民族新闻学”登堂入室，成为新闻传播学和民族学科研究的重要领域，也必然成为新闻教育一个分支。该项目的研究成果，不仅可作为少数民族新闻工作者的业务参考文献，同时，亦可为民族新闻专业教育提供新的教学和研究领域。

在四年的研究生涯转瞬即逝的时候，回首研究过程，过滤思维轨迹，面对近30万字的“成果”，心中真是“万种风云际会”。每一位虔诚的学者，都不会慷慨地给予自己的“成果”以欣赏和赞美，因为任何的研究都伴随着遗憾和无奈。不过，审视自己的思维之子，他一定非常明了其天赋和缺陷，并知道今后该怎样引导他走向未来。《中国藏文报刊发展史》无疑是很幼稚的孩子，他与生俱来的天真，却正可自然而然地“泄漏”出自身的“可爱”，也不免暴露出其“可笑”之处。

如果以客观的心态来看，《中国藏文报刊发展史》基本达到了如下目标：

——经过全面调查，基本摸清了中国藏文报刊的“家底”；

——对中国藏文报刊的发展过程进行了梳理，揭示出比较清晰的历史发展轨迹；

——在对藏文报刊进行整体观照的基础上，确立了中国藏文报刊的基本构架；

——在进行媒介分析的基础上，提炼和归纳出藏文报刊的传播品质；

——在社会、历史背景上，揭示出藏文报刊存在和发展的必然性；

——在研究方式上的尝试，使研究过程和结果起码感动了自己：史志的研究方式成为本项目研究方法的基本选择，它将历史事实的考证置于首要位置，从而保证了历史的真实性；跨学科研究的方法，使本项目的研究获得了多层面有一定开创意义的收获。

以笔者的孤陋寡闻，这项研究的成果，可能算不上第一种民族语言报刊历史的著述，但肯定是中国第一种藏文报刊完整历史的研究。它填补了中国新闻史研究的又一项空白。但它的最大意义并不在此，而在于给后来者提供研究的历史基础，使他们在很大程度上可以免于从头到尾遍寻史料的原始劳作，并创造出远胜于历史本身的学术成就。从这个意义上而言，藏文报刊史的研究，乃中国民族新闻事业，特别是藏族新闻事业研究的奠基之石，而非琼楼玉宇。

“优越”与“遗憾”并存，是历史的天性。本项研究，当然也不能超越历史的如此禀赋。项目研究形式上的结束，并不能截断它的悠远回响，在今后的日子里，对大量的藏文内部报刊，应尽可能全面地收集和研究。在此方面的进步，肯定会影响对藏文报刊的整体判断。在已有的研究中，对藏文报刊存在的必然性已经做出了历史性的回答，而对其现实中的困境和未来走向，似乎是遮遮掩掩，但总归不能回避。也许，这将是另一个极富现实意义的重要课题。关于它的研究，不仅事关中国新闻事业的发展，更是民族发展和国家统一大业之所系。

在四年短暂的时间里，却要描摹一百年的历史进程，的确需要勇气。这是站在历史背景上的人才拥有的特权。历史留下的遗迹和细节遍布千山万水，个体的生命相形之下就显得如此渺小。好在可以凭借信息社会提供的发达的信息通道，收揽海量资讯，条分缕析，刮垢磨光，达致思维的理想境界。历史的判断源自于史实，而史实既收藏于庄严肃穆的图书馆，更散布于辽阔的历史天空。回忆起天南海北的调研历程，激动之情就油然而生。

西藏当然是藏文报刊的发源和荟萃之地，这里蕴含着藏文报刊无比丰富的历史资源。

在 2004 年 5 月本项目被批准立项之前，笔者已经五次足履雪域高原。

在 1994 年 8 月到 1995 年 8 月长达一年的时间里，笔者在西藏大学度过了与西藏之间美妙的“初恋”岁月。在此期间，本人还丝毫没有“西藏新闻事业研究者”的角色感与学术自觉，但对西藏的全面体验，迸发而出的激情，催生了一篇又一篇关于民族文化的文章，铺设了此后进行该领域学术研究的底色。

自 2000 年到 2004 年，研究西藏新闻事业历史的使命就翩然降临到我的身上。这在很大程度上取决于我的兴趣由中文转到了新闻，而西藏的第一个新闻专业就设在西藏民院，我就成为西藏民院第一批虽然不太成熟但却富有激情的兼职“教授”——教授知识之人。一个不大但却合适的舞台在我的脚下搭建起来。

在这个时间段，我有四次进藏机会，先后均演化成我的西藏新闻事业研究之旅。

2000 年 5 月 24 日到 7 月 18 日，我带领新闻专业 97 级的同学进藏实习。在西藏的主要新闻媒体——《西藏日报》、西藏电视台，学生们的专业实习和我的课题关注融为一体，难分彼此；2001 年 3 月 25 日到 6 月 17 日，我承担了西藏教育厅关于基础教育的调研报告的写作和学校秘书资格证培训授课的任务，在近 3 个月的时间里，我的工作不仅仅是衔命而为，还进行了大量对西藏新闻事业的调查和采访；2003 年 2 月 3 日到 26 日，自农历正月在拉萨开始的中文函授授课工作，使我又一次获得了实际调研西藏新闻事业历史的机遇。2004 年 5 月 24 日到 6 月 14 日，应西藏电力公司之邀在拉萨授课，西藏一年中美好的季节成为近距离接近西藏新闻媒体的绝佳机会。这一段时间，我的注意力集中于西藏新闻史的研究。但不可忽略的是，在西藏的新闻媒体中，几乎半数是藏语媒体，包括占有全国藏文报刊半壁江山的藏文报刊。它就意味着，在我进行“西藏新闻传播史”的研究时，关于“中国藏文报刊发展史”的研究实际上已经起步。我并没有此后就获准承担国家社科基金项目研究的先见之明，但对藏文报刊的关注，却成为其中的研究效应之一。在后来出版的《西藏新闻传播史》中，我还专门列出一章，探讨西藏的藏语大众传媒问题，其中就包含藏文报刊。这一时期进藏时所做的与西藏新闻事业有关联的活动，为此后藏语报刊的研究作了天然积累。

自《中国藏文报刊发展史研究》获准立项以来，命运之神依然使我延续着进藏公干的幸运。每次进藏，都是我开展本课题研究的天赐良机。2005 年 11 月 16 日到 23 日，我应邀参加“西藏自治区学位委员会审核增列硕士学位授权点会议”；2006 年 4 月 11 日到 5 月 20 日，我以学校迎接国家教育部评估专题片主创人员的身份，游历了西藏拉萨、山南、林芝、日喀则四个地区；2007 年 6 月 9 日到 14 日，西藏自治区精品课程评审会在拉萨召开，我作为课题负责人参加会议；2007 年 7 月 26 日到 8 月 21 日，新闻传播学院首届新闻函授班在拉萨开学，我以组织者和教师的身份，在西藏生活了将近 1 个月。在这些难得的时间里，西藏的藏语媒体、新闻职能部门和广大的读者，成为我最瞩目的对象。我不仅获得了大量的资料，还得到了许多真切的对藏文报刊的认知。

除西藏以外，我也没有忽略中国藏文报刊主要分布地区的青海、四川、北京等地。2005 年 8 月中旬，我到青海进行项目调研，在《青海湖》《青海科技报》《章恰尔》《刚坚少年报》《读者之友》《青海藏文报》、青海省民委藏语文办公室、《青海群众艺术》《青海党的生活》《青海法制报》《青海教育》等藏文报刊和管理机构，获得了大量一手文献和资料。2007 年 7 月 1 日，我第二次到西宁，在青海省新闻出版局、青海人民出版社拜访《刚坚少年报》负责人，又到《青海法制报》《青海藏文报》、新闻出版局新闻出版处进行采访，不仅获得了代表性藏文报刊的详细资料，而且还得到了关于全国藏文报协作会议和青海省藏文报刊年检表等完整资料，收获颇丰。

北京作为国家政治文化中心，也是藏文报刊的重镇。2004 年 7 月 15 日，借参加“全国新闻传播史师资高级培训班”（中国传媒大学）之机，我在国家图书馆新旧两馆遍查地方志书，并被一位慈祥的管理员准允用数码相机拍下了不下300张的资料照片。非常遗憾的是，在一家打印部付费将照片由相机上移至U盘之际，其拙劣的技术使照片损失殆尽，十分可惜！在《中国西藏》《民族画报》等有藏文版的杂志社，我获得了关于杂志创刊纪念的专刊。2005年6月下旬，再一次在北京国家图书馆、中央民族大学图书馆等查阅资料。在国家图书馆，自己的数码相机已不能被准允拍照，我只能选择复印那些最不能缺少的资料。在国家图书馆总馆之“中国少数民族文字文献阅览室”，我浏览了比较齐全的藏文报刊。而在中央民族大学图书馆，由于白润生先生的介绍，我可以任意翻阅全国仅存的《藏文白话报》（亦称《藏文报》），并可以自己拍摄资料照片。

2007年6月中旬，在自藏返回咸阳之际，转道成都，在文殊院街18号《民族》杂志社采访藏文版情况。又在四川省民委、四川新闻出版局调研四川藏文报刊情况，获得了四川省完整的藏文报刊资料。

在西藏民族学院图书馆之藏学资料室，收藏有比较齐全的藏文报刊和部分涉及藏文报刊研究的文献，它们成为本项目研究的宝贵资料。

其间先后参与的“西藏教育志”、“西藏政务志”等地方志书的编撰工作，为我的研究也积累了很多难得的资料。

大量的工作完成于我的书房。长期以来收集的文献资料——包括书籍、专刊、文章、内部资料等，已逾300万字。还有采访中拍摄的几百幅照片。感谢发达的网络源源不断地提供给我感兴趣的信息。我差不多每天都会上网搜罗，按时间排列下来，组成一个庞大的“资料军团”。在这些资料的汪洋大海中，我会像“间谍”一样严密筛选，抽出有用的资料，以此铺设藏文报刊的历史大道。

大量的生命就消耗在整理与思考之中。我为获得新的资料而兴奋，更会为灵感不期而至而洋洋得意。我可爱的笔记本并没有记下很多文字，但被记载着的，一定是我思考的结晶，是属于我的独立的思想，它比金子都要珍贵。回忆起研究的过程，似乎痛苦总是比欢乐更多，更多时候与我形影相伴的，是无由思考或思而不得其解所带来的深刻折磨。但我相信，痛苦至极乃为极乐的前夜，最终收获快乐，才是最合理的结果。在付出不小的生命能量之后，终于能贡献给社会一个有价值的结论，学术研究的意义，这时才令人恍然大悟。

在进行项目研究的过程中，笔者将其中的一些思考成果正式发表，以期与诸位专家交流，引起了一定反响。

其中《旧中国藏文报刊大略》被列入《2006年我国新闻传播学研究综述》（陈力丹、汪露，载《国际新闻界》2007年第1期），并在传播学论坛网上得到了较好的点击率和响应：

> 这年关于藏文现代报刊史的研究有了进展。西南民族大学新闻学副教授（应为“西藏民族学院教授”）周德仓广泛查阅文献，得出结论：西藏最早的报纸是1907年官方创办于拉萨的《西藏白话报》，创办人联豫，清王朝的驻藏大臣。这也是西藏最早的藏文报纸，1911年停刊。此后至1949年的几张藏文报刊，是在北京、南京出版的。该报曾有1905年创办、名称为西藏《白话报》之说，他经过考证，确认该报1907年创办、名称是《西藏白话报》。

而在此期间发表的与藏文报刊研究相关的论文达到了17篇，主要是关于西藏新闻事业历史的研究。其中的关注对象，与“藏文报刊研究”总有着割舍不断的文化血脉。

需要特别说明的是，此次由笔者主持进行的国家社科基金项目《中国藏文报刊发展史研究》，与此前笔者已经完成的西藏民族学院科研项目《西藏新闻传播史》是截然不同的两个课题。后者是关于西藏地方新闻事业的历史的研究，而前者却是全国一种民族语言的平面媒介的历史的研究。

在这个成果的背后，实际上耸立着一个可敬的群体，支撑着我的艰苦探索。这种源源不竭的动力，不仅激励着我的行为，更是神奇地开启着我的有限智慧。

我很荣幸，国内一流的新闻传播学者先后对我的项目研究进行过直接的指教和垂询。丁淦林、童兵、赵玉明、郑保卫、尹韵公、白润生、高钢、段京肃诸位先生，他们以思想的光彩为我的探索照亮了前行的道路，并给予了我以珍贵的信心；顾祖成、索南才让、丁玲辉诸位在藏学、民族学研究领域卓有成就的教授和研究员，在我的研究中给予我思想、资料和成果发表等多方面的关照；张小平、徐丽华、益西加措诸先生，皆为中国藏民族新闻事业领域的名流和著名学者，从他们那里获得的教诲和启迪，使本项目的研究境界大大提升。

下列在中国藏语报刊界一线开拓创造，名副其实的藏语平面媒介的“领袖”们，不仅热情慷慨地带我进入迷人的藏语报刊世界，而且就像老练的导游和饱学的史学家那样，令我游览、体味了每一种藏语报刊的生动细节。此时此刻，最大的收获者和感动者肯定是本人。我把由衷的感谢和敬意献给你们：

戈明（《青海日报》副社长、《青海藏文报》主编）、索南才让（青海人民出版社副总编、藏文编辑室主任）、索洛（青海人民出版社民族文艺编辑部主任、《章恰尔》副主编）、才贡（《青海藏文报》常务副总编）、尕藏（《刚坚少年报》主编、编审）、才保（《青海法制报》藏语版编辑部主任）、侃本（《青海群众艺术》主编）、朗杰卓嘎（《西藏日报》藏语版副主任）、平措扎西（《民族》藏语版编辑部主任）、才让扎西（《青海教育》藏语版）……

在各地新闻出版职能部门，我的项目调研得到了热情友好地响应。感谢张志怀（四川新闻出版局）、杨毛措、祝萍（青海新闻出版局）、金梅青（西藏新闻出版局）诸位有识之士的真诚帮助。

在我供职的西藏民族学院，有那么多善良、友好、富于学识的老师，给予我的研究以多种形式的支持和关爱。他们包括：学校主要领导，科研处、学报、新闻传播学院、图书馆的老师和领导们。特别是新闻传播学院的领导和师生们，善解人意地给我留出很多科研的时间，而不少繁重、琐碎的工作却由大家来承担。

非常感谢《中国藏学》《新闻与传播研究》《西南民族大学学报》《中国民族》《西藏大学学报》《西藏民族学院学报》《中国民族报》等在藏学、民族学领域极具影响力的学术媒介，对我幼稚的研究成果厚爱有加，让它的传播、交流成为可能。

曾经是我的学生，现在西藏各行业成为或正在成为社会中坚力量的多位有志青年，以丰富的方式给我的研究以支持：或给我提供资料，或参与我的调研，或以藏语报刊、藏族新闻事业为毕业论文选题。请接受我诚恳的谢意和祝福！

西藏民院的张辉、杨忠宁、边罗老师和青海师范大学的纪小春老师对本项目的研究提供了各种形式的帮助，本人心存感激；

西藏自治区党委宣传部社科规划办公室的张百忍、文伟先生，对本项目的研究保持了自始至终的指导、关注，使其在很多时候避免陷入误区。

我不知道以何种方式和哪些言词表达对我的妻子周爱玲的感激。她所具有的成熟的科研项目管理经验和决断力，她对繁重家务的包揽，给予我充分的研究时间和必不可少的自信，而她虽然魅力不变，却也增加了些许憔悴。我的内疚和感动交织在一起，但就是无由表达。如果在我的所有科研成果标题的下面伉俪共同署名，丝毫不违背历史的真实。不过，这种情形从来没有出现过。它与其说是我的“清高”，不如说是妻子的高尚和远见。在已有的敬意之上，请让我再轻轻地捧上这份特别的敬意。

在这份书稿即将面世的时刻，我要诚挚感谢中国社会科学出版社郭沂纹编审。出色的编辑，永远是作者及其作品的雕塑家。在他编辑这部书稿的过程中，我直观地感受到编辑的光荣。

人要永远怀有感激之心，即使面对挫折、误解甚至攻击。因为苦难也是会给你无限馈赠、令人难以忘怀的老师啊！

在国家社科基金项目《中国藏语报刊发展史研究》进入尾声，即将收笔的时候，我要说，它虽然已经成形，并有些许的贡献，但它依然遍布缺陷，它也很肤浅，它更不可能终结什么。只要包含“历史”的因子，它在任何层面上都不会心安理得地画上句号。探索将会继续，由此提供的历史文本开始，关于民族新闻事业的发展、关于民族新闻事业与民族和谐社会构建等等选题，都将成为演绎民族新闻事业研究大戏的新脚本。这场大戏一定会隆重开幕，除历史老人而外，谁也没有资格和能力充当它的导演。我，如果能被招聘为其中的一个职员，肯定会激动得手舞足蹈，如中状元。

2008 年 12 月，《中国藏语报刊发展史》由全国哲学社会科学规划办公室经组织专家审定，以“优秀”等级顺利结项。与其说是一种至高的荣誉，不如说是一种深远的期待。我深深理解其中重大的寓意。

德高望重中国新闻史尊师方汉奇先生、著名新闻史专家尹韵公先生、著名少数民族新闻史专家白润生先生不惜屈尊为拙著作序，极尽鼓励，我深深理解其中的重大期望，并永怀感激之心！

我永远不会放弃责任和努力。

本书获得国家社科基金、西藏民族学院的出版资助，特此致谢！

周德仓
于秦都咸阳西藏民族学院
2010 年 5 月 5 日

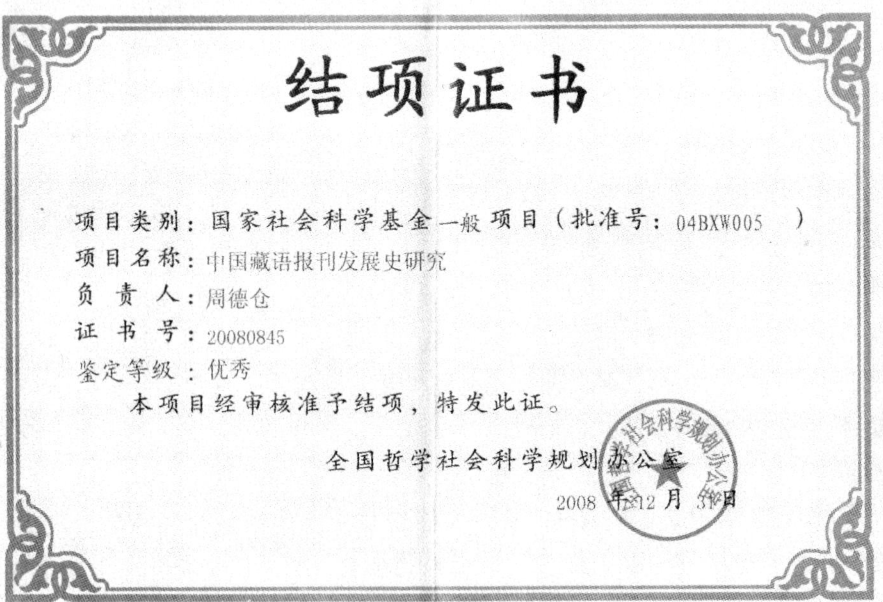

结项证书

项目类别：国家社会科学基金一般项目（批准号：04BXW005　）

项目名称：中国藏语报刊发展史研究

负 责 人：周德仓

证 书 号：20080845

鉴定等级：优秀

本项目经审核准予结项，特发此证。

全国哲学社会科学规划办公室

2008 年 12 月 31 日

结项证书